高等学校内部控制实施指南建设课题组

总负责 张 宏

总顾问 刘永泽

课题组组长 宋述龙

副组长 胡继禾 金传一

课题组成员（以姓氏笔画为序）
王曙月 李洪彪 李振林 许浩然 宋述龙 杜景顺
金传一 苗春红 周守亮 周洪轩 侯 义 胡继禾
唐大鹏 徐 锋 傅 丹

主 编 唐大鹏

副主编 金传一 徐 锋

序

辽宁省教育厅将省属高校内部控制制度建设与实施，确定为2018年十项重要工作之一，并委托辽宁省教育会计学会开展专题研究。因此，省教育会计学会成立了以会长宋述龙为组长的辽宁省内部控制建设实施指南课题组，负责编著《高等学校内部控制实施指南》。受辽宁省教育会计学会邀请，本人有幸担任《高等学校内部控制实施指南》一书的总顾问，并亲自参与了该书的编写过程。本书课题组吸收了中国内部控制研究中心、辽宁省高校总会计师和财务负责人等20多名专业人员。历时近一年，课题组全体人员先后召开4次会议反复论证和研究，广泛地征求和采纳了辽宁省各高校的意见，最终形成了近50万字的《高等学校内部控制实施指南》一书。本书体现了理论和实践的结合，具有很强的理论和实用价值，对于规范高等学校内部控制建设具有重要的指导意义。

在本书编写过程中，课题组对高校法规制度进行了梳理，并在内容中融合了党和国家的政策性要求，将其转化为高校内部制度性要求和流程内的管控节点，有助于高校管理人员更好地理解法规制度并实现落地，重点关注风险高发领域和节点，有助于高校管理人员明确如何设计、执行内部控制制度和管控要求。

本书具有较强的创新性。本书中篇在传统内部控制规范的六大业务之外，增加了债务管理内部控制，是为适应财政部《关于开展行政事业单位内部控制基础性评价工作的通知》中提出的相关要求；下篇是其他业务内部控制实施指南，明确了高校不同于其他事业单位的其他业务如何进行内部控制的建设和推进，涵盖了财政专项、科研管理、招生管理、学生管理、人事管理、教务管理以及高校教育基金会管理等内容，扩展了高校内部控制的业务范围，具有创新性，有助于高校管理人员更好地理解内部控制的相关理论和具体业务如何结合，并根据具体业务的特点进行内部控制的设计和执行。

本书具有较强的操作性，是对《行政事业单位内部控制规范（试行）》等规范和制度的细化，同时包含了制度和流程图及节点说明，流程图提供了更具体和清晰的岗位职责和管控节点，为高校建立健全各业务内部控制制度提供了参考。本书的编写借鉴了相关领域专家的研究成果，并对高校进行实地调研，更贴近高校的实际情况，有利于更全面地指导高校内部控制的建设工作。

本书具有较强的规范性，主要表现在以下几方面：第一，研究的规范性。本书的内容将政策、理论和实务相结合，每部分内容都具有政策依据，并对高校内部控制相关理论进行了归纳和总结，且在考虑高校实际情况的基础上编写，使内容具有更大的理论价值和实践指导意义。第二，组织的规范性。本书是在教育厅的指导下，委托辽宁省教育会计学会承担的专题研究，课题组由中国内部控制研究中心成员和辽宁省教育会计学会成员共同组成，因此课题组同时具备牢固的理论研究基础和丰富的实践经验，使本书的内容具有理论意义，更符合高校实际情况。第三，文字的规范性。在本书的编写过程中，利用近一年的时间对文字和表述反复修改和推敲，具有较强的规范性。

本书是在辽宁省教育厅的指导和课题组全体成员的共同努力与协作配合下完成的，凝结了内部控制相关领域研究人员的智慧，虽以辽宁省高校为基础进行编写，但其价值却不局限于此。本书对于政策法规的细化，对内部控制相关理论的研究和融合，对全国范围内的高校都具有很大的参考价值，对于推进全国教育行业内部控制的建设具有重要意义。

中国内部控制研究中心
刘永泽
2018年11月

前　言

全面开展行政事业单位内部控制建设工作，是党的十九大报告中“建立全面规范透明、标准科学、约束有力的预算制度，全面实施绩效管理”的制度落地，是深入贯彻落实党的十八届四中全会报告提出“对财政资金分配使用、国有资产监管、政府投资、政府采购、公共资源转让、公共工程建设等权力集中的部门和岗位实行分事行权、分岗设权、分级授权，定期轮岗，强化内部流程控制，防止权力滥用”精神的改革举措，对于实现国家治理体系和治理能力现代化、建设现代法治政府具有重要意义。为了加强行政事业单位内部控制体系完善和制度建设，财政部于2012年11月正式发布了《行政事业单位内部控制规范（试行）》，从2014年1月1日开始在全国范围内的行政事业单位中正式实施。随后辽宁省转发《财政部关于印发〈行政事业单位内部控制规范（试行）〉的通知》（辽财会〔2013〕35号），指出了推进内部控制工作的重要性并布置了相关工作。2016年6月，财政部发布了《关于开展行政事业单位内部控制基础性评价工作的通知》，进一步要求各单位在2016年年底前完成评价工作，通过内部控制评价工作，明确内部控制建设重点和内容。对于高校而言，为实现管理使用办学资源，防范经济风险，建立内部控制制度并有效执行至关重要。2016年4月，教育部出台了《教育部直属高校经济活动内部控制指南（试行）》，指导高校内部控制建设工作。为加强高校财务管理，规范财务行为，推动高校提高财务管理水平，辽宁省财政厅和教育厅于2014年下发了《关于进一步加强高等学校财务管理的通知》，强调要进一步加强高校内部控制建设，使有限的教育资源发挥最大的事业效果。

辽宁省教育厅将省属高校内部控制制度建设与实施，确定为2018年十项重要工作之一，并委托辽宁省教育会计学会开展专题研究。2018年年初，学会组成了以会长宋述龙为组长，包括学术研究和实务操作两方面专家的“辽宁省高校内部控制制度建设”课题组，并聘请中国会计学会副会长、东北财经大学会计学院原院长、中国内部控制研究中心主任刘永泽教授为本课题顾问专家。课题组会同中国内部控制研究中心和大连外国语大学制订了本课题研究方案，经省教育厅同意后，全面组织实施。我们参阅了国内外大量的文献和资料，借鉴了相关专家的研究成果，深入辽宁省高校内部，对单位组织架构和业务流程进行潜心研究，并对大连外国语大学等辽宁省高校内部控制建设情况进行实地调研，积累了一定的实务经验。现在呈献给读者的《高等学校内部控制实施指南》是本课题组近一年来的研究成果。

本书紧密联系高校实际情况，具有可操作性强的特点。为易于理解和操作，本书针对每项业务详细讲解了该模块的内部控制制度设计，并基于风险管理的思想，按照业务规范说明——流程图落实——关键管控节点的脉络进行每一部分结构的设计。

本书共十八部分，分上中下三篇。上篇由高校内部控制概述、单位层面内部控制和内部控制评价与监督三部分组成。中篇为基本业务内部控制实施指南，由预算、收入、支出、债务、采购、合同、基本建设项目、资产八项常规业务管理的内部控制组成。下篇为其他业务内部控制实施指南，由财政专项、科研、招生、学生、人事、教务、高校教育基金会七项教育行业特色业务管理活动的内部控制组成。

本书由中国财政科学研究院应用经济学博士后、中国内部控制研究中心主任助理、东北财经大学会计学院唐大鹏副教授任主编，大连外国语大学原总会计师金传一和大连外国语大学财务处副处长徐锋任副主编，负责大纲的拟定及总纂，课题组审定编写大纲及定稿。第一部分至第十一部分由唐大鹏副教授执笔；第十二部分由大连大学经管学院周守亮副教授执笔；第十三部分由东北财经大学财务处傅丹处长执笔；第十四部分由大连外国语大学财务处苗春红处长执笔；第十五部分和第十六部分由徐锋执笔；第十七部分和第十八部分由金传一执笔。东北财经大学会计学院2018级硕士生党金凤、2016级博士生武威及大连外国语大学财务处李兆琪对本书进行了文字整理和校对。

辽宁省各高等学校对本书提出了宝贵修改意见，在此表示衷心谢意，同时本书借鉴和参考了大连外国语大学内部控制体系构建的相关成果，一并表示感谢。

本书虽力求完善，然而由于高校类型和规模有所区别，业务种类繁多，内容上还不够全面和具体。囿于时间仓促及能力所限，本书编写中难免存在不足之处，敬请各位学者、专家和读者批评指正！

课题组

2018年11月

目　录

上篇　高校内部控制总论

中篇　基本业务内部控制实施指南

下篇　其他业务内部控制实施指南

上篇
高校内部控制总论

第一部分

高校内部控制概述

一、高校内部控制建立与实施的意义

（一）推进内部控制建设，提升高校总体治理水平

财政部2012年印发《行政事业单位内部控制规范（试行）》旨在提高行政事业单位内部管理水平，规范内部控制，加强廉政风险防控机制建设。随后，辽宁省财政厅转发了该通知并要求各部门要充分认识推进内部控制工作的重要性，切实加强组织领导，确保相关工作落到实处。教育部2016年印发《教育部直属高校经济活动内部控制指南（试行）》，旨在推动部属各高等学校进一步完善内部控制，提高内部管理水平。推进高校内部控制建设，有利于提升高校治理水平，这也是响应党的十八届三中全会通过的《中共中央关于全面深化改革若干重大问题的决定》提出的推进国家治理体系和治理能力现代化的要求。内部控制体系的全面建立，将有效提升高校的运行活力和发展空间，调动人员积极性，是促进高校有效治理的推动力量，也是落实监督与制约机制、提升高校治理水平的重要保障。因此通过建立内部控制制度，可有效规范预算、收支、采购、合同、基建、资产、科研等业务流程，显著提升高校总体治理水平，进而提高办学效益和治理效率。

（二）建立廉洁自律体系，深化高校反腐机制

党的十九大报告中指出，“只有以反腐败永远在路上的坚韧和执着，深化标本兼治，保证干部清正、政府清廉、政治清明，才能跳出历史周期率，确保党和国家长治久安”。建立廉洁自律体系，深化高校反腐机制，可以在扩大高校办学自主权的同时，及时纠正违纪违规行为。健全高校的内部控制制度是从根源上预防腐败、做好高校党风廉政建设的有效保证，对于采购和建设项目等风险高发的业务更为重要。2016年财政部发布关于完善中央单位政府采购预算管理和中央高校、科研院所科研仪器设备采购管理有关事项的通知，旨在加强高校采购全过程管理，为落实财政部要求，高校有必要根据自身业务特点，合理设置机构及权责分配，强化业务流程控制，对业务全过程进行管控和跟踪，有效地预防腐败。因此建立与实施内部控制对加强廉政风险管控而言具有重大意义。

（三）强化专项资金使用管理，推动高校全方位发展

财政部、科技部、教育部和发展改革委2017年联合发布《关于进一步做好中央财政科研项目资金管理等政策贯彻落实工作的通知》，旨在促进中央财政科研项目的资金管理。同时教育部于2016年印发的《教育部直属高校经济活动内部控制指南（试行）》，也为专项资金的管控指明了方法。内部控制“以预算为主线，以资金管控为核心”的业务流程协同机制对于提高高校资金的使用效益、保证高校全方位发展、实现办学目标具有重要意义。高校是科研重地，近年来，高校承担的科研项目以及使用的专项资金呈大幅度上涨趋势，高校教师承担了大量的横向课题与纵向课题，通过建立科学高效的内部控制制度对高校资金的使用进行规范和监督，在实现教学目标的同时严格各项开支、削减不必要的支出，有利于提高资金的使用效率，推动科技成果向现实生产力转化。

二、高校内部控制的概念

高校内部控制是指学校为实现资源配置高效、报告真实准确、风险防控有力等控制目标，通过制定制度、实施机制、设计程序和利用工具等方法和步骤，对学校经济活动和权力运行的风险进行防范和管控的过程。

三、高校内部控制的范围

内部控制的客体，即内部控制的控制范围，主要包括两部分：即经济活动和权力运行。

（一）经济活动

高校内部控制主要是指对高校的预算、收支、采购、资产、合同、基建等经济活动的风险进行防范和监控，同时对经济活动中的权力运行进行有效的监督，构建“以预算为主线，以资金管控为核心”的内部控制体系。

（二）权力运行

党的十八届四中全会通过的《中共中央关于全面推进依法治国若干重大问题的决定》明确提出：“对财政资金分配使用、国有资产监管、政府投资、政府采购、公共资源转让、公共工程建设等权力集中的部门和岗位实行分事行权、分岗设权、分级授权，定期轮岗，强化内部流程控制，防止权力滥用。”高校的内部权力主要包括党委权力、行政权力和学术权力。近年来，随着国家加大对高等教育的投入，高校可支配的资源越来越多，办学的自主权不断扩大，校内领导的权力也相应增加。因此，建立科学的权力运行和监督机制就显得至关重要。内部控制是保障权力规范有序、科学高效运行的有效手段。通过高校内部控制可以强化对内部权力运行的制约，防止内部权力滥用，建立科学高效的制约和监督体系，促进高校公共服务效能和内部治理水平不断提高，为实现国家治理体系和治理能力现代化奠定坚实基础、提供有力支撑。

四、高校内部控制的目标

（一）合法合规

学校经济活动和权力运行必须在法律法规允许的范围内进行，严禁违法违规行为的发生，这是高校内部控制最基本的目标，是其他四个目标存在的前提和基础。高校内部控制适用的法律法规确定了其最低的行为准则，学校须将合法合规目标纳入内部控制目标之中。学校需要制定政策和程序来处理相关法律法规要求的事项。

（二）资产安全

该目标强调了要保证学校资产的安全和有效利用，以保证其使用效率。学校资产管理一直是管理中的重点和难点问题，保证学校在建工程项目及时转为固定资产，保证固定资产账实相符，都是学校内部管理的重要方面。因此若要加强学校资产管理，保障资产的安全和完整，就必须从资产采购预算、资产配置标准、资产采购计划、资产采购实施、资产验收入账、资产使用和盘点到最后的资产处置等各个环节入手，加强资产控制的过程管理。因此，强调保证资产的安全和有效，就是要加强学校以预算为中心的资产管理。

（三）信息准确

该目标与会计报告和相关信息的可靠性有关，强调学校要提供真实可靠的会计报告和相关信息。会计报告和相关信息反映了学校的运行管理情况和预算的执行情况，是学校财务信息的主要载体。因此，学校必须合理保证会计报告和相关信息的真实完整，客观地反映部门的运行管理情况和预算的执行情况，为决策提供可靠依据。学校编制的报告既是学校管理的要求，也是一种有效的监督机制，有利于学校履行职责，完成工作任务。

（四）防范腐败

学校在分配资源和资金的过程中，应该按照公平、公开、公正的态度，廉洁奉公，采用一系列程序化的办公流程，达到资源的优化配置。内部控制最基本的原则是权力制衡，学校应该充分运用内控的制衡原理，在校内发挥流程控制作用，有效地预防腐败，因此，内部控制制度是防范腐败制度的重要组成部分。防范腐败有助于学校实现内部控制的最高目标，作用于学校各个组织层级和业务层级。

（五）提高效率

学校要对各业务所需资金和学校内部正常工作开展所需经费进行预算管理。只有将本校的预算按照自身职能投向，公平、公正地批复给内部各单位（部门），才能有效地实现财权与事权的匹配，发挥预算的引导和监督作用，才能将有限的公共资源投向正当合理的方向，作为学校提供公共服务的财力保障。

五、高校内部控制的原则

高校内部控制建设应当遵循下列原则：

（1）全面性原则：内部控制应当贯穿学校经济活动的决策、执行和监督全过程，实现对经济活动和权力运行的全面控制。

（2）重要性原则：在全面控制的基础上，学校应当关注重要经济活动和重要权力运行及其可能产生的重大风险。

（3）适应性原则：内部控制应当符合国家有关法律法规和学校实际情况，并随着外部环境变化、经济活动特点和管理要求提高，不断修订和完善。

（4）制衡性原则：学校应当在岗位设置、职责分工、业务流程等方面形成相互制约和相互监督的工作机制。

（5）易操作性原则：学校内部控制建设要具备便于操作的特点，制度设计要易于理解，规程绘制要突出实用性和可操作性，真正落实到学校的实际工作中。

第二部分

单位层面内部控制

一、组织架构分工

（一）组织机构

在单位层面的内部控制设计中，组织架构是重中之重。学校的组织架构是学校明确内部各层级机构设置、职责权限、人员编制、工作程序和相关要求的制度安排。

组织架构的主要内容是学校机构设置及权责分配，即决策机构、执行机构和监督机构以及这三者之间的权责分配。一般来说，决策机构是学校的权力中心，其设计的合理性对学校整体内部控制的效果具有正向引导作用。执行机构是决策的具体承办部门，它是内部控制活动的直接实施者，如财务部门、采购部门、资产部门等。监督机构是约束决策机构和执行机构的关键，一般包括审计部门等。

学校可以结合自身实际情况构建组织架构，具体的机构和岗位设置方式包括两种，即常设机构和非常设机构。常设机构指学校因日常事务处理需要而设置的专门机构，一般有固定的办公场所、专职的人员配备、特定的业务处理范围，这类机构具有长期存在、连续运行的特点，如财务部门、审计部门等；非常设机构指学校为完成某一方面或某项业务的组织协调工作，通过调配内部相关人员成立的机构，这类机构具有临时组建、跨部门合作的特点。例如，学校领导办公会议、预算委员会、采购领导小组和（专项）监督小组等。

除了从组织形式入手外，组织架构的另一内容是建立学校的内部自我约束机制。就内部控制而言，所谓机制，是指以所设机构为载体，建立科学的执行程序和完善的制度规范，并通过监督和评价来激励程序和规范的有效执行，以此实现制衡，其实质是对学校机构关系的一种协调。简单地说，机构设置及权责分配从静态角度呈现了内部控制在学校整体上是如何作出安排的，而机制建立则以动态视角说明了内部控制在学校进行机构设置和权责分配以后应如何开展的问题。因此，学校组织架构的设计还包括在决策、执行、监督三大机构基础上运行的决策机制、执行机制和监督机制的建立。

组织架构作为学校内部环境的有机组成部分，在内部控制体系中处于基础地位。一个科学高效、分工制衡的组织架构，可以使学校自上而下地对风险进行识别和分析，进而采取控制措施予以应对，可以促进信息在学校内部各层级之间、学校与外部环境之间及时、准确、顺畅地传递，可以提升日常监督和专项监督的力度和效能。学校党委要发挥在学校内部控制建设中的领导作用；学校领导机构其他成员要抓好各自分管领域的内部控制建设工作；学校各部门负责人对本部门的内部控制建设承担具体责任。

（二）职责分工

学校在履行行政职能时，需要按照学校机构和编制的要求，设置机构和岗位的职责分工。为了维持学校的日常运转和业务的开展，需要设置办公室、财务部门、审计部门等。学校应当明确财务部门、人事部门、资产部门、科研部门和审计部门等部门或岗位在内部控制建设、实施与监督检查中的职责权限，以及内部控制建设、实施与监督的程序和要求，并充分发挥各职能部门在内部控制建设、实施与监督检查中的作用。学校领导应根据内部控制的总体要求，划分各内设部门和二级单位的职能，厘清各部门在组织层级和业务层级内部控制中的角色和分工。

职责分工可以分为组织层级和业务层级。组织层级职责分工是按照不相容岗位分离的制衡原则，确定学校领导和分管领导对内设部门和下属单位的管理职权划分。业务层级则是根据各内设部门和二级单位的职能进行划分，或者由学校根据业务分类和支出事项的不同特点自主设计职责分工和归口部门。

二、内控组织领导

（一）内控领导小组

内控领导小组组长由校党委书记或校长兼任，副组长由负责相关工作的分管校领导兼任，主要成员包括：学校办公室、发展规划部门、人事部门、审计部门、教务部门、科研部门、财务部门、国际合作与交流部门、资产部门、采购部门、基建部门等相关部门负责人。

内控领导小组负责组织制订学校内控建设工作方案、协调解决重大事项、监督指导工作开展。其主要职责包括：

（1）审议内部控制规范建设总体规划和实施方案。

（2）组织内部控制规范体系建设工作，督促相关部门按照实施方案推进内部控制规范体系建设工作。

（3）组织对内部控制规范体系建设的成果进行验收。

（4）审议内部控制规范体系建设成果。

（5）组织、指导内部控制规范体系落实。

（二）内控实施工作小组

内控实施工作小组组长由分管校领导兼任，成员由学校办公室、人事部门、财务部门、资产部门、基建部门等部门负责人组成。

内控实施工作小组具体负责全校各单位内控建设的协调、督促、指导、检查等工作。其主要职责包括：

（1）组织拟定内部控制规范建设总体规划和实施方案，报领导小组审批。

（2）组织内部控制规范体系建设方案的执行，协调解决方案执行过程中的相关问题。

（3）组织对内部控制规范体系建设成果的审核。

（4）组织对内部控制规范体系建设成果的初步验收。

（5）组织内部控制规范体系的落地。

（三）内控监督评价小组

内控监督评价小组组长由分管校领导兼任，审计部门或相关部门牵头，负责对全校内部控制体系的建立与实施情况开展内部监督检查，并定期组织编制学校风险评估报告，对学校内部控制的完善性、有效性等作出评价。审计部门负责实施内控监督工作，具体职责包括研究制定内部控制监督制度；组织实施对内部控制的建立和执行情况及有效性的监督检查和自我评价，并提出改进意见或建议；督促相关部门落实内部控制的整改计划和措施；做好内部控制监督检查和审计的有关工作。

三、决策内控机制

学校决策机制应该包括三个方面。第一，合理的决策议事制度，让每一位领导机构成员能够充分行使职权，坚持决策的客观性，贯彻民主集中制，建立健全集体研究、专家论证和技术咨询相结合的议事决策机制。重大人事任免、重大经济决策、重大工程建设项目、大额资金支付等重大事项的内部决策，应当由学校领导机构集体研究决定。第二，详尽的决策记录制度，让记录如实反映每一位领导机构成员的决策过程和意见。在认真做好记录的基础之上，要向每一位领导机构成员核实记录并签字，并及时归档。第三，有可操作性的决策问责制度，让决策的效果与相关人员的升迁降免挂钩。在此过程中，要正确处理好集体决策和个人负责的关系，集体决策不意味着要集体负责，要建立健全责任追究制度，把责任具体落实到每个人身上，二者有机结合，才能使决策得到严格的贯彻和落实。

四、关键岗位设置

（一）关键岗位责任制

学校应建立健全内部控制关键岗位责任制，明确岗位职责及分工，提升岗位人员业务水平与综合素质。

（1）建立轮岗与专项监督制度，强化对预算管理岗、财务审核岗、票据管理岗、采购管理岗、资产管理岗、合同管理岗、科研管理岗、招生管理岗等关键岗位的控制，确保不相容岗位相互分离、相互制约和相互监督。

（2）合理划分不相容职责，定期实施专项检查等，合理控制关键岗位经济风险。

（3）加强内部控制关键岗位工作人员业务培训和职业道德教育，确保内部控制关键岗位工作人员具备与其工作岗位相适应的资格和能力。

学校应当建立健全内部控制关键岗位责任制，明确岗位职责及分工，确保不相容岗位相互分离、相互制约和相互监督。关键岗位责任制是指学校结合自身性质、预算类型、收支管理特点，对某些严重影响内部控制目标实现的关键性岗位，明确其岗位职责权限和人员分配，以及按照规定的工作标准进行考核及奖惩而建立起来的制度。

（二）不相容岗位和职责分离

某些岗位如果仅由一个部门或人员担任，这些岗位发生错误、舞弊甚至腐败的可能性会增大，同时又可以通过岗位职能与分工重合的便利，采取各种手段掩盖其错误、舞弊和腐败，这类岗位被称为不相容岗位。不相容岗位相互分离就是将这些不相容岗位相分离，达到内部控制的目标。不相容岗位和职责相互分离作为内部控制体系中最基本的控制手段，集中体现了相互制衡的基本原则，其核心是内部牵制。不相容岗位和职责相分离控制要求学校全面系统地分析、梳理学校组织层级和业务活动中所涉及的不相容岗位和职责，科学划分机构职能与分工，合理设置内部控制关键岗位，明确不同部门或岗位的职责权限，实施相应的分离措施，从而形成相互监督、相互制约的工作机制。

不相容岗位和职责相分离对于学校遏制舞弊行为有着重要的作用：首先，不相容岗位和职责相分离，可以从源头上防止和遏制舞弊行为，有效预防、及时发现舞弊行为的发生；其次，不相容岗位和职责相分离不仅可以进行事前预防，更能在事中起到相互监督、相互牵制的作用，在舞弊发生时予以纠正。

（三）定期轮岗及专项审计机制

定期轮岗是杜绝舞弊、保证岗位新鲜血液的必要措施。学校应当制定关键岗位人员定期轮岗制度，根据学校实际情况明确轮岗范围、轮岗周期、轮岗方式等。对暂不具备轮岗条件的，应当采取专项审计等控制措施替代轮岗制度，确保关键岗位工作人员认真依法履行岗位职责。

（四）业务培训宣传

学校应当加强内部控制关键岗位工作人员的职业道德教育和业务培训，不断提高工作人员的职业道德水平和综合素质，不断提升员工的专业技能及业务水平。通过业务培训可使职工紧密结合工作实际，深入领会、积极探索内部控制的特点和方法，让内部控制理念深入人心，为全面推进学校内部控制建设营造良好的内部环境和社会氛围。

五、会计胜任能力

（一）会计专业能力

学校应当按照《中华人民共和国会计法》等法律法规要求，建立健全会计机构，明确会计机构的职责和权限，依法合理设置会计工作岗位，进行岗位授权和职责分工，配备具有资格条件和一定财务工作经验的会计工作人员，加强会计人员专业技能培训，明确学校会计工作的责任主体，为会计管理工作有序运转提供组织和人员保障。

（二）会计信息要求

会计控制为学校各项财务管理工作提供了基本保障，是完善学校内部控制体系的重要方法。会计控制要求学校严格执行各项会计制度，加强会计基础工作，明确会计凭证、会计账簿和会计报告的处理程序，保证会计资料真实完整。会计控制直接关系着会计报告及相关信息的真实完整，是学校重要的控制活动。会计控制对于提高学校的会计信息质量，保护资产的安全完整，确保法律法规和规章制度的贯彻执行有重要意义。

六、信息系统建设

（一）系统建设归口

学校应当根据内部控制相关要求，结合组织机构、业务过程、技术能力等因素，制定信息系统建设总体规划，健全信息系统管理程序，设置信息系统管理岗位，明确信息系统管理责任，对信息系统实行归口管理。

学校应当充分运用现代科学技术手段加强内部控制，将经济活动及其内部控制流程嵌入信息系统中，并确保重要信息系统之间的互联互通、信息共享和业务协同，以减少或消除人为操纵因素，提高办事效率和管理水平，促进信息公开和廉政建设，增强经济活动处理过程与结果的透明和公正。

学校要强化信息系统的安全管理，建立用户管理制度、系统数据定期备份制度、信息系统安全保密和泄密责任追究制度等措施，确保重要信息系统安全、可靠，增强信息安全保障能力。

（二）系统全面覆盖

学校应建立全覆盖的信息系统，在建立健全预算管理和财务核算系统的前提下，将其与采购管理、资产管理、合同管理、科研管理等系统相连通，充分发挥预算对资金流转全过程的控制，系统之间的对接点需在学校流程梳理优化后确定。学校应对各子系统进行有效整合，以模块之间标准的统一为基础，实现内部控制管理信息系统间数据交互，在各关联业务间建立联动机制，将内控理念、内控方法有效落实到系统中，使各业务在系统内相互制衡，减少自由裁量权的使用。

第三部分

内部控制评价与监督

为规范学校内部控制评价与监督，促进学校内部控制不断完善并有效实施，根据《行政事业单位内部控制规范（试行）》和有关法律法规，制定本指南。

一、内部控制评价与监督概述

高校内部控制评价，是指学校对自身内部控制建立和执行的有效性进行评价，形成评价结论，并出具评价报告的过程。

学校应统筹安排内部控制评价与监督工作，充分发挥内部控制评价报告和内部控制监督意见、建议的作用，不断完善高校内部控制体系，提高内部控制建立与实施的有效性。

学校内部控制建立的有效性评价应主要考虑以下方面：

（1）合法合规性。内部控制的建立是否符合《行政事业单位内部控制规范（试行）》《高等学校内部控制实施指南》及国家相关法律、法规的规定。

（2）全面性。内部控制的建立是否覆盖学校及所属单位所有的经济活动、经济活动的全过程、所有内部控制关键岗位、各相关部门及工作人员和相关工作任务。

（3）重要性。内部控制的建立对重要经济活动和经济活动的重大风险是否给予足够关注，并建立相应的控制措施。是否重点关注了学校的各关键部门和岗位、重大政策落实、重点专项执行和高风险领域。

（4）适应性。内部控制的建立是否根据国家相关政策、学校经济活动的调整和自身条件的变化，适时调整内部控制关键控制点和控制措施。

内部控制运行的有效性可通过以高校的基本事实作为主要依据的客观性指标进行评价。具体可分为单位层面、业务层面、监督层面和信息系统四个层面进行评价指标的设计，覆盖制度情况、岗位职责分离情况、分级授权情况以及信息化覆盖程度等。

二、内部控制评价与监督机构设置和职责分工

学校应当根据《高等学校内部控制实施指南》，结合学校风险评估情况，制定内部控制评价办法，规定评价的原则、内容、程序、方法和报告形式等，明确相关机构或岗位的职责权限，落实责任制，有序开展内部控制评价工作。

学校内部控制评价与监督工作应由审计部门负责组织。学校可以委托具备资质的中介机构实施内部控制评价。

为保证评价与监督的独立性，负责内部控制建设和评价监督的校内负责部门应适当分离，为学校提供内部控制建设或内部控制审计服务的中介机构，不得同时为学校提供内部控制评价服务。

三、内部控制评价与监督的内容

学校内部控制执行的有效性评价应主要考虑以下四方面：各项经济业务控制在评价期内是否按规定运行；各项经济业务控制是否得到持续、一致的执行；相关内部控制机制、内部管理制度、岗位责任制、内部控制措施是否得到有效执行；执行业务控制的相关人员是否具备必要的权限、资格和能力。

内部控制建立和执行情况总体评价是对单位组织层级及业务层级内部控制的建立与实施情况进行总结和评价。总结和评价主要围绕着单位内部控制制度建设的完整性和内部控制制度实施的有效性，并对内部控制实施的总体效果进行分析和总结。其既包括单位组织层级中的组织架构、决策机制、执行机制、监督机制和协同机制，也包括业务层级中的预算控制、收支控制、采购控制、资产控制、工程项目控制、会计控制和合同控制。

四、内部控制评价与监督的方法

对学校内部控制进行现场测试时，可以单独或者综合运用个别访谈、调查问卷、穿行测试、抽样、实地查验、比较分析和专题讨论等方法，充分收集学校内部控制设计和运行是否有效的证据，按照评价的具体内容，如实填写评价工作底稿，研究分析内部控制缺陷。

（一）个别访谈法

个别访谈法主要用于了解学校内部控制的现状，在单位层面评价及业务层面评价的了解阶段经常使用。访谈前应根据内部控制自我评价需求形成访谈提纲，撰写访谈纪要，记录访谈的内容。为了保证访谈结果的真实性，应尽量访谈不同的人员

以获得更可靠的证据。个别访谈法应首先从学校领导机构开始，逐步将范围扩大到各级领导及单位其他员工，这样有助于了解学校内部控制思想的建设程度、确定学校内部控制可靠性程度，有助于整体评价内部控制环境。

（二）调查问卷法

调查问卷法主要用于学校单位层面评价，如对内部控制整体有效性、控制环境的评价。调查问卷应尽量扩大对象范围，包括学校各个层级员工，应注意事先保密性，题目尽量简单易答（如答案只需为"是""否""有""没有"等），比如，你认为你的自身价值是否能够在学校发展中得到充分实现？你对学校的核心价值观是否认同？调查问卷法多用于评价学校内部控制要素的定性因素。在调查问卷的设计中应注意关键问题的提问方式、答案的清晰程度，并根据各给定答案赋值，以便于定性分析其相关要素。

（三）穿行测试法

穿行测试法是指在学校内部控制流程中任意选取一笔业务作为样本，追踪该交易从最初起源直到最终在财务报表或其他内部管理报告中反映出来的过程，即该流程从起点到终点的全过程，以此了解控制措施设计的有效性，并识别出关键控制点。该方法对于评价工程项目的费用结算情况、合同保管情况、预算控制情况、资产管理及债务管理情况等均有显著的效率及效果。业务流程和财务报表分析的结合使用，在重要账户的识别及相关风险的评价中具有非常重要的意义。在应用业务流程时，辅以传统会计循环的分析效果更佳。与财务报表账户相联系的流程包括与未支用拨款及财政账户余额对应的预算编制，与员工福利、工资和其他补贴、养老金或退休金账户对应的人力资源管理，与财政账户余额、固定资产及合同费用对应的采购等。与财务报表账户及交易相关的会计循环包括票据、现金收入、采购、现金支出、薪酬等。

（四）抽样法

抽样法分为随机抽样和其他抽样。随机抽样是指按随机原则从样本库中抽取一定数量的样本；其他抽样是指人工任意选取或按某一特定标准从样本库中抽取一定数量的样本。使用抽样法时首先要确定样本库的完整性，即样本库应包含符合控制测试的所有样本；其次要确定所抽取样本的充分性，即样本的数量应当能检验所测试的控制点的有效性；最后要确定所抽取样本的适当性，即获取的证据应当与所测试控制点的设计和运行相关，并能可靠地反映控制的实际运行情况。该方法较多地被应用于对收支流程和费用报销授权、签字审批过程的评价，对于印章和票据管理、债务管理流程及职责、人员培训情况、合同管理等方面同样适用。推荐在评价关键岗位业务人员和部门负责人的轮岗制度是否有效执行、关键岗位人员离岗或工作交接是否存在责任不清和相关资料丢失等情况时使用抽样法。

（五）实地查验法

实地查验法主要针对业务层面控制，它使用统一的测试工作表，通过核对实际的业务、财务单证的方法进行控制测试，如实地盘点某种存货。实地查验法的结果有多种体现方式，如对某一业务流程的控制评价，既可以通过评估现有记录的充分性来评价控制程度，也可以通过流程图的方式描绘常规业务的处理流程，直观发现流程中可能出现的错误，并以叙述式记录（如信息处理步骤）反映相关控制情况。

（六）比较分析法

比较分析法是指通过数据分析，识别评价关注点的方法。数据分析可以与历史数据、标准数据或先进学校数据等进行比较。例如对学校的预算控制进行评价时，最好采用零基预算和细化预算法，找出预算超支的项目并重点审查。比较分析法较为直观的反映方式是矩阵表格，将需分析的控制点、历史数据或标准数据、现行数据、控制描述等编制成矩阵表格，高效地显示数据变化的程度及原因，迅速找出单位应重点控制的环节。

（七）专题讨论法

专题讨论法主要是集合有关专业人员就学校内部控制执行情况或控制问题进行分析，既是控制评价的手段，也是形成缺陷整改方案的途径。对于同时涉及财务、业务、信息技术等方面的控制缺陷，往往需要由内部控制管理部门组织召开专题讨论会议，综合内部各机构、各方面的意见，研究确定缺陷整改方案。

在实际评价工作中，以上这些方法可以配合使用。此外，还可以使用观察、检查、重新执行等方法，也可以利用信息系统开发检查方法，或利用实际工作和检查测试经验进行评价。对于学校通过系统采用自动控制、预防控制的，应在方法选择上注意与人工控制、发现性控制的区别。

五、内部控制评价与监督的步骤

学校内部控制评价的步骤一般包括制订评价工作方案、组成评价工作组、实施现场测试、汇总评价结果、编制评价报告、报告反馈与跟踪等。这些程序环环相扣、相互衔接、相互作用，构成了内部控制评价的基本流程。

（一）准备阶段

学校内部控制评价机构应当以内部控制目标为依据，结合学校内部情况和管理要求，分析学校经济管理过程中影响内部控制目标实现的高风险领域和重要业务事项，确定检查评价方法，制订科学合理的评价工作方案，经上级主管部门和单位领导机构批准后实施。评价工作方案应当明确评价主体范围、工作任务、人员组织、进度安排和费用预算等相关内容。评价形式采取自下而上的方式，从基层单位开始，由各基层单位和部门的负责人负责，全体人员共同参与，逐级汇总，形成单位内部控制总体评价。评价工作方案以全面评价为主，也可以根据需要采用重点评价的方式。

评价工作组在内部控制评价机构的领导下，具体承担内部控制检查评价任务。

内部控制评价机构根据经批准的评价方案，挑选具备独立性、业务胜任能力和职业道德素养的评价人员实施评价。评价工作组成员应当吸收学校内部相关机构中熟悉情况、参与日常监控的负责人或其他管理人员参加，并注意保持与内部控制设计工作组的独立性。学校应根据自身条件，尽量建立长效内部控制评价培训机制。

（二）实施阶段

（1）了解学校基本情况。充分与学校沟通组织机构设置及职责分工、负责人构成及分工等基本情况。

（2）确定评价范围和重点。评价工作组根据掌握的情况进一步确定评价范围、检查重点和抽样数量，结合评价人员的专业背景进行合理分工，并可根据实际需要适当调整检查重点和分工情况。

（3）开展现场检查测试。评价工作组根据评价人员分工，综合运用各种评价方法对内部控制设计与运行的有效性进行现场检查测试，按要求填写工作底稿、记录相关测试结果，并对发现的内部控制缺陷进行初步认定。

（三）编制评价报告阶段

（1）编制现场评价报告。评价工作组汇总评价人员的工作底稿，初步认定学校内部控制缺陷，形成现场评价表。评价工作底稿应进行交叉复核签字，并由评价工作组负责人审核后签字确认。评价工作组将评价结果及现场评价的结果向被评价单位通报，由被评价单位相关责任人签字确认后，提交学校内部控制评价机构。

（2）汇总评价结果，编制学校内部控制评价报告。内部控制评价机构汇总各评价工作组的评价结果，对工作组现场初步认定的内部控制缺陷进行全面复核、分类汇总，对缺陷的成因、表现形式及风险程度进行定量或定性的综合分析，按照对控制目标的影响程度判定缺陷等级。内部控制评价机构以汇总的评价结果和认定的内部控制缺陷为基础，结合内部控制工作整体情况，客观、公正、完整地编制内部控制自我评价报告，并报送学校领导机构和审计部门等，经上级主管部门最终审定、签字后报送同级财政部门。

（四）报告反馈与跟踪阶段

对于认定的内部控制缺陷，内部控制评价机构应当结合学校领导机构和审计部门等的要求，提出整改建议，要求责任单位及时整改，并跟踪其整改落实情况；已经造成损失或负面影响的，学校应当追究相关人员的责任。

六、内部控制评价与监督结果的应用

学校应当根据年度内部控制评价结果，结合内部控制评价工作底稿和内部控制缺陷汇总表等资料，按照规定的程序和要求，及时编制内部控制评价报告。学校内部控制评价的结果最终要以书面报告的形式体现。学校应以每年预算截止日作为年度内部控制评价报告的基准日，于基准日后一定时间内报出内部控制评价报告，并同时将内部审计报告对外报出。对于自内部控制评价报告基准日至内部控制评价报告报出日之间发生的影响内部控制有效性的因素，内部控制评价部门应予以关注，并根据其性质和影响程度相应调整评价结论。学校内部控制评价报告应按规定报送有关监管部门。这些强制性披露规定迫切要求学校领导机构转变以往对内部控制评价和披露的认识，真正认识到内部控制对提高学校管理水平和风险防范能力的作用，将内部控制评价作为发现管控漏洞和提高管理水平的关键步骤，作为对学校内部控制的再控制，使内部控制信息披露成为主动接受外界监督的有效手段。

学校内部控制评价的首要目的是建立健全学校内部控制体系，提升学校内部管理水平，使学校组织层面和业务层面内部控制更为科学合理，促使学校内部控制有效实施。在这样的目标下，学校应根据内部控制评价结果，按照风险管理的方法，对组织层面风险进行识别和分析，按照评价的原则和方法，找出内部控制设计和实施的薄弱环节。

中篇

基本业务内部控制实施指南

第四部分

预算管理内部控制

为规范高校预算管理，提高资金使用效益，保障治理单位目标实现，根据《中华人民共和国预算法》《国务院关于深化预算管理制度改革的决定》《财政支出绩效评价管理暂行办法》《行政事业单位内部控制规范（试行）》等有关法律法规，制定本指南。

一、预算管理内部控制概述

预算管理是在高校财政预算的整体框架和要求范围内对预算资金收支的全过程进行管理。预算管理的主要内容包括：预算编制、预算批复与下达、预算执行、预算追加调整、决算与绩效评价以及预算监督。

高校要坚持“量入为出、统筹兼顾、确保重点、收支平衡”的总原则，坚持“预算编制有目标、预算执行有跟踪监控、预算完成有评价、评价结果有反馈、反馈结果有应用”的绩效预算管理机制，对高校预算的编审、内部批复、执行、调整、决算与评价等进行全过程管理。

高校预算管理的主要任务包括：统筹兼顾各项预算收支，优先保障重要预算支出事项，提高财政资金使用效率，确保高校职能的有效发挥。

二、预算管理机构设置和职责分工

高校应当建立健全预决算的议事决策机制和监督检查制度，确定预决算归口管理部门和预算执行主体，明确各自职责、分工和权限。高校预算管理实行“集体决策、标准统一、归口统筹、分级执行”的层级管理形式，具体划分为学校领导机构、校财经工作领导小组、财务部门、归口管理部门、业务部门、审计部门七个层次的管理组织体系；此外，审计部门对预算管理全过程进行监督。

（一）高校党委常委会（党委会）

高校党委常委会（党委会）是高校预算管理的决策机构，对预算管理行使的主要职责是：

（1）负责审定高校预算管理方面的规章制度。

（2）负责审批高校年度预算方案、年度预算调整方案。

（3）负责审批高校年度财务决算和绩效评价报告。

（4）负责审批一定额度的预算执行中的部门预算调整。

（二）校长办公会

校长办公会是高校预算执行的决策机构，其主要职责是：

（1）负责审定高校各部门的预算分配方案。

（2）负责审定一定额度的预算执行中的部门预算调整。

（3）负责审定各部门预算执行中的绩效评价报告。

（三）校财经工作领导小组

校财经工作领导小组是高校预算管理的评审机构，主要职责为：

（1）审议高校预算管理方面的规章制度。

（2）审议高校年度财务预决算草案和部门预算分配草案。

（3）审议高校及部门财务预算执行绩效评价报告。

（四）财务部门

财务部门是高校预算管理的组织实施部门，具体负责预算的编制、执行、调整、监督、绩效评价工作等，其主要职责是：

（1）提出高校年度预算编制的基本要求和定额标准。

（2）汇总并审核各业务部门、归口部门提交的预算申报资料及预算建议草案。

（3）根据上级主管部门要求下达预算控制数、细化分解预算指标，拟定预算执行规则。

（4）拟订高校年度预算建议草案、决算建议草案。

（5）拟订高校年度预算调整建议草案。

（6）对高校及各部门预算执行过程进行监督。

（7）对高校及各部门预算执行结果进行绩效评价，并向校财经工作领导小组提交绩效评价报告草案。

（五）归口管理部门

归口管理部门依据预算支出事项确定实行专业归口，各归口部门职责是：

（1）归口审核或审批管理范围内的预算基础资料及业务部门提交的预算草案。

（2）确定管理范围内的预算指标的分解及执行方式。

（3）审核或审批各业务部门提交的资金使用计划、预算执行申请、预算调整申请。

（4）协助填报决算材料及完成绩效评价工作。

（六）业务部门

高校各业务部门（院、系、部、职能部门等）是本部门预算的编报和使用主体，其主要职责是：

（1）本部门基础数据申报，根据本部门职能和年度工作任务按要求编报本部门年度预算草案。

（2）根据预算批复结果和相关规则执行预算。经费支出实行院长（系主任）和总支书记（直属支部书记）会签制度，严格控制本部门的预算执行，维护预算的严肃性和约束力。

（3）各部门根据事业发展需要，年中确需调整预算的，要据实向学校提出预算调整申请，按规定程序报批。

（4）负责编制本部门预算执行分析报告和部门预算执行情况报告表。

（七）审计部门

审计部门为预算监督部门，其主要职责是：

（1）检查预决算相关基础材料，及时发现问题并索取证明材料。

（2）纠正预算管理过程中的违规违纪问题，及时向校长办公会和高校党委常委会（党委会）报告。

（3）提出改进高校预算管理、提高资金使用效益的建议和措施。

三、预算编制管理

高校应当在正确评价历年预算执行结果，合理预计当年收支规模的前提下，围绕学校事业发展规划、年度工作计划确定预算编制原则，明确预算绩效目标，并将绩效目标按职能或任务分解，下达到校内各个预算执行部门。高校应按照上下结合、分级编制、逐级汇总的程序，综合考虑结转和结余情况，按照上级主管部门要求，采用科学、合理的方法编制预算。

（一）预算编制管理规范

1.立项申请

项目立项遵循目标导向原则，明确高校职能定位和事业发展方向。各部门依据部门职能定位及高校发展目标，准备立项材料，填制《立项申请审批单》，提交项目申请。项目申请应当符合以下要求：符合部门职能定位和高校发展总体规划；满足技术、财务等的可操作性；项目要件应当齐全，包括立项依据、实施主体、支出范围、实施周期、绩效目标、论证报告等；支出范围和支出标准符合国家或高校内部规定，未明确规定的需依照高校以前年度同类可比项目或市场经济现状合理测算；需要外部其他部门审核的，应符合主管部门或其他外部单位的要求和规定。

2.项目审核

归口管理部门负责对项目实施专业性审核，财务部门审核项目支出情况；复杂项目，应当由归口部门牵头，业务部门（项目申请部门）及财务部门等协同参与对项目实施综合评审；专业技术性较强的项目，可以委托外部专业机构对项目进行评审，专业机构的选取由归口管理部门初选并报校财经工作领导小组确定；重大项目需上报校财经工作领导小组及学校领导机构审核；需要上报上级主管部门审核的项目，应当由归口管理部门或财务部门汇总送至上级主管部门。

3.项目库动态管理

项目库主要包括基建项目、信息化建设项目及其他大额资金或重要项目。财务处为学校项目库的统筹管理部门，负责项目库项目中的项目新增、项目变更、项目退出等事宜。项目审核通过后，纳入学校项目库管理，未经审核不得纳入学校项目库，项目变更及退出参照项目入库执行。

4.预算工作部署

财务部门依据上级主管部门发布的预算编制通知及要求安排高校预算编制具体工作，包括明确下年度预算编制的总体要求、编制基础、编制方法、预算编制模板、时间节点，并开展必要的预算编报培训。校财经工作领导小组对预算编制工作进行总体指导。

5.预算建议数填报及审核

以高校中长期规划及滚动预算为指导，业务部门根据上年度决算、当年实际预算执行情况及下年度工作计划，合理估计并填报部门预算建议数。归口管理部门汇总审核支出事项通过后，由财务部门汇总并审核形成高校预算建议数。经校财经工作领导小组审核后告知学校领导机构并由财务部门向上级主管部门报送。预算建议数上报需明确以下内容：

（1）预算收入的范围：按照相关制度规定应纳入预算收入的内容。

（2）预算支出的范围：按照相关制度规定应纳入预算支出的内容。

6.预算控制数内部下达

财务部门依据上级主管部门下达的预算控制数在业务部门之间进行分解，形成部门预算控制数，经校财经工作领导小组审核，报学校领导机构审核通过后，向各归口管理部门和业务部门批复；需要归口管理部门进一步分解控制数的，由其分解后下达至各业务部门。

7.预算草案编制

预算草案编写应当依据部门预算控制数编报，每项预算事项均需明确申报理由、测算依据以及项目实现的预期目标等要素。基本支出应严格按照国家有关人员定额、费用定额规定和标准执行，国家无明确规定的，需依照高校运行实际及本地区经济消费水平合理确定标准并填报预算草案。项目支出应当分类填报：

（1）维持正常工作开展的经常性项目应当在本年度预算执行的基础上，考虑增加变动因素进行测算。

（2）以前年度或本年度未完成且下年度需执行的延续性项目，不得在下年度预算中申报。

（3）当年新增项目需从项目库中选取，未纳入项目库的紧急项目应附相关文件作为申报依据。

8.预算草案审核

各业务部门预算草案填制完成并经内部审核后报归口管理部门；对业务部门和专业归口部门提交的各项支出预算需求进行汇总审核和综合平衡收支预算，形成高校预算草案，内部复核后报送校财经工作领导小组、校领导机构审核，审核通过后由财务部门上报主管部门。

（二）预算编制管理流程及说明

1.项目库管理流程（如图4-1所示）及管控节点说明（见表4-1）

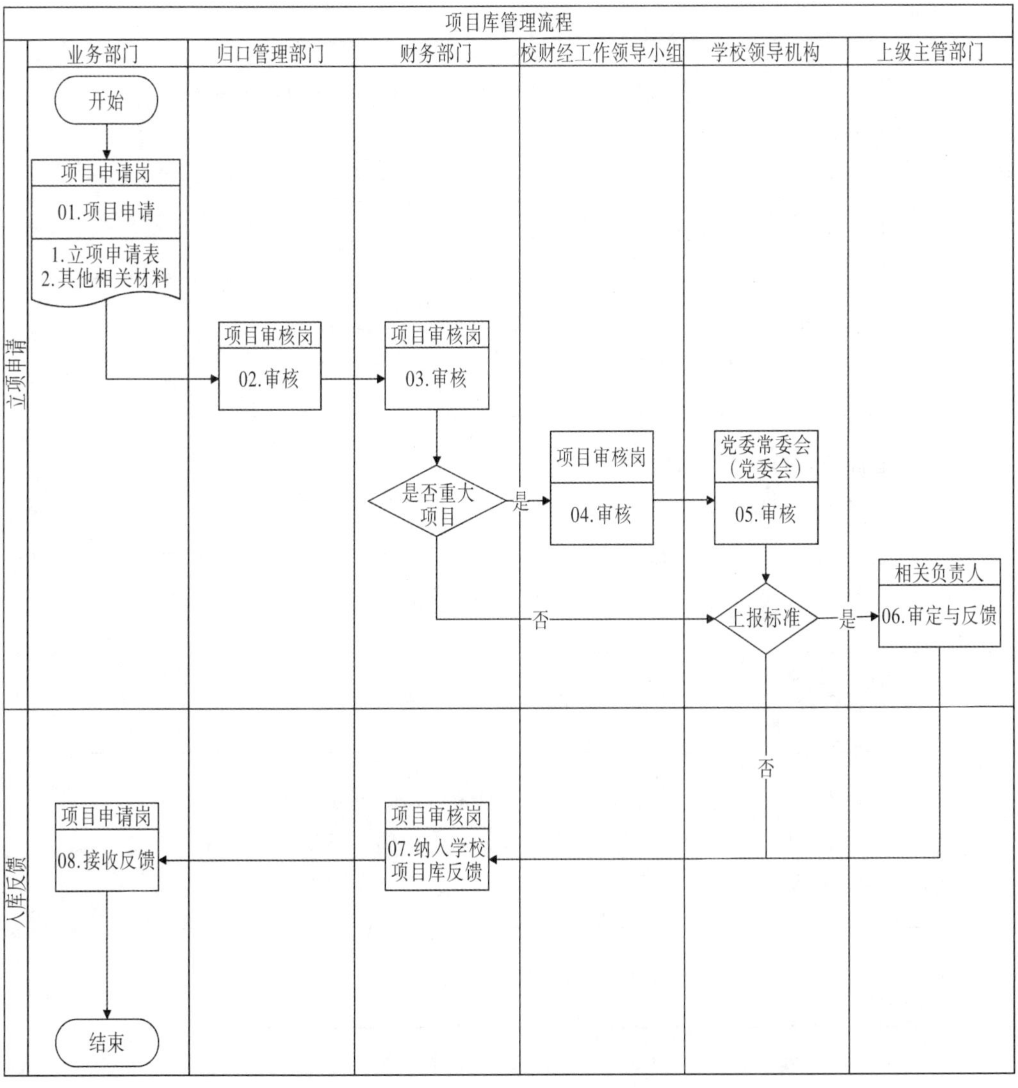

图4-1　项目库管理流程

表4-1 **管控节点说明**

管控节点	节点说明	输出文档
01	业务部门项目申请岗提出项目申请提交归口管理部门审核	立项申请表 其他相关资料
02	归口管理部门项目审核岗对项目申请进行审核，审核后提交财务部门	
03	财务部门的项目审核是对归口管理部门审核后的项目申请进行审核	
	判断是否为重大项目，若是，进入04；若否，进入下一级判断	
04	若为重大项目，则报校财经工作领导小组项目审核岗审核，审核后提交至高校党委常委会（党委会）	
05	高校党委常委会（党委会）项目审核岗对校财经工作领导小组交付的项目申请进行审核	
	判断是否符合上报标准，若是，进入06；若否，进入07	
06	若符合上报标准，上级主管部门对其进行审定与反馈	
07	若不符合上报标准，则财务部门项目审核岗纳入学校项目库反馈。同时，财务部门项目审核岗将上级主管部门审定与反馈的项目纳入学校项目库反馈	
08	业务部门项目申请岗对纳入学校项目库的项目进行接收反馈	

2.年初预算编制与审核流程（如图4-2所示）及管控节点说明（见表4-2）

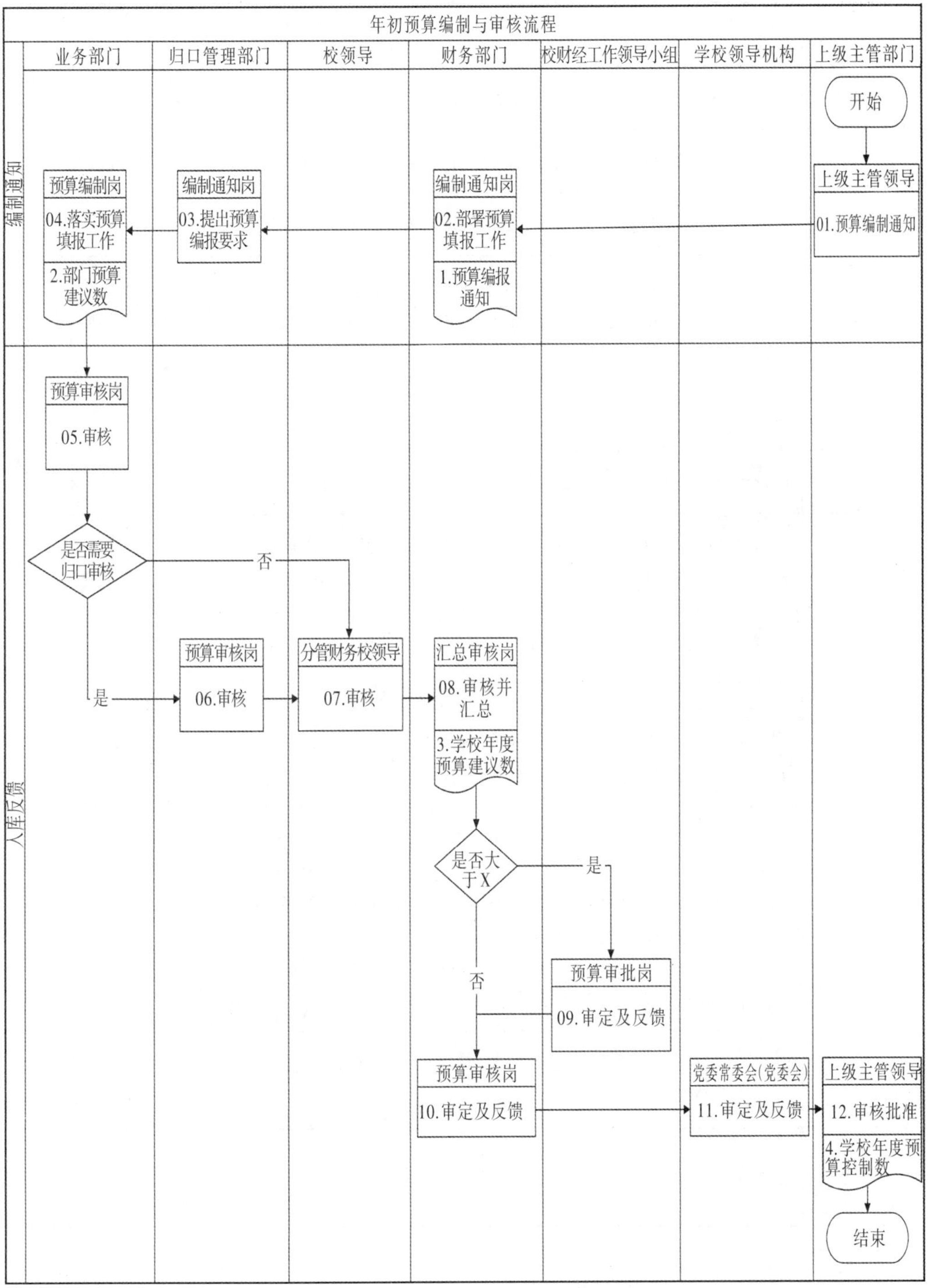

图4-2　年初预算编制与审核流程

表4-2 **管控节点说明**

管控节点	节点说明	输出文档
01	上级主管领导下发下一年预算编制通知	
02	财务部门预算编制通知岗每年9月份部署预算填报工作	预算编报通知
03	归口管理部门编制通知岗提出预算编制要求	
04	各业务部门预算编制岗根据当年预算编制要求，结合以前年度预算执行情况提出本部门预算并提交各业务部门预算审核岗审核	部门预算建议数
05	各业务部门预算审核岗对预算进行审核	
	判断是否需要归口管理部门审核，若是，进入06；若否，进入07	
06	若需要归口管理部门审核，归口管理部门预算审核岗对各业务部门的预算进行审核并提交分管财务校领导审核	
07	分管财务校领导对预算建议数进行审核并提交财务部门汇总审核岗审核	
08	财务部门对预算建议数及申报材料进行预审，汇总形成学校年度预算建议数报校财经工作领导小组	学校年度预算建议数
	判断是否大于X，若是，进入09；若否，进入10	
09	若大于X，则由校财经工作领导小组审批后交给财务部门预算审核岗对预算建议数进行复核	
10	财务部门预算审核岗对预算进行审批后提交至学校领导机构	
11	高校党委常委会（党委会）预算审核岗对预算进行审批后提交至上级主管部门	
12	上级主管部门审定并下达预算控制数	学校年度预算控制数

3.非年初预算编制与审核流程（如图4-3所示）及管控节点说明（见表4-3）

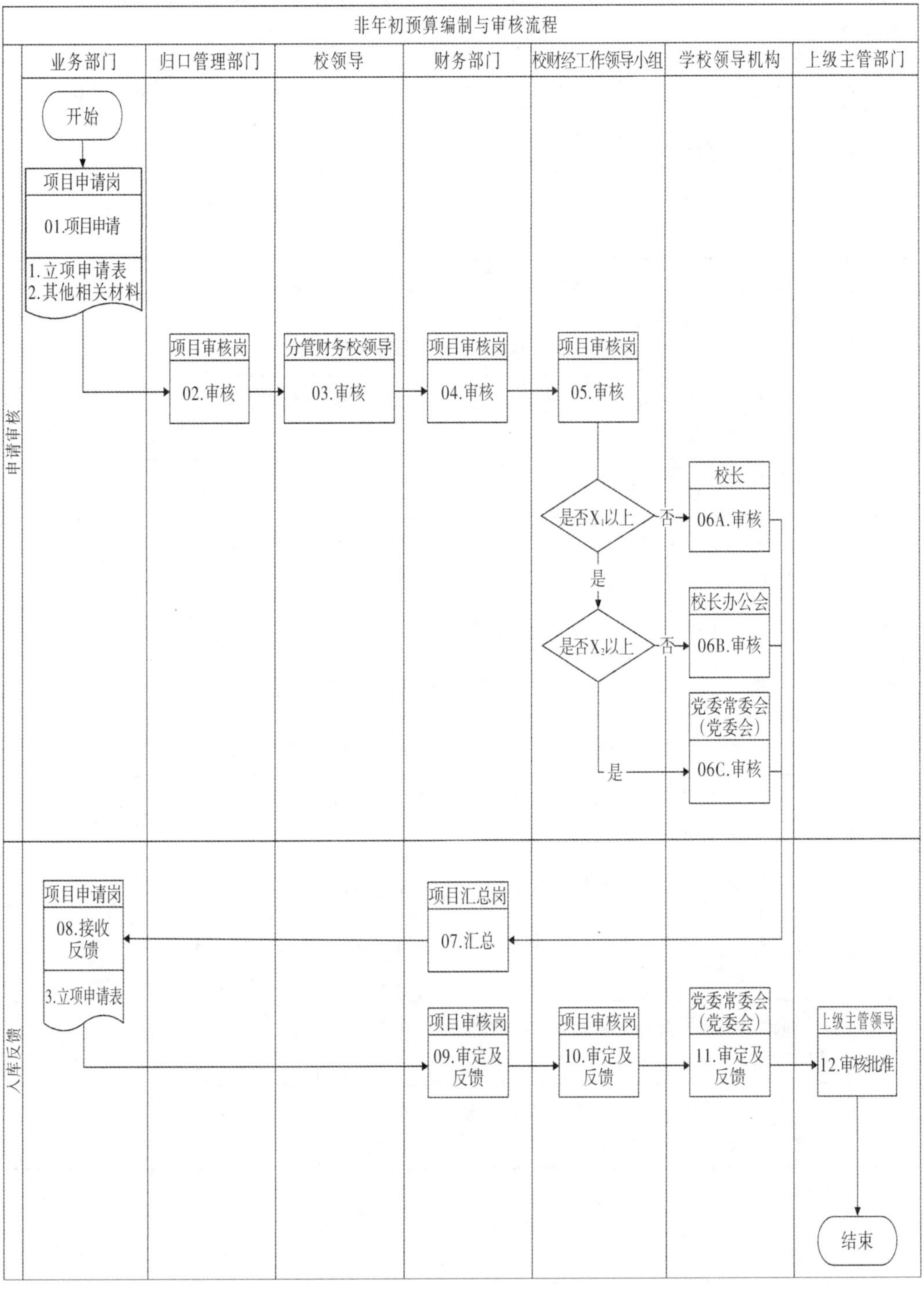

图4-3　非年初预算编制与审核流程

表4-3 **管控节点说明**

管控节点	节点说明	输出文档
01	业务部门项目申请岗提出项目申请提交归口管理部门审核	立项申请表
02	归口管理部门项目审核岗对项目申请进行审核，审核后提交分管财务校领导	
03	分管财务校领导对项目进行审核并提交财务部门	
04	财务部门项目审核岗进行审核，并提交校财经工作领导小组	
05	校财经工作领导小组项目审核岗对项目进行审核	
	判断项目是否超过X_1，若是，进入下一级判断；若否，进入06A	
06A	若没有超过X_1，则由校长审核	
	若超过X_1，判断是否超过X_2，若是，进入06C；若否，进入06B	
06B	若没有超过X_2，则由校长办公会审核	
06C	若超过X_2，则由高校党委常委会（党委会）审核	
07	财务部门项目汇总岗对学校领导机构审核后的项目进行汇总	
08	业务部门项目申请岗对财务部门汇总的项目申请进行接收反馈并下发立项申请表	立项申请表
09	财务部门项目审核岗对业务部门提交的申请表进行审定及反馈	
10	校财经工作领导小组项目审核岗对财务部门提交的申请表进行审定及反馈	
11	高校党委常委会（党委会）对校财经工作领导小组提交的申请表进行审定及反馈	
12	上级主管部门的相关领导对高校党委常委会（党委会）提交的申请表进行审核批准	

四、预算批复与下达管理

高校应将上级批复的预算收入任务和支出指标分解后，下达到预算执行单位。

下达任务或指标时应明确每一笔预算资金的经济责任人，确保事权与收入、支出责任相结合。

（一）预算批复与下达管理规范

预算年度正式开始后，财务部门可以根据主管部门下达的预算控制数提出预算下达申请，经校财经工作领导小组审核通过后批复至归口管理部门，归口管理部门审核通过后下达至各业务部门。年度预算正式批复前可以安排以下支出：

（1）上一年度结转的支出。

（2）参照上一年同期的预算支出数额必须安排的本年度基本支出、项目支出。

（3）法律规定必须履行支付义务的支出，以及用于紧急事项的支出。

上述支出安排情况应当在预算草案的报告中作出说明。

（二）预算批复与下达管理流程（如图4-4所示）及管控节点说明（见表4-4）

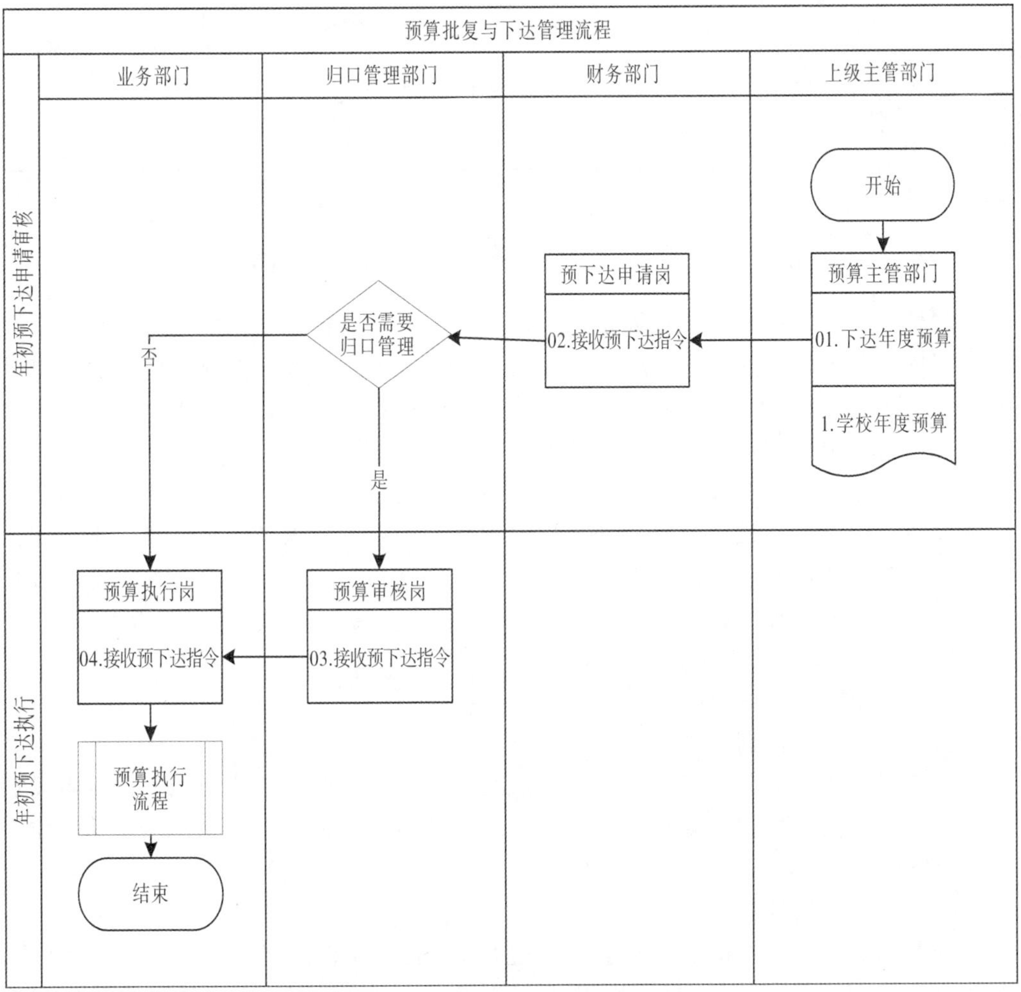

图4-4　预算批复与下达管理流程

表4-4 **管控节点说明**

管控节点	节点说明	输出文档
01	预算主管部门部署预算编报工作并下达年度预算	学校年度预算
02	财务部门预下达申请岗根据上级主管部门下达的控制数进行年初预下达申请	
	判断是否需要归口管理，若是，进入03；若否，进入04	
03	若需要归口管理，则归口管理部门预算审核岗接收预下达指令	
04	业务部门预算执行岗接收财务部门下发或归口管理部门下发的预下达指令	
	转入预算执行流程	

五、预算执行管理

高校应重视并认真做好预算执行工作，加快预算执行进度；加强对结转结余资金的管理，制定政策盘活存量资金。高校应定期提供预算执行情况分析报告，提请校财经工作领导小组或类似机构研究预算执行中存在的问题，并提出解决问题的建议方案，按规定程序提交预算决策机构研究审定。

高校应建立“先有预算、后有支出”的预算支出机制，保持预算执行的稳定性和严肃性。同时，高校应当建立健全校内预算调整申请与审批程序。对由于工作任务变动等客观因素导致确需增加、减少或取消预算的，应当严格按有关规定履行相应的预算调整审批程序。

（一）预算执行管理规范

1.资金计划及使用管理

（1）资金使用计划编制

各部门根据本部门预算及资金需求情况定期编制资金使用计划，资金使用计划应当严格按照预算执行进度编制。预算执行过程中，资金使用情况发生变动的应当重新编制资金使用计划并提供合理依据。

（2）资金使用计划审核及上报

资金使用计划经部门内部审核通过后，需经归口管理部门、主管校领导、财务部门审核；审核通过后，财务部门汇总并编制用款计划，用款计划中应当明确资金使用的支付方式（授权支付、直接支付）、时间节点等并经部门内部复核。

（3）用款额度批复

收到批复的用款后，财务部门应当将批复额度告知各资金需求部门。

2.预算执行分析管理

业务部门应依据部门预算批复中明确的预算执行方式执行，具体执行方式如下：

（1）支出范围和支出标准明确的，可以在工作执行完后直接报销，“三公经费”等重点管控支出除外。

（2）支出内容不明确的，应当申请执行，业务执行人员需填制《预算执行申请审批单》，并按照授权审批流程进行审核，未经审核或未审核通过的不得执行。

（3）购买商品或服务需要进行采购的，在执行申请之后依照采购流程执行。

学校各部门应当依据财务部门部署定期报告预算执行情况，具体内容如下：

（1）各业务部门应当根据项目执行情况编制项目执行分析报告，分析报告至少包括：项目名称、资金来源、业务执行进度、资金使用比例、项目执行周期及已执行时长、项目执行情况自评结果等。

（2）归口管理部门应当统计归口管理事项，编制归口事项统计分析报告，分析报告至少包括：归口事项范围、性质、业务履行情况、资金使用情况，归口管理自评结果等。

（3）财务部门应当依据高校实际资金收付情况编制资金收支进度报告，进度报告中至少包括：收入事项及执行进度、支出事项及支出进度、资金收支管理自评结果等。预算执行情况报告至少每月进行一次。

财务部门对各部门提交的预算执行情况报告进行综合分析，编制预算执行报告并经内部复核，内部复核通过后提交校财经工作领导小组评议，校财经工作领导小组评议后提交校长办公会进行评价以及反馈。根据预算执行分析结果及评议反馈建议，各预算管理涉及部门应当改进预算执行或管理，财务部门督促落实。

（二）预算执行管理流程及说明

1.资金计划及使用管理流程（如图4-5所示）及管控节点说明（见表4-5）

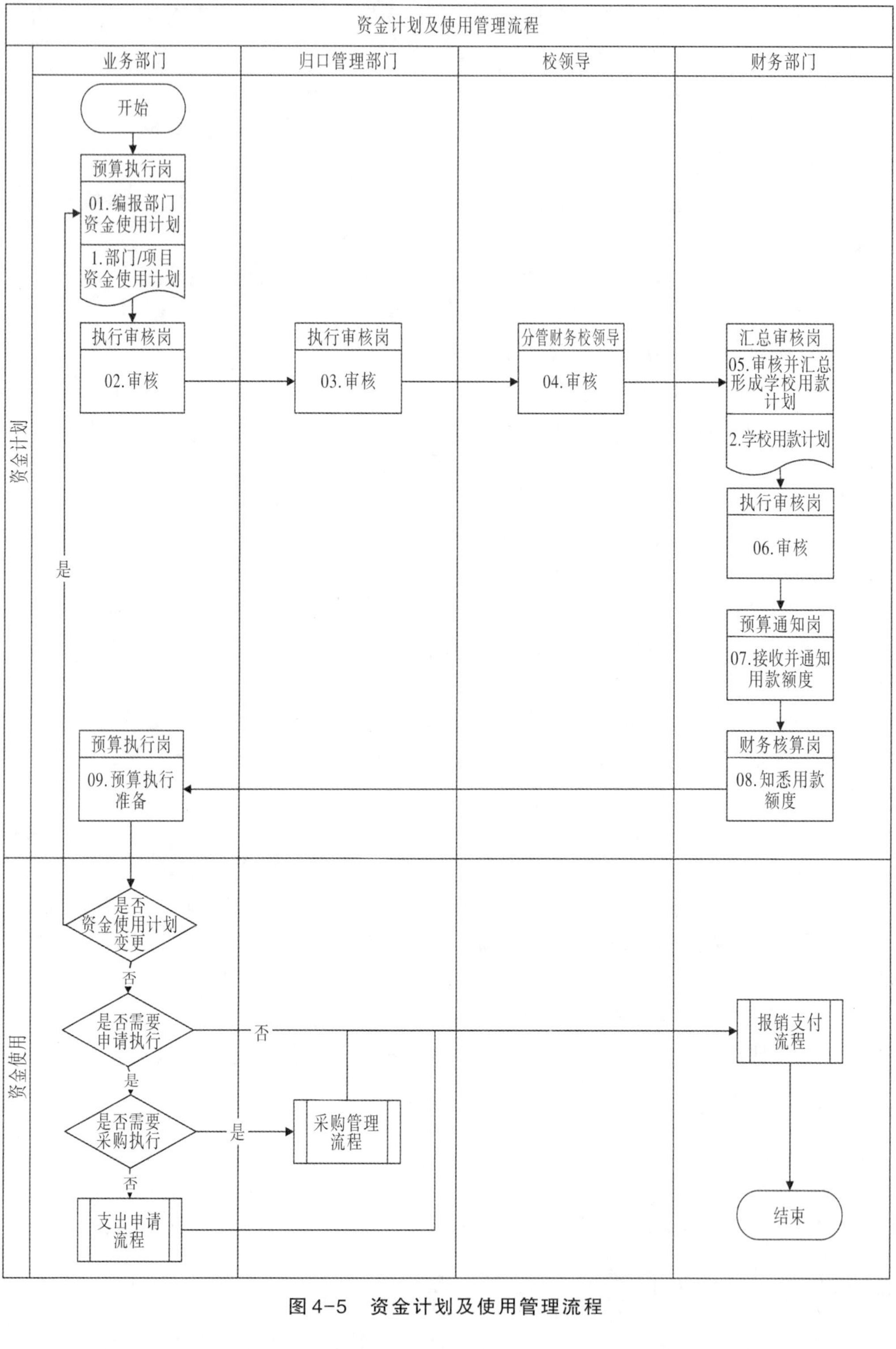

图4-5 资金计划及使用管理流程

表4-5　**管控节点说明**

管控节点	节点说明	输出文档
01	业务部门预算执行岗编报部门/项目资金使用计划	部门/项目资金使用计划
02	业务部门执行审核岗对资金使用计划进行审核，并提交至归口管理部门	
03	归口管理部门执行审核岗对资金使用计划进行审核，并提交至分管财务校领导	
04	分管财务校领导对归口管理部门提交的资金使用计划进行审核	
05	财务部门汇总审核岗审核资金使用计划并汇总形成学校用款计划	学校用款计划
06	财务部门执行审核岗对学校用款计划进行审核	
07	财务部门预算通知岗接收并通知用款额度	
08	财务部门财务核算岗知悉用款额度	
09	业务部门预算执行岗作出预算执行准备	
	判断是否存在资金使用计划变更情况，若是，进入01；若否，进入下一级判断	
	判断是否需要申请执行，若是，进入下一级判断；若否，转入报销支付流程	
	判断是否需要采购执行，若是，转入采购管理流程后，进行报销支付流程；若否，转入支出申请流程后，进行报销支付流程	

2.预算执行分析管理流程（如图4-6所示）及管控节点说明（见表4-6）

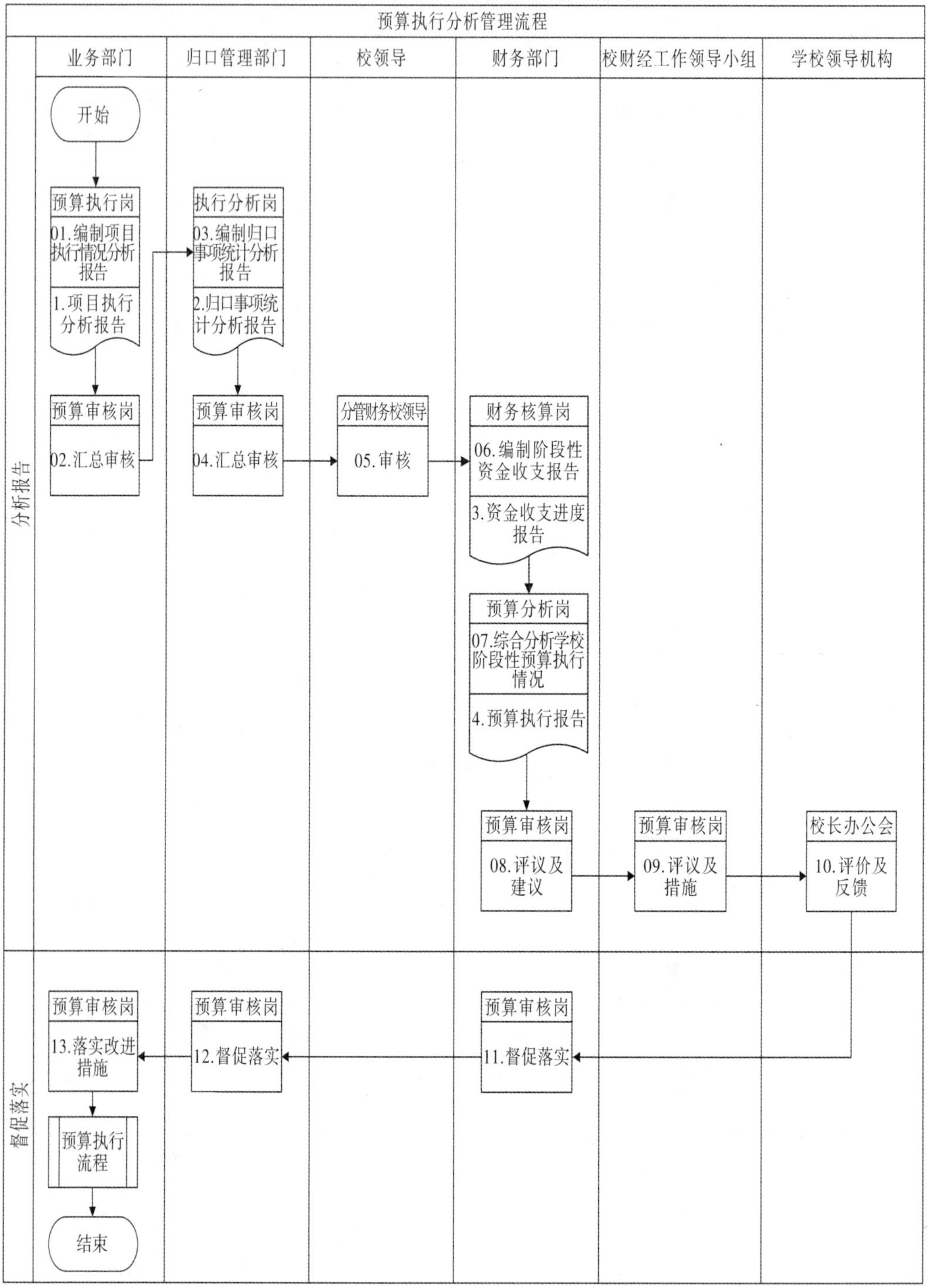

图4-6 预算执行分析管理流程

表4-6　**管控节点说明**

管控节点	节点说明	输出文档
01	业务部门预算执行岗编制项目执行分析报告	项目执行分析报告
02	业务部门预算审核岗负责汇总审核项目执行分析报告	
03	归口管理部门执行分析岗编制归口事项统计分析报告	归口事项统计分析报告
04	归口管理部门预算审核岗对报告进行汇总审核并提交分管财务校领导	
05	分管财务校领导对报告进行审核并反馈给财务部门	
06	财务部门财务核算岗根据报告编制阶段性资金收支报告	资金收支进度报告
07	财务部门预算分析岗综合分析学校阶段性预算执行情况	预算执行报告
08	财务部门预算审核岗对报告进行评议及提出建议	
09	校财经工作领导小组预算审核岗对财务部门提交的报告进行评议及提出改进措施并提交学校领导机构	
10	校长办公会对校财经工作领导小组提交的报告进行评价及反馈	
11	财务部门预算审核岗对校长办公会下达的报告进行督促落实	
12	归口管理部门预算审核岗对财务部门下达的报告进行督促落实	
13	业务部门预算审核岗对归口管理部门下达的报告进行落实并提出改进措施	
	转入预算执行流程	

六、预算追加调整管理

预算调整是指学校预算在执行过程中，因遇重大政策调整、项目实施条件变化、学校重大战略决策调整等特殊原因，需对原定预算进行必要的调整，该调整属于总额调整。应按照下列程序进行：

（1）因上级政策调整，需调整学校综合预算内容的，财务部门根据政策调整内容提出预算调整建议草案，报校财经工作领导小组评审通过后，上报校党委常委会（党委会）审批，通过后按规定上报，待上级部门批准后，按照批准后的预算执行。

（2）因项目实施条件、学校重大战略决策调整的，项目所在部门根据实际建设需要，提出预算调整申请报财务部门，财务部门初审后形成预算调整建议草案，报校财经工作领导小组评审通过后，上报校党委常委会（党委会）审批，通过后向上级部门报批，待上级部门批准后，财务部门据此调整预算，并下达给项目所在部门按此执行。

预算调整要遵循“量入为出，收支平衡”的原则，追加的支出要有相应的收入来源；减少收入时，要压缩相应的支出。

（一）预算追加调整管理规范

为了保证预算的严肃性、有效性，部门预算在执行过程中原则上不予调整。确因特殊原因需要调整预算时，须按预算调整程序报批。

部门预算调整属于局部调整。部门预算调整由相关部门提出调整方案，说明调整预算的理由、项目和金额，按部门预算调整审批程序执行，调减预算收回的预算金额由学校统一调剂使用。

追加预算，根据经费来源不同分为两大类：

第一类：动用“预算预备费”。

业务部门或归口部门在预算执行过程中，由于一些不可预见的原因需动用预算预备费调整部门预算时，由相关部门提出预算调整申请，说明预算调整的理由、项目和金额，填写“预算调整申请表”，经相关部门分管业务校领导审批后提交财务部门；财务部门收到预算调整申请后，对预算调整申请进行审核，出具审核意见，并按额度不同执行分级审批程序，各级次最终审批权限如下：

（1）调整金额X_1以下（不含X_1）：校长。

（2）调整金额$X_1 \sim X_2$（不含X_2）：校长办公会。

（3）调整金额X_2及以上：高校党委常委会（党委会）。

X_1及以上属专项经费管理范围内的项目，还需上报校财经工作领导小组评审后，方可再上报校长办公会或高校党委常委会（党委会）审批。

财务部门依据审批通过后的部门调整预算申请，下达“预算调整（剂）指标拨款通知书”，业务部门或归口管理部门依据此批复组织实施相应的预算执行工作。

第二类：年度期间到款需纳入预算核算。

年度期间到款的根据学校相关规定、双方协议或资金性质，需纳入相关部门预算核算的，由相关部门提出预算调整申请，说明预算调整的理由、金额，填写“预算调整申请表”，并按调整额度不同执行分级审批程序，各级次最终审批权限如下：

（1）调整金额X_1（不含X_1）：部门负责人。

（2）调整金额$X_1 \sim X_2$（不含X_2）：分管业务校领导。

（3）调整金额$X_2 \sim X_3$（不含X_3）：财务处长。

（4）调整金额$X_3 \sim X_4$（不含X_4）：分管财务校领导。

（5）调整金额$X_4 \sim X_5$（不含X_5）：校长。

（6）调整金额$X_5 \sim X_6$（不含X_6）：校长办公会。

（7）调整金额X_6及以上：高校党委常委会（党委会）。

X_5及以上属专项经费管理范围内的项目，需上报校财经工作领导小组评审后，依据额度上报校长办公会或高校党委常委会（党委会）审定。

财务部门依据分级审批通过后的“预算调整申请表”，下达“预算调整（剂）指标拨款通知书”，业务部门或归口管理部门依据此批复，组织实施相应的预算执行工作。

（二）预算追加调整管理流程及说明

1.预算追加调整流程第一类：动用“预算预备费”（如图4-7所示）及管控节点说明（见表4-7）

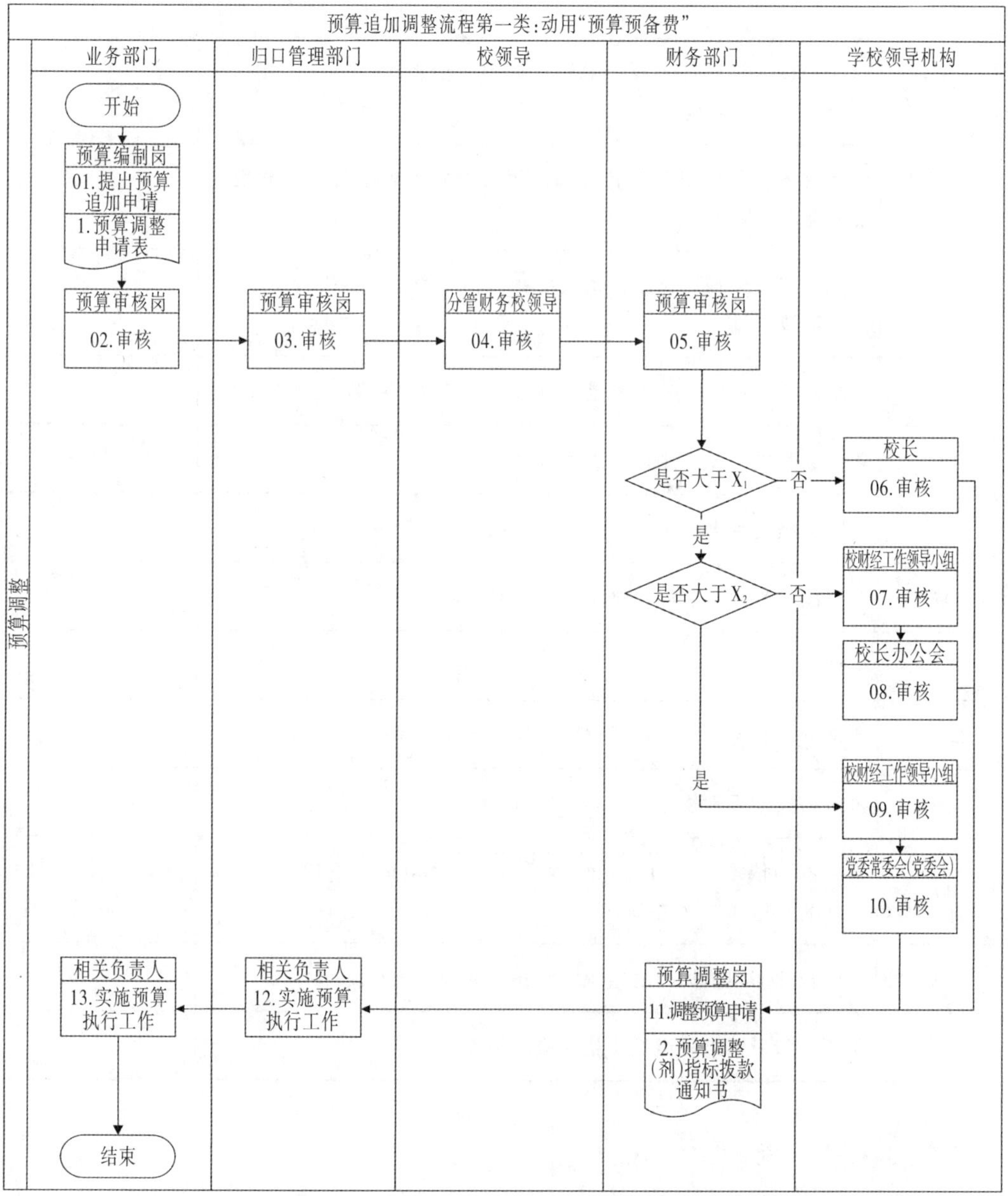

图4-7　预算追加调整流程第一类：动用“预算预备费”

表4-7 **管控节点说明**

管控节点	节点说明	输出文档
01	业务部门预算编制岗提出预算追加申请	预算调整申请表
02	业务部门预算审核岗对预算调整申请表进行审核，并提交至归口管理部门	
03	归口管理部门预算审核岗对预算调整申请表进行审核，并提交至分管财务校领导	
04	分管财务校领导对归口管理部门提交的申请表进行审核并提交财务部门	
05	财务部门收到预算调整申请表后，对预算调整申请表进行审核，出具审核意见	
	判断金额是否大于X_1，若是，进入下一级判断；若否，进入06	
06	若金额不大于X_1，则由校长审批	
	判断金额是否大于X_2，若是，进入09；若否，进入07	
07	若金额在$X_1 \sim X_2$之间，则先由校财经工作领导小组审批	
08	再由校长办公会审批	
09	若金额超过X_2，则先由校财经工作领导小组审批	
10	再由高校党委常委会（党委会）审批	
11	财务部门依据审批通过后的部门调整预算申请，下达《预算调整（剂）指标拨款通知书》	预算调整（剂）指标拨款通知书
12	归口管理部门依据批复组织实施相应的预算执行工作	
13	业务部门根据批复组织实施相应的预算执行工作	

2.预算追加调整流程第二类：年度期间到款需纳入预算核算（如图4-8所示）及管控节点说明（见表4-8）

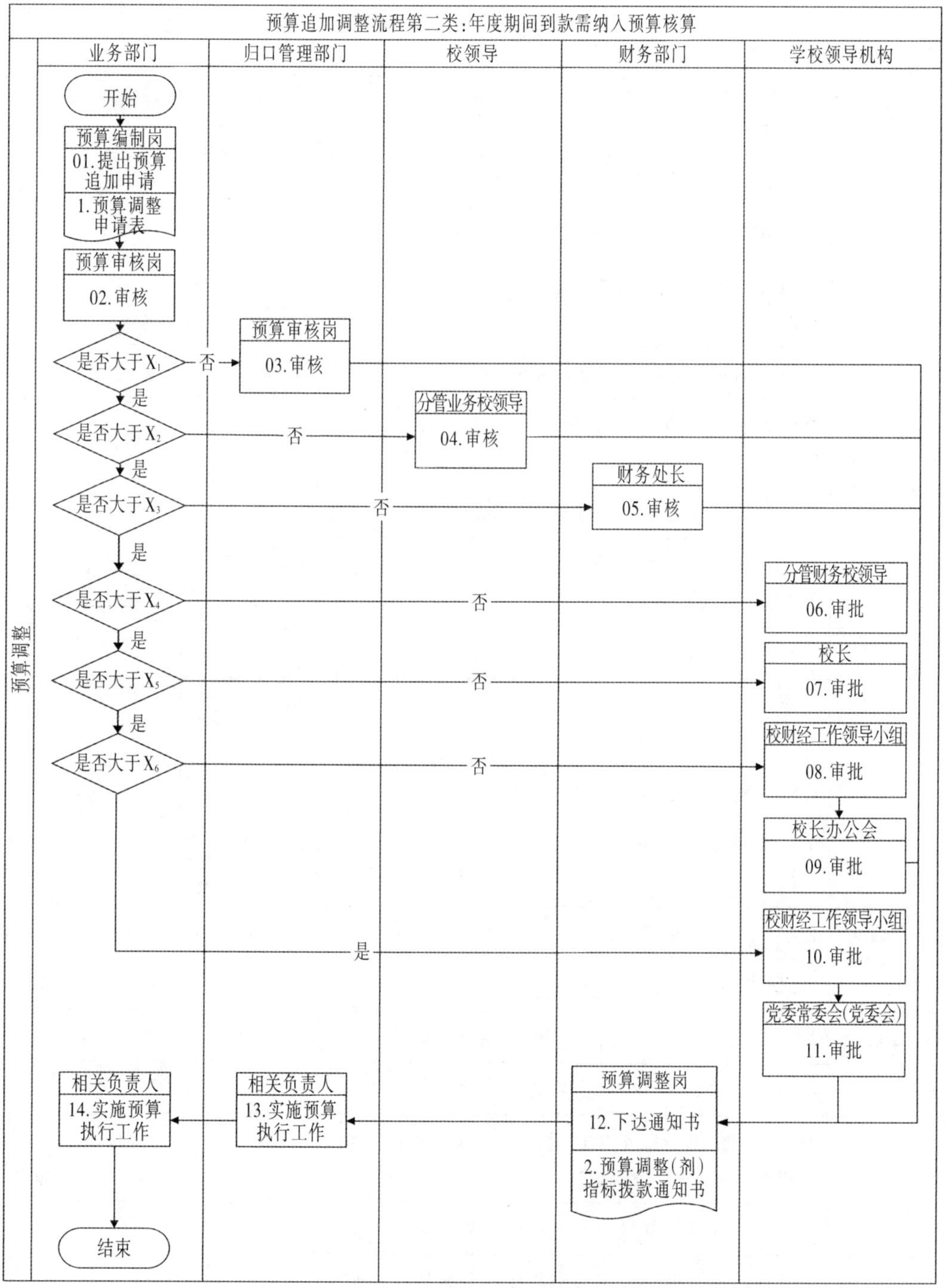

图4-8 预算追加调整流程第二类：年度期间到款需纳入预算核算

表4-8 **管控节点说明**

管控节点	节点说明	输出文档
01	业务部门预算编制岗提出预算追加申请	预算调整申请表
02	业务部门预算审核岗对预算调整申请表进行审核，并提交至归口管理部门	
	判断金额是否大于X_1，若是，进入下一级判断；若否，进入03	
03	金额小于X_1，由归口管理部门预算审核岗审核	
	金额大于X_1，判断金额是否大于X_2，若是，进入下一级判断；若否，进入04	
04	金额在X_1 ~ X_2之间，由分管业务校领导审核	
	金额大于X_2，判断金额是否大于X_3，若是，进入下一级判断；若否，进入05	
05	金额在X_2 ~ X_3之间，由财务处长审核	
	金额大于X_3，判断金额是否大于X_4，若是，进入下一级判断；若否，进入06	
06	金额在X_3 ~ X_4之间，由分管财务校领导审批	
	金额大于X_4，判断是否大于X_5，若是，进入下一级判断；若否，进入07	
07	金额在X_4 ~ X_5之间，由校长审批	
	金额大于X_5，判断金额是否大于X_6，若是，进入10；若否，进入08	
08	金额在X_5 ~ X_6之间，则先由校财经工作领导小组审批	
09	再由校长办公会审批	
10	若超过X_6，则先由校财经工作领导小组审批	
11	再由高校党委常委会（党委会）审批	
12	财务部门依据分级审批通过后的《预算调整申请表》，下达《预算调整（剂）指标拨款通知书》	预算调整（剂）指标拨款通知书
13	归口部门依据批复组织实施相应的预算执行工作	
14	业务部门依据批复组织实施相应的预算执行工作	

七、决算与绩效评价管理

高校应建立决算编制审核制度，明确报表编制和资料提供的责任主体、审批权限和时间要求等，确保决算真实、完整、准确、及时，符合有关法律法规要求。

高校应按规定编制决算报表附注和说明，做到内容完整、数据准确、分析到位。

（一）决算与绩效评价管理规范

1.决算工作部署

财务部门应当根据主管部门下发的决算编制要求、规定及培训内容发布学校决算工作通知，部署决算编制工作；决算编制具体工作方法、工作程序、工作内容发生变动的，财务部门应当对学校各部门决算的编制进行培训；校财经工作领导小组对决算工作进行指导。

2.决算材料填报

学校各部门应根据内部决算工作通知真实、准确、及时填报决算基础材料：各业务部门应填报部门决算材料；归口管理部门应填报归口事项决算材料；财务部门应提供学校本年度实际财务收支数据。

3.决算草案编报

学校决算工作按照“科学、规范、统一、高效”的原则，各部门应在每年年末将本年度部门预算执行情况分析报告上报财务部门，由财务部门汇总并与会计账务进行核实。财务部门根据学校年度预算批复情况、预算执行情况、各部门报送的决算编制材料，综合分析编制学校决算草案。决算编制应符合收支真实、数额准确、内容完整的基本要求。

财务部门编制的学校年度决算草案，提交校财经工作领导小组审核后，报校党委常委会（党委会）审批，通过后上报上级主管部门。

4.决算报告批复

财务部门收到上级主管部门决算批复后应当将上级主管部门反馈情况报告校财经工作领导小组，结合校财经工作领导小组及上级主管部门决算批复意见进行决算修改及公开。

5.预算绩效管理

高校应当加强预算绩效管理，建立“预算编制有目标、预算执行有监控、预算完成有评价、评价结果有反馈、反馈结果有应用”的全过程预算绩效管理机制。

高校在预算编制时对项目支出和整体支出设置绩效目标。项目支出绩效目标由业务职能部门根据专项发展规划目标设定，整体支出绩效目标由学校根据发展规划目标和年度目标设定。

绩效目标应能清晰反映预算资金的预期产出和效益。绩效指标应尽量进行定量表述，不能以量化形式表述的，可采用定性表述，但应具有可衡量性。

预算执行结束后，高校应根据主管部门要求对照确定的绩效目标开展绩效自评，形成相应的自评结果，作为学校预、决算的组成内容和以后年度预算申请、安排的重要基础。

高校应建立对预算绩效目标完成情况的考核机制，并将评价结果与年度考核挂钩，与以后年度预算分配挂钩。

6.绩效评价方案编审

校财经工作领导小组应当从学校治理目标出发，结合学校年度预决算实际情况确定评价对象。财务部门依据评价对象制订绩效评价方案并报送校财经工作领导小组审核，审核通过后下发至各业务部门执行。绩效评价方案的编审应当保证：绩效评价对象覆盖面广、绩效评价指标构建科学合理、绩效评价奖惩机制公开透明。

7.部门绩效自评

学校各部门应定期对本部门的预算执行情况进行分析和检查并对本部门的预算经费使用情况进行绩效评价，各部门主要负责人对本部门预算资金的使用负责。自评应满足：自评过程公开透明；自评结果客观真实，需经部门签字确认；及时上报自评结果。

8.综合评价报告编报

学校建立预算执行情况分析制度和财务运行情况报告制度，财务部门负责研究分析校级预算执行情况，并定期向学校和上级部门报告预算执行情况和财务运行情况。

财务部门负责对校级预算和各部门预算经费使用情况实施绩效评价，并将评价结果提交校财经工作领导小组审核，通过后，分别提交校党委常委会（党委会）和校长办公会审定。绩效评价结果与预算安排挂钩，对于绩效评价结果较好的，学校将加大投入力度；对绩效评价结果较差的，学校将在下年度预算编制时削减或取消有关预算。

（二）决算与绩效评价管理流程及说明

1.决算流程（如图4–9所示）及管控节点说明（见表4–9）

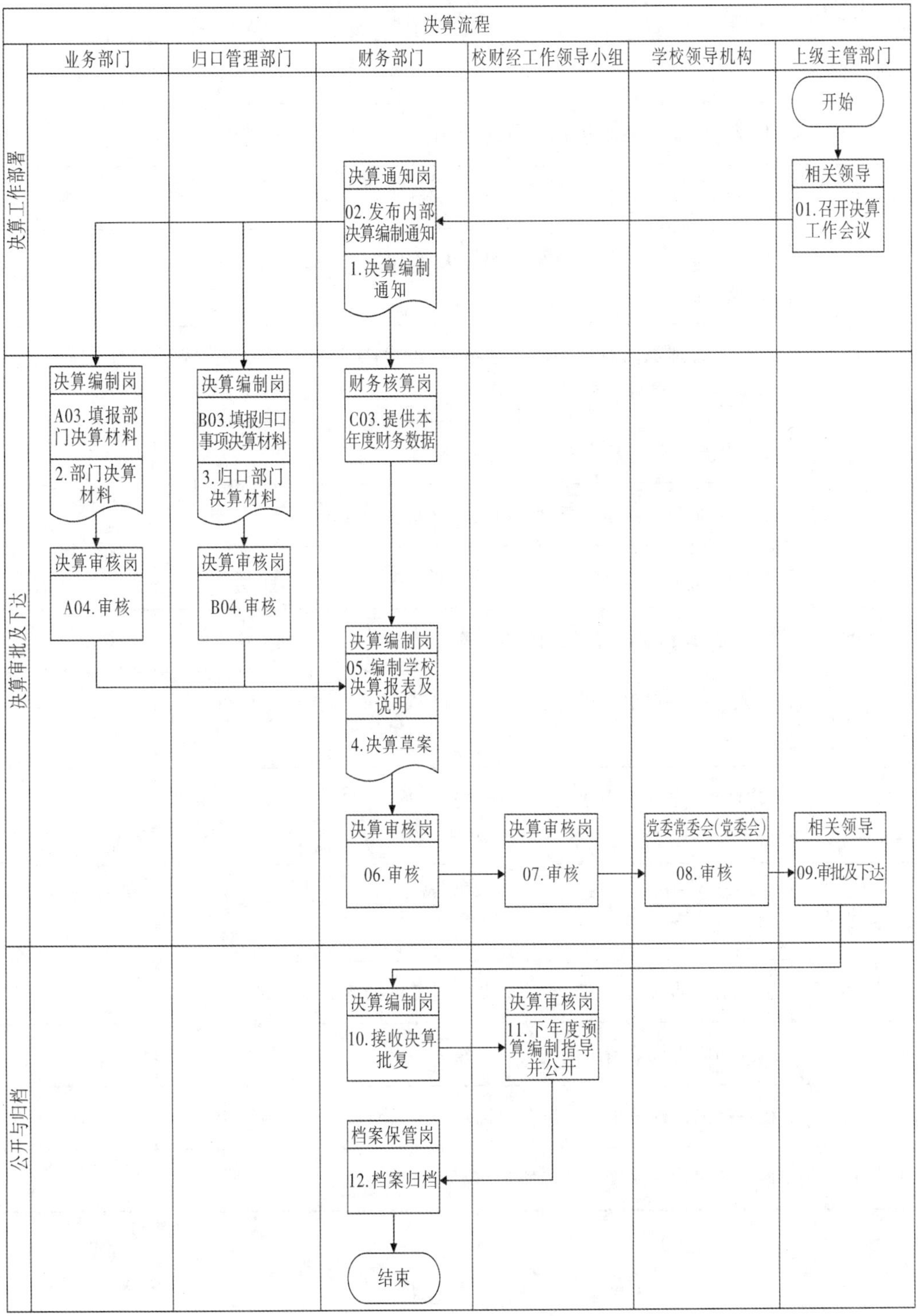
决算流程
业务部门
归口管理部门
财务部门
校财经工作领导小组
学校领导机构
上级主管部门
决算工作部署
决算审批及下达
公开与归档
开始
相关领导
01.召开决算工作会议
决算通知岗
02.发布内部决算编制通知
1.决算编制通知
决算编制岗
A03.填报部门决算材料
2.部门决算材料
决算编制岗
B03.填报归口事项决算材料
3.归口部门决算材料
财务核算岗
C03.提供本年度财务数据
决算审核岗
A04.审核
决算审核岗
B04.审核
决算编制岗
05.编制学校决算报表及说明
4.决算草案
决算审核岗
06.审核
决算审核岗
07.审核
党委常委会(党委会)
08.审核
相关领导
09.审批及下达
决算编制岗
10.接收决算批复
决算审核岗
11.下年度预算编制指导并公开
档案保管岗
12.档案归档
结束

图4-9　决算流程

表4-9 **管控节点说明**

管控节点	节点说明	输出文档
01	上级主管部门相关领导召开决算工作会议	
02	财务部门决算通知岗发布内部决算编制通知	决算编制通知
03	A.业务部门决算编制岗填报部门决算材料，并提交业务部门决算审核岗	部门决算材料
	B.归口管理部门决算编制岗填报归口部门决算材料，并提交归口管理部门决算审核岗	归口部门决算材料
	C.财务部门财务核算岗提供本年度财务数据	
04	A.业务部门决算审核岗对部门决算材料进行审核	
	B.归口管理部门决算审核岗对归口部门决算材料进行审核	
05	财务部门决算编制岗编制学校决算报表及说明，形成决算草案	决算草案
06	财务部门决算审核岗对决算草案进行审核，并提交至校财经工作领导小组	
07	校财经工作领导小组决算审核岗对决算草案进行审核，上报学校领导机构	
08	高校党委常委会（党委会）对决算草案进行审核并上报上级主管部门	
09	上级主管部门相关领导对决算草案进行审批及下达	
10	财务部门决算编制岗接收决算批复	
11	校财经工作领导小组决算审核岗指导下一年度预算编制并公开	
12	财务部门档案保管岗进行档案归档	

2.绩效评价流程（如图4-10所示）及管控节点说明（见表4-10）

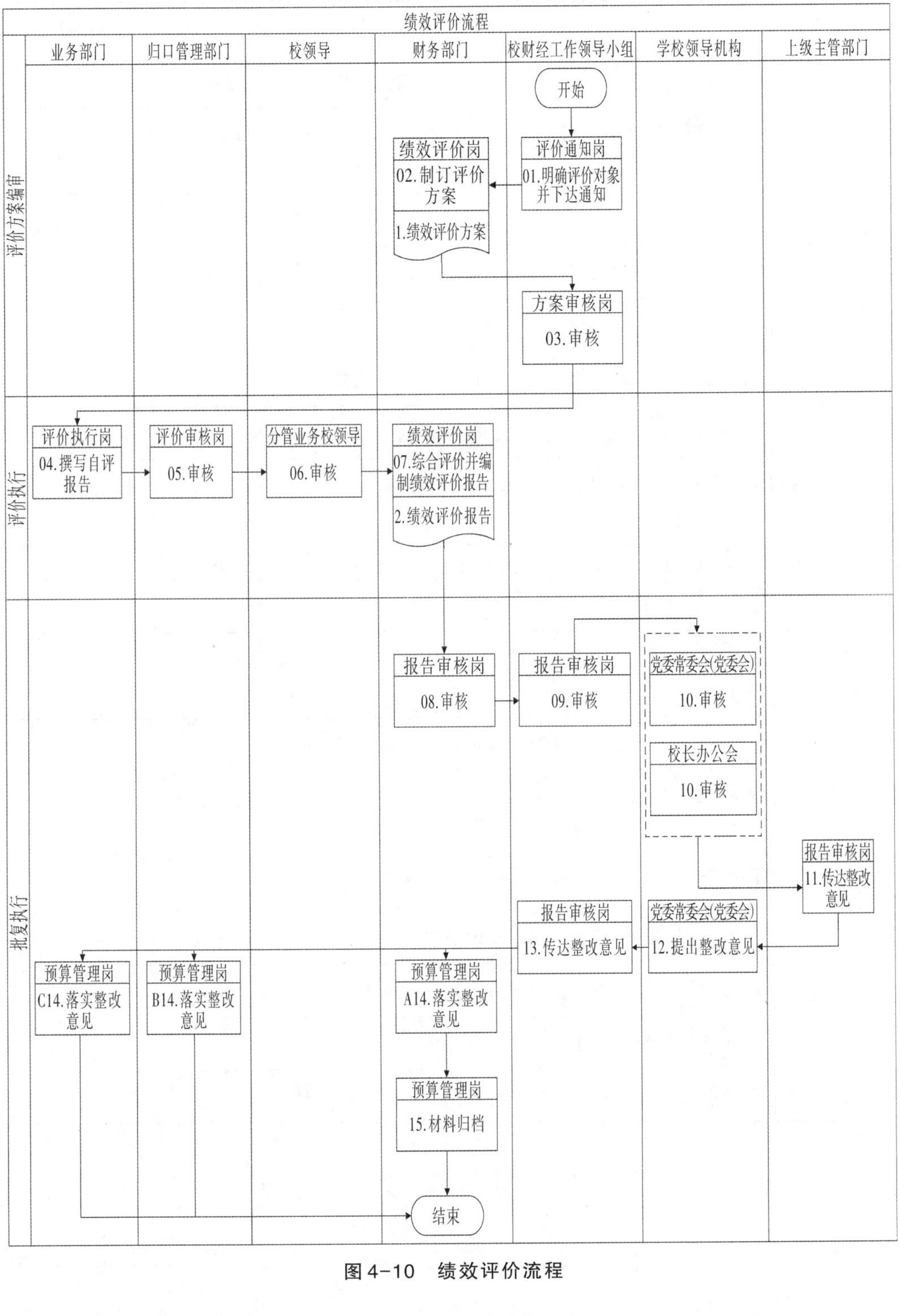

图4-10　绩效评价流程

表4-10 **管控节点说明**

管控节点	节点说明	输出文档
01	校财经工作领导小组评价通知岗明确绩效评价对象并下达通知	
02	财务部门绩效评价岗制订评价方案，并提交至校财经工作领导小组	绩效评价方案
03	校财经工作领导小组方案审核岗对绩效评价方案进行审核	
04	业务部门评价执行岗撰写自评报告，并提交至归口管理部门	
05	归口管理部门对自评报告进行审核，并提交至分管业务校领导	
06	分管业务校领导对自评报告进行审核，并提交财务部门	
07	财务部门绩效评价岗对自评报告进行综合评价并编制绩效评价报告	绩效评价报告
08	财务部门报告审核岗对绩效评价报告进行复核，并提交至校财经工作领导小组	
09	校财经工作领导小组报告审核岗对绩效评价报告进行审核，并分别提交校党委常委会（党委会）和校长办公会审核	
10	校党委常委会（党委会）和校长办公会审核后将报告提交上级主管部门	
11	上级主管部门相关领导对报告进行批复及提出整改意见	
12	校党委常委会（党委会）根据上级主管部门的批复提出整改意见	
13	校财经工作领导小组报告审核岗传达整改意见	
14	A.财务部门预算管理岗落实整改意见	
	B.归口管理部门预算管理岗落实整改意见	
	C.业务部门预算管理岗落实整改意见	
15	财务部门档案保管岗进行材料归档	

八、预算监督管理

高校应组织对年度预算收支执行情况进行审计，并将预算收支审计和绩效评价结果纳入校内各部门主要负责人年度考核和经济责任审计范畴。

审计部门定期对预算执行情况进行审计并向学校领导机构报告。内部审计部门每年至少在期中和期末进行两次内部审计，主要针对预算执行情况及预算管理相关报表，重点对重大项目进行审计；学校内部审计部门可委托第三方机构实施内部审计工作，但对第三方审计结果承担主要责任。审计结果应当以审计报告的形式呈现，审计报告的内容包括：审计的基本情况、发现的问题、审计结论和建议等。

学校明确内部审计结果作为考核、奖惩、任免学校各业务部门负责人的主要依据，内部审计部门根据审计结果及学校领导机构反馈结果，确定对应的奖惩结果，人事处或组织部等协同落实奖惩结果，并向学校领导机构反馈。

第五部分

收入管理内部控制

为规范高校预算资金收入行为，提高预算资金使用效率，加强预算收入管理监督，根据《中华人民共和国预算法》、《中华人民共和国会计法》、《政府非税收入管理办法》、《财政票据管理办法》和《行政事业单位内部控制规范（试行）》等有关法律法规，制定本指南。

一、收入管理内部控制概述

收入管理的对象为高校履行代收职能取得的非税收入和高校为开展业务及其他活动依法取得的用于高校支出的非偿还性资金。

高校收入管理的主要任务包括：加强高校各项收入管理，加强财政票据管理，加强各项收入执行分析。

其中，本指南的收入管理按照业务流程分类进行编写，而非性质。

二、收入管理机构设置及职责分工

高校应当建立健全与收入相关的管理机制和监督检查制度，确定收入归口管理部门和收入执收主体，明确各自职责、分工和权限。

高校收入管理的组织架构包括学校领导机构、财务部门、各业务部门以及审计部门。

（一）学校领导机构

学校领导机构为收入决策机构，其主要职责包括：根据预算编制情况合理安排学校收入管理计划；审批学校收入执行情况报告。

（二）财务部门

财务部门为收入日常管理机构。财务部门主要职责包括：

（1）严格按照规定的非税收入项目、征收范围和征收标准进行征收，及时足额上缴非税收入，并对欠缴、少缴收入实施催缴。

（2）记录、汇总、核对并按规定向同级财政部门报送非税收入征缴情况。

（3）涉及收入的合同签订后，定期检查收入金额是否与合同约定相符；对应收未收项目查明情况，落实催收责任。

（4）设置专岗对财政票据的申领、使用、保管、核销进行管理。

（5）定期对账，确保账账相符、账证相符、账实相符。

（三）业务部门

各业务部门为收入执行机构，其主要职责包括：

（1）编报本部门非税收入年度征收计划和其他收入预算。

（2）公示非税收入征收依据和具体征收事项，包括项目、对象、范围、标准、期限和方式。

（3）编制部门收入执行进度表。

（四）审计部门

审计部门为收入监督机构。

三、非税收入收缴管理

（一）非税收入收缴管理规范

高校非税收入收缴实行国库集中收缴制度，即通过国库单一账户体系收缴、存储、退付、清算和核算。

1.非税收入范围界定

所称非税收入，指高校依法利用国家权力、政府信誉、国有资源（资产）所有者权益等取得的各项收入。

2.非税收入预算编制

各业务部门作为非税收入执收部门，根据财务部门安排的预算编制工作要求、上年度决算、当年实际预算执行情况及下年度工作计划，填制《部门非税收入征收计划》，由财务部门汇总并审核形成《学校非税收入征收计划》，根据非税收入不同性质，分别纳入一般公共预算、政府性基金预算和国有资本经营预算管理。

3.非税收入价格调整

非税收入涉及价格调整时，由业务部门经办人提出价格调整申请，经由财务部门负责人审核后报送学校领导机构审批。

4.非税收入登记确认

业务部门收到来自第三方的付款通知时出具《收入确认单》，提交财务部门出纳岗，出纳岗重点核对银行出具的银行对账单和业务部门出具的收入确认单是否一致；确认一致后，财务部门应当根据财政票据管理有关要求，向缴纳义务人开具财政部或者省级财政部门统一监（印）制的非税收入票据。

（二）非税收入收缴管理流程（如图5-1所示）及管控节点说明（见表5-1）

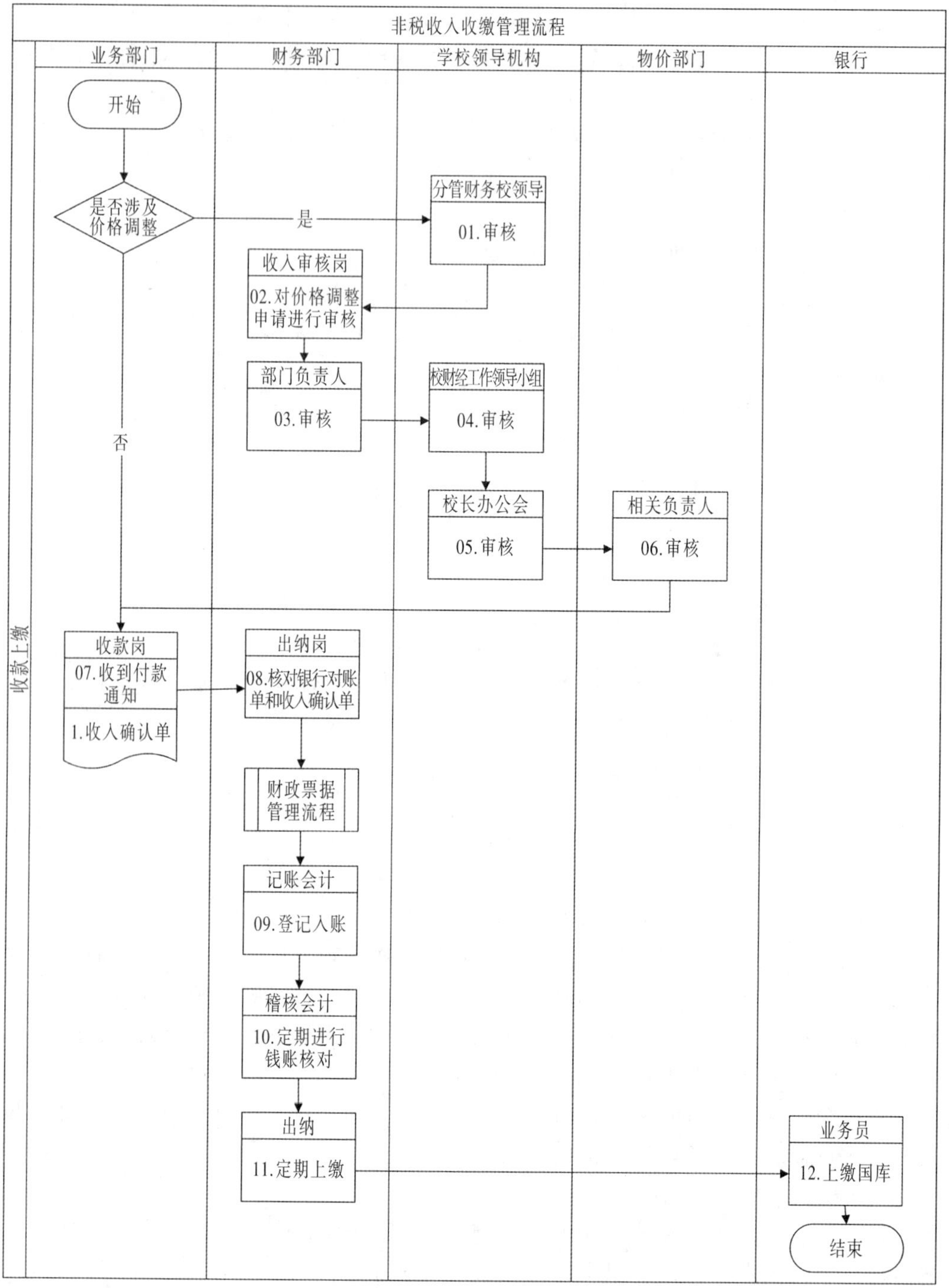

图5-1 非税收入收缴管理流程

表5-1　**管控节点说明**

管控节点	节点说明	输出文档
	判断是否涉及价格调整，若是，进入01；若否，进入07	
01	分管财务校领导对价格进行审核	
02	非税收入涉及价格调整的，由财务部门收入审核岗对价格调整申请进行审核	
03	财务部门负责人对价格进行审核	
04	学校领导机构的校财经工作领导小组对价格进行审核	
05	学校领导机构的校长办公会对价格调整进行审批上报	
06	物价部门相关负责人进行审批	
07	业务部门收款岗收到付款通知	收入确认单
08	财务部门出纳岗核对银行对账单和收入确认单	
09	转入财政票据管理流程	
	财务部门会计科记账会计登记入账	
10	财务部门会计科稽核会计定期进行钱账核对，以保证账实相符	
11	财务部门出纳定期上缴	
12	银行业务员上缴国库	

四、财政补助收入管理

（一）财政补助收入管理规范

财政补助收入范围包括：

（1）财政教育拨款，即高校从同级财政部门取得的各类财政教育拨款。

（2）财政科研拨款，即高校从同级财政部门取得的各类财政科研拨款。

（3）财政其他拨款，即高校从同级财政部门取得的本条上述拨款范围以外的财政拨款。

高校用款事项为财政授权支付。财务部门根据部门预算和用款计划，按照规定的时间和程序向财政部门申请财政授权支付用款额度；经财政部门审核后，将财政授权支付额度下达到高校零余额账户代理银行。财务部门在收到代理银行转来的财政授权支付到账通知书时，按照通知书上所列的用款额度确认财政补助收入。

（二）财政补助收入管理流程（如图5-2所示）及管控节点说明（见表5-2）

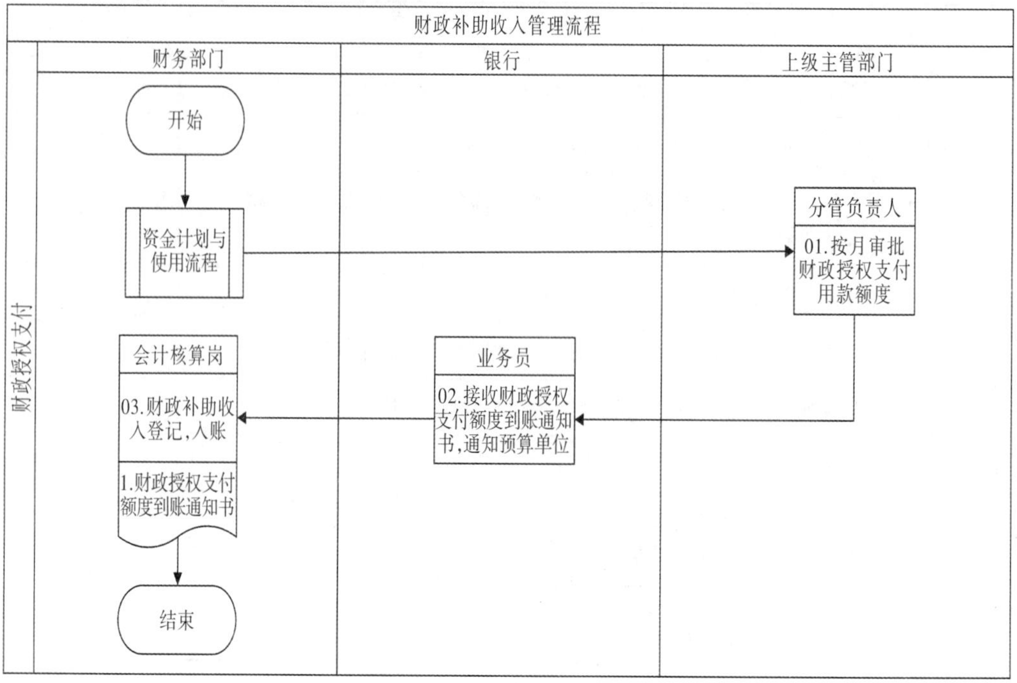

图5-2 财政补助收入管理流程

表5-2 管控节点说明

管控节点	节点说明	输出文档
	转入资金计划与使用流程	
01	执行资金计划与使用流程的相关审批手续，用款事项为财政授权支付的，由上级主管部门分管负责人按月审批财政授权支付用款额度	
02	银行的相关业务员岗位负责接收财政授权支付额度到账通知书，并且通知高校	
03	财务部门会计核算岗登记、入账财政补助收入	财政授权支付额度到账通知书

五、事业收入管理

（一）事业收入管理规范

事业收入范围如下：

（1）教育事业收入，指高校开展教学及其辅助活动所取得的收入，包括：通过学历和非学历教育向学生个人或者单位收取的学费、住宿费、委托培养费、考试考务费、培训费和其他教育事业收入。

（2）科研事业收入，指高校开展科研及其辅助活动所取得的收入，包括：通过承接科研项目、开展科研协作、转化科研成果、进行科研咨询等取得的收入。

财务部门根据财政票据管理流程，登记收入。根据国家规定，事业收入需要上缴国库的，根据收入登记上缴国库。

（二）事业收入管理流程（如图5-3所示）及管控节点说明（见表5-3）

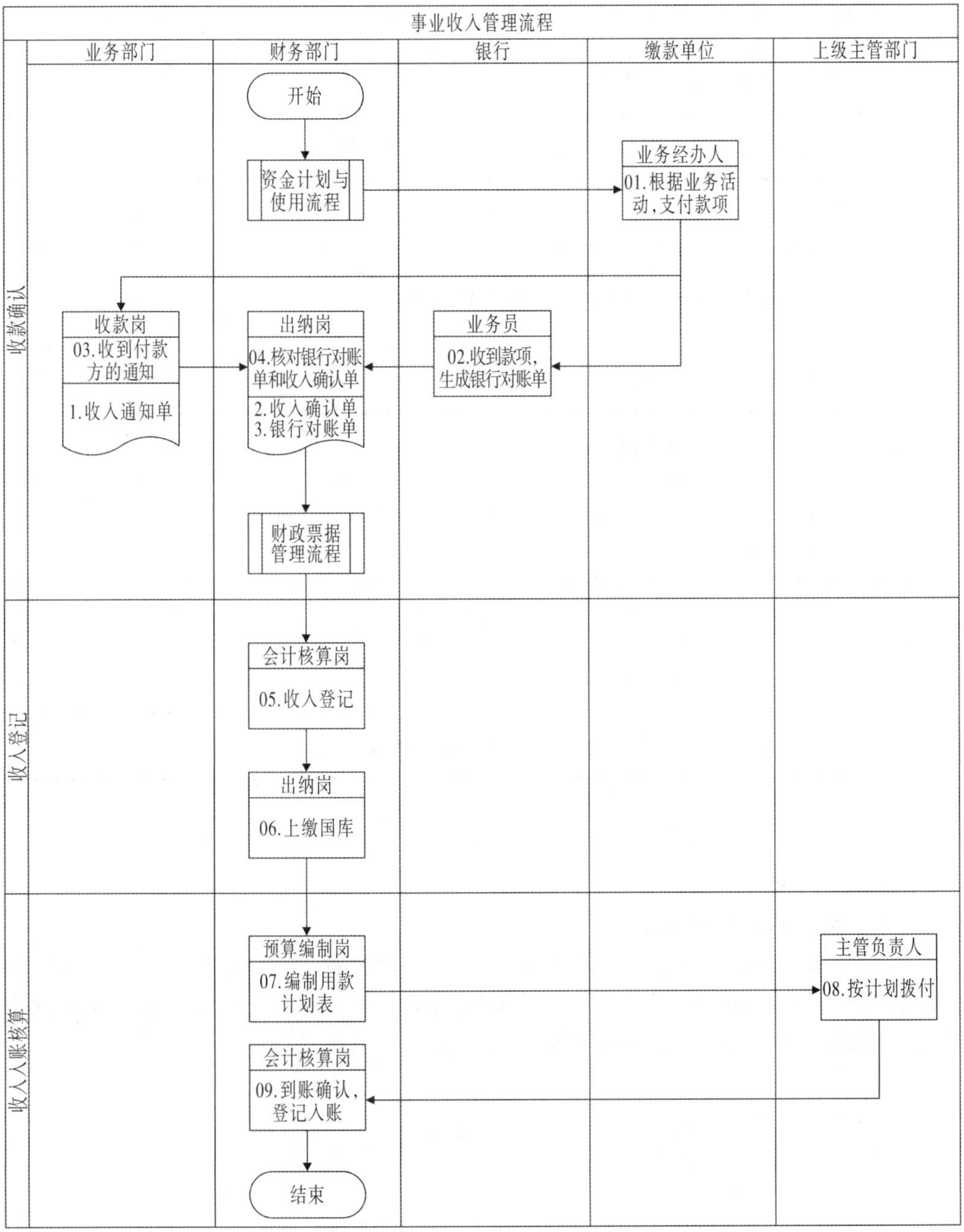

图5-3　事业收入管理流程

表 5-3 **管控节点说明**

管控节点	节点说明	输出文档
	转入资金计划与使用流程	
01	缴款单位根据资金计划与使用流程，由业务经办人依据业务活动，支付款项	
02	银行的业务员根据收到的款项，生成银行对账单	
03	业务部门收款岗收到付款方的通知	收入通知单
04	财务部门出纳岗核对银行对账单和收入确认单	收入确认单 银行对账单
	转入财政票据管理流程	
05	财务部门会计核算岗登记收入	
06	根据国家规定，需上缴国库的，财务部门出纳岗根据收入登记，上缴国库	
07	财务部门预算编制岗编制用款计划表	
08	上级主管部门按计划拨付	
09	财务部门会计核算岗到账确认，并且登记入账	

六、经营收入管理

(一) 经营收入管理规范

经营收入，即高校在教学、科研及其辅助活动之外，开展非独立核算经营活动取得的收入。财务部门核对银行对账单和收入确认单并对收入登记入账。根据国家规定，判断需要上缴国库的由财务部门出纳岗上缴国库。

（二）经营收入管理流程（如图5-4所示）及管控节点说明（见表5-4）

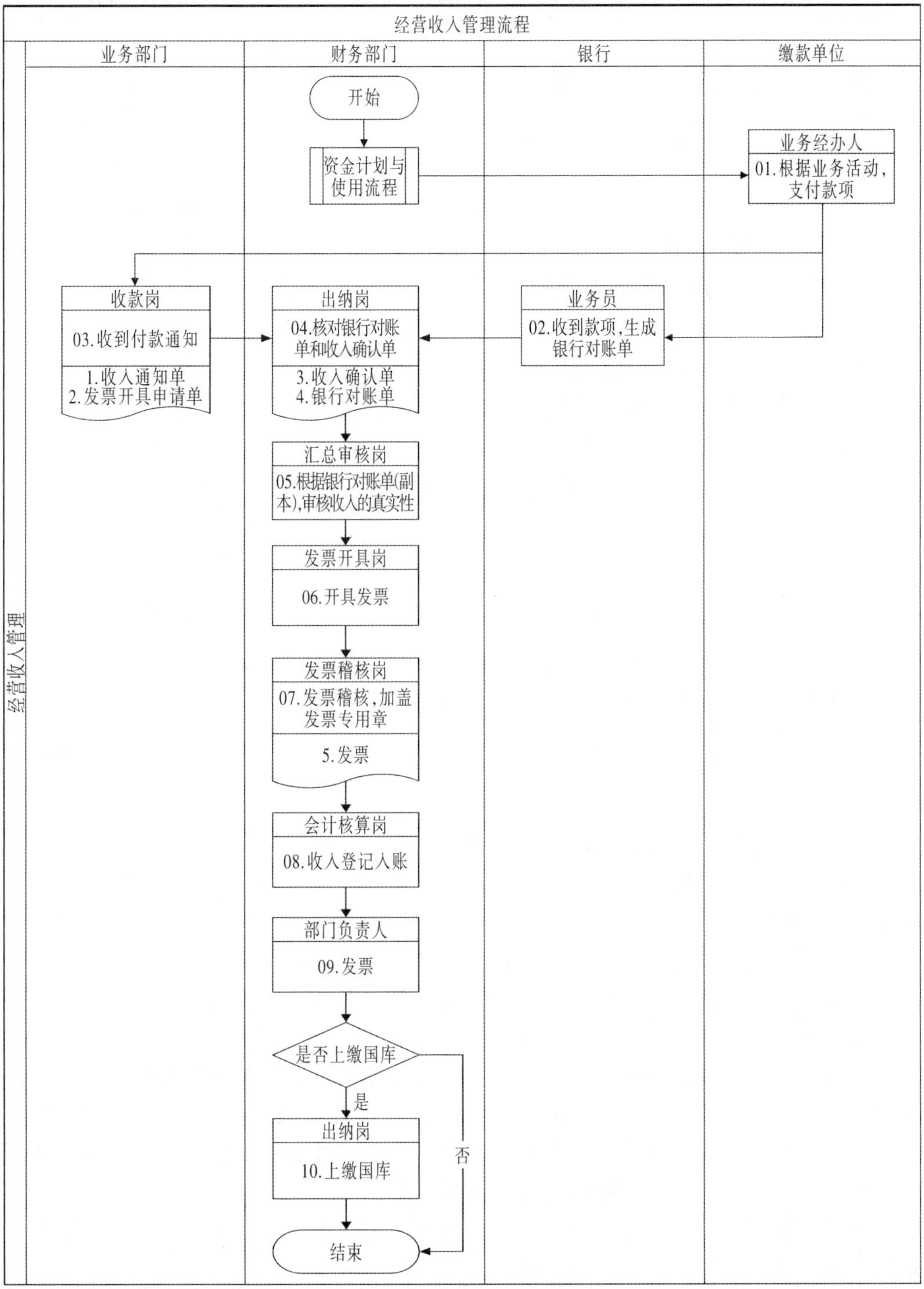

图5-4　经营收入管理流程

表5-4 **管控节点说明**

管控节点	节点说明	输出文档
	转入资金计划与使用流程	
01	由缴款单位业务经办人根据业务活动，支付款项	
02	银行的业务员收到款项，生成银行对账单	
03	业务部门收款岗收到付款通知	收入通知单 发票开具申请单
04	财务部门出纳岗核对收入确认单和银行对账单	收入确认单 银行对账单
05	财务部门汇总审核岗根据银行对账单（副本），审核收入的真实性	
06	财务部门发票开具岗开具发票	
07	财务部门发票稽核岗稽核发票，并且加盖发票专用章	发票
08	财务部门会计核算岗收入登记入账	
09	财务部门负责人审核发票	
10	财务部门负责人根据国家规定，判断需要上缴国库的由财务部门出纳岗上缴国库	

七、票据管理

票据管理分为财政票据管理和应税发票管理。

（一）财政票据管理

1.财政票据管理规范

（1）财政票据申领与登记

财政票据是指按照相关制度规定应纳入高校统一管理的相关凭证。

高校使用财政票据，一般按照财务隶属关系向同级财政部门申领。非税收入票据实行凭证领取、分次限量、核旧领新制度。

高校应指定专人负责票据申领工作，领用票据设立领用票据登记簿，认真核对领用时间、票据名称、起讫号码，并由领用人签字。

（2）财政票据使用与保管

①财政票据开具：财政票据开具岗应严格按照票据监管机构核准的适用范围开具票据，不得超范围使用票据。严禁涂改、挖补、撕毁票据，不得拆本使用票据；作废的机打票据应妥善保管，与存根联一起按票据序号装订成册；各类票据之间不得相互串用、混用，也不得转借、转让、代开票据。

②财政票据保管：票据管理岗必须妥善保管好票据，并设立专门的登记簿对票据的购买、领用、核销等内容进行记录，防止空白票据遗失和被盗用。

高校不得转让、出借、代开、买卖、擅自销毁、涂改非税收入票据；不得串用非税收入票据，不得将非税收入票据与其他票据互相替代。

（3）财政票据核销与销毁

非税收入票据使用完毕，高校应当按顺序清理票据存根、装订成册、妥善保管。非税收入票据存根的保存期限一般为5年。保存期满需要销毁的，按省相关要求申请核销。

2.财政票据管理流程及说明

（1）财政票据购买、登记、保管流程（如图5-5所示）及管控节点说明（见表5-5）

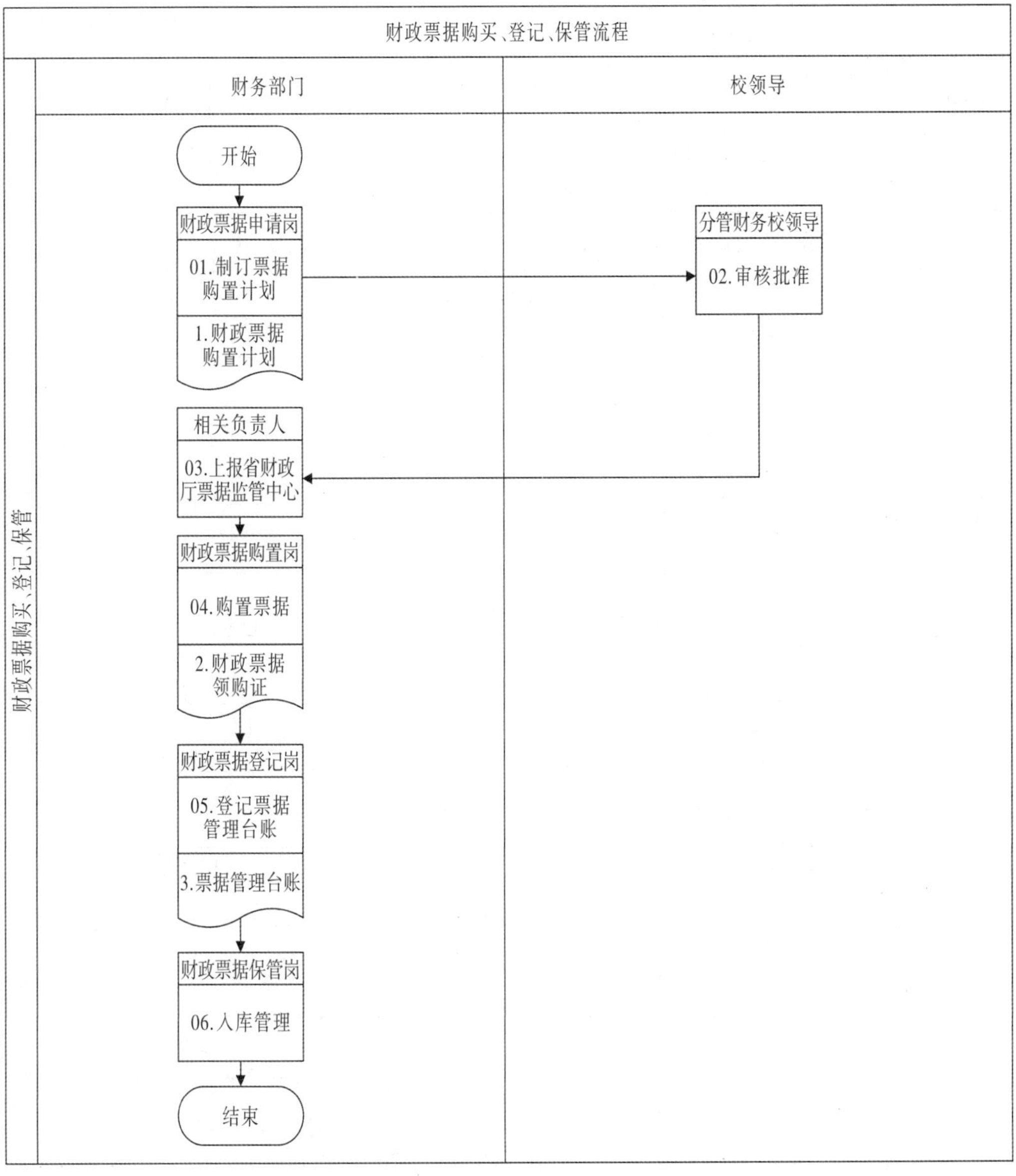

图5-5　财政票据购买、登记、保管流程

表5-5 **管控节点说明**

管控节点	节点说明	输出文档
01	财务部门根据高校各领用单位申报的当年票据使用计划，同时结合高校上一年度票据实际使用情况，制订本年度财政票据购置计划	财政票据购置计划
02	财务部门将财政票据购置计划报分管财务校领导批准	
03	高校批准后，上报省财政厅票据监管中心	
04	财政票据购置计划获批后，财务部门票据购置岗去省财政厅票据监管中心购置本年度使用的票据	财政票据领购证
05	购回的票据，经分管科室负责人验收后，财务部门票据登记岗负责登记入票据管理台账	票据管理台账
06	票据登记入账后，按一定顺序排列、摆放、锁管在专门设立的票据库房保密柜中，钥匙由财务部门票据保管岗保管	

（2）财政票据领用流程（如图5-6所示）及管控节点说明（见表5-6）

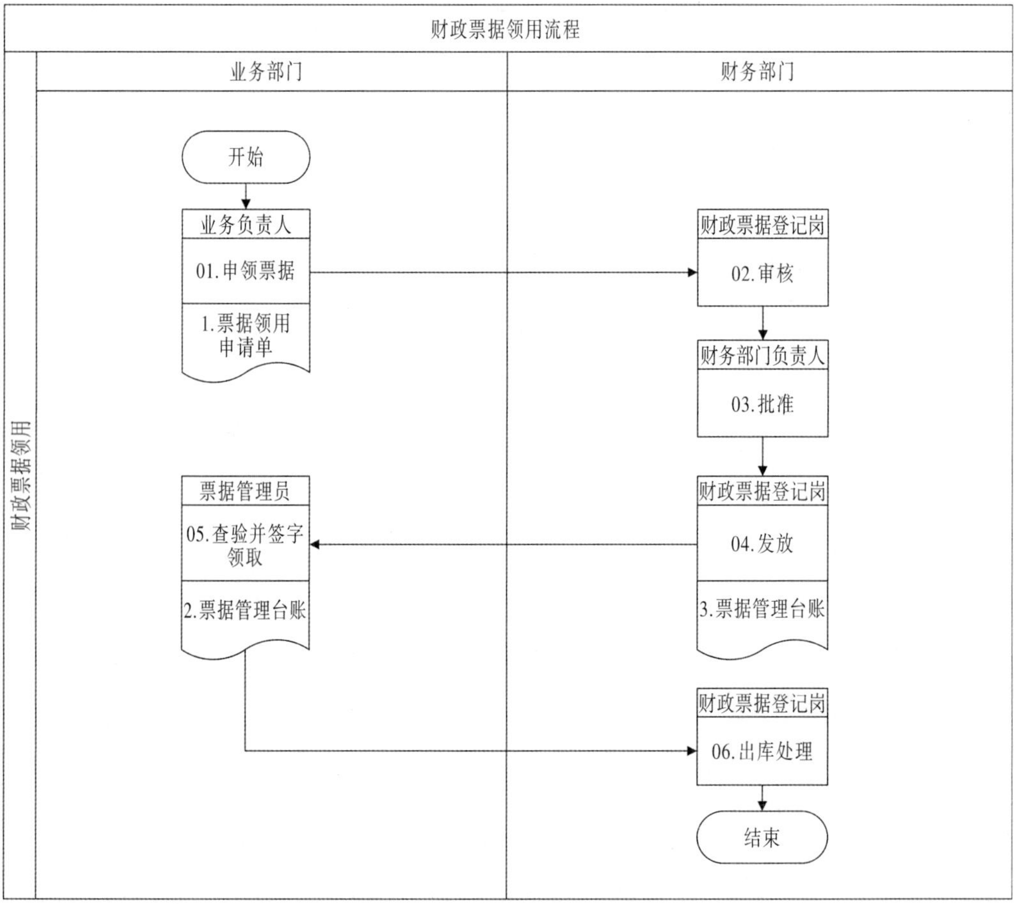

图5-6 财政票据领用流程

表 5-6 **管控节点说明**

管控节点	节点说明	输出文档
01	各业务部门业务负责人填写票据领用申请单申请领用票据，注明收费项目、收费标准、收费范围以及领用数量等	票据领用申请单
02	财务部门财政票据登记岗审核	
03	提交财务部门负责人批准同意	
04	财务部门财政票据登记岗审核无误，填写票据管理台账	票据管理台账
05	财务部门财政票据登记岗将票据交由领用单位票据管理员当面查验；确认无误后，领用单位票据管理员在票据管理台账上签字	票据管理台账
06	财务部门票据登记岗在票据系统中作出库处理	

（3）财政票据使用流程（如图 5-7 所示）及管控节点说明（见表 5-7）

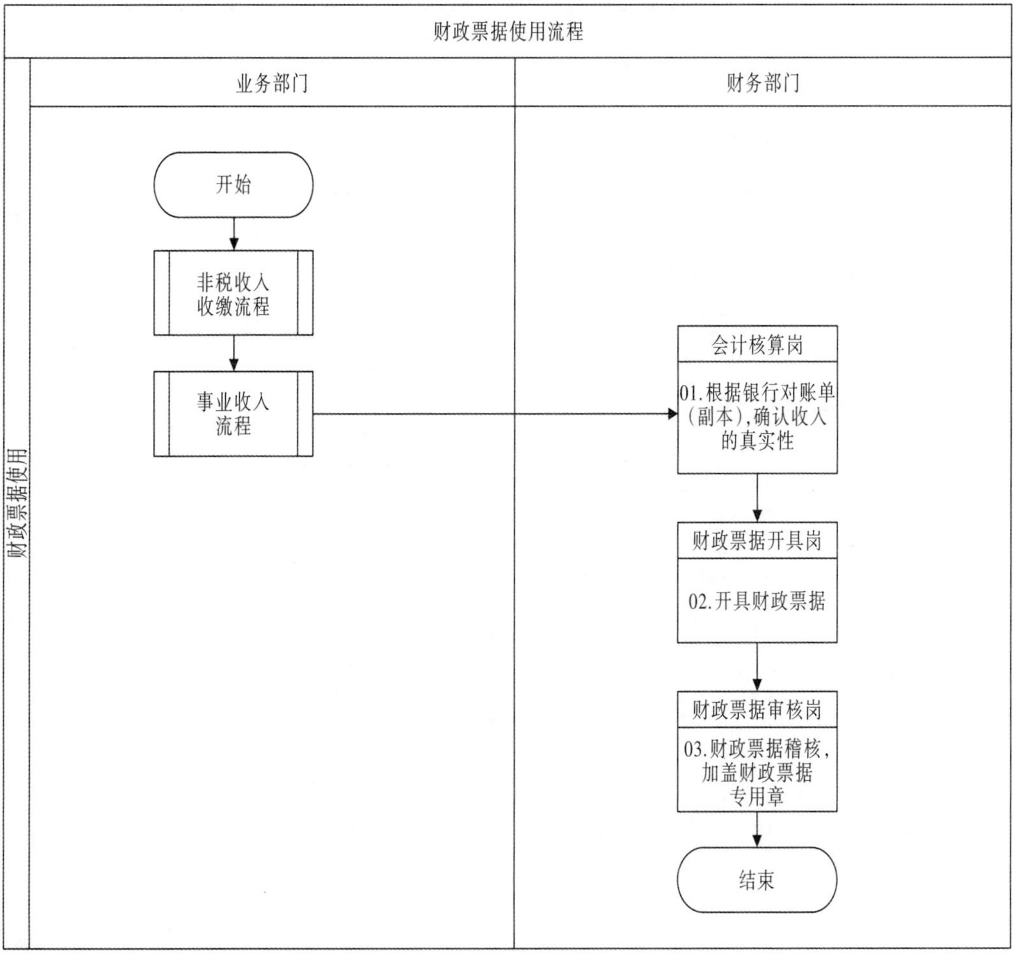

图 5-7 财政票据使用流程

表5-7 **管控节点说明**

管控节点	节点说明	输出文档
	转入非税收入收缴流程	
	转入事业收入流程	
01	财务部门会计核算岗根据银行对账单（副本），确认收入的真实性	
02	财务部门财政票据开具岗开具财政票据	
03	财务部门财政票据审核岗对财政票据进行稽核，没有问题后财务部门财政票据审核岗加盖财政票据专用章	

（4）财政票据交回流程（如图5-8所示）及管控节点说明（见表5-8）

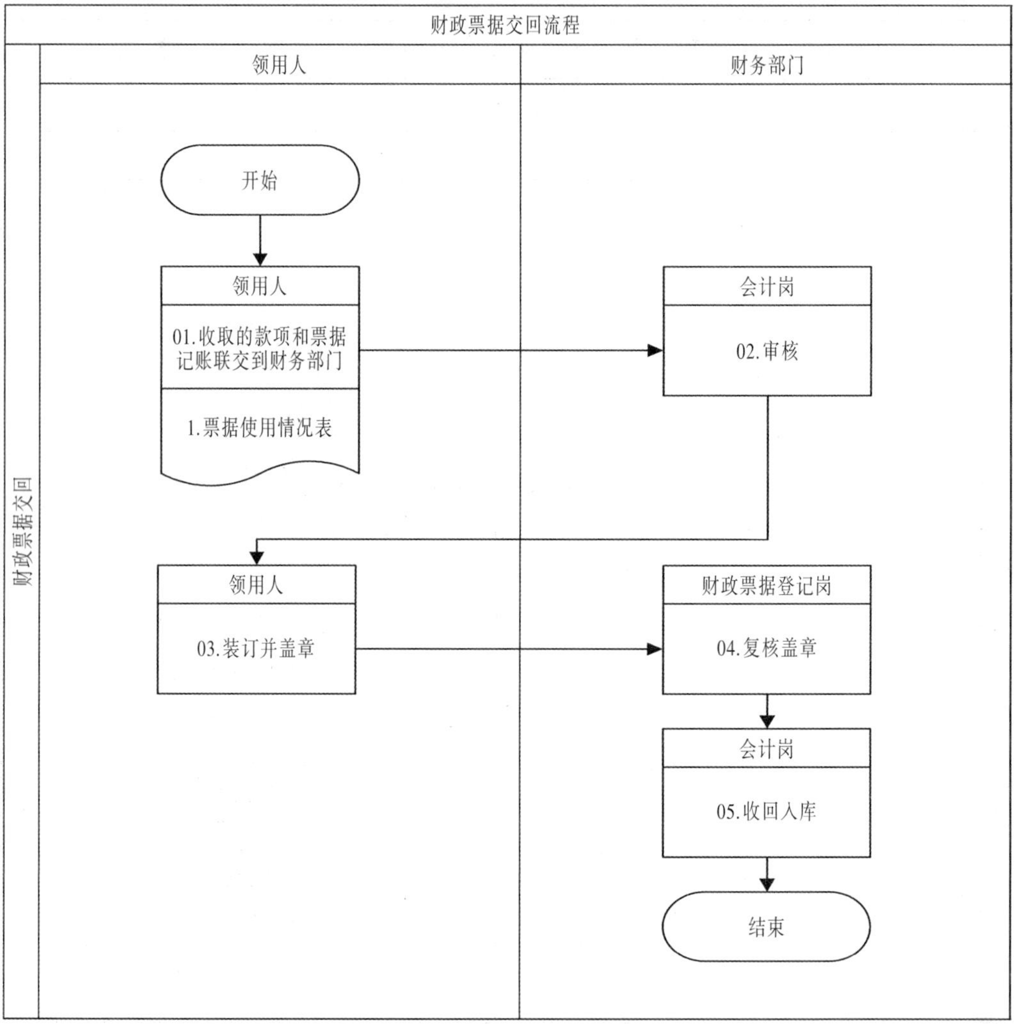

图5-8 财政票据交回流程

表5-8　**管控节点说明**

管控节点	节点说明	输出文档
01	领用人将收取的款项与票据的记账联一并交到财务部门，并由财务部门会计科填写票据使用情况表	票据使用情况表
02	财务部门会计岗审核	
03	领用人将使用完的票据根据票据号码的先后顺序按统一规格装订成册并设置独立封皮，在封皮上如实完整填写票据汇总信息，并在票据封皮经手人处盖章	
04	财务部门财政票据登记岗核对交回票据的数量、金额及作废张数，在复核人处盖章	
05	财务部门会计岗将票据收回入库	

（5）财政票据核销流程（如图5-9所示）及管控节点说明（见表5-9）

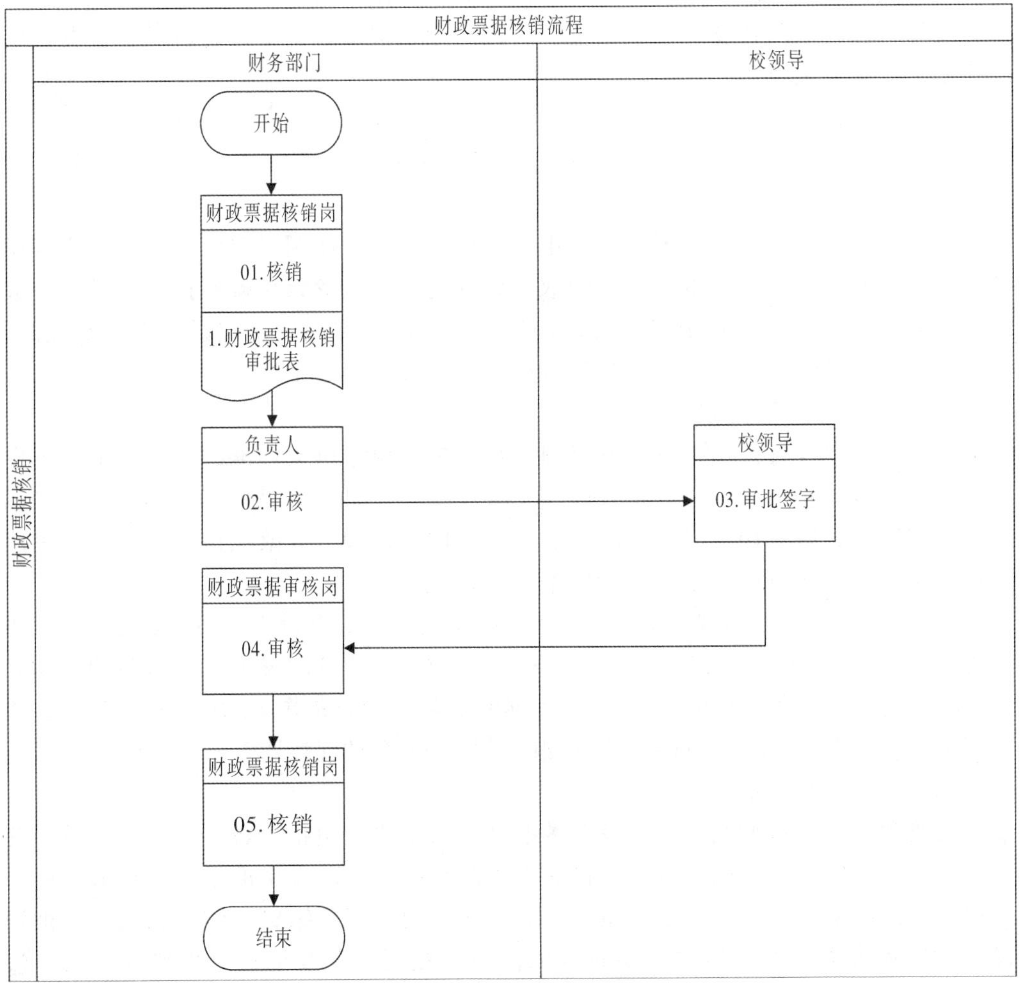

图5-9　财政票据核销流程

表5-9 **管控节点说明**

管控节点	节点说明	输出文档
01	财政票据核销岗提出核销申请	财政票据核销审批表
02	财务部门负责人进行审核	
03	提交校领导审批签字	
04	财政票据审核岗到省财政厅票据监管中心审核	
05	财政票据核销岗核销财政票据	

（二）应税发票管理

1.应税发票管理规范

本规范根据《中华人民共和国发票管理办法》以及《中华人民共和国发票管理办法实施细则》制定。

发票是指一切单位和个人在购销商品、提供或接受服务以及从事其他经营活动中，所开具和收取的业务凭证，是会计核算的原始依据，也是审计机关、税务机关执法检查的重要依据。

（1）应税发票申领与登记

高校使用应税发票，一般向注册地主管税务机关申领。应税发票实行凭证领取、分次限量、核旧领新制度。

高校应指定专人负责向税务机关申请领购发票，在使用发票前，应当向主管税务机关提出购票申请，经审核后，领取发票领购簿。凭发票领购簿核准的种类、数量以及购票方式，向主管税务机关领购发票。领用的应税发票应设立发票登记簿，认真核对领用时间、发票名称、起讫号码，并由领用人签字。

（2）应税发票开具与保管

①应税发票开具：应税发票开具岗应严格按照税务机关核准的适用范围开具发票，不得超范围使用发票。严禁涂改、挖补、撕毁发票，不得拆本使用发票。应税发票使用高校不得转让、出借、代开、买卖、擅自销毁、涂改应税发票；不得串用应税发票，不得将应税发票与其他发票互相替代。

②应税发票保管：发票管理岗必须妥善保管好发票，并设立专门的登记簿对发票的购买、领用、核销等内容进行记录，防止空白发票遗失和被盗用；应税发票使用完毕，高校应当按顺序清理发票存根、装订成册、妥善保管；作废的机打发票与存根联一起按发票序号装订成册。应税发票存根和发票领购簿的保存期限一般为5年。

（3）应税发票缴销

发票缴销是指对纳税人领用发票的缴销。发票缴销包括：日常缴销；注销、变更税务登记时的发票缴销；改版、换版发票的缴销；次版发票的缴销；超期未使用空白发票的缴销；霉变、水浸、鼠咬、火烧等其他情况的缴销；纳税人丢失、被盗发票缴销和流失发票缴销等。纳税人因注销、变更税务登记进行发票缴销的，按《中华人民共和国税收征收管理法实施细则》规定的注销、变更税务登记时限，向主管税务机关申请办理。

发票缴销的程序：①发票保管人员根据发票管理规定，说明缴销的依据和理由，并编制详细的发票缴销清册，列清印制或购领发票的年限、种类、号码，已使用发票和未使用发票情况，缴销发票的类别、种类、号码等，经财务负责人签章后，加盖用票单位公章，连同发票一并报送主管税务机关。②主管税务机关审查用票单位报送的发票缴销申请报告及其要求缴销的发票，对符合规定者予以接受，对发现的问题依法处理。

对依法应当缴销的发票，用票单位或个人既不能擅自销毁，也不能弃之不管、不报不缴，更不能违章使用或私自转让买卖。

（4）应税发票销毁

已开具的发票存根联和发票登记簿在保存期满后编造销毁清册，报税务机关查验后销毁。

2.应税发票管理流程及说明

（1）应税发票申领与登记流程（如图5-10所示）及管控节点说明（见表5-10）

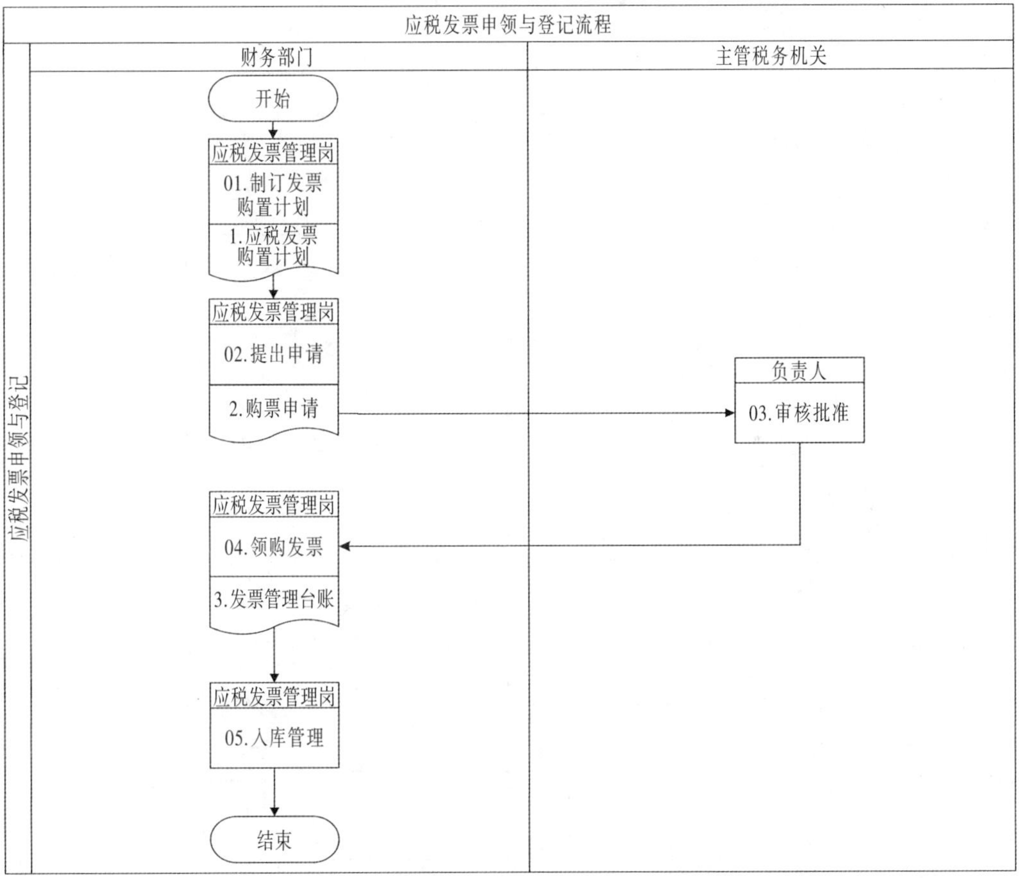

图5-10　应税发票申领与登记流程

表5-10 **管控节点说明**

管控节点	节点说明	输出文档
01	财务部门制订本年度应税发票购置计划	应税发票购置计划
02	批准后，向主管税务机关提出购票申请	购票申请
03	主管税务机关对购票申请进行审核	
04	经审核后，领取发票领购簿，凭发票领购簿核准的种类、数量以及购票方式，向主管税务机关领购发票	发票管理台账
05	发票登记入账后，存放在专门设立的发票库房中	

（2）应税发票领用流程（如图5-11所示）及管控节点说明（见表5-11）

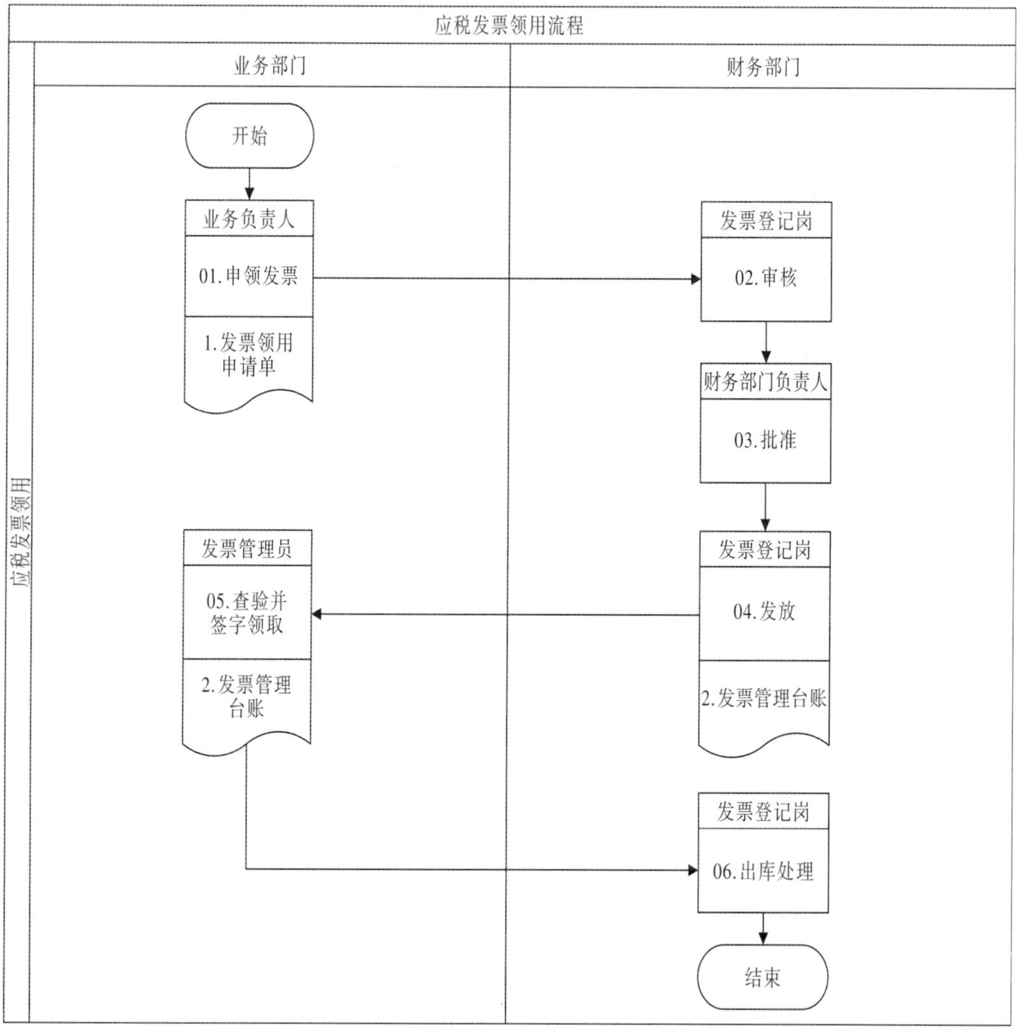

图5-11 应税发票领用流程

表 5-11　**管控节点说明**

管控节点	节点说明	输出文档
01	各业务部门业务负责人填写发票领用申请单申请领用发票	发票领用申请单
02	财务部门发票登记岗审核	
03	提交财务部门负责人批准同意	
04	财务部门发票登记岗审核无误，填写发票管理台账	发票管理台账
05	财务部门发票登记岗将发票交给领用单位发票管理员当面查验；确认无误后，领用单位发票管理员在发票管理台账上签字	发票管理台账
06	财务部门发票登记岗在发票系统中作出库处理	

（3）应税发票缴销流程（如图 5-12 所示）及管控节点说明（见表 5-12）

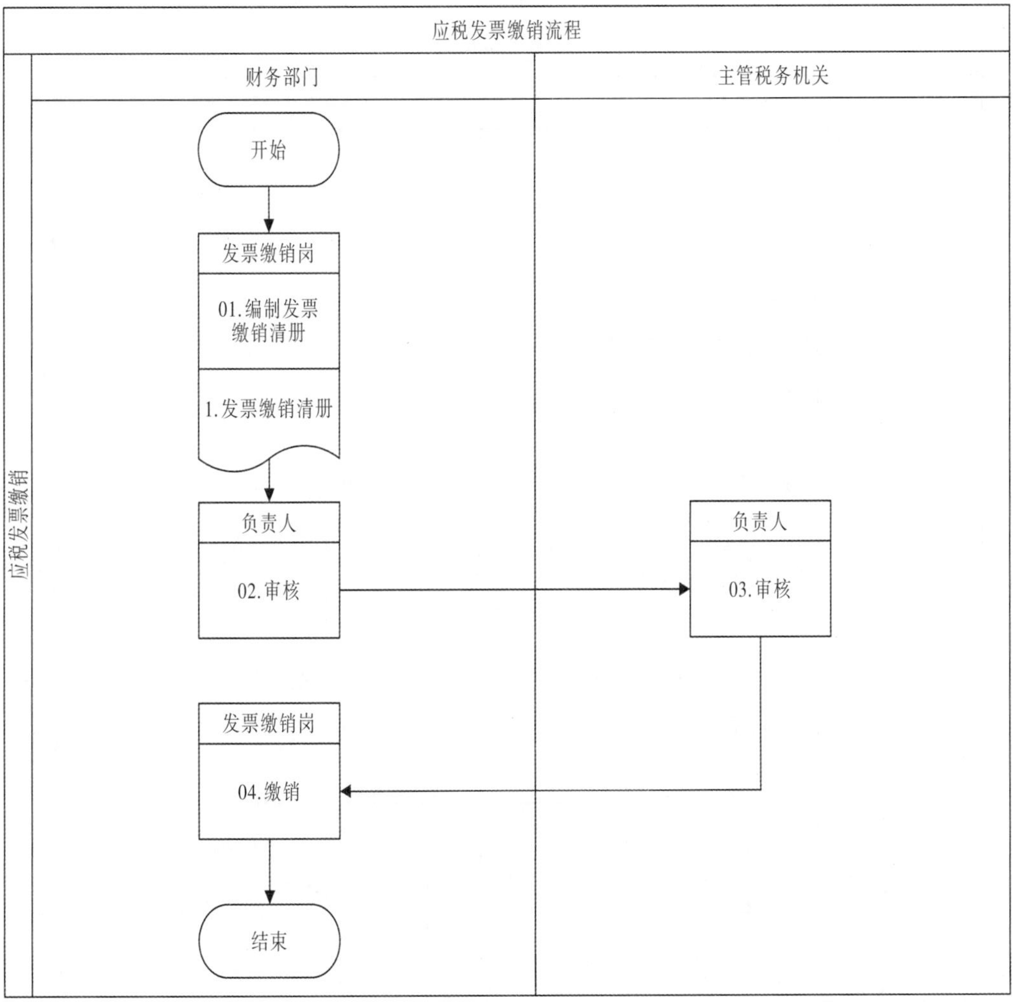

图 5-12　应税发票缴销流程

表 5-12　　**管控节点说明**

管控节点	节点说明	输出文档
01	财务部门发票缴销岗根据发票管理规定，说明缴销的依据和理由，并编制详细的发票缴销清册，列清印制或购领发票的年限、种类、号码，已使用发票和未使用发票情况，缴销发票的类别、种类、号码等	发票缴销清册
02	财务部门负责人进行审核	
03	主管税务机关审查用票单位报送的发票缴销申请报告及其要求缴销的发票，对符合规定者予以接受，对发现的问题依法处理	
04	发票缴销岗核销应税发票	

（4）应税发票销毁流程（如图 5-13 所示）及管控节点说明（见表 5-13）

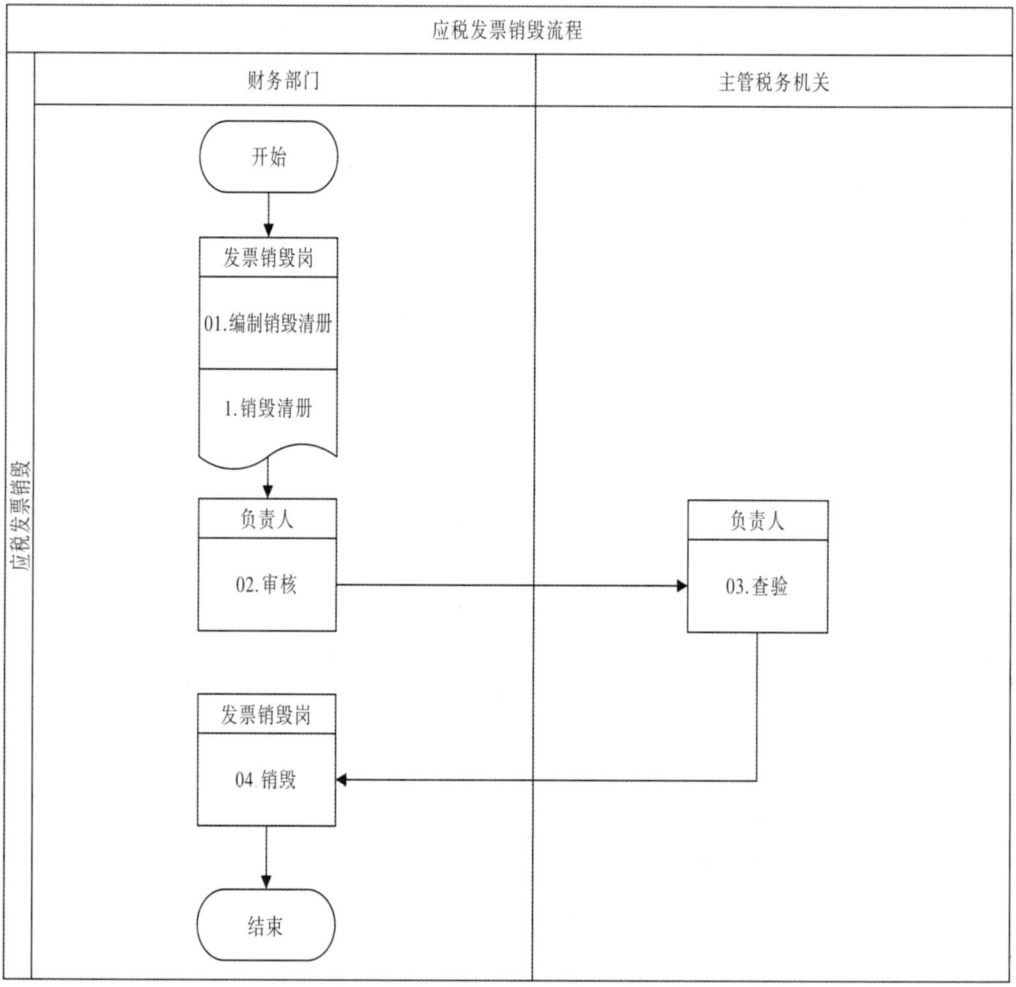

图 5-13　应税发票销毁流程

表5-13　**管控节点说明**

管控节点	节点说明	输出文档
01	财务部门发票销毁岗根据已开具的发票存根联和发票登记簿在保存期满后编造销毁清册	销毁清册
02	财务部门负责人进行审核后上报主管税务机关	
03	主管税务机关进行查验	
04	主管税务机关查验后组织销毁工作	

八、财务印章管理

（一）财务印章使用管理

财务印章由专人管理、分开保存，严禁一人保管支付款项所需的全部印章，强化内部监控和互相制约。公章、专用章及其对应的名章应指定部门内不同人员负责管理。印章管理人员接管印章时，要填写《印章管理登记表》，并送档案管理人员存档。

财务印章使用要严格管理。专用章及名章必须按启用时规定的用途使用，并在规定使用的支付凭证上加盖印章。对空白、手写的支付凭证严禁加盖印章；对其他手写凭证，要加盖印章，必须经主管负责人签字审批，并登记备案。印章管理人员对需要加盖印章的业务，要严格审核。对不符合印章使用有关要求，以及未履行审批程序的，一律不准加盖印章。

（二）财务印章保管管理

财务印章不使用时，必须锁在管理人员独自使用的密码保险柜中；严禁将印章随意放置，无人看管或让其他人代为看管；严禁任何工作人员随身携带各种印章外出办事，遇特殊情况需经负责人或主任批准方可带出。

印章管理人员要增强安全保密和风险防范意识。要妥善保管密码保险柜钥匙，安全使用保险柜密码，防止钥匙丢失、密码泄露导致印章丢失、被盗和被盗用。如发现上述情况，印章管理人员必须立即报告主管领导并采取补救措施。

（三）登记、备案管理

因管理需要或领导变动不再使用的印章，要按有关要求和程序及时移交给校内有关处室。对于印章需要登记、备案、存档的事项，由相关人员设计登记表，登记表日常由印章管理人员负责保管，年末按档案管理的有关要求，移交档案管理人员存档。

第六部分

支出管理内部控制

为规范高校预算资金支出行为，提高预算资金使用效率，加强预算支出管理监督，根据《中华人民共和国预算法》《中华人民共和国会计法》《行政事业单位内部控制规范（试行）》等有关法律法规，制定本指南。

一、支出管理内部控制概述

高校应当建立健全支出管理制度，明确各项支出的开支范围和开支标准；合理设置相关岗位，明确支出审批权限；规范和加强支出管理，确保支出内容真实合规，票据来源合法、使用正确，严格执行国库集中支付制度和政府采购制度等有关规定；及时发现、纠正错误及防范舞弊行为。

支出的两个原则：先预算后支出，没有预算不能支出；先业务审核，后财务审核。前者旨在加强对事前的控制，后者旨在加强对事中的控制，都是在防范舞弊事项的发生。

支出管理对象是高校为保障机构正常运转和完成工作任务所使用的资金，根据发生目标不同分为行政运行支出和业务履职支出两大类。前者旨在满足自身内部管理需求，后者旨在履行学校职能。

高校支出管理的目标是：确保遵循法律法规，提高资金支出效率，保证财务信息真实可靠和有效防范资金舞弊风险。

高校支出管理的主要任务包括：加强支出事前审批控制，加强报销与支付管理，加强支出核算与归档控制，加强各项支出执行分析。

二、支出管理机构设置及职责分工

学校应当合理设置岗位，明确岗位职责权限，确保支出申请和内部审批、付款审批和付款执行、业务经办和会计核算等不相容岗位相互分离。高校支出管理的组织架构包括学校领导机构、财务部门、归口管理部门、各业务部门以及审计部门。

（一）学校领导机构

学校领导机构为支出决策机构，其主要职责包括：

（1）根据预算合理安排高校支出管理计划。

（2）审批高校重要事项支出申请与大额资金支付。

（3）审批高校支出执行情况报告。

（二）财务部门

财务部门为支出日常管理机构。财务部门主要职责包括：

（1）根据不同支付方式，执行资金支付流程。

（2）定期对账，确保账账相符、账证相符和账实相符。

（3）定期汇总并编制高校支出执行进度表和支出事项管理报告。

（三）归口管理部门

依据支出事项具体类型确定事项归口管理机构，其主要职责包括：

（1）审核各业务部门提出的归口事项支出执行申请。

（2）审核各业务部门提出的归口事项费用报销申请。

（3）监督各业务部门归口事项支出的实际执行情况。

（四）业务部门

各业务部门为支出执行机构，其主要职责包括：

（1）提出大额资金使用申请，按要求使用获批资金。

（2）编制部门支出执行进度表。

（五）审计部门

审计部门为支出监督机构，其主要职责包括：

（1）定期抽查资金使用状况。

（2）对支出、产出和效果进行绩效考评，及时报告问题并提出改进意见。

三、支出申请管理

根据支出事项的类别和特点，高校预算资金支出实行分类管理；根据支出事项的不同类别和特点，制定与分类相适应的《经费管控支出指南》。实行分级授权的管理方式，对不同支出事项按照不同的执行方式和审批权限进行管理。

申请直接执行是指无须履行采购程序，但是重要性程度较高、金额较大的经费支出，需要进行事前的经费执行申请审批。

申请采购执行是需要按照政府集中采购的相关规定或学校的自行采购相关规定进行采购的经费支出，需要进行采购前的经费执行申请审批。直接据实报销是事前无须申请，事后根据规定的单据进行据实报销。支出事前申请审批适用于按《经费管控支出指南》需要采用申请直接执行或申请采购执行方式的支出事项。

（一）支出申请管理规范

1.支出事前申请流程

业务经办人根据实际需求填写《××支出申请审批单》，提交业务部门负责人进行审核，审核的要点为支出事项的合理性、必要性和真实性。

对于有归口管理部门的支出事项，还应经过归口管理部门审核，审核的要点为支出事项的合理性、必要性和真实性。

业务部门和归口管理部门对事项审核通过后，业务经办人将《××支出申请审批单》提交到财务部门进行预算指标审批，依据金额高低和事项性质实行分级授权审批。

高校大额支出采取“业务审核在先、财务审核在后”，按金额大小逐级审批的办法。各级次最终审批权限如下：

（1）单项支出X_1（不含X_1）：部门负责人。

（2）单项支出$X_1 \sim X_2$（不含X_2）：分管业务校领导。

（3）单项支出$X_2 \sim X_3$（不含X_3）：财务部门负责人。

（4）单项支出$X_3 \sim X_4$（不含X_4）：分管财务校领导。

（5）单项支出$X_4 \sim X_5$（不含X_5）：校长。

（6）单项支出$X_5 \sim X_6$（不含X_6）报校长办公会研究同意，由党政办公室签署决议、盖章，校长签批。

（7）单项支出X_6及以上，报党委常委会（党委会）研究同意，由党政办公室签署决议、盖章，校长签批。

各院系经费支出实行院长（系主任）和书记会签制，即首先由院系总支书记或直属支部书记作为审验人签字，再报院系行政领导签批后方可报销。

经常性的、相对固定的或已签订合同需全年按期、分笔对外的支出，第一次付款时以分笔支出金额的额度为标准填写大额支出审批表执行分级审批程序，以后分笔（不含最后一笔）支付时只需填写经费报销单或发放明细表由部门负责人签字、经财务审核后由财务负责人签字同意后即可，付最后一笔时需将一年的支出情况进行总结并按第一次付款时的审批程序进行审批后方可支出。

需上报校长办公会或党委常委会（党委会）审批的大额支出，由分管业务校领导提出上报议题，经校长同意后，报校长办公会或党委常委会（党委会）研究决定。

2.经费审批程序

（1）日常业务费：支出时凭符合规定的原始单据，由经办人员、（部门审验人）和部门负责人审核签字后，按照分级审批权限审签后报销。

（2）办公家具和设备购置费：支付款项时，凭通过招标采购的合同原件（按规定进行招标的，下同）、验收报告，经使用部门经办人和负责人、资产管理部门验收人和负责人审核签字的符合规定的原始单据，根据金额大小，按照分级审批权限审批后予以支付。

（3）维修项目经费：支付项目款项时，凭招标采购的合同、维修项目合同和项目验收报告，按审计相关规定经审计后的项目结算书，经项目直接责任部门经办人和负责人、项目管理部门验收人、负责人审核签字的原始单据，根据金额大小，按照分级审批权限审签后支付。

（4）基建工程款：依据招标采购合同和工程项目合同预算执行。预付工程款时，由基建部门经办人、负责人审核，根据金额大小，按照分级审批权限审签后支付；支付工程进度款时，按项目进度，根据提供的工程量实际完成清单和工程进度款支付证书，由项目监理、基建部门经办人、负责人审核，根据金额大小，按照分级审批权限审签后支付；项目竣工决算支付余款时，除按本条规定审签外，还须提供基建工程竣工决算审计报告及造价定案表。

（5）科研类经费：支出凭符合规定的原始单据，经办人（若为项目组其他成员时项目负责人需签批）和科研部门（教务部门/研究生处/学科发展规划部门/人事部门等）负责人审核签字后，根据金额大小，按照分级审批权限审签后支付。

（6）学科建设费：支出凭符合规定的原始单据，经办人（若为项目组其他成员时项目负责人需签批）、项目所在部门负责人和学科发展规划部门负责人审核签字后，根据金额大小，按照分级审批权限审签后支付。

涉及固定资产的支出，需首先到资产管理部门办理资产登记手续，再根据金额大小，按照分级审批权限审签后支付。涉及政府采购的支出，按照高校相关规定执行。

（二）支出申请流程（如图6-1所示）及管控节点说明（见表6-1）

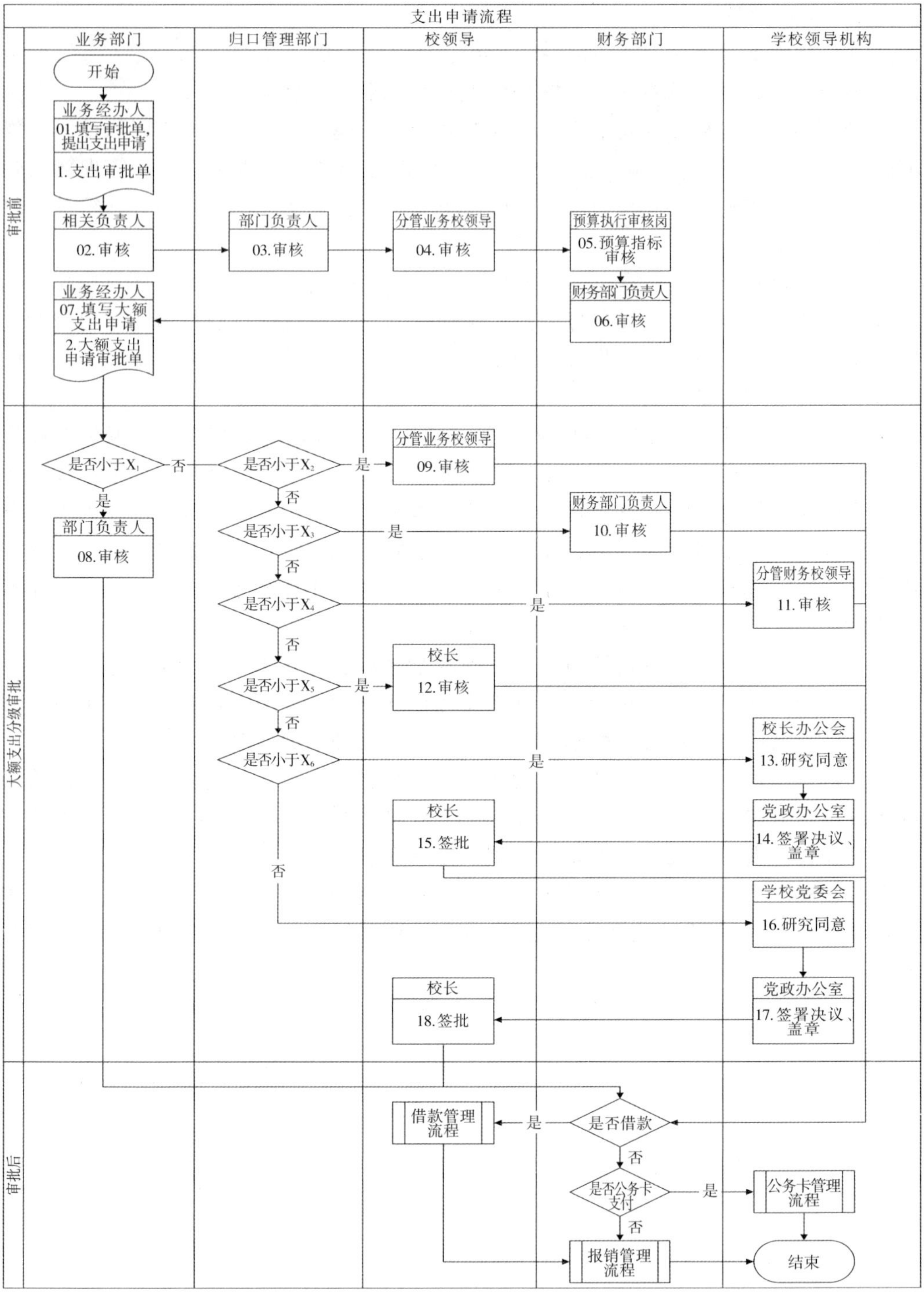

图6-1 支出申请流程

表 6-1　**管控节点说明**

管控节点	节点说明	输出文档
01	业务部门业务经办人填写审批单，提出支出申请	支出审批单
02	相关负责人进行审核	
03	归口管理部门负责人审核	
04	分管业务校领导审核	
05	财务部门预算执行审核岗进行预算指标审核	
06	财务部门负责人审核	
07	业务经办人填写大额支出申请	大额支出申请审批单
	判断是否单项支出 X_1 以内（不含 X_1），若是，进入 08；若否，进入下一级判断	
08	单项支出 X_1 以内（不含 X_1）的，由部门负责人审核	
	判断是否单项支出 $X_1 \sim X_2$（不含 X_2），若是，进入 09；若否，进入下一级判断	
09	单项支出 $X_1 \sim X_2$（不含 X_2）的，由分管业务校领导审核	
	判断是否单项支出 $X_2 \sim X_3$（不含 X_3），若是，进入 10；若否，进入下一级判断	
10	单项支出 $X_2 \sim X_3$（不含 X_3）的，由财务部门负责人审核	
	判断是否单项支出 $X_3 \sim X_4$（不含 X_4），若是，进入 11；若否，进入下一级判断	
11	单项支出 $X_3 \sim X_4$（不含 X_4）的，由分管财务校领导审核	
	判断是否单项支出 $X_4 \sim X_5$（不含 X_5），若是，进入 12；若否，进入下一级判断	
12	单项支出 $X_4 \sim X_5$（不含 X_5）的，由校长审核	
	判断是否单项支出 $X_5 \sim X_6$（不含 X_6），若是，进入 13；若否，进入 16	

续表

管控节点	节点说明	输出文档
13	单项支出 $X_5 \sim X_6$（不含 X_6）的，由校长办公会研究同意	
14	党政办公室签署决议，盖章	
15	校长签批	
16	单项支出 X_6 及以上的，党委常委会（党委会）研究同意	
17	党政办公室签署决议，盖章	
18	校长签批	
	判断是否借款，如果决定借款，则转入借款管理流程和报销管理流程；如果不借款，则判断是否由公务卡支付；如果由公务卡支付，则转入公务卡管理流程；如果不由公务卡支付，则转入报销管理流程	

四、借款管理

借款管理适用于高校员工因出差（不使用公务卡）、零星小额采购、临时修车或者临时接待任务等情况，需提前借取现金的情况。

符合借款管理规定的执行下列要求：

（一）借款管理规范

业务经办人根据实际需求填写《借款审批单》，并以对应的《××支出申请审批单》作为支持性附件，提出借款申请。若有协议等相关项目资料，需作为附件一并报送。《借款审批单》应包含借款事由、借款金额、对应预算项目以及预计报账日期等要素。

业务部门负责人对借款事项的真实合理性进行审核；通过后提交财务部门审批，财务部门实行分级授权审批。一定额度（X_1）以下的支出，业务部门负责人审批后转入审核会计审批，办理借款手续；X_1（含）以上的支出，分管财务校领导审批后转入支出申请流程。

审核会计和财务部门负责人审核重点为借款金额。财务部门审批通过后，由出纳办理付款手续。借款人借取的款项需按照借款用途使用，不得挪作他用，不得转借他人。借款管理实行“谁经办、谁领用、谁核报”的原则。借款人须在业务发生后的规定时间内办理报销还款手续，一次借款对应办理一次报销。财务部门定期对备用金进行清理。对于超期未还的借款，出纳岗应及时催收。

（二）借款管理流程（如图6-2所示）及管控节点说明（见表6-2）

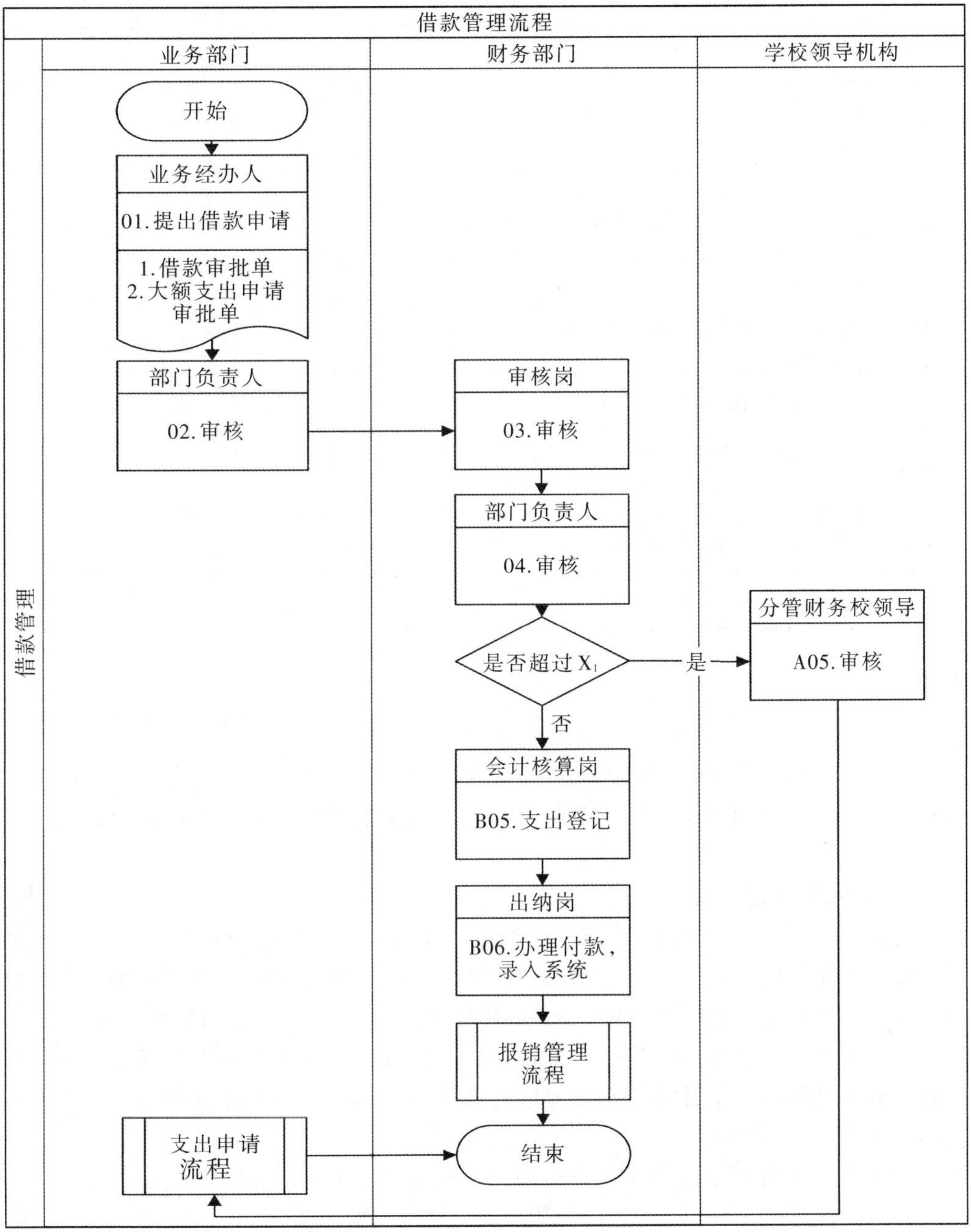

图6-2　借款管理流程

表6-2 **管控节点说明**

管控节点	节点说明	输出文档
01	业务部门业务经办人填制借款审批单，提出借款申请	借款审批单 大额支出申请审批单
02	业务部门负责人进行审核	
03	业务部门负责人审核通过后，交由财务部门会计科审核岗进行审核	
04	财务部门负责人审核	
	判断是否超过X_1，若是，进入A05；若否，进入B05	
A05	借款审批单借款金额大于X_1，分管财务校领导审核	
	转入支出申请流程	
B05	借款审批单借款金额小于等于X_1，由财务部门会计核算岗确认支出	
B06	财务部门出纳岗办理付款，并且录入系统	
	转入报销管理流程	

五、公务卡管理

公务卡是指由学校教职工个人持有、保管和使用，主要用于日常公务支出和财务报销业务，也可用于个人消费，具有一定的透支消费额度和透支免息期的银行信用卡。

（一）公务卡管理规范

公务卡办理的范围为高校在编在岗的正式教职工。公务卡实行“一人一卡”实名制管理。公务卡及密码均由持卡人个人保管。公务卡遗失、被盗或毁损后的挂失及补办等事项由个人自行与发卡行联系办理，并及时将新卡账号信息通知高校财务部门。

持卡人因离职、退休等原因离开高校时，高校应及时办理销卡手续。人事部门应将在职人员调离、退休等变动信息及时通知财务部门，由财务部门通知发卡银行办理公务卡销户等手续。

持卡人要严格遵守国家关于银行卡使用管理的有关规定，规范使用公务卡。严禁持卡人违规使用公务卡。对恶意透支、拖欠还款等产生的后果，由持卡人负责，高校不承担由此引发的任何责任。高校各部门负责人应严格执行财经纪律，对本部门公务卡持卡人的公务消费行为进行管理和审核，严格控制支出，杜绝超范围、超标准的支出，确保公务消费支出控制在规定范围之内。

公务卡结算是高校教职工在公务活动中使用公务卡刷卡消费，在规定的期限内按现行财务制度审核后报销还款的方式。公务卡结算范围为：无论资金来源渠道如何，所有公务支出都应使用公务卡结算，具体包括：购买机票、住宿、招待费、培训费、办公费、会议费、咨询费、租赁费、小额图书资料、材料购置费以及零星购买支出等。未纳入国库集中支付的纵（横）向科研课题经费、各类专项经费、代管经费等也应用公务卡结算。凡结算范围规定的公务支出项目，教职工应按规定使用公务卡结算，不得使用现金结算。

使用公务卡结算，不改变高校现行财务管理制度、报销审批程序和会计核算方法。持卡人因公务活动使用公务卡消费时，必须取得本人签名的公务卡消费交易凭条（POS机小票/网上交易支付记录等，以下同）和正式税务发票或财政票据；发票金额合并开具的，还应取得所购商品明细清单。公务卡消费交易凭条、正式税务发票或财政票据以及商品明细清单是公务消费报账的必要依据，均要作为会计原始凭证管理。持卡人使用公务卡同时进行公务和个人消费时，必须将公务消费部分与个人消费部分区分开，应分别刷卡支付，并分别打印消费交易凭条和报销发票，学校财务部门只对公务消费部分进行报销。

有下列情形之一的，产生费用由持卡人个人承担，学校财务不予报销：使用公务卡用于个人消费的部分；报销发票与公务卡消费交易凭条不符的；持卡人透支提取现金产生的手续费、利息等；因持卡人个人原因，持卡人未能在公务卡免息期内报销还款造成的透支利息和滞纳金等；因持卡人个人保管不慎或遗失等原因，导致公务卡被盗刷所形成的支出和损失；其他不符合财务管理规定和要求或超出标准的消费。

公务卡申领程序：申请人本人如实填写公务卡申请表，报所在单位、人事部门审核后，连同本人身份证复印件及其他相关证明文件一并送交财务部门；财务部门对申请人资料进行确认后，送交发卡行；发卡行按规定程序发卡；公务卡申办成功后，持卡人将本人姓名和卡号等信息报送财务部门。

公务卡报销时高校财务人员登录公务卡支持系统，根据持卡人提供的姓名、交易日期和消费金额等信息，查询核对公务消费的真实性，审核确认后批准报销。

实行公务卡结算方式后，一般情况下高校不再使用现金结算。根据现金管理有关规定，结合当前实际情况，属于下列情况之一的，可以继续使用现金结算：签证费、快递费、出租车费、停车费、举报奖励等目前只能使用现金结算的支出；不具备刷公务卡条件且单笔消费在一定额度以下的公务支出；中国人民银行规定结算起点1 000元以下、500元以上因特殊情况不能使用公务卡结算，报经财务部门批准的公务支出；除上述情况外，因特殊情形确实不能使用公务卡结算的，应报学校财务部门批准。

（二）公务卡管理流程（如图6-3所示）及管控节点说明（见表6-3）

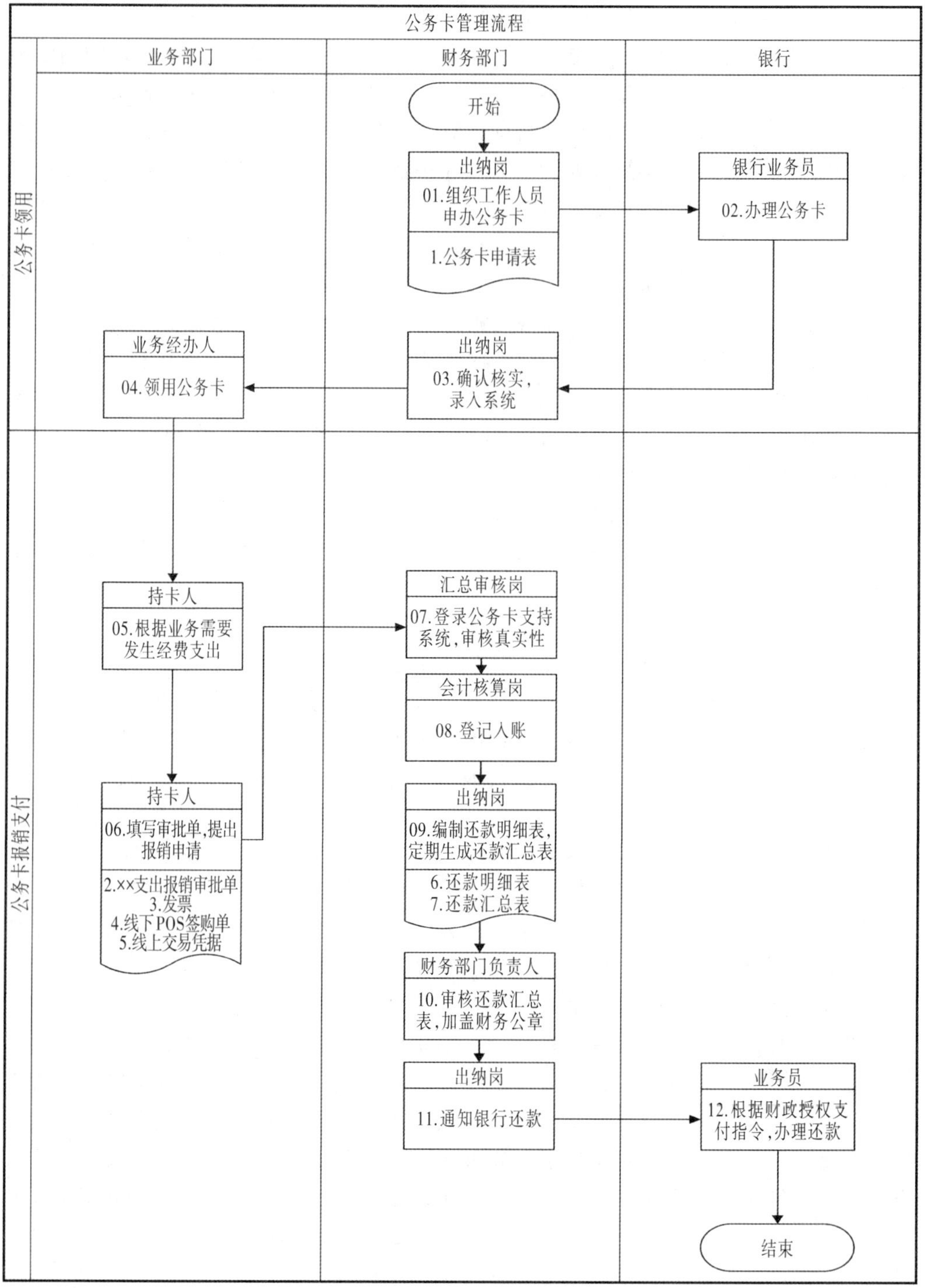

图6-3 公务卡管理流程

表6-3　**管控节点说明**

管控节点	节点说明	输出文档
01	财务部门出纳岗组织工作人员申办公务卡	公务卡申请表
02	银行的业务员办理公务卡	
03	财务部门出纳岗确认核实，录入系统	
04	业务部门业务经办人领用公务卡	
05	业务部门持卡人根据业务需要发生经费支出	
06	业务部门持卡人填写审批单，提出报销申请	××支出报销审批单 发票 线下POS签购单 线上交易凭据
07	财务部门汇总审核岗登录公务卡支持系统，审核真实性	
08	财务部门会计核算岗登记入账	
09	财务部门出纳岗编制还款明细表，定期生成还款汇总表	还款明细表 还款汇总表
10	财务部门负责人审核还款汇总表，加盖财务公章	
11	财务部门出纳岗通知银行还款	
12	银行的业务员根据财政授权支付指令，办理还款	

六、报销审批管理

（一）报销审批管理规范

1.报销流程

经办人办理报销手续，首先填写《××费报销单》，并以发票等原始票据作为支持性附件。若有事前审批，还应将《××支出申请审批单》一并提交。《××费报销单》应包含部门、用途、金额等要素。业务经办人签字后，提交业务部门负责人审核，审核重点为报销事项支出的真实性和合理性：若直接报销的事项支出涉及归口管理部门，应提交至归口管理部门审核，审核重点为报销事项的合理性、真实性。

业务部门和归口管理部门审核通过后提交至财务部门审核会计审核；若金额超过一定额度（X_1），还应由财务部门负责人审核签字，审核通过后由出纳岗办理资金支付。

财务部门审核会计在审核经费支出单据时，审核重点为：是否符合支出事项的开支范围；是否符合相关费用的支出标准；所附要件是否齐全，是否经过了规定的审批程序；是否符合审批后的预算额度；是否据实提供了合法、有效的报销票据。

2.经费支出报销票据的相关要求

（1）发票抬头应为高校全称。

（2）定额发票必须有对方盖章，无章的发票不予报销。

（3）收据（财政票据除外）及白条不予报销，因个人原因违章的罚款单据不予报销。

（4）对于虚假发票、不在费用开支范围内以及不符合经费支出相关规定的票据，财务部门不予办理报销。

3.会计入账

财务部门记账会计根据《××支出申请审批单》、《××费报销单》和发票等原始凭证及时准确地填写记账凭证；总账会计根据记账凭证及时编写日记账，定期汇总计入总账，月末、季末、年末编写财务报表。

4.会计档案

高校在进行会计核算等过程中接收或形成的，记录和反映高校经济业务事项的，具有保存价值的文字、图表等各种形式的会计资料（包括通过计算机等电子设备形成、传输和存储的电子会计档案）应及时整理归档。高校应加强对会计档案的收集、整理、保管、利用和鉴定销毁等管理工作，采取可靠的安全防护技术和措施，保证会计档案的真实、完整、可用、安全，有效保护和利用会计档案。

（二）报销管理流程（如图6-4所示）及管控节点说明（见表6-4）

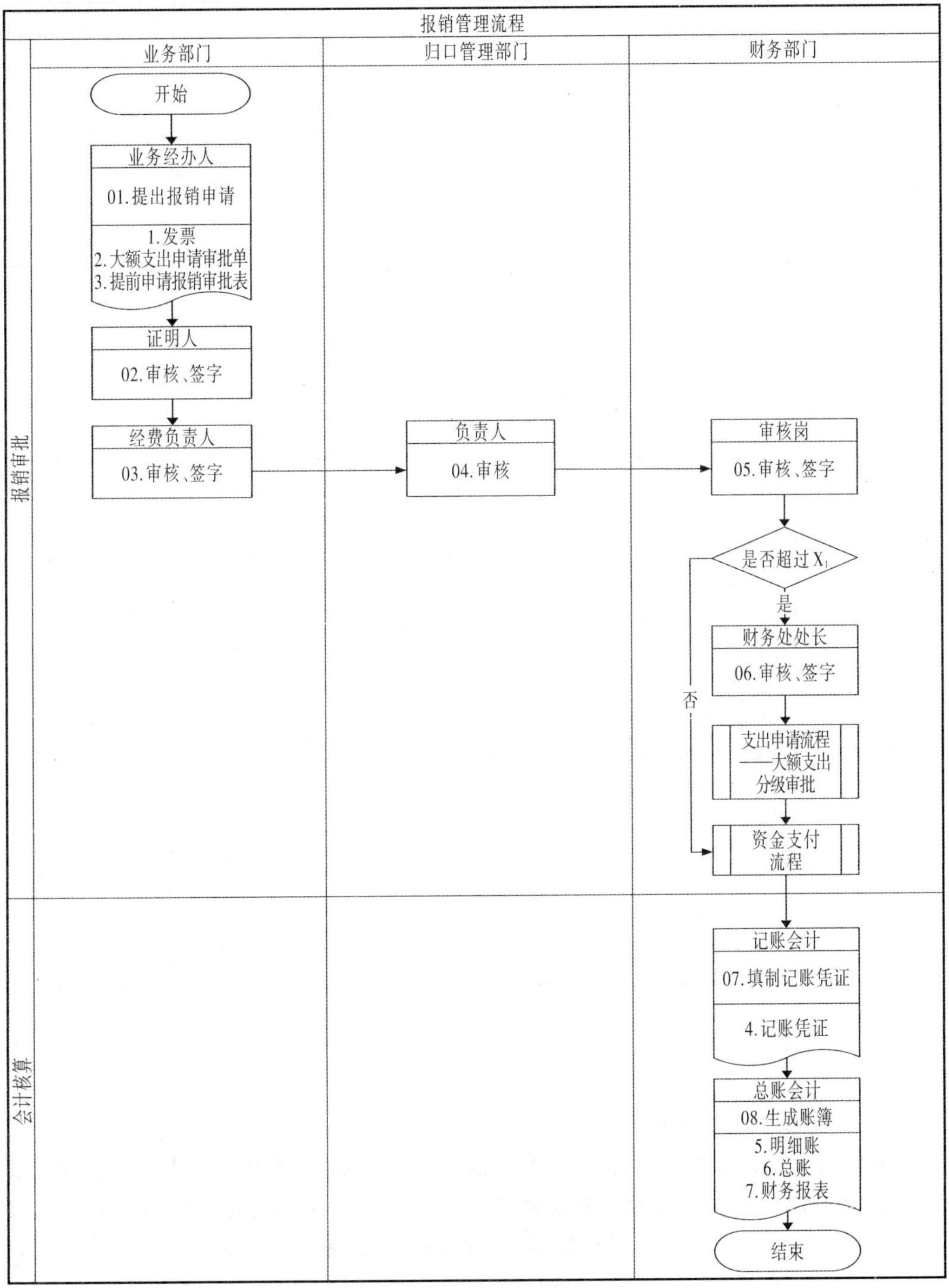

图6-4　报销管理流程

表6-4 **管控节点说明**

管控节点	节点说明	输出文档
01	业务部门业务经办人提出报销申请	发票 大额支出申请审批单 提前申请报销审批表
02	业务部门证明人（验收人）审核、签字	
03	经费负责人审核、签字	
04	归口管理部门负责人审核	
05	财务部门审核岗审核、签字	
	判断金额是否大于X_1，若是，进入06；若否，转入资金支付流程	
06	金额大于X_1的，由财务处处长审核、签字	
	转入支出申请流程——大额支出分级审批，然后转入资金支付流程	
	小于等于X_1的，直接转入资金支付流程	
07	财务部门会计科记账会计填制记账凭证	记账凭证
08	财务部门总账会计生成账簿	明细账 总账 财务报表

七、资金支付管理

（一）资金支付管理规范

高校应当完善资金支付管理流程，明确付款审核人的责任和权力，加强资金支付的管理。高校支付款项时应核实使用资金的类型，正确选用支付方式并规范使用。应当严格按规定范围使用现金结算，严格执行公务卡结算制度和国库集中支付制度。

高校应当对已经签发的支付凭证及时、准确进行登记，高校应当重视工程、设备采购付款的过程控制和跟踪管理。发现异常情况的，应当拒绝付款，避免出现资金损失。

（二）资金支付管理流程（如图6-5所示）及管控节点说明（见表6-5）

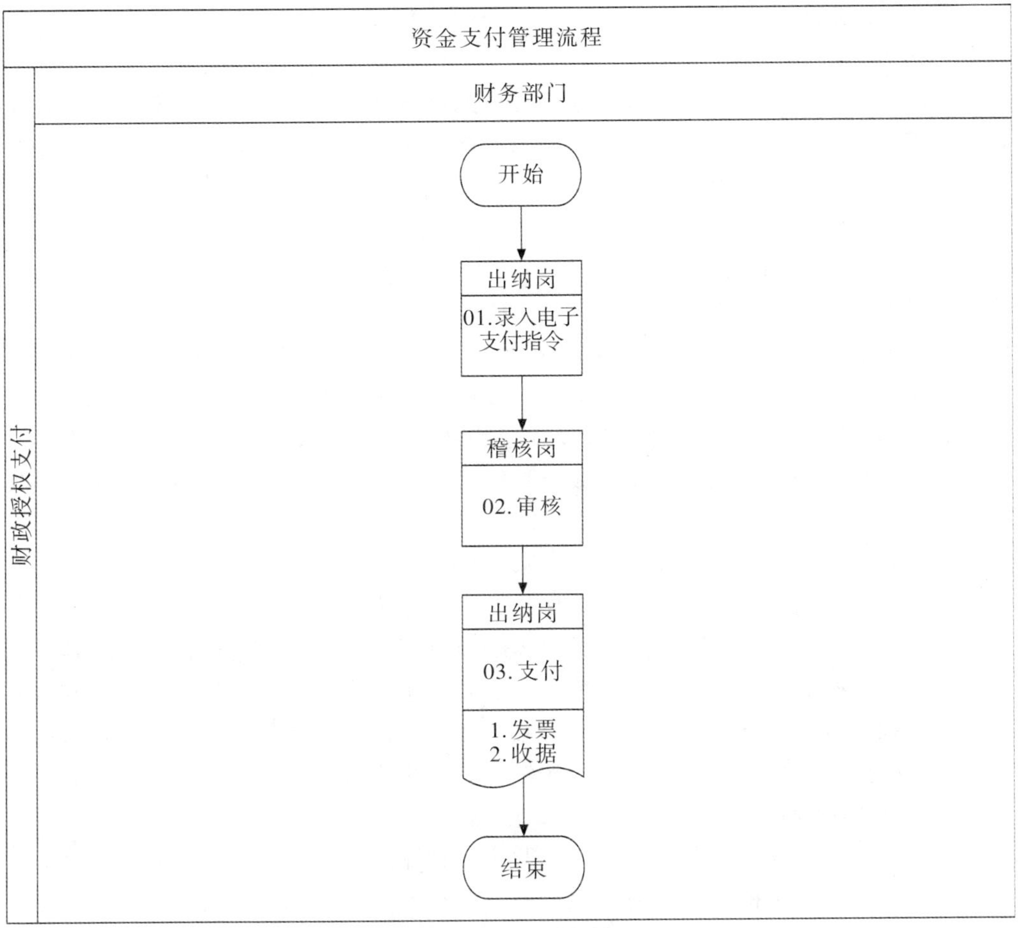

图6-5 资金支付管理流程

表6-5 **管控节点说明**

管控节点	节点说明	输出文档
01	财务部门出纳岗录入电子支付指令	
02	财务部门会计科稽核岗进行审核	
03	财务部门出纳岗支付	发票 收据

八、支票管理

（一）支票管理规范

1.支票的购买与保管

出纳员负责到开户银行购买支票，并要专门设账登记现金支票、转账支票购买日期、编号和张数。定期核对空白支票与账簿登记是否相符，防止支票丢失。空白支票与财务专用章须分开保管。

2.支票的使用

现金支票的使用仅限于财务人员到银行提取现金，不得签发给其他人员。现金支票和转账支票的有效期限为10天，到期限最后一天遇节假日顺延。各单位使用转账支票时首先要填制借款单，注明用款单位（名称、开户行和账号）、用途、日期、金额等，领用金额在一定额度（X_1）以内的需由经办人、单位负责人和财务部门负责人签字后，才能由出纳员签发支票；超过X_1（含X_1）的应同时填写大额审批表实行分级审批后再由出纳员签发支票。手续不完备的，财务人员有权拒绝签发支票。

出纳员填写支票时，必须要写明当天日期、收款单位（与发票或收据相同）、用途、金额并加盖财务专用章和法人印章，由领取人在支票存根上签字后，方可领取转账支票。出纳人员不得签发空白支票和远期支票，金额不明确的须注明限额，使用的具体金额必须在支票注明限额内。支票正本与支票存根上填写的金额和收款人名称必须一致。财务部门及高校所属独立核算部门的出纳员一定要掌握银行存款余额，一律不得签发空头支票，否则按银行管理规定处理。

3.支票的注销

支票使用后，存根要与报销凭证一起附在记账凭证之后；因填写错误或因故未用造成银行票据作废的，应及时将该支票与存根粘贴在一起并加盖“作废”章，妥善保管，集中处理。支票一旦丢失或被盗，必须立即报告财务部门负责人，同时积极查找，及时办理挂失止付手续并向公安机关报案。

收取的支票要严格审核支票的有效性、合法性，审核无误后，及时送存开户银行。各部门领用支票后，须按规定用途使用，不准出租、出借和转让支票。持票人应在出票日起10日内办理付款及报销手续。对已办理完付款事项，且逾期不到财务部门办理报销手续者，将对其部门暂缓办理新的经济业务，由此影响其所在部门工作或造成的损失，由经办人负责。

（二）支票使用管理流程（如图6-6所示）及管控节点说明（见表6-6）

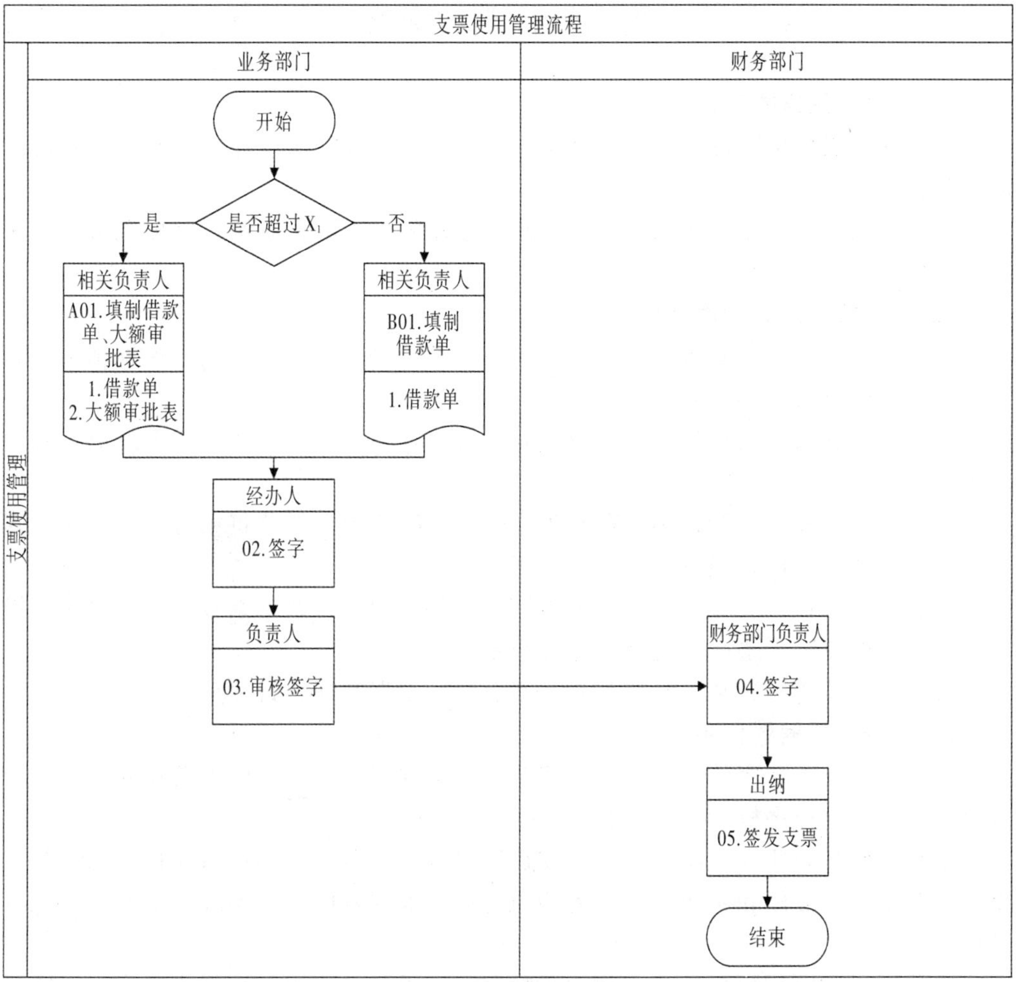

图6-6　支票使用管理流程

表6-6　**管控节点说明**

管控节点	节点说明	输出文档
	判断领用金额是否超过X_1，若是，进入A01；若否，进入B01	
A01	各单位使用转账支票时首先要填制借款单，注明用款单位（名称、开户行、账号）、用途、日期、金额等，若超过X_1，还需要填制大额审批表	借款单 大额审批表
B01	各单位使用转账支票时首先要填制借款单，注明用款单位（名称、开户行、账号）、用途、日期、金额等，若不超过X_1，则不需填制大额审批表	借款单
02	经办人签字	
03	业务部门负责人审核签字	
04	财务部门负责人签字	
05	出纳签发支票，手续不完备的，有权拒绝签发支票	

九、银行票据管理

（一）银行票据的购入

根据业务需要从银行购买银行票据，须由专人负责，其他任何人员不得私自向银行购买。

设置专门的银行票据购买、领用及使用登记簿，详细记录银行票据购买、领用和使用的份数、票据种类和票据号码。

（二）银行票据的领用及保管

银行票据原则上只能由银行出纳按照业务范围领用，并按规定办理领用及交接手续，其他任何人员不得领用。

银行票据的保管人和领用人不得同时保管开具银行票据所使用的全部银行预留印鉴。

银行票据应妥善保管，必须存放于指定的保险柜中，严禁将银行票据存放在其他地方，以防止银行票据的遗失和被盗用。

银行票据保管人员应于每年年末在银行核销已用银行票据票号，并销毁作废银行票据，同时在银行票据登记薄上做好记录。

存款账户结清时，必须将全部剩余空白银行票据交回银行注销。

（三）银行票据的使用

银行票据应按顺序使用，不得跳号使用；对作废银行票据应加盖作废章，并妥善保管，按规定程序核销。

银行出纳必须凭“记账凭证”签发银行票据，开具银行票据时应按要求填写日期、收款单位、金额和用途，不得签发与付款凭证实际内容、实际金额不符的银行票据。

银行票据的银行预留印鉴必须随用随盖，不得预先在银行票据上盖章，不准开具印鉴不全、与银行预留印鉴不符的银行票据，不得开具空白票据、空头票据和远期票据。

银行票据领用后，因填写错误或因故未用造成银行票据作废的，应及时将该银行票据与存根粘贴在一起并加盖“作废”章，妥善保管，集中处理。

对外办公结束后所有空白银行票据、已开具银行票据、作废银行票据应统一放入保险库，确保安全。

银行票据保管人员一旦发现银行票据丢失或被盗，必须立即报告财务部门负责人，同时积极查找，及时办理挂失止付手续并向公安机关报案。严禁携带银行票据外出使用；特殊情况，确需携带外出使用的，必须经财务部门负责人同意。

第七部分

债务管理内部控制

为规范高校债务管理行为，根据《行政事业单位内部控制规范（试行）》、《教育部直属高校经济活动内部控制指南（试行）》（教财厅〔2016〕2号）等有关法律法规，制定本指南。

一、债务管理内部控制概述

本指南所指债务，是指高校向银行等金融机构借入的各类款项，以及高校利用学校资产向非银行金融机构开展融资等活动取得的款项。

高校承担的能以货币计量，需要以资产或劳务偿还的应付及预收款项、应缴款项、代管款项等其他债务，以及高校财务账上未反映的、且在未来需支付的工程款项等，不纳入本指南范围。

债务融资也是高校资金来源中的重要组成部分，其内部控制的有效与否直接影响着高校管理效率和效果。完善债务控制，有利于防范高校财务风险，提高管理效率。

二、债务管理机构设置及职责分工

学校应当合理设置岗位，明确岗位职责权限，确保债务核算和债务清理等不相容岗位相互分离。高校债务管理的组织架构包括学校领导机构、财务部门以及审计部门等。

（一）学校领导机构

学校领导机构为决策机构，其主要职责包括：

（1）审批负债方案。

（2）审批重大负债计划。

（二）财务部门

财务部门为债务日常管理机构。财务部门主要职责包括：

（1）编制负债方案和负债计划。

（2）提出负债方案和实施负债计划。

（3）筹资方案和还本付息方案的起草和可行性论证。

（4）债务的举借和归还。

（三）审计部门

审计部门为债务管理监督部门，主要职责为：

（1）评价负债活动，及时总结问题。

（2）监督各部门严格按照方案确定的项目计划使用资金。

三、债务的形成

（一）债务形成管理规范

高校应当在对拟筹资项目的可行性进行充分论证的基础上，严格审核筹资方案和还本付息方案，评估学校的偿债能力和财务风险控制水平。筹资方案发生重大变更的，应当重新进行可行性研究并履行相应审批程序。

高校应当在批准的筹资方案内，结合建设项目用款需求，确定具体借款时点和金额，严格按照规定使用借款资金。

高校应当与银行等金融机构进行洽谈，明确相关的权利义务和违约责任等内容，并签署借款合同，依合同办理相关借款业务。

（二）债务形成管理流程（如图7-1所示）及管控节点说明（见表7-1）

表7-1 **管控节点说明**

管控节点	节点说明	输出文档
01	财务部门负债方案编制岗负责编制负债方案	负债方案
02	财务部门方案评估岗进行负债方案的战略性评估、经济性评估和风险评估	
03	财务部门负责人进行审核	
04	分管财务校领导进行审批	
	判断是否为重大负债项目，若是，进入节点05；若否，进入节点06	
05	大额负债或超警戒线负债需要向本单位的上级主管部门报批	
	与银行等金融机构进行洽谈，明确相关的权利义务和违约责任等内容，并签署借款合同，依合同办理相关借款业务	

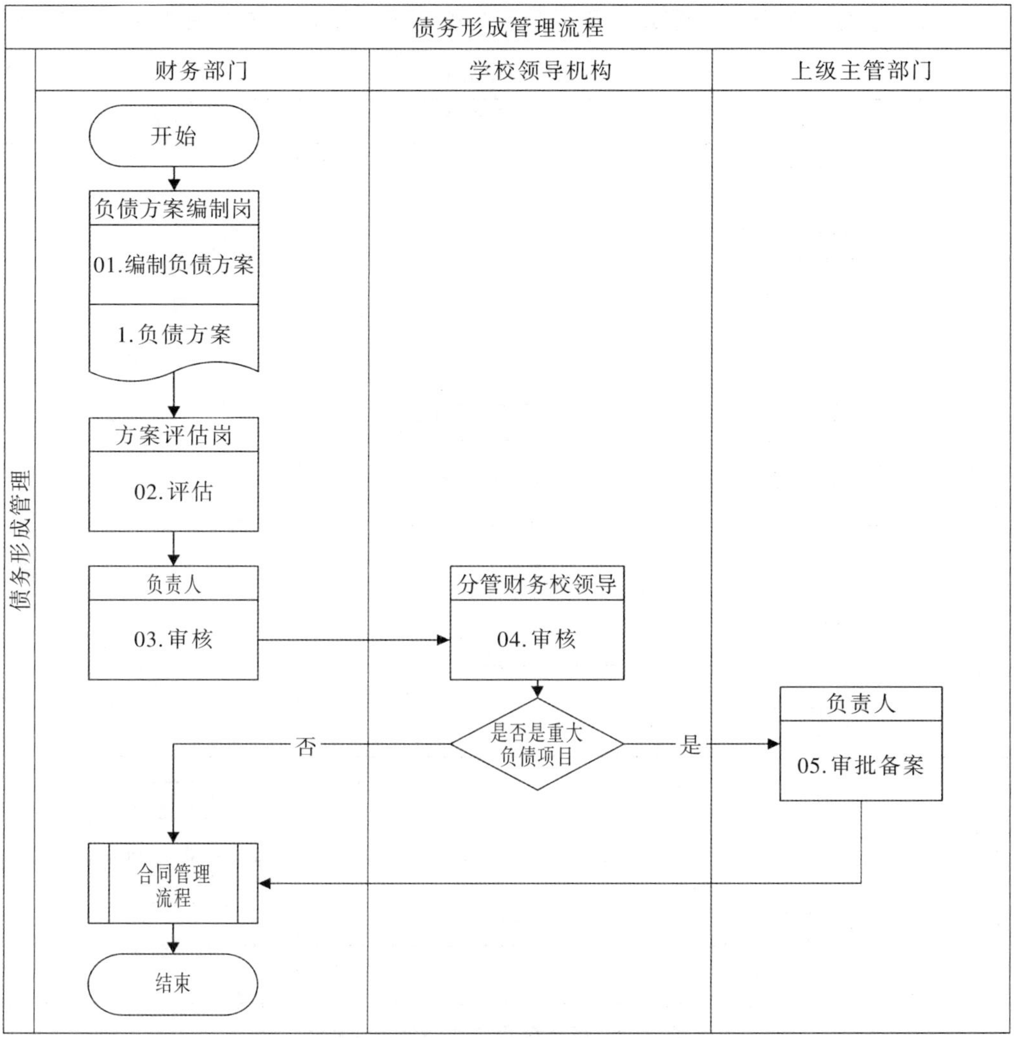

图7-1　债务形成管理流程

四、债务的使用与偿还

（一）债务使用与偿还管理规范

高校应当及时确认债务，分类登记入账，如实反映债务情况。高校应当严格按照审批用途使用资金，防范和控制资金使用风险。

高校应当按照筹资方案或合同约定的本金、利率、期限、汇率及币种，准确计算并按时还本付息。高校应加强债务偿还管理，对偿还本息等作出适当安排，设立还本付息准备金，在贷款期限内每年安排还本付息准备金，用于到期偿还贷款本息。确实无法偿付的，应及时登记入账。

（二）债务使用与偿还管理流程（如图7-2所示）及管控节点说明（见表7-2）

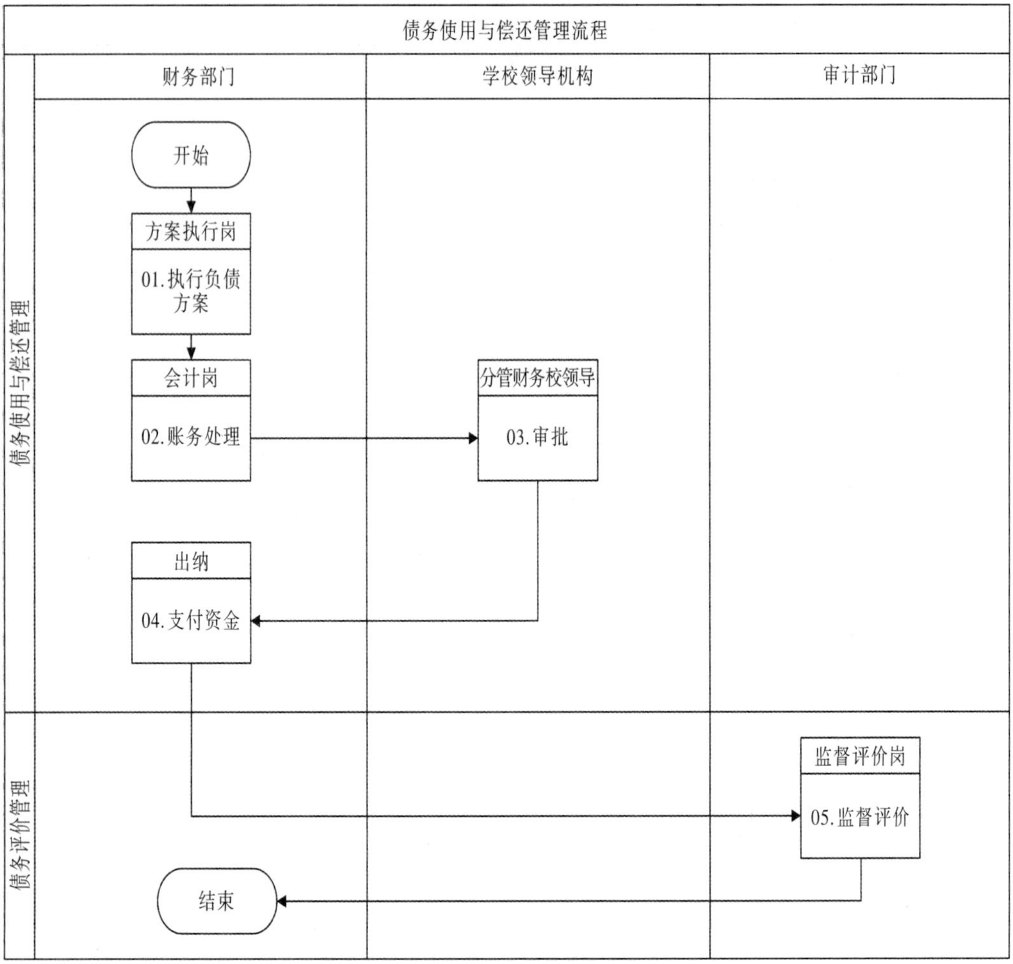

图7-2　债务使用与偿还管理流程

表7-2　管控节点说明

管控节点	节点说明	输出文档
01	财务部门方案执行岗明确负债计划执行中的各岗位分工、岗位职责及授权审批权限	
02	财务部门会计岗做好负债会计记录，发挥会计控制作用	
03	分管财务校领导对大额资金支付进行审批	
04	财务部门出纳按照负债协议或合同，支付利息或股利	
05	审计部门监督各部门严格按照确定的项目计划使用资金，并对负债活动进行评价	

五、债务的清理和档案保管

高校应当加强债务的对账和检查控制，定期与债权人核对债务余额，建立债务统计台账，构建债务基本情况动态数据库，实时反映债务信息。

高校应当加强对债务业务的记录控制，妥善保管借款合同、收款凭证、还款凭证等资料，及时整理归档。

第八部分

采购管理内部控制

为进一步规范和加强采购管理工作，有效防控采购管理风险，提高采购的规范性、科学性和准确性，根据《中华人民共和国政府采购法》、《中华人民共和国政府采购法实施条例》、《中华人民共和国招标投标法》、《政府采购货物和服务招标投标管理办法》（财政部令87号）、《政府采购竞争性磋商采购方式管理暂行办法》（财库〔2014〕214号）、《行政事业单位内部控制规范（试行）》（财会〔2012〕21号）、《关于加强政府采购活动内部控制管理的指导意见》（财库〔2016〕99号）等法律法规，制定本指南。

一、采购管理内部控制概述

采购管理是指高校以合同方式通过购买、租赁、委托或雇佣的方式，有偿取得货物、工程和服务等采购事项的相关控制，包括采购项目计划与预算、采购活动管理、采购验收与支付的采购全过程管理。

其中货物，是指各种形态和种类的物品，包括材料、燃料、设备、产品、图书、行李和器械药品等。工程，是指建设工程，包括建筑物和构筑物的新建、改建、扩建、装修、拆除、修缮等。服务，是指除货物和工程以外的其他政府采购对象，包括设计、监理、咨询、中介等。

高校依据《中华人民共和国政府采购法》进行采购，采购业务按照采购组织形式主要分为集中采购、分散采购、网上商城、批量采购和定点采购。政府采购方式包括公开招标、邀请招标、竞争性谈判、单一来源采购、询价、竞争性磋商及政府采购监管部门认定的其他采购方式。

采购管理内部控制主要任务是：建立健全采购预算与计划管理、采购活动管理、验收管理等采购内部管理制度；明确相关岗位的职责权限，确保政府采购需求制定与内部审批、招标文件准备与复核、合同签订与验收、验收与保管等不相容岗位相互分离；建立预算编制、采购和资产管理等部门或岗位之间的沟通协调机制；实施归口管理，建立采购、资产管理、财会、审计等部门或岗位相互协调、相互制约的机制。

具体任务：明晰事权，依法履职尽责；实施归口管理，明确委托代理权利义务，强化内部监督；合理设岗、界定岗位职责、不相容岗位分离、定期轮岗；分级授权、完善决策机制、完善内部审核制度；优化流程，增强采购计划性、加强关键环节控制、明确时限要求、强化利益冲突管理、健全档案管理。

采购业务内部控制管理要建立采购业务与预算、资产、建设项目及合同业务之间的业务衔接，加强采购部门与采购需求部门、项目负责部门、财务部门、资产部门、党政办公室及审计部门之间的沟通协调机制。

其中采购需求部门、财务部门参与采购项目的预算编审、预算批复、采购计划制订、采购计划审批；财务部门参与采购项目的采购价款支付；党政办公室参与采购合同的订立、监督、归档；项目负责部门和采购需求部门参与采购物资的验收；使用部门、项目负责部门、审计部门参与采购业务的过程监督。

二、采购管理机构设置及职责分工

学校应切实加强采购业务岗位管理，结合学校组织架构设置及实际业务管控需要，科学设置岗位，合理划分岗位职责，并确保采购需求制定与审批、招标文件准备与复核、合同签订与资产验收、验收与保管、采购活动组织与质疑投诉处理等不相容岗位分离。高校应当设置专门的采购管理机构或明确归口管理部门，统一管理学校的采购业务活动。本校采购管理组织架构包括：校长办公会或高校党委常委会（党委会）（以下以学校领导机构代称）、采购部门、业务部门、资产部门、财务部门、党政办公室和审计部门等。

（一）学校领导机构

学校领导机构是校内采购管理的最高决策组织，主要负责政府采购和其他重大采购项目的采购计划审批工作。

（二）采购部门

采购部门是采购管理的日常决策机构，主要职责如下：审批本校政府采购限额标准以上采购项目立项及预算后报学校领导机构；审批采购汇总计划、采购文件、招标文件、评标文件、评标结果及采购合同等。

采购部门作为采购管理的日常管理部门，主要负责以下工作：负责根据有关政府采购的管理规定，拟定采购工作规范；负责审核采购需求部门编制的采购预算，汇总和审核采购计划，审定本校委托的采购代理机构和采购方式；负责督促供应商依法履行采购合同，处理采购纠纷；负责指导和检查本校贯彻执行有关政府采购法律法规的情况，培养采购经办人员的职业胜任能力；负责学校领导机构交办的其他采购工作。

（三）业务部门

各业务部门为采购需求部门，主要职责有：负责在采购预算指标批复范围内，编制采购执行计划；负责依据采购计划，提出采购申请；负责协同资产部门参与采购项目验收工作。

（四）资产部门

资产部门负责组织并实施具体采购项目的验收等工作。

（五）财务部门

财务部门主要负责采购业务涉及的预算及资金管理，主要包括以下职责：负责审核采购需求部门提出的采购金额；负责根据采购合同约定及验收结果支付采购价款。

（六）党政办公室

党政办公室负责办理采购合同签订的相关手续，督促供应商依法履行采购合同，处理采购纠纷等。

（七）审计部门

审计部门是采购管理的内部监督机构，主要负责对采购组织形式选择、采购方式选择、采购合同签订、履行情况、中标或成交情况进行监督检查。

三、采购预算及计划编制

（一）采购预算及计划编制规范

1.采购预算的编制与审核

采购需求部门应按实际需求编制采购预算，采购部门对各采购需求部门上报的采购预算进行汇总审核。若需要专业评审，采购部门需聘请评审专家进行专业审核，后交采购预算审核岗审核预算额度，对采购预算进行审批。

2.采购计划编审

采购需求部门应根据实际需求编制采购计划，并对采购计划进行内部审核。采购计划包括：采购目录代码，采购目录名称及数量，采购项目计量单位，采购资金来源，采购项目质量、安全、节能环保、技术规格、服务标准、物理特性等性能要求，预计采购时间、地点、验收标准以及售后服务要求，采购项目执行的国家相关标准、行业标准、地方标准或者其他标准规范，采购项目所要实现的功能或目标，以及需落实的政府采购政策等内容。编制采购计划应当符合下列要求：采购项目和代码符合政府采购预算编制的要求；相同品目的项目归并编列；对采购价格、规格及技术要求等相关事项须具体写明。

3.汇总采购计划

采购部门需要对各部门提交的采购项目计划按照类别进行汇总和初步审核。对不符合采购项目计划要求的采购计划须退回，采购需求部门须修改后再提交。

4.采购计划专业评审

若采购计划中涉及专业性要求或技术要求严格的采购项目，必须由技术评审专家进行评审时，采购部门应组织相关领域的专家组成评审小组对采购计划进行评审。评审专家小组须对有专业性要求或严格技术要求的采购项目出具评审报告并全体签字。

5.采购计划审核审批

采购项目计划需经采购需求部门确认，采购部门审核审批；对于政府采购计划，还需经学校领导机构审批。

（1）采购需求部门审核要点：采购计划内容是否完整；采购计划格式是否准确；专业性采购计划是否提请专家评审。

（2）采购部门审核审批要点：采购计划是否分门别类完整填写；专业性采购计划是否有专家评审报告；采购项目是否与预算金额相匹配，是否存在超支现象；采购项目数量和采购资金来源是否与采购预算相对应；是否存在将以公开招标方式采购的货物或者服务化整为零的现象。

（3）学校领导机构审核审批要点：审核审批重大采购项目的可行性以及预算资金的合理性；讨论决定重大采购项目采购时间安排及采购方式。

学校需要采购的产品在中国境内无法获取或者无法以合理的商业条件获取，以及法律法规另有规定确需采购进口产品的，学校须在获取财政部门核准后，依法开展政府采购活动。采购部门应当出具《政府采购进口产品申请表》、关于鼓励进口产品的国家法律法规政策文件复印件、《政府采购进口产品所属行业主管部门意见》以及《政府采购进口产品专家论证意见》等相关材料报财政部门审核。

（二）采购预算及计划编制流程（如图8-1所示）及管控节点说明（见表8-1）

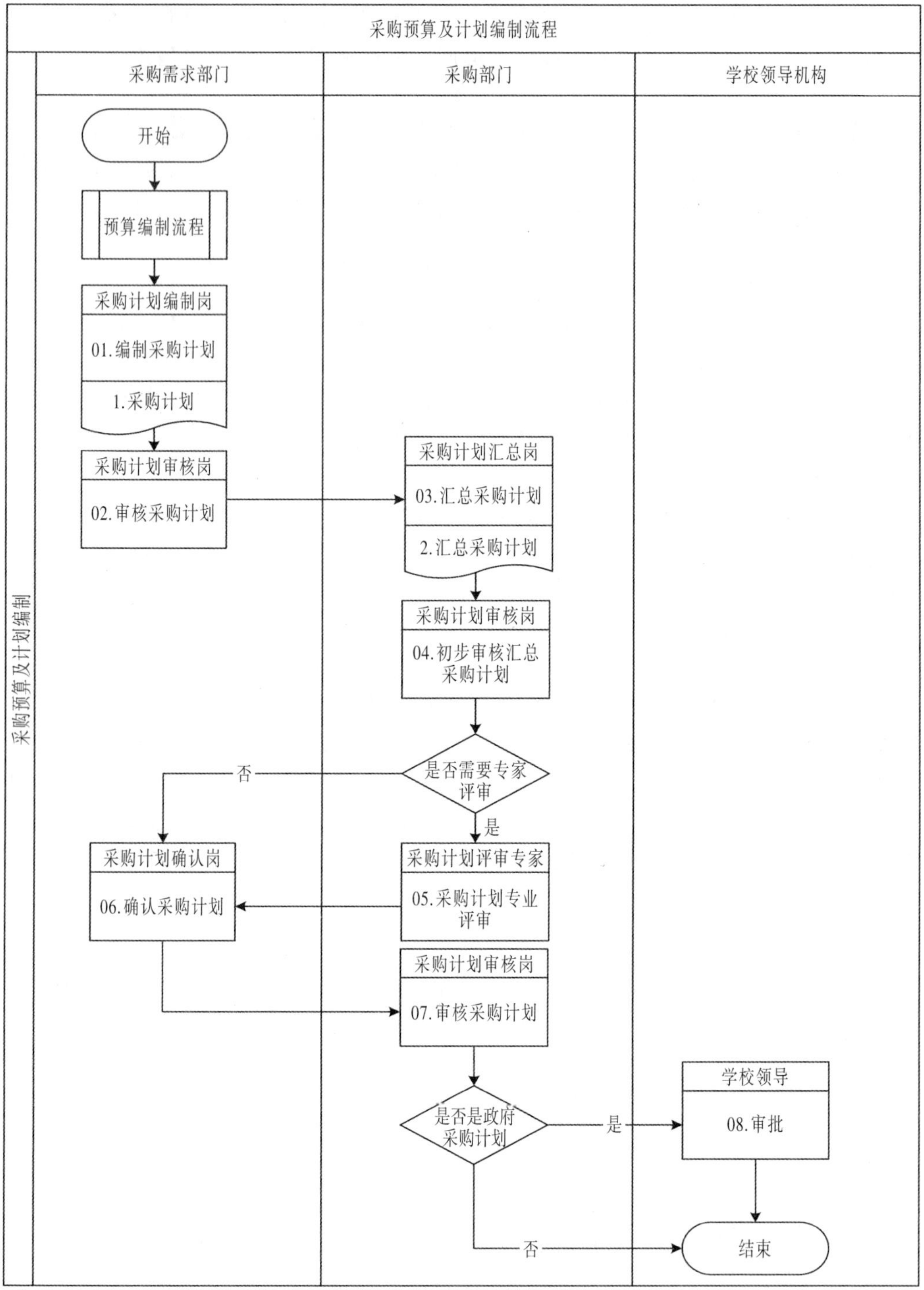

图8-1 采购预算及计划编制流程

表8-1　**管控节点说明**

管控节点	节点说明	输出文档
	进入子流程：预算编制流程	
01	采购需求部门根据本部门采购需求编制采购计划	采购计划
02	编制的采购计划需由采购需求部门内部审核	
03	采购部门对各部门提交的采购项目计划按照类别进行汇总	汇总采购计划
04	采购部门需要对汇总采购计划初步审核	
	判断采购计划是否需要专家评审，若是，进入流程05；若否，进入流程06	
05	组织专家对采购计划实施专业评审	
06	采购需求部门对采购计划进行确认	
07	采购部门进行审核	
	判断采购是否为政府采购计划，若是，进入流程08；若否，结束本流程	
08	对于政府采购计划，还需经学校领导机构审批	

四、采购执行申请与审核管理

根据采购预算制定采购需求。采购单位根据经批准下达的采购预算、采购指标以及政府集中采购目录、分散采购限额标准和公开招标数额标准提出采购需求，再交由业务主管部门审核、采购部门进行规范性审核、专业评审、归类汇总。采购需求编制内容包括采购项目构成、采购预算及指标、使用单位、采购数量、技术规格、使用时间、建议采购方式等。

编制和审核采购计划应当符合下列要求：项目和资金符合已批复下达的部门预算和指标的安排；采购需求完整、明确（除因技术复杂或者性质特殊，不能确定详细规格外），且相同品目的项目归并编列；政府向社会公众提供的公共服务项目，需就确定采购需求征求社会公众的意见，对价格、规格及技术等相关事项有要求的采购项目需附市场调查报告或者论证结论；符合法律法规以及政府采购政策规定的技术、服务、安全等要求；不得将本规范规定以公开招标方式采购的货物或服务化整为零，或者用其他不合规方式规避公开招标要求。

五、采购组织形式确定管理

（一）采购组织形式确定管理规范

采购组织形式应根据采购需求部门提出的需求申请确定。

1.签订委托代理协议

委托代理协议应当就下列事项明确本校与采购代理机构的权利和义务：采购需求和采购完成时间的确定；采购文件的编制与发售、采购公告的发布、评审标准的制定、评审专家的抽取、供应商资格的审查等；中标或成交供应商的确定和履约验收；询问或质疑的答复、备案文件报送、双方违约责任及争议问题解决等；双方约定的其他事项。

2.编审采购方案

学校委托采购代理机构代理采购业务，由采购代理机构根据采购部门提出的采购需求编制采购计划，采购部门审核采购计划是否符合本校要求，采购代理机构根据反馈意见继续编制采购计划。

（二）采购方案编审流程（如图8-2所示）及管控节点说明（见表8-2）

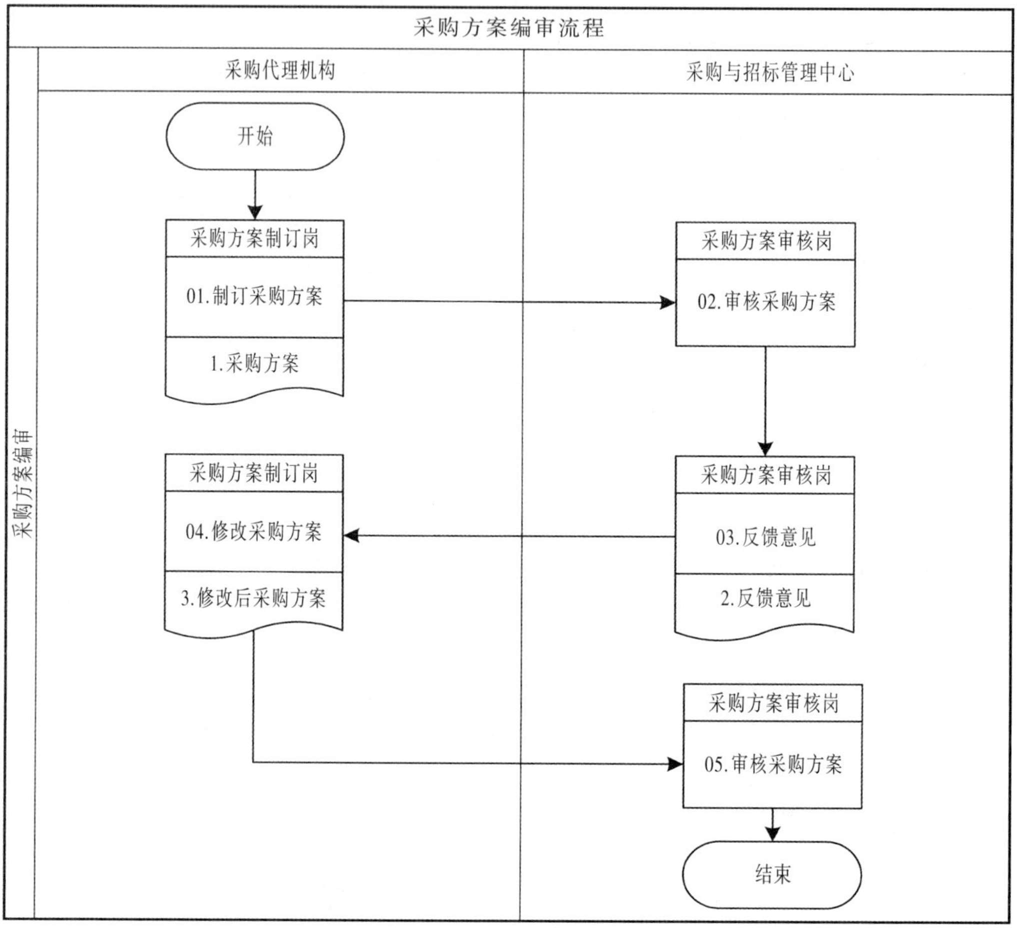

图8-2 采购方案编审流程

表8-2 管控节点说明

管控节点	节点说明	输出文档
01	由采购代理机构根据采购需求部门提出的采购需求编制采购方案	采购方案
02	采购部门采购方案审核岗审核采购方案是否符合本校要求	
03	采购部门采购方案审核岗给出反馈意见	反馈意见
04	采购代理机构采购方案制订岗根据反馈意见继续编制采购方案	修改后采购方案
05	采购部门采购方案审核岗审核采购方案	

六、采购方式确定及变更管理

（一）公开招标与邀请招标

单项采购金额达到省政府制定的公开招标数额标准的政府采购货物或服务项目必须使用公开招标方式进行采购；具有特殊性，只能从有限范围的供应商处采购的，或者采用公开招标方式的费用占政府采购项目总价值比例过大的货物或者服务，可以采用邀请招标方式采购。

采取邀请招标方式，采购代理机构需从符合资格条件的供应商中选取，可通过发布资格预审公告征集、从省级以上财政部门建立的供应商库中随机选取或采购人书面推荐选择三家以上的供应商。

1.招标文件审批

采购代理机构编审招标文件、招标公告或投标邀请书，由学校接收代理机构编制的招标文件、招标公告或投标邀请书。

招标公告、招标文件或邀请书经采购部门确认后，交由采购部门审批。

招标文件的编审要点应当包括采购项目的商务条件、采购需求、投标人的资格条件、投标报价要求、评标方法、评标标准以及拟签订的合同文本等。招标公告中需包含的具体内容如下：本校及其委托的采购代理机构的名称、地址和联系方法；采购项目的名称、数量、简要规格描述或项目基本概况介绍；采购项目的预算或者最高限价；采购项目需要落实的政府采购政策；投标人的资格要求；获取招标文件的时间、地点、方式及招标文件售价；公告期限；投标截止时间、开标时间及地点；采购项目联系人姓名和电话。

投标邀请书应当包含采购项目概况、投标供应商资质及资质文件反馈时间、投标保证金金额、投标报价要求、评标方法、评标标准等内容。应按规定及时发布公告或邀请书并进行资格预审。本校委托代理机构招标，由采购代理机构发布公告。

2.选取评审专家

采购代理机构须依法组建评标委员会，专家名单须从省政府有关部门提供的专家名册或者招标代理机构的专家库内的相关专业的专家名单中随机抽取确定。评标委员会须由学校代表和有关技术、经济等方面的专家组成，成员人数为五人以上单数，其中技术、经济等方面的专家不得少于成员总数的三分之二。

3.开标

采购代理机构须在限定时间内以书面、通告或电子邮件方式通知投标单位并依法进行开标，采购代理机构应当对开标现场活动进行全程录音录像，音像资料作为采购资料一并存档。有效投标人不足三家的，不进行开标。

4.评标

评标由采购代理机构依法组建的评标委员会负责。评标委员会依法按照符合性检查、澄清有关问题、比较与评价和推荐中标候选人的程序对供应商进行选择，并编写评标报告。评标报告应包含全体评标成员签字的原始评标记录和评标结果报告。采购代理机构应当对评标现场活动进行全程录音录像，音像资料作为采购资料一并存档。

5.评标结果审核与发布

评标结果须经采购部门的审核，确定最终供应商后采购代理机构应在国家指定的报刊、信息网络或者其他媒介发布中标结果公告，并向参与评标供应商发放中标结果通知书。

6.公开招标与邀请招标流程及说明

（1）公开招标流程（1）（如图8-3所示）、公开招标流程（2）（如图8-4所示）及管控节点说明（见表8-3）。

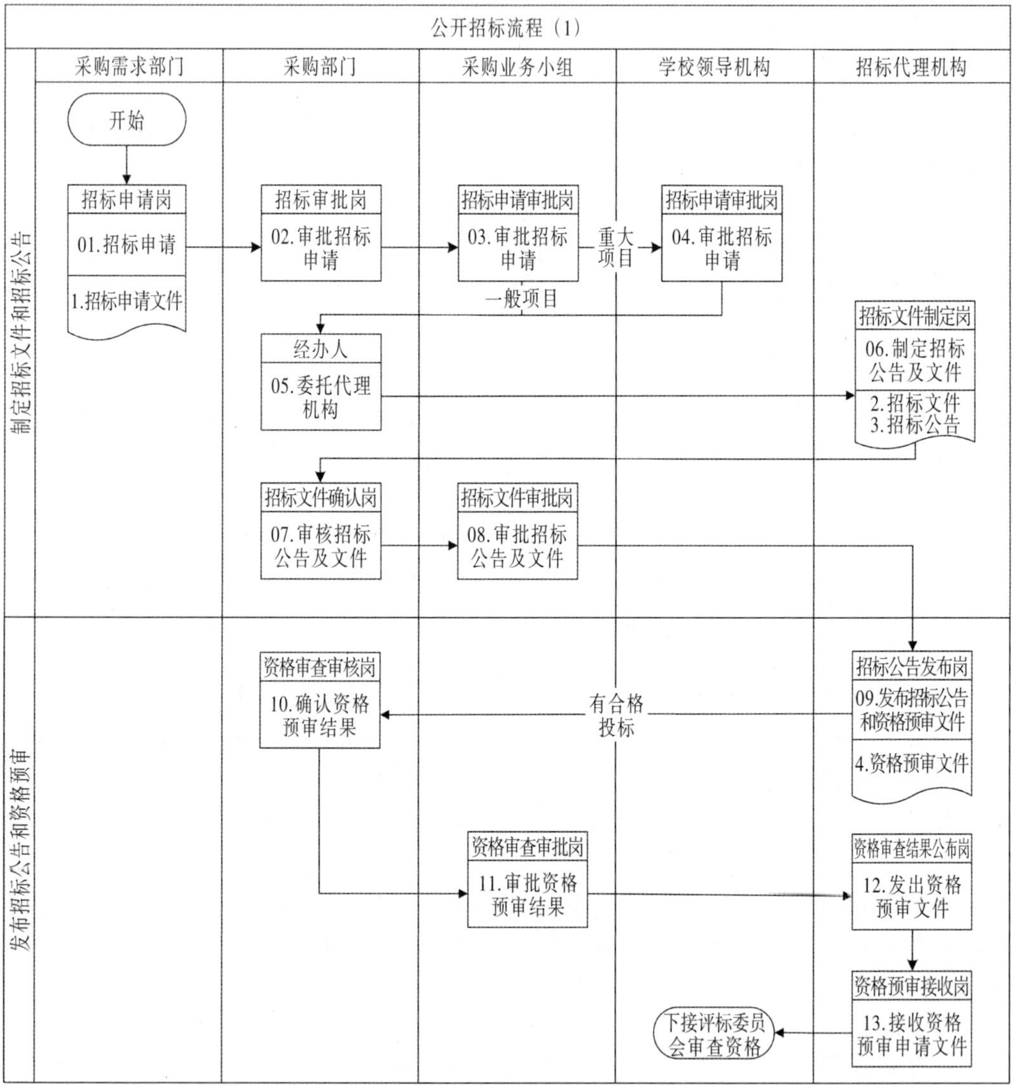

图8-3 公开招标流程（1）

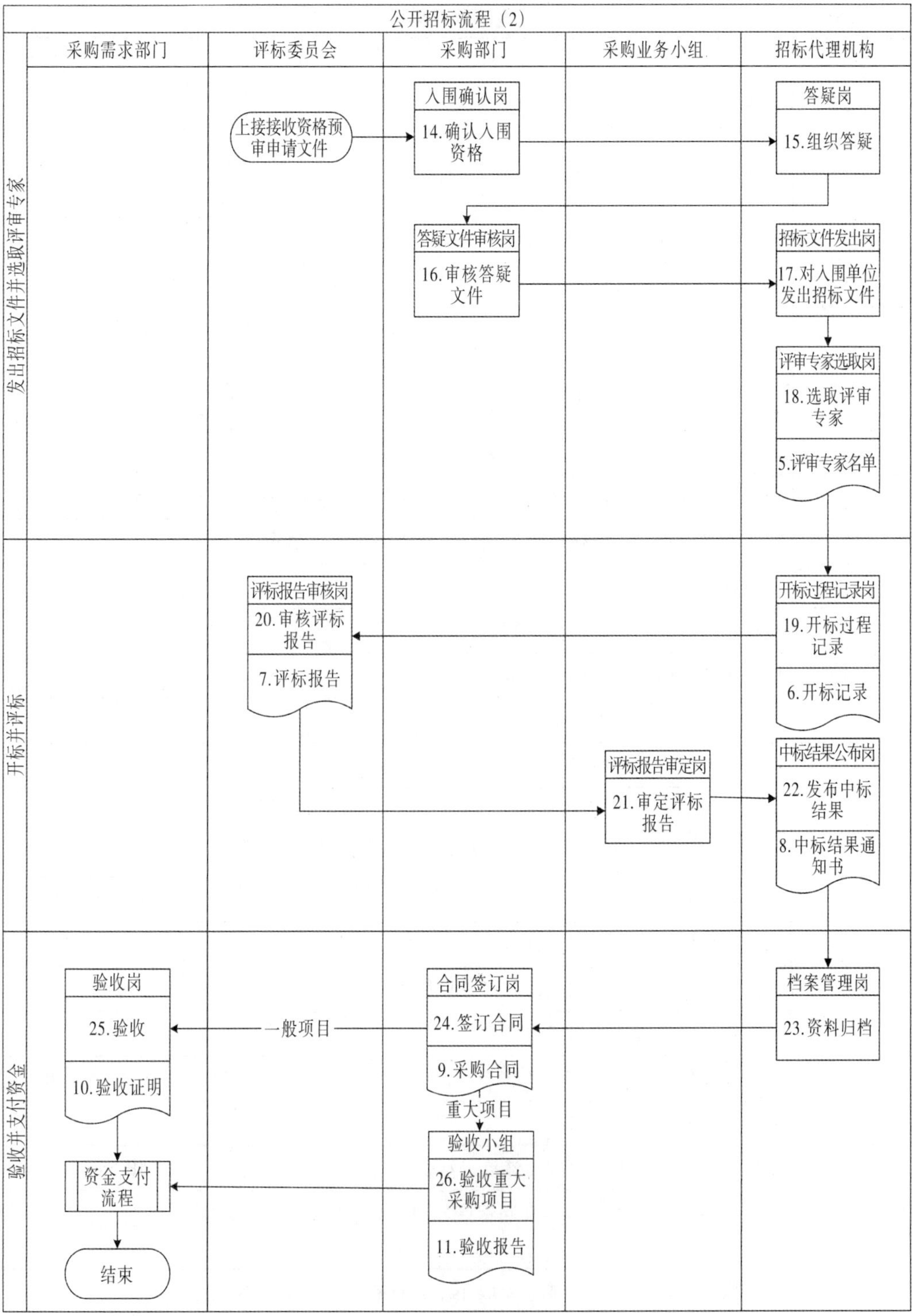
公开招标流程（2）
采购需求部门
评标委员会
采购部门
采购业务小组
招标代理机构
发出招标文件并选取评审专家
开标并评标
验收并支付资金
上接接收资格预审申请文件
入围确认岗
14.确认入围资格
答疑岗
15.组织答疑
答疑文件审核岗
16.审核答疑文件
招标文件发出岗
17.对入围单位发出招标文件
评审专家选取岗
18.选取评审专家
5.评审专家名单
评标报告审核岗
20.审核评标报告
7.评标报告
开标过程记录岗
19.开标过程记录
6.开标记录
评标报告审定岗
21.审定评标报告
中标结果公布岗
22.发布中标结果
8.中标结果通知书
验收岗
25.验收
10.验收证明
一般项目
合同签订岗
24.签订合同
9.采购合同
档案管理岗
23.资料归档
重大项目
验收小组
26.验收重大采购项目
11.验收报告
资金支付流程
结束

图 8-4　公开招标流程（2）

表 8-3 **管控节点说明**

管控节点	节点说明	输出文档
01	采购需求部门提出采购申请	招标申请文件
02	采购部门审批招标申请	
03	采购业务小组审批招标申请	
04	重大采购项目由学校领导机构审批招标申请	
05	招标申请审批通过后，采购部门委托招标代理机构办理	
06	招标代理机构制定招标公告和招标文件	招标文件 招标公告
07	采购部门确认招标公告、招标文件	
08	采购业务小组审批招标公告及文件	
09	招标代理机构发布招标公告和资格预审文件	资格预审文件
10	若有合格投标，由资格审查审核岗审查资格预审申请文件	
11	采购业务小组审批资格预审结果	
12	招标代理机构公布资格预审结果	
13	招标代理机构接收资格预审申请文件	
14	入围确认岗确认入围资格	
15	招标代理机构组织答疑	
16	采购部门审核答疑文件	
17	由招标代理机构对入围单位发出招标文件	
18	招标代理机构选取评审专家	评审专家名单
19	招标代理机构开标并记录过程	开标记录
20	评标委员会审核开标记录，并形成评标报告	评标报告
21	采购业务小组审定评标报告	
22	招标代理机构发布中标结果	中标结果通知书
23	招标代理机构进行资料归档	
24	学校法人授权代表与供应商签订采购合同	采购合同
25	一般项目由采购需求部门会同资产部门一起验收，并出具验收证明	验收证明
26	重大项目，由采购部门成立验收小组进行验收，并出具验收报告，之后进入资金支付流程	验收报告

（2）邀请招标流程（1）（如图8-5所示）、邀请招标流程（2）（如图8-6所示）及管控节点说明（见表8-4）。

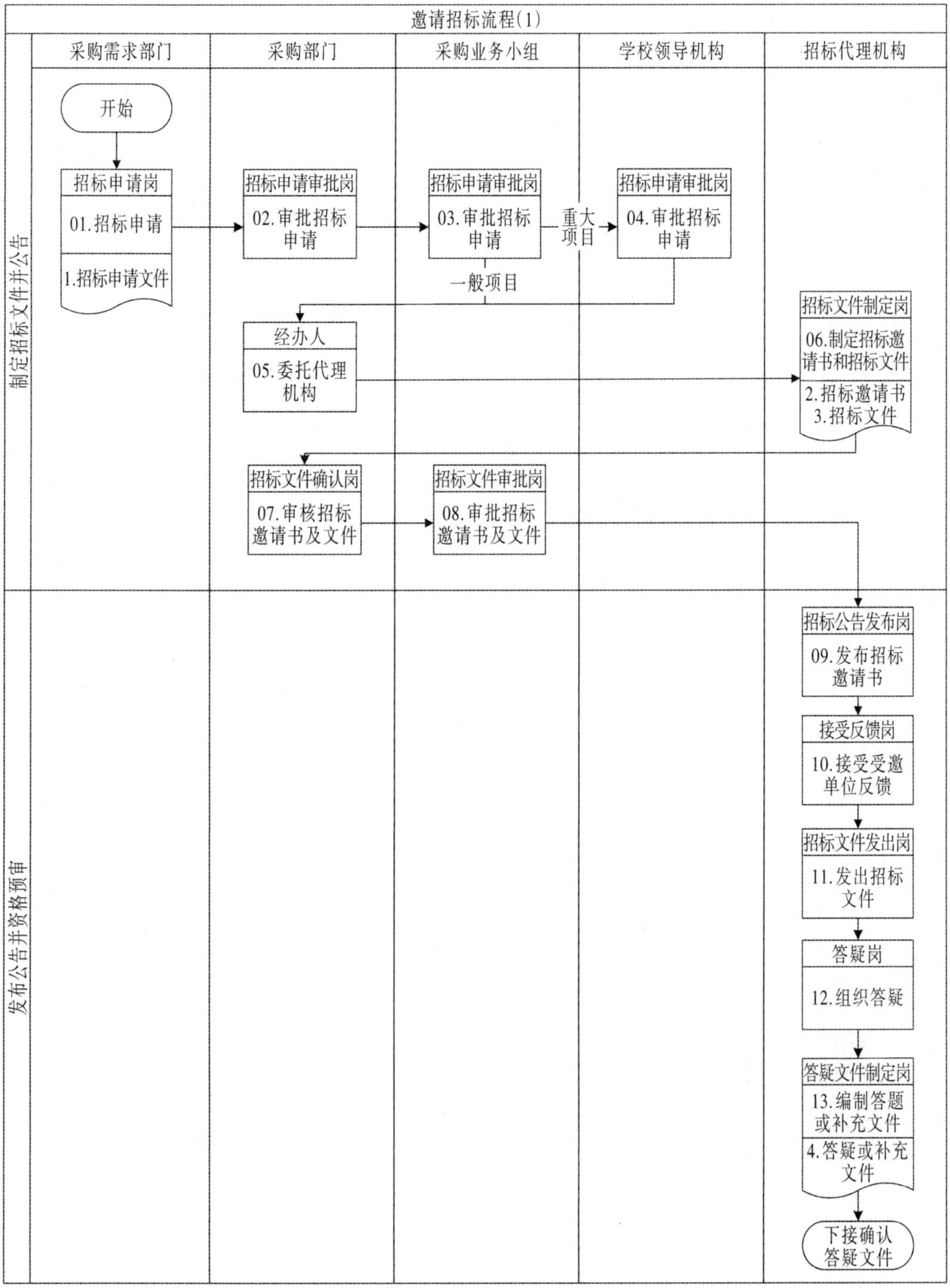

图8-5　邀请招标流程（1）

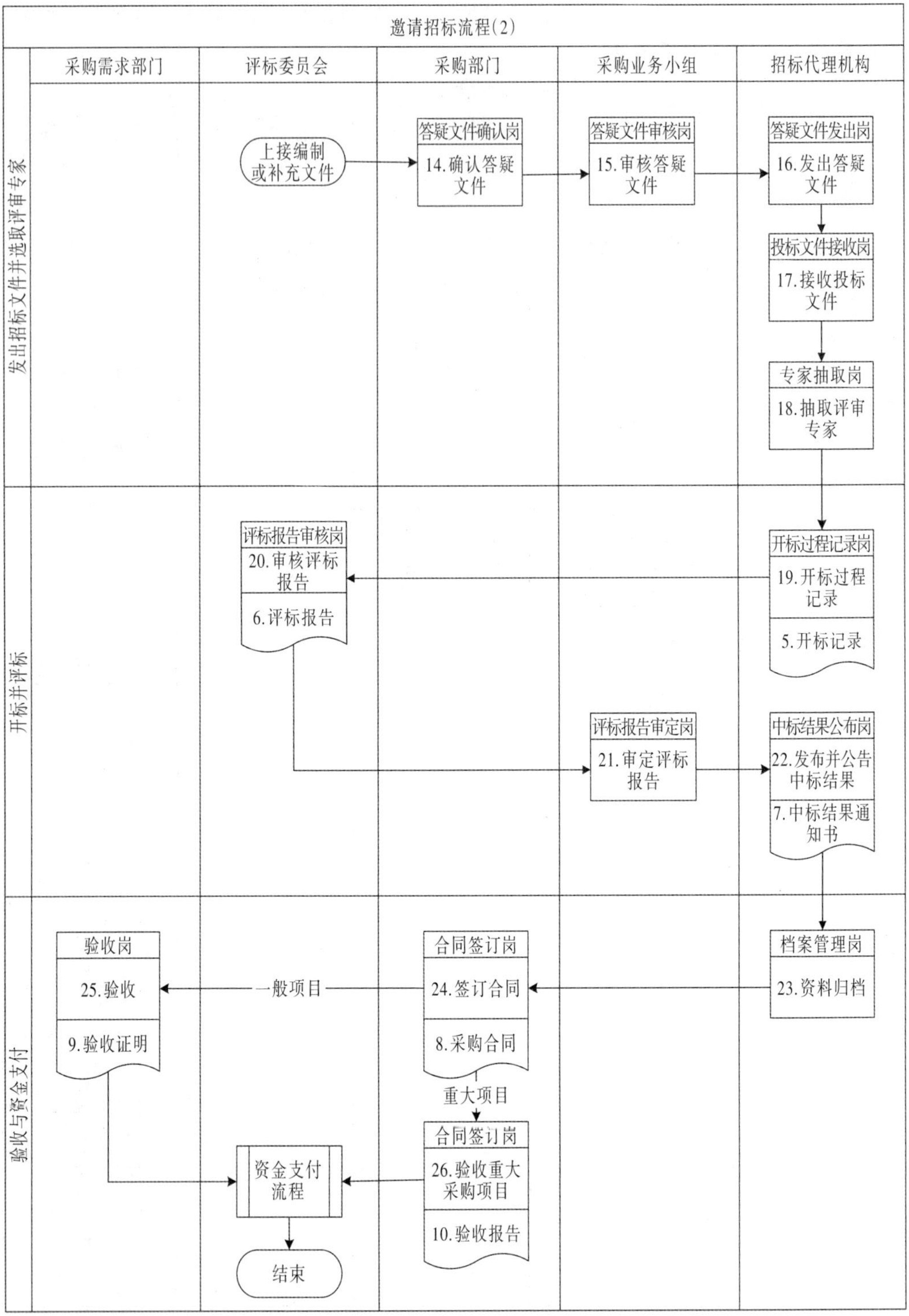
邀请招标流程(2)
采购需求部门
评标委员会
采购部门
采购业务小组
招标代理机构
发出招标文件并选取评审专家
上接编制或补充文件
答疑文件确认岗
14.确认答疑文件
答疑文件审核岗
15.审核答疑文件
答疑文件发出岗
16.发出答疑文件
投标文件接收岗
17.接收投标文件
专家抽取岗
18.抽取评审专家
开标并评标
评标报告审核岗
20.审核评标报告
6.评标报告
开标过程记录岗
19.开标过程记录
5.开标记录
评标报告审定岗
21.审定评标报告
中标结果公布岗
22.发布并公告中标结果
7.中标结果通知书
验收与资金支付
验收岗
25.验收
9.验收证明
一般项目
合同签订岗
24.签订合同
8.采购合同
档案管理岗
23.资料归档
重大项目
合同签订岗
26.验收重大采购项目
10.验收报告
资金支付流程
结束

图8-6 邀请招标流程(2)

表 8-4　**管控节点说明**

管控节点	节点说明	输出文档
01	采购需求部门提出招标申请	招标申请文件
02	采购部门审批招标申请	
03	采购业务小组审批招标申请	
04	重大采购项目由学校领导机构审批招标申请	
05	采购部门委托招标代理机构	
06	招标代理机构制定招标邀请书和招标文件	招标邀请书 招标文件
07	采购部门审核招标邀请书和招标文件	
08	采购业务小组审批招标邀请书和招标文件	
09	招标代理机构发布招标邀请书	
10	招标代理机构接受受邀单位反馈	
11	招标代理机构向受邀单位发出招标文件	
12	招标代理机构组织答疑	
13	招标代理机构按照答疑记录编制答疑或补充文件	答疑或补充文件
14	采购部门确认答疑文件	
15	采购业务小组审批答疑文件	
16	招标代理机构发出答疑文件	
17	招标代理机构接收投标文件	
18	由采购部门或招标代理机构的专家抽取岗抽取评审专家	
19	采购部门或招标代理机构对开标过程进行记录	开标记录
20	评标委员会评标，形成评标报告	评标报告
21	采购业务小组审定评标报告	
22	招标代理机构发布并公告中标结果	中标结果通知书
23	招标代理机构进行资料归档	
24	采购部门与供应商签订采购合同	采购合同
25	一般项目由采购需求部门会同资产部门验收，并出具验收证明	验收证明
26	重大项目由采购部门成立验收小组进行验收，并出具验收报告，之后进入资金支付流程	验收报告

（二）竞争性谈判

符合下列标准的采购项目，可以采用竞争性谈判方式采购：招标后没有供应商投标、没有合格标的或者重新招标未能成立的；技术复杂或者性质特殊，不能确定详细规格或者具体要求的；采用招标所需时间不能满足用户紧急需要的；不能事先计算出价格总额的。

1.成立谈判小组

采购代理机构从专家库中随机抽取谈判专家和采购需求部门代表组成谈判小组。采购部门须对谈判小组名单进行审核审批。谈判小组由采购需求部门的代表和有关专家共三人以上的单数组成，其中专家的人数不得少于谈判小组成员总数的三分之二，技术复杂、专业性强的竞争性谈判采购项目，谈判专家中应当包含一名法律专家。

2.制定审核谈判文件

采购代理机构制定谈判文件，谈判小组对谈判文件进行审核审批。

谈判文件应当包括供应商资格条件、采购邀请、采购方式、采购预算、采购需求、采购程序、价格构成或者报价要求、响应文件编制要求、提交响应文件截止时间及地点、保证金交纳数额和形式、评定成交的标准等。

3.确定参与谈判供应商

采购代理机构从符合相应资格条件的供应商名单中选取候选谈判供应商名单，由谈判小组进行最终筛选和确认，须选择不少于三家的供应商参加谈判，并向其提供谈判文件。

谈判小组所有成员集中与单一供应商分别进行谈判。谈判结束后，谈判小组应当要求所有继续参加谈判的供应商在规定时间内提交最后报价，谈判小组应当按照少数服从多数的原则投票推荐三家以上供应商的设计方案或者解决方案，并要求其在规定时间内提交最后报价。

接收最后报价后，谈判小组应按照最后报价由低到高的顺序提出三家以上成交候选供应商，并编写评审报告。评审报告应包括邀请供应商参加采购活动相关情况、参加采购活动的供应商名单、评审日期和地点、评标小组成员名单、评审情况记录和说明、提出的成交候选人的名单及理由等内容。

4.确定成交供应商

谈判小组最终确定一家符合采购需求、质量和服务相等且报价最低原则的供应商，由招标代理机构将结果通知所有参加谈判的未成交的供应商。

5.竞争性谈判流程（1）（如图8-7所示）、竞争性谈判流程（2）（如图8-8所示）及管控节点说明（见表8-5）

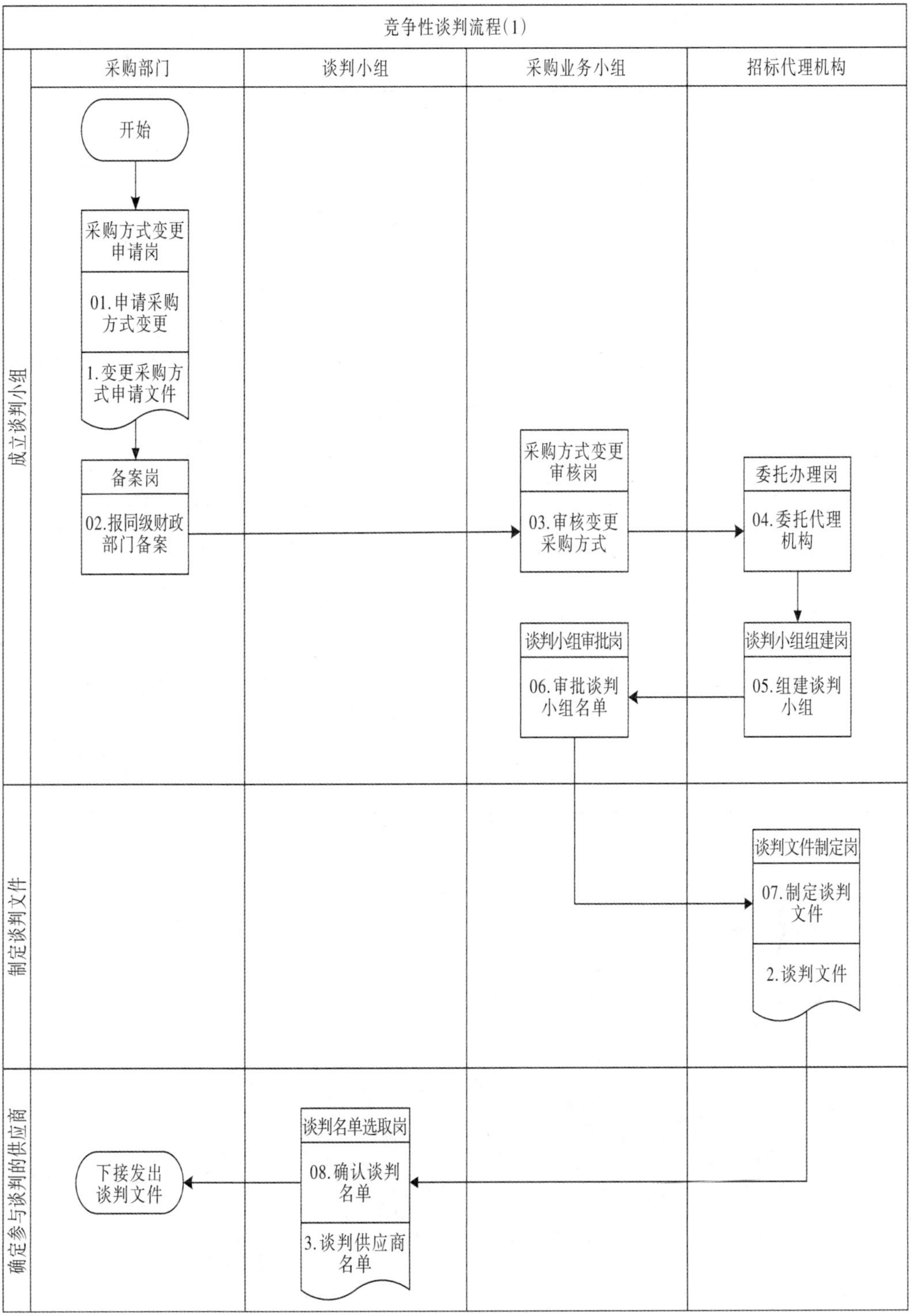

图8-7　竞争性谈判流程（1）

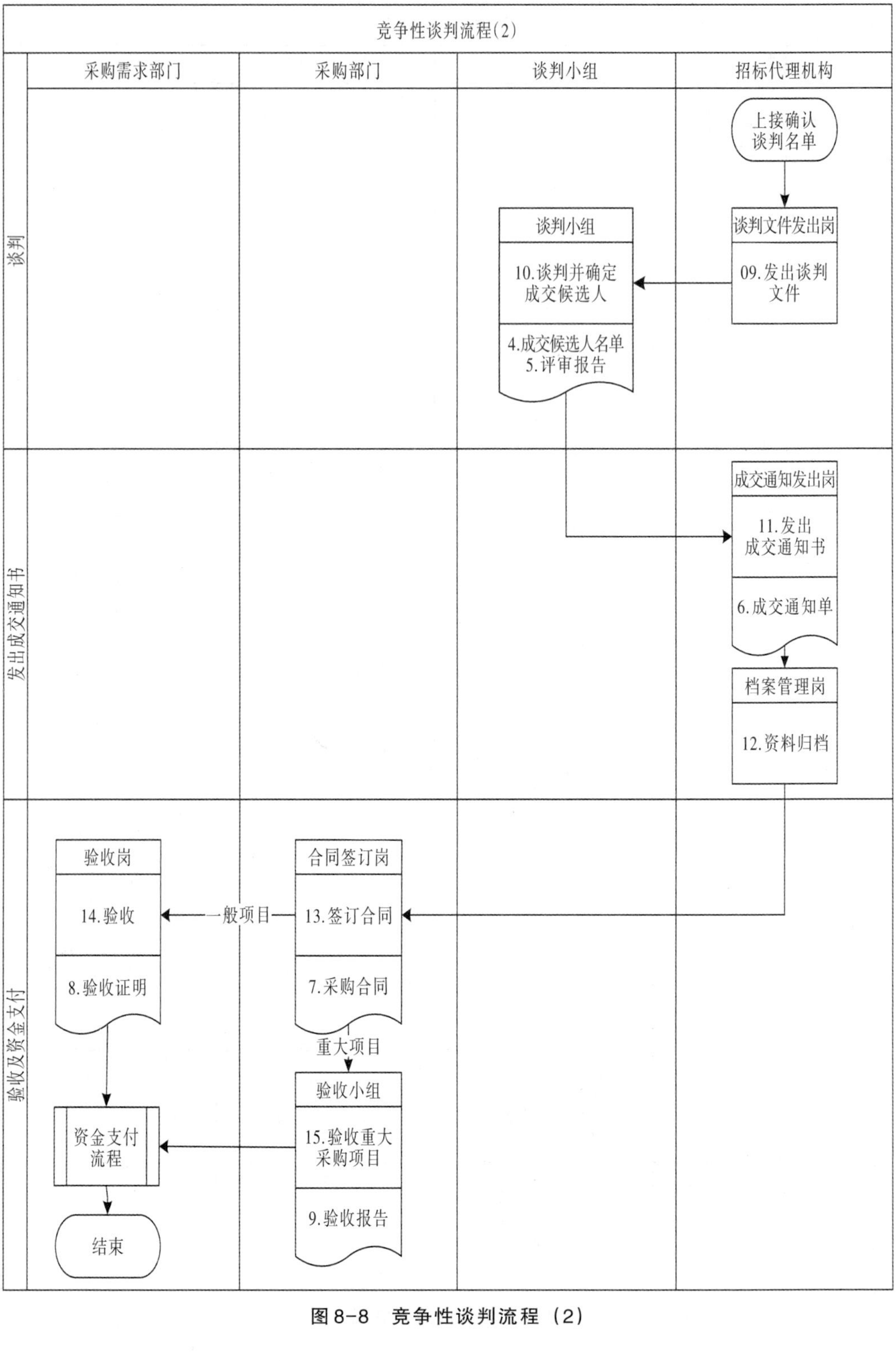

图8-8　竞争性谈判流程（2）

表8-5　**管控节点说明**

管控节点	节点说明	输出文档
01	采购部门申请采购方式变更	变更采购方式申请文件
02	采购部门报同级财政部门备案	
03	采购业务小组审核变更采购方式	
04	委托招标代理机构代理采购	
05	招标代理机构组建谈判小组	
06	采购业务小组审批谈判小组名单	
07	招标代理机构制定谈判文件	谈判文件
08	谈判小组确认谈判供应商名单	谈判供应商名单
09	招标代理机构发出谈判文件	
10	谈判小组进行谈判并确定成交候选人	成交候选人名单 评审报告
11	招标代理机构向受邀单位发出成交通知书	成交通知书
12	招标代理机构进行资料归档	
13	采购部门与供应商签订合同	采购合同
14	一般项目由采购需求部门会同资产部门一起验收，并出具验收证明	验收证明
15	重大项目由采购部门成立验收小组进行验收，并出具验收报告，之后进入资金支付流程	验收报告

（三）单一来源采购

单一来源采购是指学校从某一特定供应商处采购货物、工程和服务的采购方式。符合下列情形之一的货物或者服务，可以采用单一来源方式采购：只能从唯一供应商处采购的；发生了不可预见的紧急情况不能从其他供应商处采购的；必须保证原有采购项目一致性或者服务配套的要求，需要继续从原供应商处添购，且添购资金总额不超过原合同采购金额百分之十的。

1.编审并发布公示

项目负责部门编制采购方式变更申请文件，由采购部门审核后，报同级财政部门备案并在指定媒体上公示。

公示文件须包括以下内容：采购需求部门、采购项目名称和采购内容；拟采购的货物或者服务的说明；采用单一来源采购方式的原因及相关说明；拟定的唯一供应商名称、地址；专业人员对相关供应商因专利、专有技术等原因具有唯一性的具体论证意见，以及专业人员的姓名、工作单位和职称；公示的期限；采购需求部门、采购代理机构、财政部门的联系地址、联系人和联系电话。

2.成立单一来源谈判小组

采购代理机构从专家库中随机抽取谈判专家和项目负责部门代表组成谈判小组。采购部门需对单一来源谈判小组名单进行审核。单一来源谈判小组由采购需求部门的代表和有关专家共三人以上的单数组成，其中专家的人数不得少于谈判小组成员总数的三分之二，技术复杂、专业性强的单一来源谈判采购项目，谈判专家中应当包含一名法律专家。

3.谈判文件编审

采购代理机构编制单一来源谈判文件，谈判文件需经采购部门确认审批。谈判文件应当明确谈判程序、谈判内容、合同草案的条款以及评定成交的标准等事项。

4.谈判并成交

单一来源谈判小组与单一供应商协商具体条款，并同步记录协商情况以及初步协商意见，经采购部门审批最终评标结果并与供应商成交。谈判情况记录应当由谈判全体人员签字认可。

谈判情况记录须包含以下内容：按规定公示的公示情况说明；谈判日期和地点，采购人员名单；供应商提供的采购标的成本、同类项目合同价格以及相关专利、专有技术等情况说明；合同主要条款及价格商定情况。

5.单一来源采购流程（如图8-9所示）及管控节点说明（见表8-6）

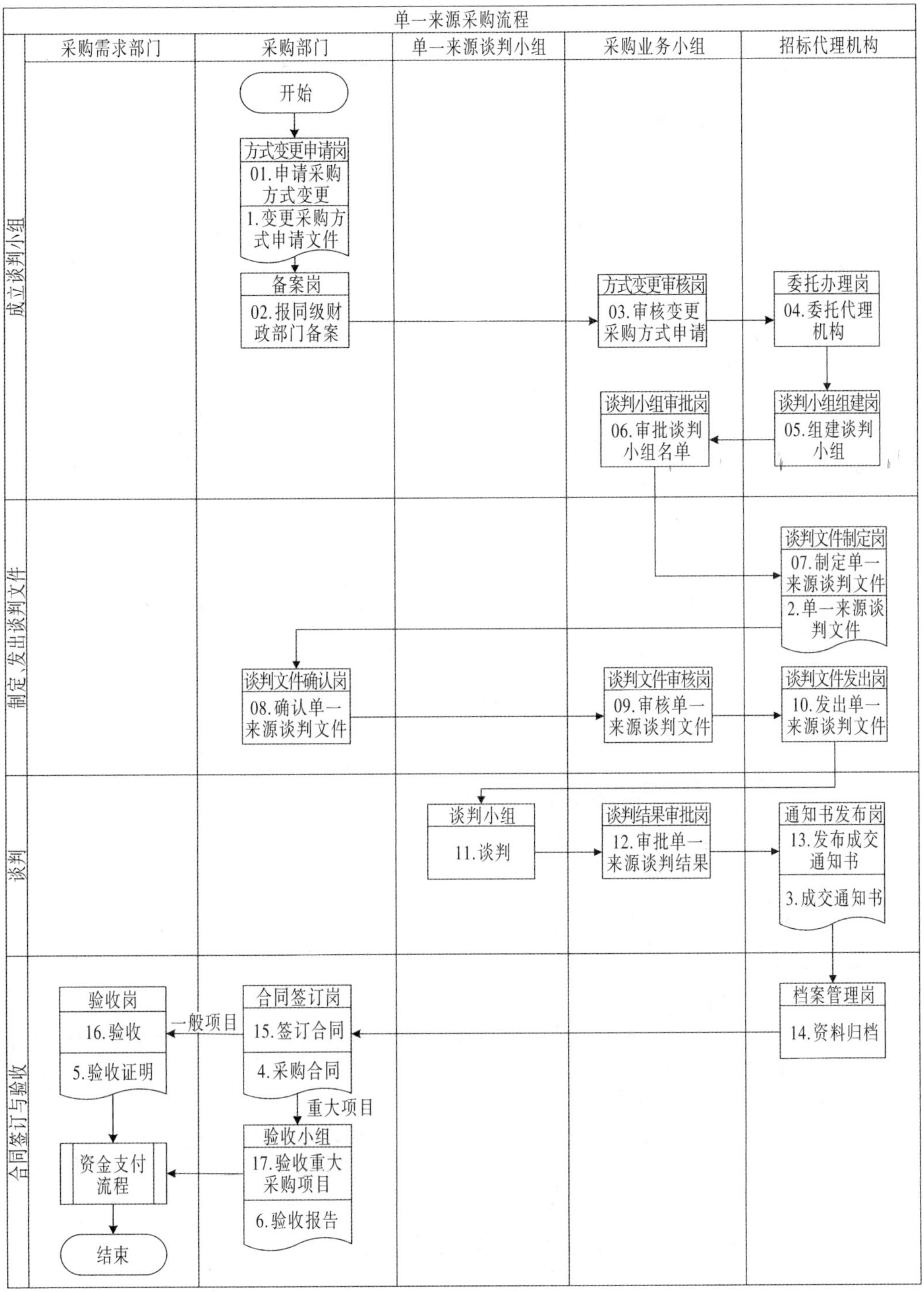

图8-9　单一来源采购流程

表8-6 **管控节点说明**

管控节点	节点说明	输出文档
01	采购部门申请采购方式变更	变更采购方式申请文件
02	采购部门报同级财政部门备案	
03	采购业务小组审核变更采购方式申请	
04	委托代理机构代理采购	
05	招标代理机构组建单一来源谈判小组	
06	采购业务小组审批谈判小组名单	
07	招标代理机构制定单一来源谈判文件	单一来源谈判文件
08	采购部门确认单一来源谈判文件	
09	采购业务小组审核单一来源谈判文件	
10	招标代理机构发布单一来源谈判文件	
11	谈判小组进行谈判并确定成交候选人	
12	采购业务小组审批最终的谈判结果	
13	招标代理机构向供应商发布成交通知书	成交通知书
14	招标代理机构进行资料归档	
15	采购部门与供应商签订合同	采购合同
16	一般项目由采购需求部门会同资产部门一起验收，并出具验收证明	验收证明
17	重大项目由采购部门成立验收小组进行验收，并出具验收报告，之后进入资金支付流程	验收报告

（四）询价

询价是指询价小组向符合资格条件的供应商发出采购货物询价通知书，要求供应商一次报出不得更改的价格，采购部门审批询价结果，最终确定成交供应商的采购方式。采用询价方式采购项目的特点为货物规格、标准统一、现货货源充足且价格变化幅度小。

1.成立询价小组

采购代理机构制定询价小组成员名单，采购部门对名单进行审核。询价小组由采购需求部门代表和评审专家共三人以上单数组成，达到公开招标数额标准的货物采购项目，或者达到招标规模标准的政府采购工程，询价小组应当由五人以上单数组成。评审专家应当从政府采购评审专家库内相关专业的专家名单中随机抽取，评审专家人数不得少于询价小组成员总数的三分之二。本校人员不得以评审专家身份参加本校采购项目的评审。

2.编审询价文件

招标代理机构制定询价文件，由采购部门确认。询价文件包括供应商资格条件、采购邀请、采购方式、采购预算、采购需求、采购程序、价格构成或者报价要求、响应文件编制要求、提交响应文件截止时间及地点、保证金交纳数额和形式、评定成交的标准等。

3.确定候选供应商

采购代理机构应当从省级以上财政部门建立的供应商库中随机抽取，或者采购人和评审专家分别书面推荐的方式邀请不少于三家符合相应资格条件的供应商参与询价采购活动。

4.询价

询价小组按照报价由低到高的顺序提出三名以上成交候选人，并形成评审报告。评审报告应包括：邀请供应商参加采购活动的具体方式和相关情况，以及参加采购活动的供应商名单；评审日期和地点，询价小组成员名单；评审情况记录和说明，包括对供应商的资格审查情况、谈判情况、报价情况等；提出的成交候选人的名单及理由。

5.审核结果并发出公告

询价小组选择符合采购需求、质量和服务相等且报价最低的供应商，采购部门对评审报告和询价结果进行审核，采购代理机构应当自成交供应商确定之日起一段时间内，发出成交通知书，并在省级以上人民政府财政部门指定的媒体上公告成交结果，询价通知书随成交结果同时公告。

成交结果公告应当包括以下内容：采购需求部门和采购代理机构的名称、地址和联系方式；项目名称和项目编号；成交供应商名称、地址和成交金额；主要成交标的的名称、规格型号、数量、单价、服务要求；询价小组成员名单及单一来源采购人员名单。

6.询价采购流程（如图8-10所示）及管控节点说明（见表8-7）

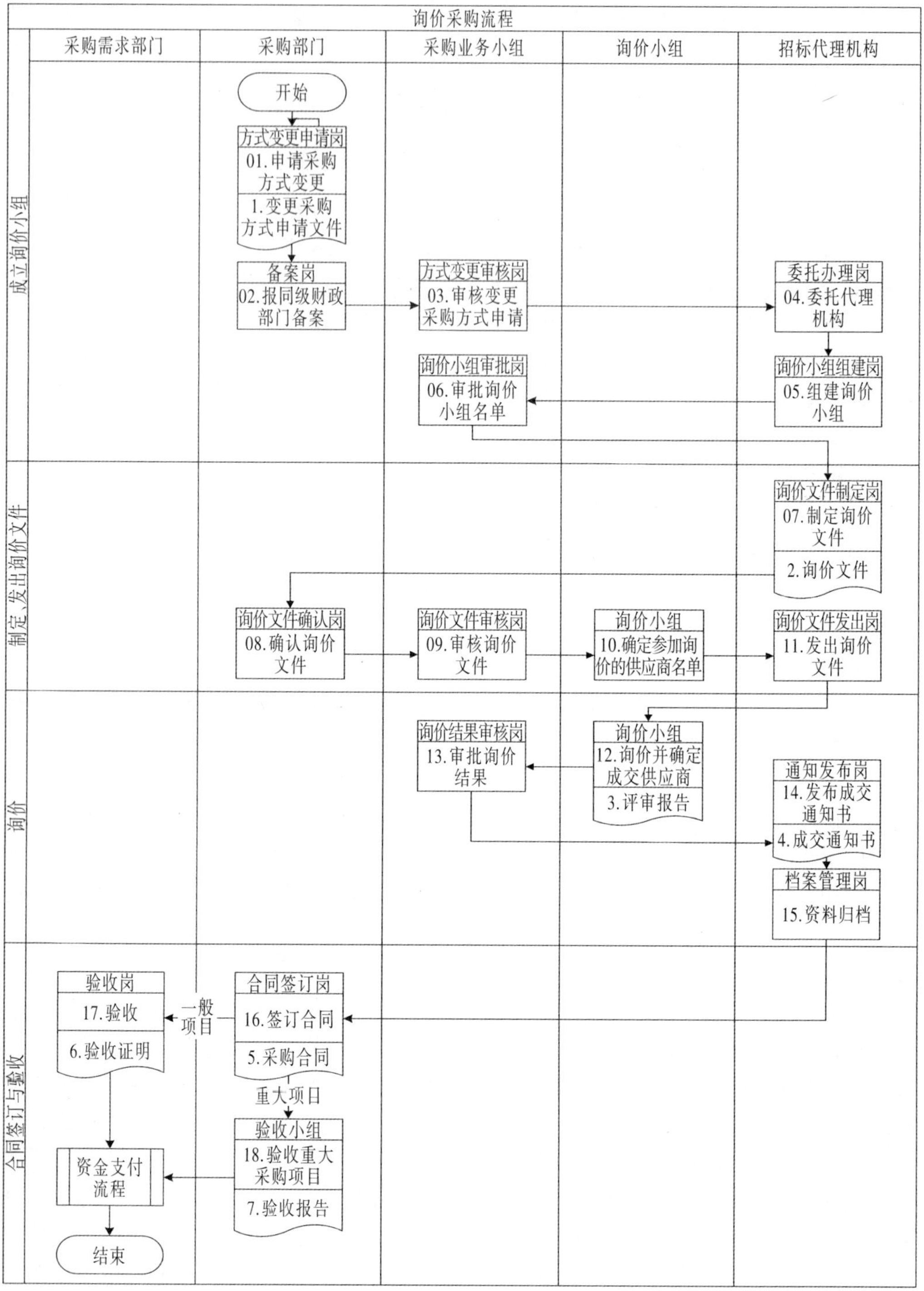

图8-10 询价采购流程

表 8-7　**管控节点说明**

管控节点	节点说明	输出文档
01	采购部门申请采购方式变更	变更采购方式申请文件
02	采购部门报同级财政部门备案	
03	采购业务小组审核变更采购方式申请	
04	委托代理机构代理采购	
05	招标代理机构组建询价小组	
06	采购业务小组审批询价小组名单	
07	招标代理机构制定询价文件	询价文件
08	采购部门确认询价文件	
09	采购业务小组审核询价文件	
10	询价小组确认参加询价的供应商名单	
11	招标代理机构发出询价文件	
12	询价小组询价并确定成交供应商	评审报告
13	采购业务小组审批询价结果	
14	招标代理机构向供应商发布成交通知书	成交通知书
15	招标代理机构进行资料归档	
16	采购部门与供应商签订合同	采购合同
17	一般项目由采购需求部门会同资产部门一起验收，并出具验收证明	验收证明
18	重大项目由采购部门成立验收小组进行验收，并出具验收报告，之后进入资金支付流程	验收报告

（五）竞争性磋商

1.概念

竞争性磋商采购方式是指本校、采购代理机构通过联合组建竞争性磋商小组（以下简称磋商小组）与符合条件的供应商就采购货物、工程和服务事宜进行磋商，供应商按照磋商文件的要求提交报价，采购部门从磋商小组评审后提出的候选供应商名单中确定成交供应商的采购方式。

符合下列情形的项目，可以采用竞争性磋商方式开展采购：政府购买服务项目；技术复杂或者性质特殊，不能确定详细规格或者具体要求的；因艺术品采购、专利、专有技术或者服务的时间、数量事先不能确定等原因不能事先计算出价格总额的；市场竞争不充分的科研项目，以及需要扶持的科技成果转化项目；按照招标投标法及其实施条例必须进行招标的工程建设项目以外的工程建设项目。

2.成立磋商小组

磋商小组由采购需求部门代表和评审专家共三人以上单数组成，其中评审专家人数不得少于磋商小组成员总数的三分之二。采购需求部门代表不得以评审专家身份参加本部门采购项目的评审。

评审专家应从政府采购评审专家库内相关专业的专家名单中随机抽取。市场竞争不充分的科研项目、需要扶持的科技成果转化项目，以及情况特殊、通过随机方式难以确定合适的评审专家的项目，经上级单位同意，可以自行选定评审专家。技术复杂、专业性强的采购项目，评审专家中应当包括一名法律专家。

3.编审磋商文件

采购代理机构根据采购项目的特点和采购需求部门的实际需求制定磋商文件，由采购部门确认。

磋商文件应当包括供应商资格条件、采购邀请、采购方式、采购预算、采购需求、政府采购政策要求、评审程序、评审方法、评审标准、价格构成或者报价要求、响应文件编制要求、保证金交纳数额和形式以及不予退还保证金的情形、磋商过程中可能实质性变动的内容、响应文件提交的截止时间和开启时间及地点、合同草案条款等。磋商文件不得要求或者标明供应商名称或者特定货物的品牌，不得含有指向特定供应商的技术、服务等条件。

4.发布磋商文件

采购代理机构通过发布文件、从省财政厅建立的供应商库中随机抽取或者本校和评审专家分别书面推荐的方式邀请不少于三家符合相应资格条件的供应商。采购代理机构在省级以上人民政府财政部门指定的政府采购信息发布媒体发布竞争性磋商公告。

竞争性磋商文件应当包括以下主要内容：采购需求部门、采购代理机构的名称、地点和联系方法；采购项目的名称、数量、简要规格描述或项目基本概况介绍；采购项目的预算；供应商资格条件；获取磋商文件的时间、地点、方式及磋商文件售价；响应文件提交的截止时间、开启时间及地点；采购项目联系人姓名和电话。

采购代理机构可以视采购项目的具体情况，组织供应商进行现场考察或召开磋商前答疑会。

5.磋商

磋商小组确定参与磋商的供应商名单后，与单一供应商分别进行磋商。磋商小组要求候选供应商在规定的时间内提交最终报价。经磋商确定最终采购需求和提交最后报价的供应商后，由磋商小组采用综合评分法对提交最后报价的供应商的响应文件和最后报价进行综合评分。

提交最终报价供应商的确定有以下两种情况：（1）磋商文件能够详细列明采购标的技术、服务要求的，磋商结束后，磋商小组应当要求所有实质性响应的供应商在规定时间内提交最后报价，提交最后报价的供应商不得少于三家。（2）磋商文件不能详细列明采购标的技术、服务要求，需经磋商由供应商提供最终设计方案或解决方案的，磋商结束后，磋商小组应当按照少数服从多数的原则投票推荐三家以上供应商的设计方案或者解决方案，并要求其在规定时间内提交最后报价。

6.编审评审报告并确定成交供应商

磋商小组应当根据综合评分情况，按照评审得分由高到低顺序推荐三名以上成交候选供应商，并编写评审报告。

评审报告应当包括以下主要内容：邀请供应商参加采购活动的具体方式和相关情况；响应文件开启日期和地点；获取磋商文件的供应商名单和磋商小组成员名单；评审情况记录和说明，包括对供应商的资格审查情况、供应商响应文件评审情况、磋商情况、报价情况等；提出的成交候选供应商的排序名单及理由。

采购代理机构需在评审结束后一定时间内将评审报告送采购部门。采购部门确定成交供应商、审核评审报告和成交结果。采购代理机构应当在成交供应商确定后一定时间内，在省财政厅指定的政府采购信息发布媒体上公告成交结果，同时向成交供应商发出成交通知书，并将磋商文件随成交结果同时公告。

成交结果公告应当包括以下内容：采购单位、采购部门和采购代理机构的名称、地址和联系方式；项目名称和项目编号；成交供应商名称、地址和成交金额；主要成交标的的名称、规格型号、数量、单价、服务要求；磋商小组成员名单。

采用书面推荐供应商参加采购活动的，还应当公告采购人和评审专家的推荐意见。

7.采购方式变更的情况

若是学校由于招标后没有供应商投标，或者是技术复杂或性质特殊无法确定详细规格或具体要求的采购项目，需申请采用竞争性谈判采购方式的。采购部门须向上级主管单位以及同级财政部门提交以下材料：（1）变更采购方式申请公文。公文中应当载明以下内容：采购单位名称、采购项目名称、项目概况等项目基本情况说明，拟申请采用的采购方式和理由，联系人及联系电话等。申请变更为单一来源采购方式的，还需提供拟定的唯一供应商名称、地址。（2）项目预算金额、预算批复文件或者资金来源证明。（3）本校内部会商意见。申请变更为单一来源采购方式的需提供专业人员论证意见。（4）本校因采购任务涉及国家秘密需要变更采购方式的，须提供由国家保密机关出具的本项目为涉密采购项目的证明文件。

公开招标过程中提交投标文件或者经评审实质性响应招标文件要求的供应商只有一家，需申请单一来源采购方式的，除以上材料，还需向上级单位以及同级财政部门提供以下材料：（1）在中国政府采购网发布招标公告的证明材料。（2）学校、采购代理机构出具的对招标文件和招标过程没有供应商质疑的说明材料。（3）评标委员会或三名以上评审专家出具的招标文件没有不合理条款的论证意见。

学校达到公开招标数额标准的货物、服务采购项目，需要采用公开招标以外采购方式的，须在采购活动开始前申请变更政府采购方式。

学校应当按照主管部门以及同级财政部门的批复文件，依法开展政府采购活动，未经批准，不得擅自采用公开招标以外的采购方式。

8.竞争性磋商流程（如图8-11所示）及管控节点说明（见表8-8）

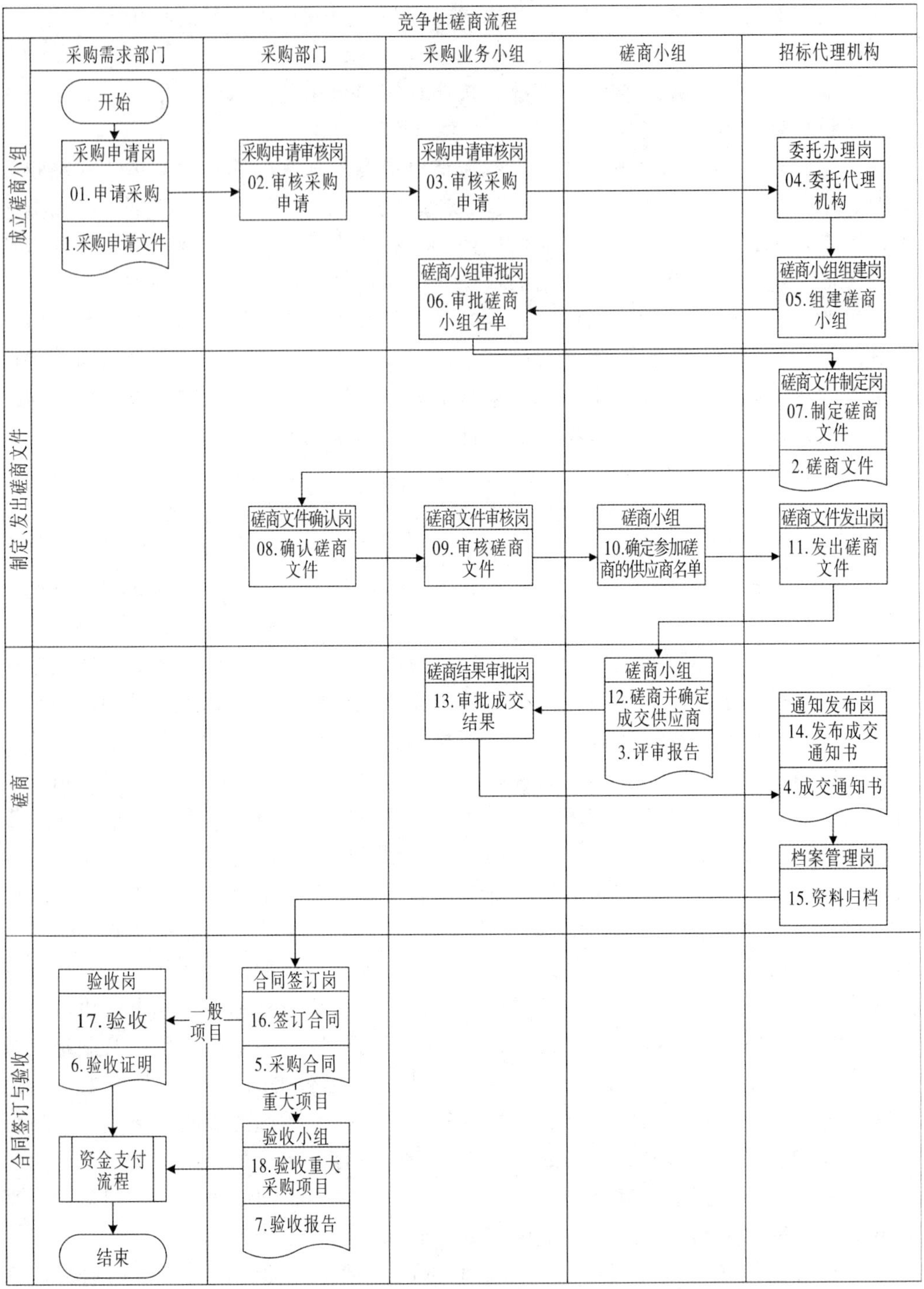

图8-11 竞争性磋商流程

表 8-8　**管控节点说明**

管控节点	节点说明	输出文档
01	采购需求部门提出采购申请	采购申请文件
02	采购部门审核采购申请	
03	采购业务小组审核采购申请	
04	采购部门委托招标代理机构	
05	招标代理机构组建磋商小组	
06	采购业务小组审批磋商小组名单	
07	招标代理机构制定磋商文件	磋商文件
08	采购部门确认磋商文件	
09	采购业务小组审核磋商文件	
10	磋商小组确定参加磋商的供应商名单	
11	招标代理机构发出磋商文件	
12	磋商小组进行磋商并确定成交供应商	评审报告
13	采购业务小组审批成交结果	
14	招标代理机构发布成交通知书	成交通知书
15	招标代理机构进行资料归档	
16	采购部门与供应商签订合同	采购合同
17	一般项目由采购需求部门会同资产部门一起验收，并出具验收证明	验收证明
18	重大项目由采购部门成立验收小组进行验收，并出具验收报告，之后进入资金支付流程	验收报告

七、采购合同管理

学校所有采购项目须签订书面采购合同。根据采购项目具体要求，由学校法人授权代表与供应商签订采购合同。由采购代理机构以本校名义签订合同的，合同附件须包括本校的授权委托书。采购执行岗与供应商应当自中标或者成交通知书发出之日起一定时间内，按照采购文件确定的事项签订采购合同。

采购合同内容应当依据采购文件的要求和中标、成交供应商的投标、报价文件的承诺确定，不得违背其实质性条款。合同实质性条款包括采购标的、规格型号、采购金额、采购数量、质量标准、履约时间和地点等。采购合同履行中，采购需求部门若需追加与合同标的相同的货物、工程或者服务的，在不改变合同其他条款的前提下，学校法人授权代表可以与供应商协商签订补充合同，但所有补充合同的采购金额不得超过原合同采购金额的百分之十。

其他采购合同管理的相关事项，参照合同管理内部控制手册执行。

八、采购验收与付款管理

（一）采购验收与付款规范

1.采购项目验收

采购部门应当按照采购文件和政府采购合同规定的标准和方法验收，设验收岗，由验收岗组织采购单位、专业验收小组验收或由代理机构组织专家组验收。重大项目须由验收小组进行验收，以确认货物、工程或服务是否符合合同的要求，并出具验收证明或报告，加盖本校公章。验收证明或报告应包括“货物已收到或工程已竣工，验收合格”等字样，验收人应当签字并承担相应的法律责任。

对于专业技术采购，验收小组成员须包括相关领域的技术专家。对于大型或复杂的采购项目，应当邀请国家认可的质量检测机构负责验收，或邀请具有鉴定资质的机构组织联合验收。

2.采购验收问题处理与反馈

在验收中若发现有下列不符合合同约定的情形的，验收人员须在验收证明或报告中注明违约情形，同时拒绝支付价款，并及时向采购部门报告：（1）供应商未按合同约定的时间、地点或方式履约；提供的货物型号或配置不符合合同约定；缺少应有的配件、附件、材料；货物或工程的数量、质量、性能、功能达不到合同约定的（合同未约定的，按国家、行业有关标准或技术文件规定执行）。（2）供应商在安装、调试等方面违反合同约定或服务规范要求的。（3）其他违反合同约定的情形。

对于在验收或使用过程中发现有严重质量问题、假冒伪劣产品等重大可疑情况的，以及供应商在维护、维修等售后服务方面违反合同约定或服务规范要求的，采购部门需及时向学校领导机构书面反映。经确认属于质量等问题的，采购部门应当及时与供应商进行交涉，追究违约责任；经确认属假冒伪劣产品的，须由采购部门移交工商、质量监督等行政执法部门依法查处。

3.资产交付

采购项目验收合格投入使用以后，若形成固定资产、存货和无形资产，采购需求部门须依法移交至资产部门办理产权或者资产登记手续。

4.采购价款支付

货物或服务验收完毕后，由采购需求部门提出采购资金的支付申请。采购需求部门须按照采购预算申请审批单、采购文件、采购合同、验收证明或验收报告、竣工结算报告等文件，按照财务部门资金支付的相关规定提出余款支付申请。财务部门在办理资金支付手续过程中，应当严格审查采购发票的真实性、合法性和有效性。发现虚假发票的，应查明原因，及时报告处理。

（二）采购验收与付款流程（如图8-12所示）及管控节点说明（见表8-9）

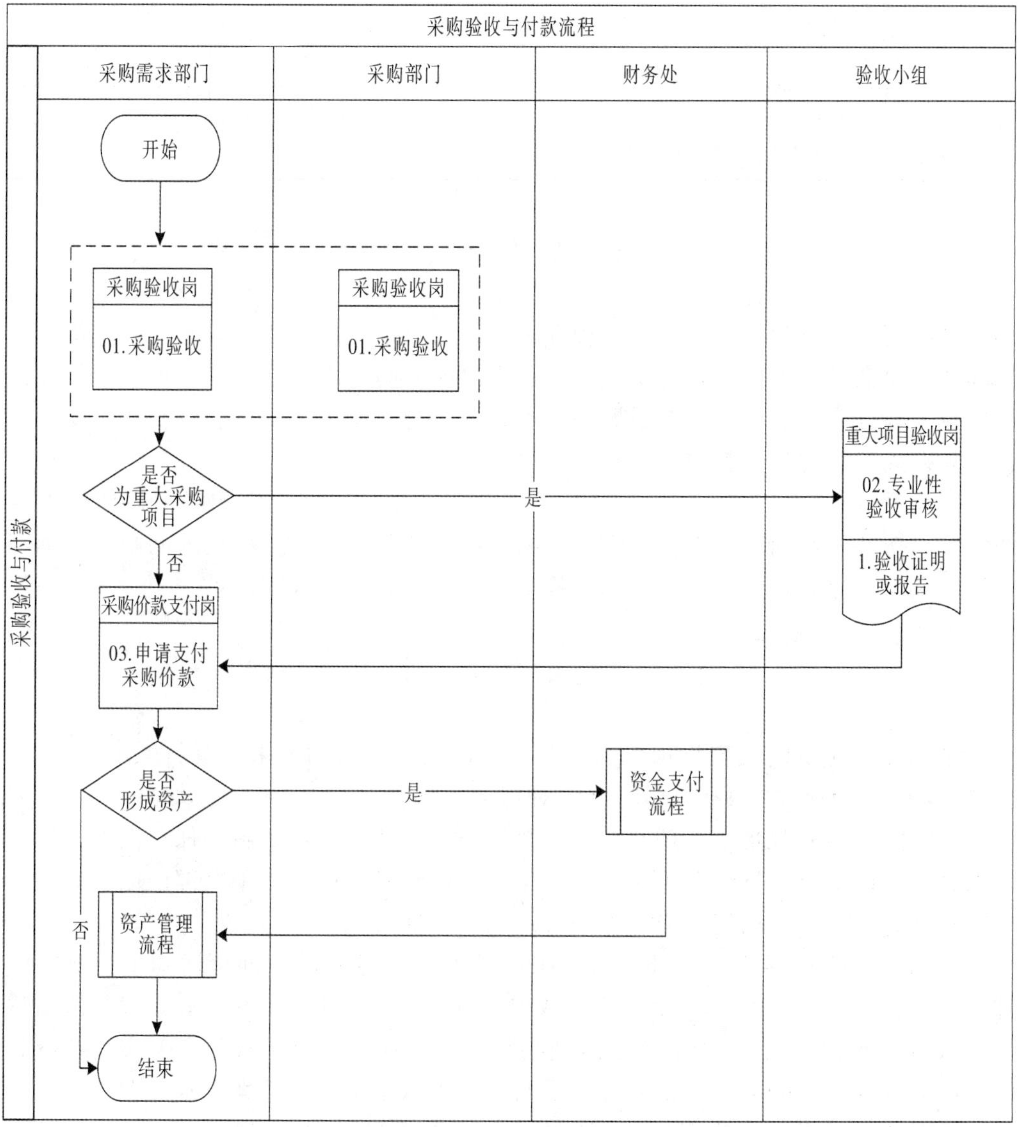

图8-12　采购验收与付款流程

表 8-9 **管控节点说明**

管控节点	节点说明	输出文档
01	采购需求部门与采购部门共同进行采购验收	
	判断采购项目是否为重大采购项目，若是，进入流程 02；若否，进入流程 03	
02	重大项目须由验收小组进行验收，以确认货物、工程或服务是否符合合同的要求，并出具验收证明或报告，加盖本校公章	验收证明或报告
03	采购需求部门采购价款支付岗对验收没有问题的采购项目，申请支付采购价款	
	判断采购项目是否可以形成资产，若是，进行资金支付流程，并进入资产管理流程；若否，结束本流程	

九、采购质疑与投诉管理

供应商针对采购文件、采购过程和中标、成交结果提出质疑时，学校采购归口管理部门须在三个工作日内对供应商依法提出的询问作出答复。若委托采购代理机构进行采购，采购部门应针对质疑解答的范围在与采购代理机构签订委托协议时规定，采购代理机构只可就委托授权范围内的事项作出答复。

提出质疑的供应商对学校的答复不满意或者学校未在规定的时间内作出答复的，可以在答复期满后十五个工作日内向上级财政部门投诉。单位采购归口管理部门须积极配合政府采购监督管理部门检查，并按规定暂停采购活动。

十、采购记录与归档管理

采购部门和采购代理机构应当妥善保管每项采购活动的采购资料，不得伪造、变造、隐匿或者销毁。采购部门负责对招标、评标（谈判、磋商、询价、单一来源）等相关资料的收集、整理并移交党政办公室存档。采购资料的保存期限为从采购项目保修期结束之日起至少保存十五年。存档资料移交后，采购部门应与党政办公室签署交接单，存档资料应有卷内目录。

采购资料应包括采购活动记录、采购预算、评标文件、询价通知书、响应文件、推荐供应商的意见、评审报告、成交供应商确定文件、（单一来源采购协商情况记录）、合同文本、验收证明、质疑答复、投诉处理决定、其他有关文件和资料以及以上资料对应的审核审批原件。采购文件可以采用电子档案方式保存。

采购活动记录至少应当包括下列内容：采购项目类别、名称；采购项目预算、资金构成和合同价格；采购方式，选择该方式的原因及相关说明材料；选择参加采购活动的供应商的方式及原因；评定成交的标准及确定成交供应商的原因；终止采购活动的，终止的原因。

中标供应商的资料须单独存档。未中标供应商投标文件集中存放至项目结束后至少三年才可经学校领导机构审批后销毁。

第九部分

合同管理内部控制

为进一步规范和加强合同业务管理工作，明确高校合同审批权限，规范高校合同订立行为，加强对合同使用的监督，防范和降低因合同的签订给学校带来的风险，根据《中华人民共和国合同法》《行政事业学校内部控制规范（试行）》《会计档案管理办法》等法律、规范，制定本指南。

一、合同管理内部控制概述

高校应当建立健全合同内部管理制度，根据合同类型分类确定归口管理部门和合同执行部门。明确签订合同的业务和事项范围以及合同授权签署权限。明确合同拟定、审批、执行、登记、保管等环节的程序和要求。完善合同信息管理系统，加强对合同履行情况的监控。定期检查和评价合同管理中的薄弱环节，加强合同信息安全保密工作，切实维护高校的合法权益。

（经济）合同主要是指高校开展教学、科研及其他活动时，与自然人、法人及其他组织等平等主体之间设立、变更、终止民事权利义务关系的协议。学校合同业务内部控制主要包含合同策划、合同调查、合同谈判、拟定合同文本、合同会审、合同签署、合同履行、合同补充及变更、合同违约及纠纷处理、合同结算、合同登记、合同保管、合同借阅与查阅和合同销毁等方面内容。

学校合同业务内部控制的主要任务是：确保合同文本的严格审核；实现合同归口管理；有效监控合同履行情况；保证严格监督审查需补充、变更或解除合同的情况；明确合同管理部门岗位职责；完善合同印章保管、合同谈判规定；增进合同控制责任追究规定；保证资金支付安全。依据金额、执行时间是否跨越年度等属性不同，经营合同划分为一般合同和重大合同两类。

二、合同管理机构设置及职责分工

学校应切实加强合同业务岗位管理，结合学校组织架构设置及实际业务管控需要，设置专门岗位分别负责合同的起草、审核、审批、签订、执行、核算、保管和入档，并落实岗位责任制。明确党政办公室作为归口管理部门（或主要责任管理部门），科学设置合同保管岗等岗位，合理划分岗位职责，并确保实现不相容岗位相分离。学校合同业务内部控制组织结构包括学校领导机构、党政办公室、业务部门、财务部门和审计部门。

（一）学校领导机构

学校领导机构包括学校党委常委会（党委会）和校长办公会，是学校合同业务的最高决策机构，其主要职责包括：负责学校重大合同的审核；当合同变更涉及大额资金、涉及重大法律责任或涉及重要业务条款时，负责进行审核审批；负责处理重大合同纠纷。

（二）党政办公室

党政办公室是学校合同业务的归口管理机构，其主要职责包括：监督学校合同依法、依程序签订；监督检查学校合同的履行、变更、解除等工作；参与合同纠纷的协商、调节，到有关机关办理仲裁、诉讼等相关事宜；协助有关部门追收到期合同债权等；实行对合同的全过程管理。

党政办公室外聘的法律顾问负责学校合同业务的法律审核，其主要职责包括：负责做好所签署合同的规范性、合法性审核；负责监督、指导各部门起草及修订合同文本；协助处理合同履约中的纠纷；协助依法签订、变更和解除合同。

（三）业务部门

业务部门是学校合同业务的执行机构，其主要职责包括：负责一般性合同的谈判；负责草拟与本部门业务相关的合同文本；负责初步审核合同承办人员与对方商定的合同具体条款；负责在合同审批程序中注明合同达成的依据；检查、监督合同的履行情况；参加经办合同纠纷的协商、调解、仲裁、诉讼的准备及善后工作。

（四）财务部门

财务部门是学校合同业务的财务专业审核机构，其主要职责包括：按照合同条款，组织做好款项收付工作；负责合同付款条款的规范性、合法性审核，对合同付款条款不清晰或应该签订合同而没有签订合同的付款项目有拒绝付款的责任；负责按照合同协议约定条款履行赔偿责任，发现未按照合同条款履约的，财务部门应当在付款之前向有关负责人报告。

（五）审计部门

审计部门是学校合同业务的监督机构，其主要职责为检查、监督合同的履行情况。

三、合同订立管理

（一）合同订立管理规范

学校对外发生经济行为，除即时结清方式或按规定可不签订合同外，应当订立书面合同，明确双方权利义务。

1.合同策划环节

合同策划阶段是指合同订立前的设计与计划编制阶段。合同策划主要是为了通过合同保证项目总目标的实现，必须反映项目战略和学校战略，反映学校的指导方针和根本利益。

合同策划阶段需要明确的问题有：合同的种类、形式、条件；合同的重要条款、合同的委托方式；合同签订和实施时重大问题的决策；各个合同的内容；技术、时间上的协调。

业务部门的合同经办人应在合同策划过程中明确上述问题，并加以实施，提交合同策划书。

2.合同调查环节

合同调查阶段是指在双方订立合同之前对对方进行调查的阶段。

在合同调查阶段，应充分了解合同对方是否具有法律上订立合同的主体资格、信用状况等有关情况，确保对方具备履约能力。如果合同对方是外商，还要根据对方注册登记地法律或住所地法律审查其是否有订立合同的能力和履行合同的能力，如公司名称、类别、生产经营范围和法定代表人的姓名、职务和国籍、法人资格和营业执照、注册国家和注册资本、资产负债、开户银行和商业信誉以及签约代表人授权书等。业务部门的合同调查人要采取适当的手段，在合同签订前对合同对方进行资信调查。

3.合同谈判环节

（1）谈判要求

一般性合同谈判由业务部门负责人组织并主持，重大合同谈判由学校分管领导组织并主持。合同谈判对方必须经过招投标等采购方式选取，实行“谁组织谈判谁负责”的原则，确保合同谈判、合同签订及合同执行全过程顺利进行。参加合同谈判人员一般为3～5人的单数，重大合同谈判原则上应有财会人员和法律人员参与，技术性较强的合同谈判应邀请专业技术人员参与。党政办公室合同管理岗负责书写谈判记录。

（2）合同谈判流程

①谈判准备阶段：A.谈判主持人介绍项目基本情况，包括：项目内容、立项情况、资金、物资计划落实情况。B.谈判组织部门（多为业务部门）介绍谈判准备情况，包括：市场调查、相对方选择、询价、技术沟通等。C.参加谈判各部门人员共同商议确定谈判方案。

②正式谈判阶段：A.审查资质。法律人员及审计人员审查谈判对方相关资质及谈判代表资质。B.技术谈判。由业务部门和相关技术人员进行技术谈判，谈判内容包括：澄清产品的规格、型号、技术指标、参数、质量标准和其他性能指标、技术要求；确认技术标准、技术工艺、设计要求及其他技术要求。C.商务谈判。谈判组织部门、相关业务部门和财务部门进行商务谈判，就项目内容、数量、价格及付款方式、供货（服务）履行的期限、地点、履行方式、售后服务以及其他商务事项进行谈判。

③决定谈判结果阶段：最终谈判结果由谈判组织部门会同参与谈判部门，根据合同对方谈判时的承诺和商务报价情况共同评议决定。

④签字阶段：谈判双方代表核实谈判记录，并签字确认。

4.合同拟定与审核环节

（1）合同拟定环节

签订合同时一般采用标准格式的合同文本，采用非标准格式的合同时需要拟制合同文本，由业务部门经办人和供应商的合同负责人共同组织拟定。

在非标准合同文本拟制之前，合同承办人员必须收集相关信息，包括合同谈判的结果、以前的合同格式、类似合同的标准格式等，作为起草合同文本的基础，同时将相关资料作为合同附件。根据价格条款、付款方式确定合同类型。对于合同框架中的非标准合同，合同文本的起草必须符合《中国人民共和国合同法》等相关法律、法规的规定，保证条款的合法性、严密性和可行性。对于关键条款，如数量条款、质量条款、价格条款、付款方式、付款时间、违约条款等，必须提出意见，不能照搬对方提供的文本，必要时可向法律顾问咨询，保证用词准确，没有歧义。经过招投标程序签订的经济合同，所拟定的经济合同文本应与招标文件中的文本及条款约定保持一致。在起草完合同文本之后，业务部门合同经办人必须仔细检查合同的各项条款，保证内容完整，用词准确，没有文字错误，并将检查过的合同文本等相关附件上报上级主管部门。

（2）合同审核环节

一般性合同审查，由业务部门负责人、财务部门合同审核人以及党政办公室法律顾问联合对合同条款进行审核；重大合同除上述部门外还须报经学校领导机构集体讨论，审核人员应在合同审查表上签署意见。

合同审核要点包括：①合法性。审核内容包括合同的主体、内容和形式是否合法；合同订立程序是否符合规定，审核意见是否齐备；资金的来源、使用及结算方式是否合法；资产动用的审批手续是否齐备等。一般由法律顾问、审计部门进行合法性审核。②经济性。审核内容主要是合同内容是否符合学校的经济利益。一般由财务部门、审计部门进行经济性审核。③可行性。审核内容包括签约方是否具有资信及履约能力，是否具备签约资格；担保方式是否可靠；担保资产权属是否明确等。一般由业务部门进行可行性审核。④严密性。审核内容包括合同条款及有关附件是否完整齐备；文字表述是否准确；附加条件是否适当合法；合同约定的权利义务是否明确；数量、价格、金额等标示是否准确。一般由党政办公室进行严密性审核。

5.合同签署环节

在合同完成内部审批和外部审批过程之后，业务部门合同经办人应至少准备一式四份合同正本，由学校法定代表人或授权签署人与供应商合同负责人共同签字、盖章，使合同生效。法人代表可亲自签署合同，也可由合同授权签署人签字，完成合同的签署过程。

妥善保管和使用合同专用章，严禁未经授权擅自以学校名义对外签订合同，严禁违规签订担保、投资和借贷合同。

（二）合同订立流程（如图9-1所示）及管控节点说明（见表9-1）

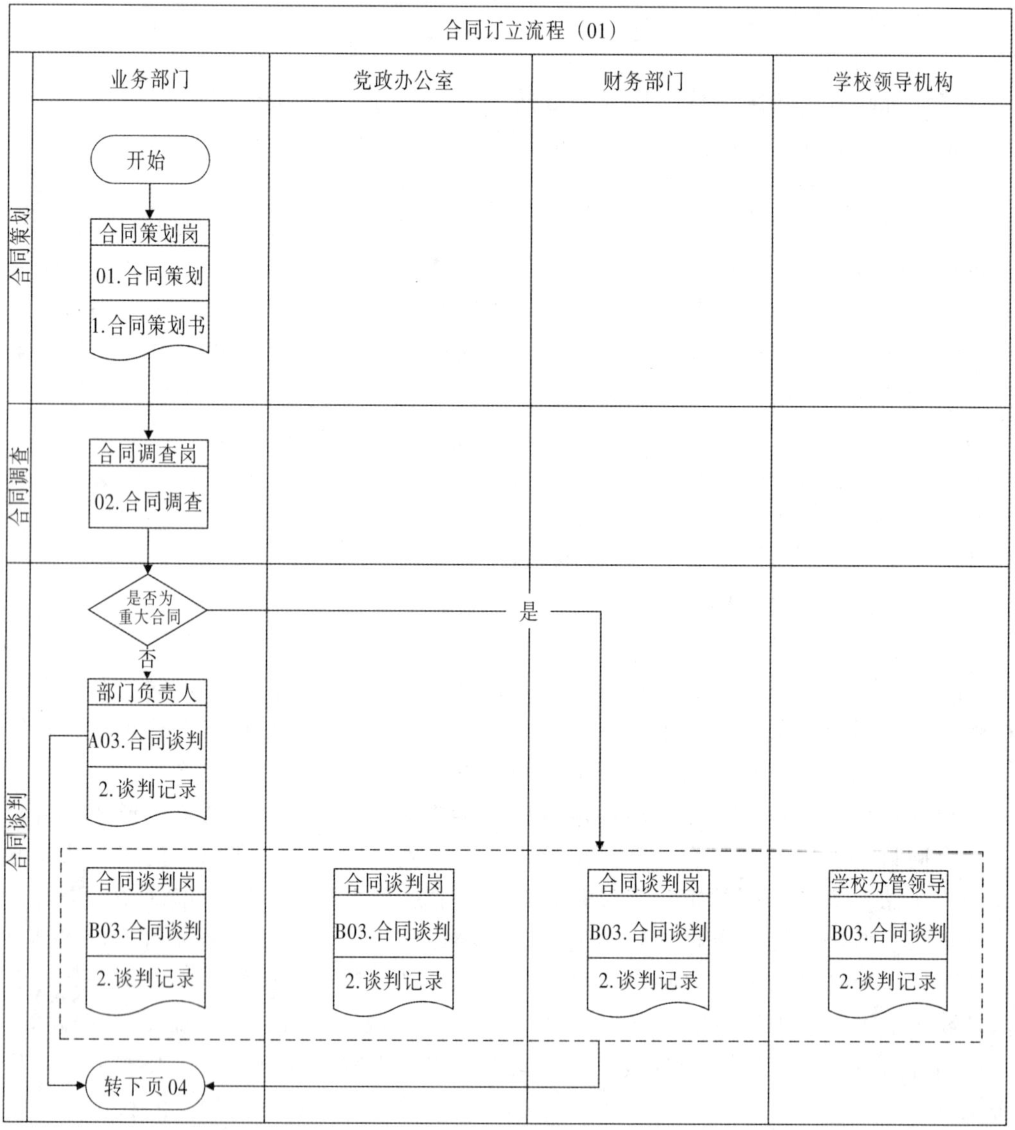

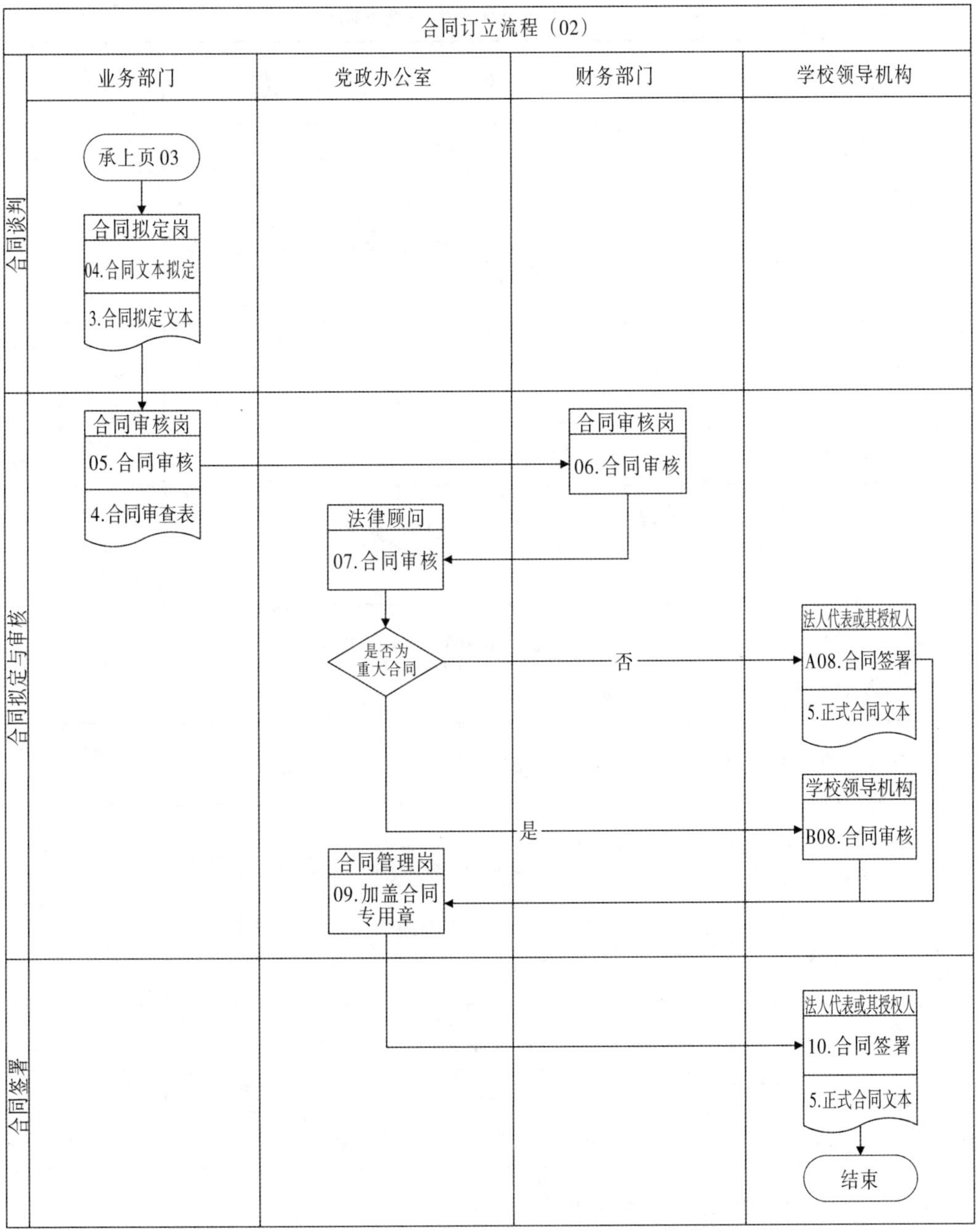
合同订立流程（02）
业务部门
党政办公室
财务部门
学校领导机构
合同谈判
合同拟定与审核
合同签署
承上页03
合同拟定岗
04.合同文本拟定
3.合同拟定文本
合同审核岗
05.合同审核
4.合同审查表
合同审核岗
06.合同审核
法律顾问
07.合同审核
是否为重大合同
否
是
法人代表或其授权人
A08.合同签署
5.正式合同文本
学校领导机构
B08.合同审核
合同管理岗
09.加盖合同专用章
法人代表或其授权人
10.合同签署
5.正式合同文本
结束

图9-1　合同订立流程

表9-1 **合同订立流程管控节点说明**

管控节点	节点说明	输出文档
01	业务部门合同策划岗进行合同策划	合同策划书
02	党政办公室合同调查岗充分调查，了解合同对方在法律上订立合同的主体资格、信用状况等有关情况	
	判断是否为重大合同，若是，进入B03；若否，进入A03	
A03	一般性合同谈判可由业务部门负责人组织并主持	谈判记录
B03	重大合同谈判由学校分管领导组织并主持，业务部门人员、财务人员及法律人员参与	谈判记录
04	业务部门合同拟定岗与供应商按照相关文件要求要求，共同拟定合同文本	合同拟定文本
05	业务部门合同审核岗对合同拟定文本进行审核	合同审查表
06	财务部门合同审核岗对合同价款条款进行审核	
07	党政办公室下设的法律顾问对合同条款的规范性、合法性进行审核	
	判断是否为重大合同，若是，进入B08；若否，进入A08	
A08	一般合同报学校法人代表或其授权的代理人签字	正式合同文本
B08	重大合同须报学校领导机构集体讨论	
09	党政办公室合同管理岗加盖合同专用章	
10	学校法定代表人或其授权的代理人与供应商合同负责人共同签订合同	正式合同文本

四、合同履行管理

（一）合同履行管理规范

1.合同执行环节

合同一旦签字生效，业务部门就负责履行合同，合同执行各方应维护合同的严肃性，严格地履行合同义务，一般不得随意变更或终止，特殊情况确需变更或终止的，按照合同授权规定报批。

业务部门、财务部门、党政办公室、审计部门共同对合同履行进行监督。合同经办人定期汇报合同的履行情况，财务部门按照合同约定条款办理财务手续、收付款项，党政办公室进行复核，审计部门负责实时检查合同的履行情况。

正式生效的合同，双方至少各执两份，校方的两份合同一份交党政办公室留存备案，另一份由合同业务部门保管执行，同时还应制作至少一份合同副本交财务部门作为收付款的依据。

合同结算是合同履行的主要环节和内容，需要各业务部门同财务部门密切配合，做好合同的成果验收。合同结算与采购验收、基建验收以及资产管理等环节相关联，既是对合同签订的审查，也是对合同履行的监督。合同结算可采取货款支付复核程序，实施有效的管理，同时财务部门要与党政办公室建立沟通协调机制，将合同管理和收支管理相结合。

2.合同的补充、变更及转让环节

合同补充是指在合同生效后，经当事各方协商后，对原合同条款进行补充；合同变更是指在合同生效后，经当事各方协商后，对原合同条款进行变更。合同变更一般分为合同内容的变更和合同主体的变更。合同转让是指合同权利、义务的转让，即当事人一方将合同的权利或义务全部或部分转让给第三人。

当合同需要补充、变更时，需要业务部门合同经办人提出合同变更申请，并提交合同变更申请表，再由该部门负责人进行合同变更的审核，若涉及合同金额变更，需要财务部门合同审核人审核；若涉及合同法律责任变更，需要法律顾问审核；若合同变更涉及大额资金、涉及重大法律责任或涉及重要业务条款，须由学校领导机构进行审批。审批通过后由合同经办人签订补充合同，并提交补充合同文本，该补充、变更方可生效。

3.合同纠纷处理环节

因合同履行出现法律纠纷、学校收到诉讼或仲裁的法律文书，由所涉事项的主管单位及时向分管校领导汇报，相关业务部门会同财务部门、党政办公室及相关单位等组成法律纠纷处理小组，负责对法律纠纷进行研究和处理，小组可以根据实际情况请示学校法定代表人邀请法律顾问协助处理法律纠纷。

法律纠纷涉及诉讼或仲裁的，学校法定代表人可以签署授权委托书委托学校相关工作人员或律师参加诉讼和仲裁。合同纠纷经协商无法解决的，应依合同约定选择仲裁或诉讼方式解决。

（1）合同违约处理

合同签订后进入执行阶段，合同经办人应随时跟踪合同的履行情况，发现合同对方可能发生违约、不履约或延迟履约等行为的，或学校自身可能无法履行或延迟履行合同的，应及时报告领导机构处理。

针对合同对方违约的情形，可采取以下措施处理：

①要求合同对方继续履行合同：继续履行合同是违约方必须承担的法律义务，也是学校的法定权利。不论对方违约是否故意，只要存在继续履行的可能性，学校就有权要求违约对方继续履行原合同约定的义务。

②要求合同对方支付违约金：合同对方违约的，学校可按照合同约定要求违约对方支付违约金。

③要求定金担保：学校可按照合同约定及《中华人民共和国担保法》的规定向对方收取定金作为债权的担保。违约对方履行债务后，可将定金抵作价款或者收回，违约对方不履行约定债务的，无权要求返还定金。

④要求赔偿损失：合同对方因不履行合同义务或者履行合同义务不符合约定，给学校造成损失的，学校有权提出索赔，具体赔偿金额可由业务部门会同法律人员与合同对方协商确定。

学校自身违约的，业务部门人员应与合同对方协商解决办法，将解决办法以书面形式上报学校领导机构或法人代表批准后承担相应责任、履行有关义务。

（2）合同纠纷处理

合同履行过程中发生纠纷的，合同经办人应在规定时间内与合同对方协商谈判，并及时报告主管领导；经双方协商达成一致意见的，双方签订书面补充协议，该协议由双方法定代表人或其授权人签章并加盖学校印章后生效；合同纠纷经协商无法解决的，应依合同约定选择仲裁或诉讼方式解决；法律顾问会同相关业务部门研究仲裁或诉讼方案，报学校领导机构或分管领导审批后实施；纠纷处理过程中，学校任何部门或个人未经授权，不得向合同对方作出实质性答复或承诺。

（二）合同履行管理流程及说明

1.合同履行流程（如图9-2所示）及管控节点说明（见表9-2）

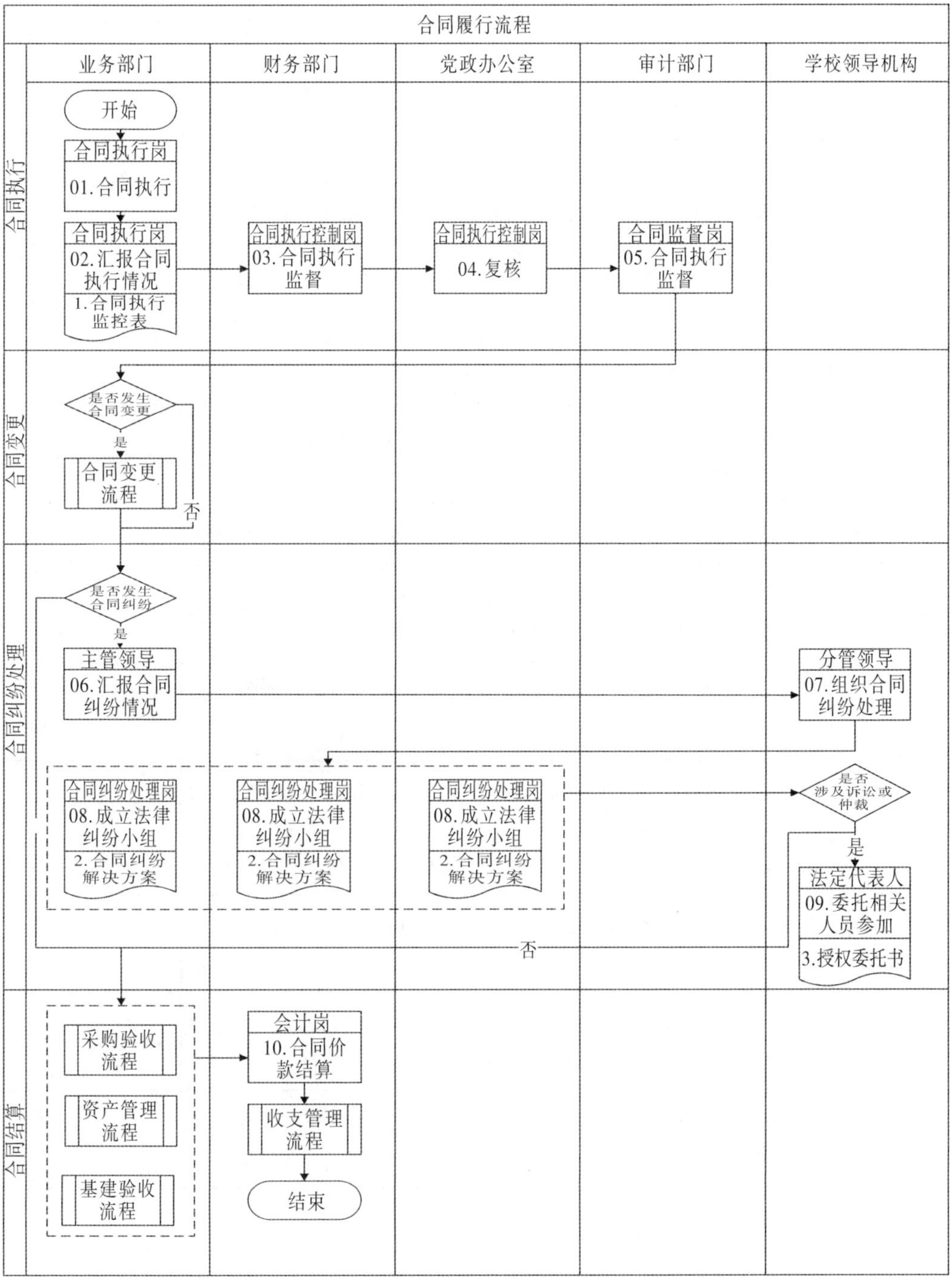

图9-2　合同履行流程

表9-2 **合同履行流程管控节点说明**

管控节点	节点说明	输出文档
01	业务部门合同执行岗履行合同	
02	业务部门合同执行岗定期汇报合同执行情况，对合同执行进度进行监控	合同执行监控表
03	财务部门合同执行控制岗对合同履行资金支付进行监督	
04	党政办公室合同执行控制岗对业务部门和财务部门提交的合同执行监控表进行复核	
05	审计部门日常对合同执行进度情况进行抽查	
	判断是否发生合同变更，若是，进入合同变更流程；若否，进入下一层判断	
	判断是否发生合同纠纷，若是，进入06；若否，进入合同结算流程	
06	出现合同纠纷、学校收到诉讼或仲裁的法律文书，由所涉事项的业务部门主管领导及时向分管校领导汇报	
07	学校分管领导接收合同纠纷的具体汇报情况，并负责合同纠纷的总体组织	
08	业务部门会同财务部门与党政办公室组成法律纠纷处理小组，负责对法律纠纷进行研究和处理，也可以根据实际情况请示学校法定代表人邀请法律顾问协助处理法律纠纷	合同纠纷解决方案
	判断是否涉及诉讼或仲裁，若是，进入09；若否，进入结算流程	
09	若涉及诉讼或仲裁的，学校法定代表人可以签署授权委托书委托学校相关工作人员或律师参加诉讼和仲裁	授权委托书
	合同完成时进行合同成果验收，转入采购验收、资产管理以及基建验收等流程	
10	财务部门会计岗进行合同价款结算	
	转入收支管理流程	

2.合同变更流程（如图9-3所示）及管控节点说明（见表9-3）

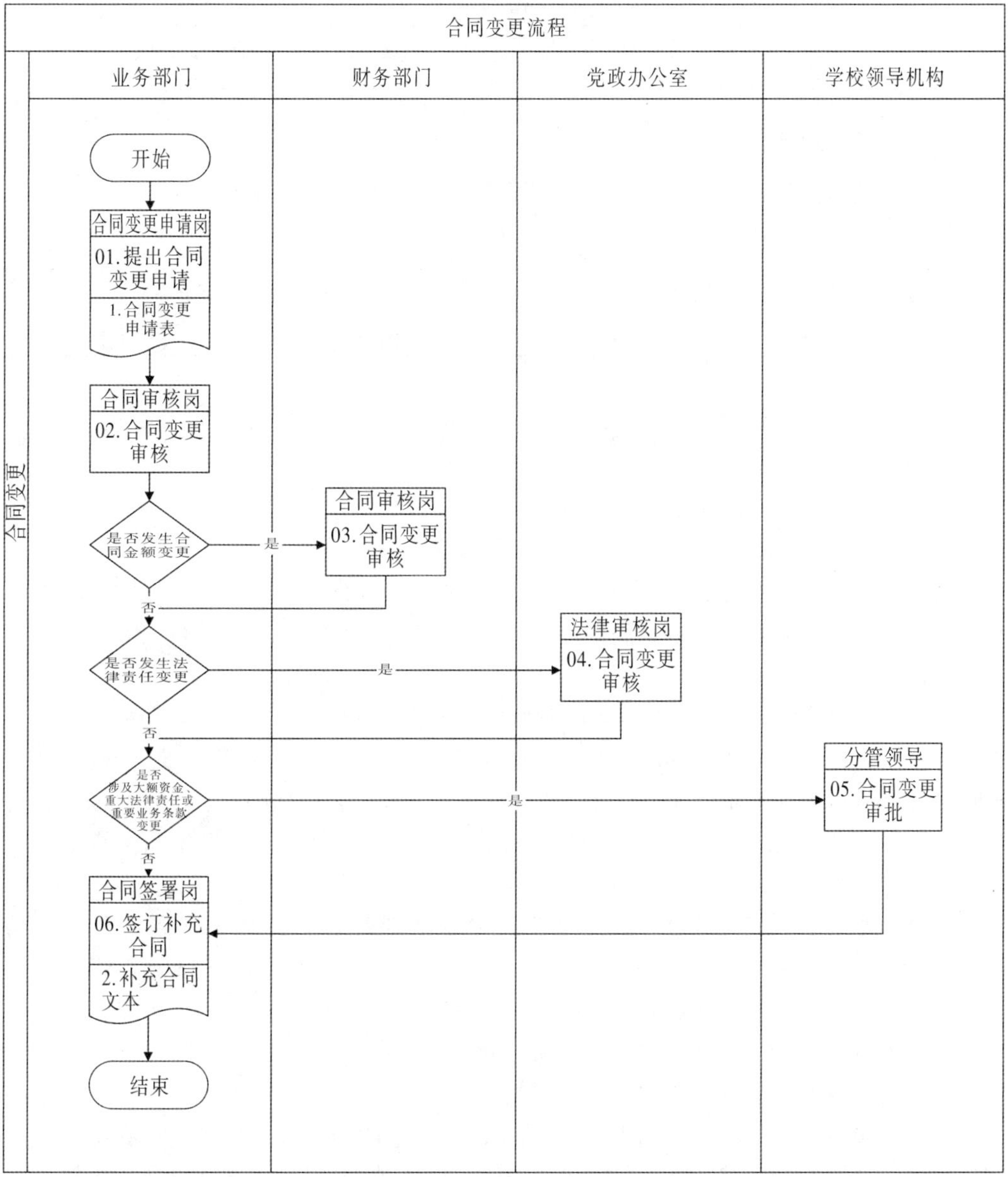

图9-3　合同变更流程

表9-3 **合同变更流程管控节点说明**

管控节点	节点说明	输出文档
01	业务部门合同变更申请岗提出合同变更申请	合同变更申请表
02	业务部门合同审核岗对合同变更申请进行审核	
	判断是否发生合同金额变更，若是，进入03；若否，进入下一级判断	
03	财务部门合同审核岗进行审核	
	判断是否发生法律责任变更，若是，进入04；若否，进入下一级判断	
04	若涉及合同法律责任变更，需要党政办公室下设的法律审核岗审核	
	判断是否涉及大额资金、涉及重大法律责任或涉及重要业务条款变更，若是，进入05；若否，进入06	
05	若合同变更涉及大额资金、涉及重大法律责任或涉及重要业务条款，须由学校分管领导进行审核审批	
06	审核通过后，业务部门合同签署岗与供货方签订补充合同	补充合同文本

五、合同履行后续事项管理

（一）合同履行后续事项管理规范

1.合同登记归档环节

合同经办人在合同定稿后，向党政办公室取得合同的编号，没有编号的合同党政办公室不予盖章。党政办公室合同保管岗进行合同登记归档，并提交合同档案记录。

2.合同的存档

正式签订后，合同（正本）一份交党政办公室合同保管岗保管，另一份保留在合同业务部门保管；同时，业务部门应将合同电子版、合同审批表（原件）交党政办公室；合同执行完毕后，业务部门还应将合同原件（正本）及其合同执行过程的往来函件、纠纷或争议的处理情况记载等相关文件材料送党政办公室，交由党政办公室归档管理。

3.合同的保管

合同保管期限一般为30年，基建类合同永久保管，合同档案保管清册和合同档案销毁清册永久保管。学校档案室应设立合同存放柜，对合同进行专柜管理。应做好合同存放柜的防火、防潮、防有害生物等工作，确保合同及相关文件资料的安全。学校要建立合同存档保管的责任追究制度。

4.合同的查阅与借阅

工作人员查阅合同文件应办理登记手续，提交申请查阅合同审批表，在学校党政办公室查阅合同文档。确因工作需要借出查阅的，须经本部门主管领导及学校领导签字后，办理相关借阅手续，以影印件借出，合同原件无特殊情况不得外借。查阅或借阅人员严禁涂改、圈划、抽取、撤换合同档案资料；不得向外泄露或擅自向外公布档案内容。密级合同文件的查阅与借阅管理，依据合同保密制度相关规定执行。

5.合同档案的销毁

合同档案保管期满，需要销毁时由党政办公室合同管理保管岗提出合同销毁申请，报经党政办公室主管领导和学校分管领导批准后，按档案销毁规定办理。按规定销毁合同档案时，应由党政办公室合同保管岗办理销毁并记录，在销毁合同档案以前要认真清点、核对，销毁后，在销毁清册上签名盖章，并将销毁情况以书面形式报告分管领导。

（二）合同履行后续事项管理流程（如图9-4所示）及管控节点说明（见表9-4）

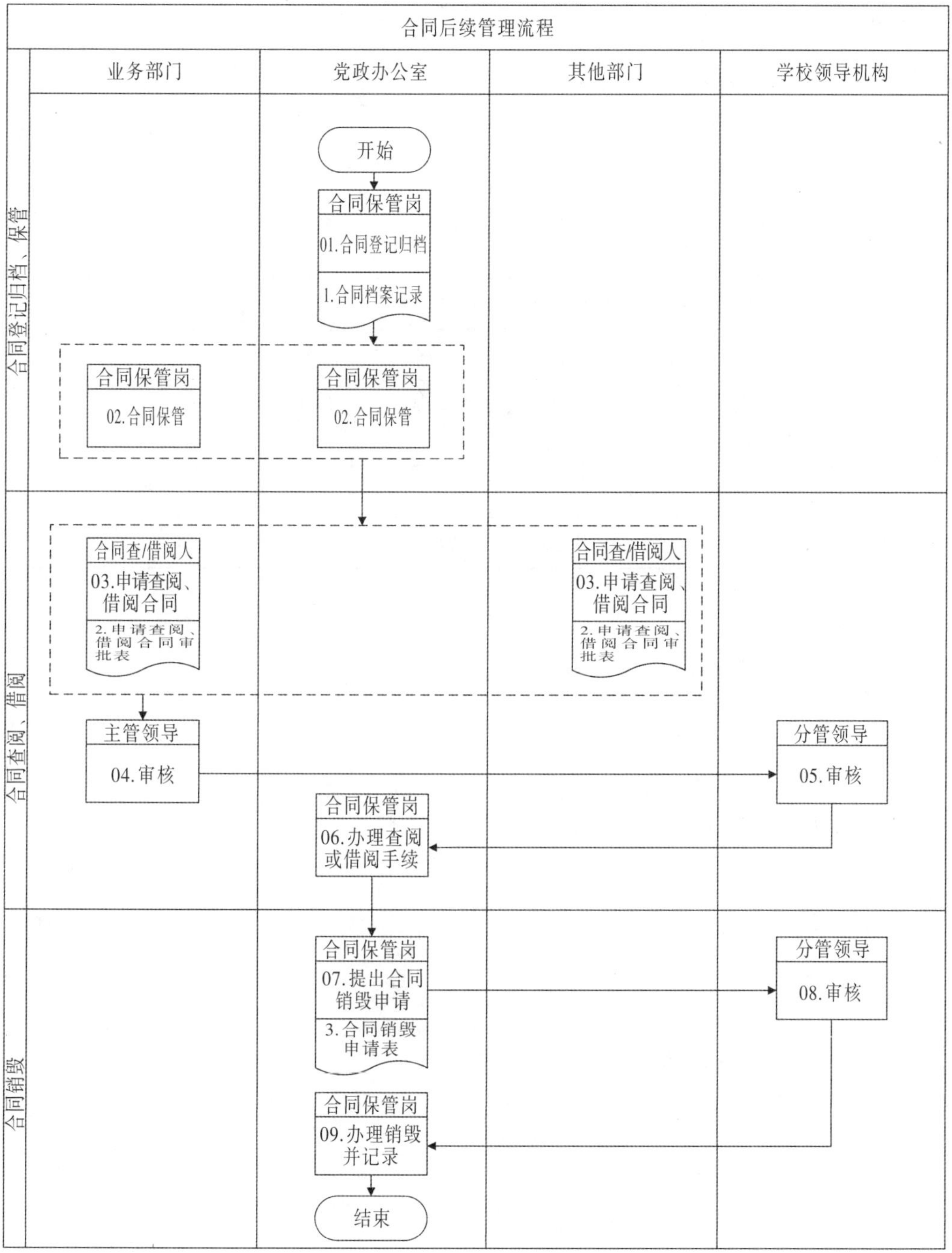

图9-4　合同履行后续事项管理流程

表 9-4 **合同履行后续事项管理流程管控节点说明**

管控节点	节点说明	输出文档
01	党政办公室合同保管岗进行合同登记归档	合同档案记录
02	党政办公室合同保管岗以及经办部门合同保管岗对合同进行保管，定期或不定期进行检查	
03	业务部门或其他部门需要查阅或借阅合同时，需要提交申请查阅、借阅合同审批表	申请查阅、借阅合同审批表
04	业务部门主管领导审核申请查阅、借阅合同审批表，报分管领导审批	
05	分管领导审批申请查阅、借阅合同审批表	
06	党政办公室合同保管岗审核并办理查阅、借阅手续	
07	按国家或单位规定，党政办公室合同保管岗提出合同销毁申请，报分管领导审批	合同销毁申请表
08	学校分管领导审批	
09	党政办公室合同保管岗办理合同销毁并记录	

第十部分

基本建设项目管理内部控制

为了进一步加强高校基本建设项目管理工作，规范管理行为，保证工程质量、安全施工、按时交工，控制建设投资，提高基本建设项目整体管理水平，根据《中华人民共和国建筑法》《中华人民共和国招投标法》《工程建设项目招标范围和规模标准规定》《基本建设财务规则》《行政事业单位内部控制规范（试行）》等国家和主管部门有关规定，制定本指南。

一、基本建设项目管理内部控制概述

建设项目是指学校自行或者委托其他单位所进行的建筑物和构筑物的新建、改建、扩建及相关的装修、拆除、修缮、安装等基本建设、大型修缮以及基础设施建设和改造工程。

学校基本建设项目管理内部控制主要包含基本建设项目立项管理、设计与概预算管理、招投标管理、项目实施管理管理、项目资金支付和竣工验收管理、项目后续管理等内容。学校应当建立健全工程项目的各项管理制度，全面梳理各个环节可能存在的风险点，规范立项、设计与概预算、招标、建设、验收等环节的工作流程，明确相关部门和岗位的职责权限，做到不相容职务相互分离，强化工程建设全过程的监控，确保工程项目的质量、进度和资金安全。

学校基本建设项目管理内部控制主要任务是：贯彻执行国家有关法律、行政法规、方针政策；依法、合理、及时地筹集和使用建设资金，做好基本建设资金的预算编制、执行、控制、监督和考核工作；加强基本建设管理，严格项目审批程序，确保项目质量；有效节约建设资金，控制建设成本，提高投资效益；认真落实绩效评价工作，及时评价学校的项目建设的效率与效果。

在基本建设项目管理过程中，应加强基建部门与相关外部主体或部门之间的沟通协调，针对勘察、造价、设计、施工、监理、审计、绩效评价等外部服务提供机构，建立有效沟通及监督机制，督促其尽职尽责履行约定义务。同时，应加强与内部相关部门之间的信息交流，明确职责分工，理顺工程基本建设项目管理业务与预算、支出、采购、合同、资产业务之间的关联，确保工程基本建设项目管理运行各个环节有序衔接。其中，采购部门应加强外部服务委托机构的招投标管理，择优选取承包执行单位，并做好工程物资采购管理工作；财务部门应切实做好工程基本建设项目的预、决算编报以及预付款和进度款的支付管理工作；学校领导机构应严格审核工程基本建设项目合同的相关条款；资产部门应配合基建部门，做好工程基本建设项目的验收、资产登记等后续管理工作；审计部门应参与项目审计、绩效评价与监督。

二、基本建设项目管理机构设置及职责分工

学校应当明确基建和修缮工程归口管理部门和岗位的职责权限，按照不相容岗位分离原则合理设置岗位。工程项目不相容岗位包括：项目建议和可行性研究与项目决策、概预算编制与审核、项目实施与招标、项目实施与价款支付、竣工决算与竣工审计等。

学校基本建设项目管理内部控制组织机构包括：学校领导机构、基本建设项目领导小组、基建部门、财务部门、采购部门、审计部门、资产部门。

（一）学校领导机构

学校领导机构包括分管校长和校长办公会和党委常委会（党委会），是基本建设项目管理的最高决策机构，其主要职责为：决策与审核须报送主管部门的基本建设项目相关事项；按照授权标准审批基本建设项目重大事项，包括项目建议书，可行性研究报告（含估算），规划设计方案，初步设计（含概算），设计、施工、监理等服务招投标结果，开工报告，项目变更申请，项目竣工决算，绩效评价等。

（二）基本建设项目领导小组

基本建设项目领导小组是项目管理的日常决策机构，其主要职责为：组织与协调基本建设项目日常管理工作；按照授权标准审核或审批基本建设项目重要事项，包括项目建议书，可行性研究报告（含估算），规划设计方案，初步设计（含概算），设计、施工、监理等服务招投标结果，开工报告，项目变更申请，项目竣工决算，绩效评价等；监督与评价基本建设项目日常管理工作。

（三）基建部门

基建部门为基本建设项目的归口管理部门，其主要职责为：负责对基本建

设项目进行全过程的监督管理、协调指导工作，其主要职责包括：负责贯彻落实国家及主管部门的政策法规、规范标准和制度规定，组织制定单位基本建设项目管理制度；负责组织基本建设项目的勘察设计及项目方案评审、施工图会审工作；负责工程设计变更的审核工作；负责单位基本建设项目的工程造价管理，包括所有基本建设项目的估（概）算、预算、结（决）算的初步审核工作；负责权限范围内的项目设计、造价、勘察、监理等服务商的技术审查、年度考核等管理工作；负责组织编制基本建设项目开工报告（含开工许可证）；负责基本建设项目的施工、服务、物资设备采购合同、款项支付的审查工作；参与基本建设项目的监理，负责组织基本建设项目的竣工验收工作；负责基本建设项目进度登记与过程档案保管；负责处理与基本建设项目相关的其他事宜。

（四）其他各相关部门

其他各相关部门为基本建设项目支持机构，其主要职责如下：

1.财务部门按照职责分工负责基本建设项目的预算管理、资金管理、决算管理、账务处理等，同时负责基本建设项目的成本控制与收入管理。

2.采购部门负责确定可行性研究报告编制单位、设计单位、施工单位、监理单位、外部审计单位以及其他外部咨询机构。

3.资产部门负责及时对完工项目进行基本建设项目资产登记与转固。

4.党政办公室负责各项合同签订及归档工作。

5.审计部门为工程基本建设项目管理监督机构，组织基本建设项目跟踪审计、决算审计以及绩效评价，对基本建设项目进行全过程监督。

6.其他部门根据需要参与基本建设项目的方案审查、控制、监督等。

三、基本建设项目立项管理

（一）立项管理规范

工程基本建设项目立项管理主要包括提出项目立项申请、项目建议书编审、可行性研究报告编审。基本建设项目必须进行立项，无立项项目不予实施。

1.提出项目立项申请

学校应依据国家和项目主管部门的有关文件规定和学校发展规划（产业政策、发展战略、经营计划等），研究提出基本建设项目的立项申请（投资意向），并编写项目申请报告。

2.项目建议书编审

基建部门应按照国家或项目主管部门关于项目建议书的编制要求，组织编写工程基本建设项目建议书，必要时委托外部机构辅助编制。项目建议书的主要内容包括：项目提出的必要性和依据；建设规模和建设地点；资源情况、建设条件；投资估算和资金筹措；项目的进度安排；经济效果和投资效益的初步分析。

项目建议书编制后由学校各参与部门进行审核，重大项目由教代会审议，根据金额大小判断是否提交学校校长办公会和党委常委会（党委会）进行审定。

3.可行性研究报告编审

基本建设项目应当编制可行性研究报告。可行性研究报告未经批准，不得开展下一环节的工作。

基建部门应依据项目建议书批复，负责协助采购部门招标选定或委托具有相关专业甲级资质的工程咨询机构编制项目可行性研究报告。编制可行性研究报告应当遵循国家有关法律、法规和项目主管部门有关规定，内容及深度应达到国家、行业和项目主管部门规定的标准。

可行性研究报告的主要内容包括：项目概况；项目建设的必要性；项目建设选址及建设条件论证；建设规模和建设内容等规划设计方案；项目外部安全，保密环节；环保措施；消防；节能、节水；总投资估算与资金来源；投资效益分析；项目建设周期及工程进度安排；勘察、设计、施工、监理以及重要设备、材料等具体采购活动的具体招标范围（全部招标或部分招标）、招标组织形式（委托招标或自行招标）、招标方式（公开招标或邀请招标）、结论、附件等。

项目可行性研究报告的编制内容与项目建议书批复内容相比有重大变更的，应重新报批项目建议书。

基本建设项目领导小组对可行性研究报告进行审核，并上报学校领导、外部相关部门、项目主管部门审批。项目主管部门、财政部门、发改部门审批未通过，则须交由基建部门根据可行性研究报告编制要求重新编制。经批准的项目可行性研究报告，其投资主体、建设规模、场址选择、工艺技术、投资估算与经济评价等内容发生重大变化的，或批准超过两年未开展实质性工作的，应按照审批权限重新报批或取消。

基本建设项目立项可按项目类别的不同分类进行细化，建设内容简单、投资规模较小的项目，可以直接编报可行性研究报告，或者合并编报项目建议书。

另外，学校应建立健全基本建设项目的工程保险和工程担保制度，加强基本建设项目的风险管理。

（二）立项管理流程及说明

1.工程立项总体流程（如图10-1所示）及管控节点说明（见表10-1）

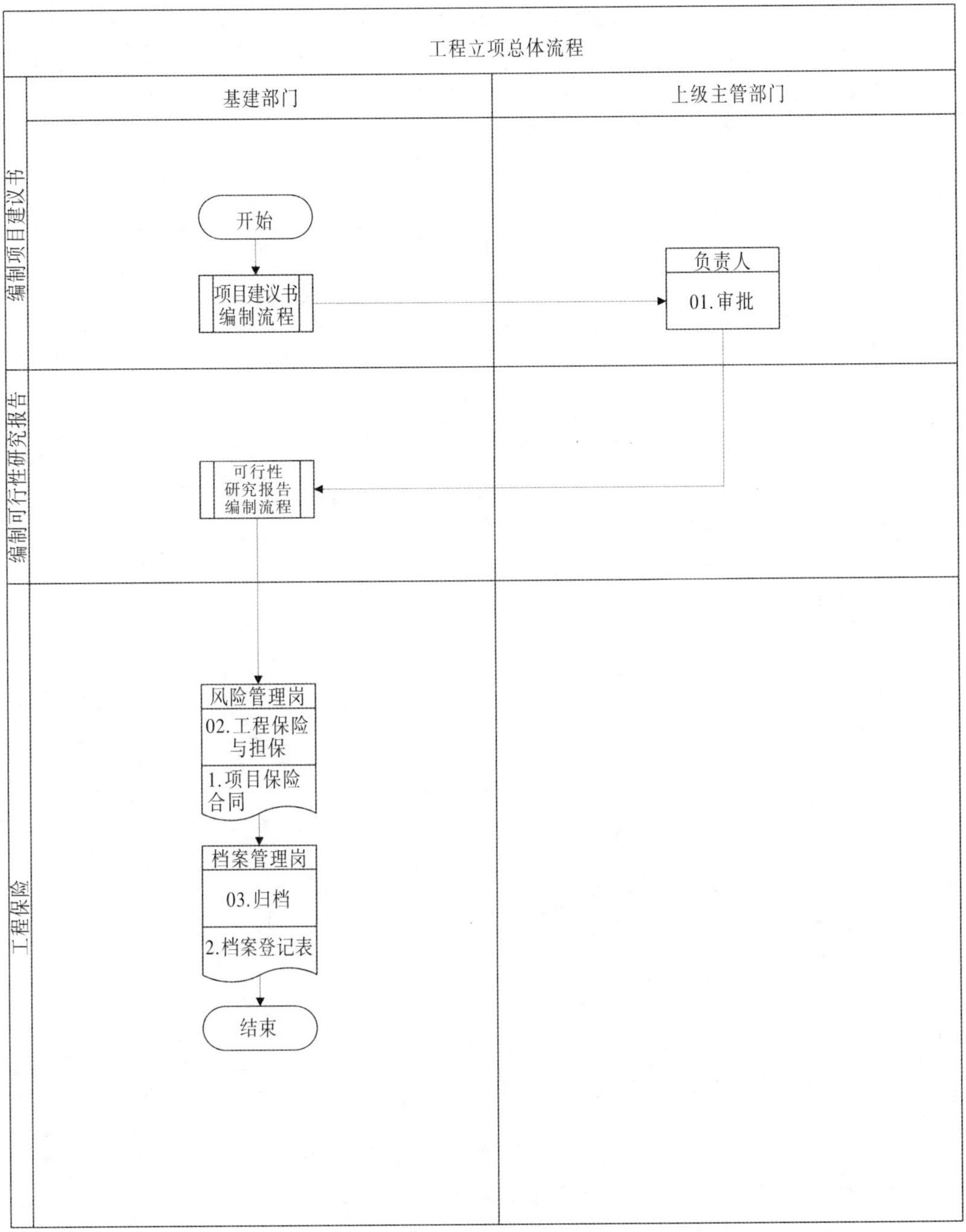

图10-1　工程立项总体流程

表10-1 **工程立项总体流程管控节点说明**

管控节点	节点说明	输出文档
	项目建议书编制流程	
01	上级主管部门对项目建议书进行审批	
	可行性研究报告编制流程	
02	基建部门风险管理岗完成工程保险与担保工作，签订项目保险合同	项目保险合同
03	基建部门档案管理岗将项目建议书、可行性研究报告和保险合同等相关资料登记进行归档保管	档案登记表

2.项目建议书编制流程（如图10-2所示）及管控节点说明（见表10-2）

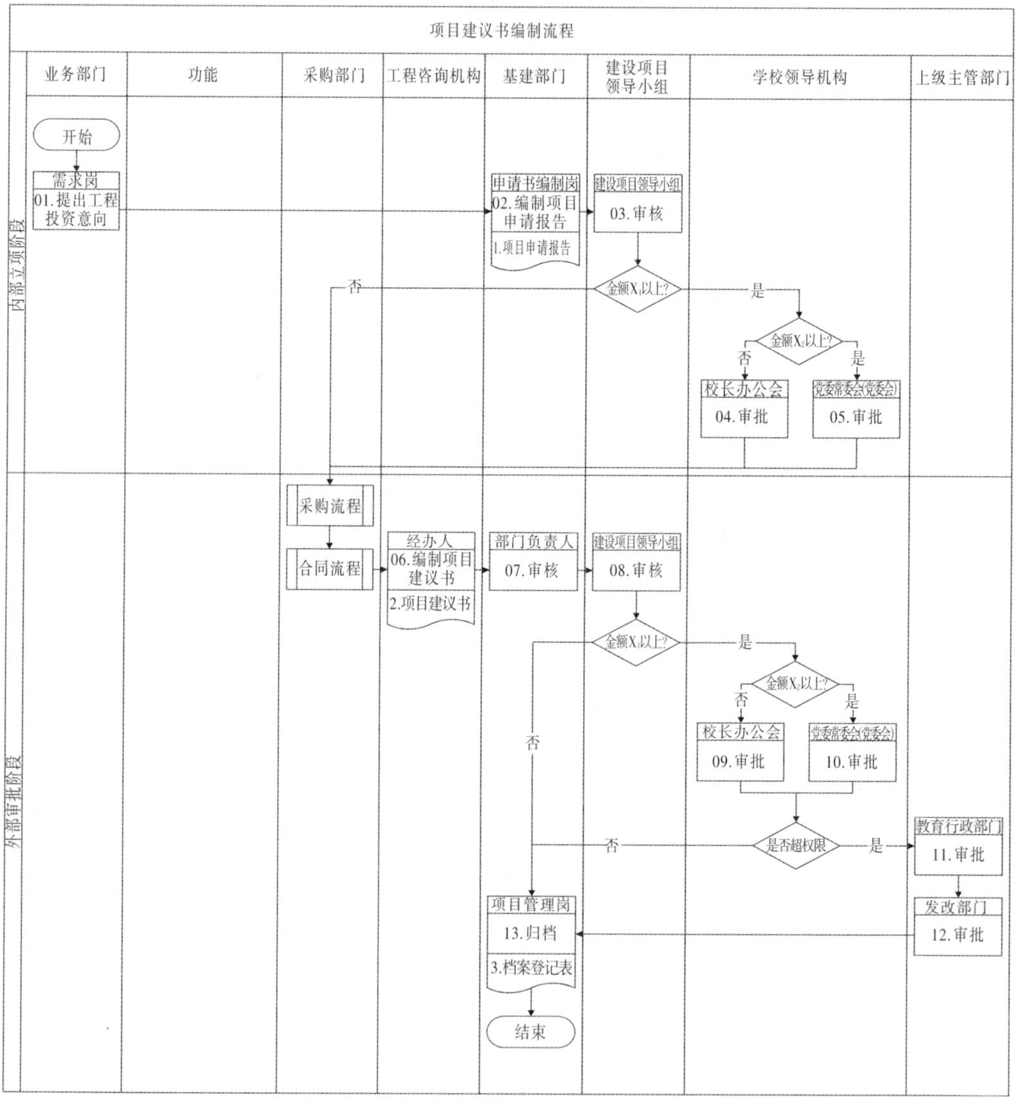

图10-2 项目建议书编制流程

表 10-2　**项目建议书编制流程管控节点说明**

管控节点	节点说明	输出文档
01	业务部门需求岗提出工程投资意向	
02	基建部门项目申请书编制岗编制项目申请报告，提交至基本建设项目领导小组	项目申请报告
03	基本建设项目领导小组审核项目申请报告，提出意见，判断是否超越权限（X_1），若超越权限则提交至学校领导机构	
04	一定额度（X_2）以下项目由学校校长办公会审批项目申请报告，通过后由基建部门提出采购服务申请	
05	X_2以上项目由学校党委常委会（党委会）审批项目申请报告，通过后由基建部门提出采购服务申请	
	转入采购流程和合同流程	
06	工程咨询机构经办人编制项目建议书	项目建议书
07	基建部门负责人审核项目建议书，提交基本建设项目领导小组审核	
08	基本建设项目领导小组审核后项目建议书，若超越权限（X_2）提交至学校领导机构	
09	X_2以下项目由学校校长办公会审批项目建议书，若超越权限提交上级主管部门审批	
10	X_2以上项目由学校党委常委会（党委会）审批项目建议书，若超越权限则提交上级主管部门审批	
11	教育行政部门审批项目建议书，审批通过后提交发改部门审批	
12	发改部门审批项目建议书	
13	基建部门项目管理岗归档保管项目建议书相关文件	档案登记表

3.可行性研究报告编制流程（如图10-3所示）及管控节点说明（见表10-3）

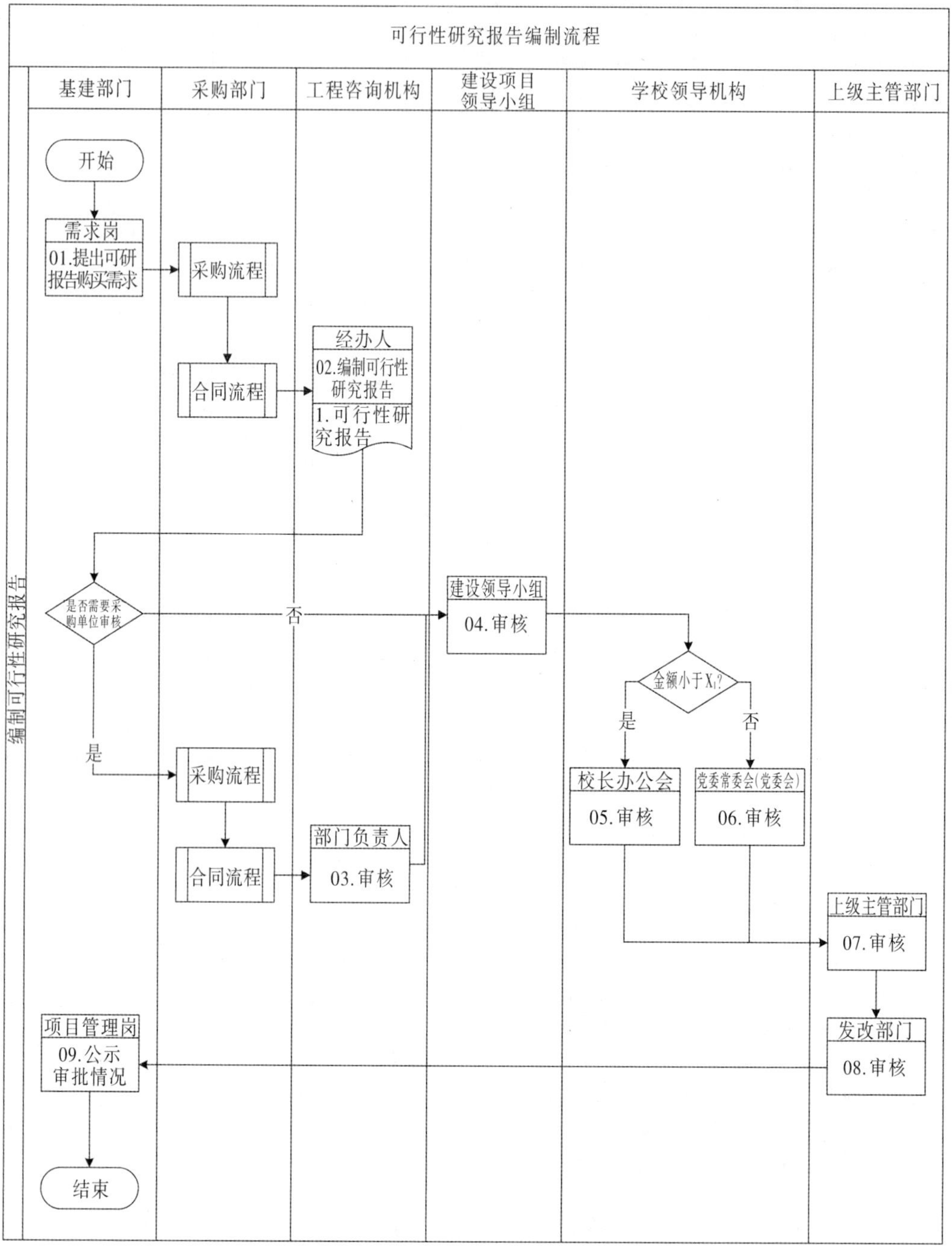

图10-3 可行性研究报告编制流程

表10-3　**可行性研究报告编制流程管控节点说明**

管控节点	节点说明	输出文档
01	基建部门需求岗向采购部门提出购买可研报告需求	
	转入采购流程和合同流程	
02	通过政府采购委托外部工程咨询机构编制可行性研究报告	可行性研究报告
	判断是否需要采购单位审核	
03	若需要采购单位审核，则进入采购管理流程及合同管理流程，通过政府采购委托外部机构审核可行性研究报告	
04	基本建设项目领导小组对可行性研究报告进行审核，提交学校领导机构	
05	一定额度（X_1）以下项目由学校校长办公会审批项目可行性研究报告后，上报上级主管部门	
06	X_1以上项目由学校党委常委会（党委会）审批可行性研究报告后，上报上级主管部门	
07	学校对口的上级主管部门审核可行性研究报告，审核通过后提交至发改部门	
08	发改部门审批可行性研究报告	
09	基建部门项目管理岗公示审批情况	

四、基本建设项目设计与概预算管理

（一）设计与概预算管理规范

工程基本建设项目确立后，建设单位应委托有相应资质的设计单位，按照批准的项目建议书和可行性研究报告的要求，开展项目设计。项目设计主要包括确定规划设计方案、初步设计和施工图设计。

1.确定规划设计方案

工程基本建设项目规划设计方案由基建部门提出采购需求，通过招标选定（由采购部门负责招投标）或委托具有相关专业资质的设计单位进行编制。其中，规划设计方案应主要包括建设规模、建设标准、建筑物外部造型、内部布局，工艺技术路线、主要技术经济指标等要素。

规划设计方案须经过基建部门、基本建设项目领导小组的审核及学校领导机构审批，并根据审批权限报由外部相关部门和主管部门进行审批。规划设计方案应充分论证，必要时主管部门可要求有关单位进行多种方案的比较分析，或组织有关专家对规划设计方案进行论证审核。

2.初步设计

工程基本建设项目初步设计须根据经批准的可行性研究报告以及项目规划设计方案，由设计单位编制。初步设计应明确拟建项目在指定地点和规定期限内建设的技术可行性和经济合理性，确定主要技术方案、工程总造价和主要技术经济指标。

初步设计的内容主要包括：

（1）设计说明书、总平面图和建筑物、构筑物、公用设施以及管线图纸；

（2）材料、设备需求清单；

（3）工程概算文件、城市规划管理部门的批准文件（规划许可证、正式用地手续等）、基本建设项目与市政、公用、供电、电信、消防、环保等部门的协议文件或配合方案等有关材料；

（4）基本建设项目的勘察、专项设计、施工、监理以及重要设备、材料等采购活动的具体招标范围（全部招标或部分招标）、招标组织形式（委托招标或自行招标）、招标方式（公开招标或邀请招标）。

初步设计须根据审批权限经过基建部门、基本建设项目领导小组的审核及学校领导机构的审批，之后报项目主管部门审批备案。

设计单位在初步设计过程中编制的工程概算应由财务部门、基本建设项目领导小组进行财务、技术等方面的综合审核，并根据相关权限交由学校领导机构进行审批。初步设计概算与可行性研究报告中的投资估算的出入不得大于5%，否则将对项目进行重新决策。初步设计阶段批准的概算即为工程投资的最高限额，未经批准，不得随意突破。确因规模发生变化、使用功能调整、装修和设备标准提高等因素造成投资突破概算时，须按规定程序报批。经批准调整概算投资的项目，要同时调整年度预算。

初步设计审批通过后，应将确立的基本建设项目纳入学校项目库，并报备财政部门、发改部门项目储备库，作为编制年度投资计划的重要依据。

3.施工图设计

采购部门应委托具有相应资质的设计单位按照批准的初步设计编制施工图设计，并根据施工图设计和已批准的施工图纸、现行预算定额、费用定额和材料、设备等资源价格，确定工程预算造价。基建部门应保持与设计单位的良好沟通，双方应根据实际情况对施工图进行优化，继而交由基本建设项目领导小组集体审核，并根据审批权限提交学校领导机构和相关政府部门进行审批。

4.预算管理

（1）年度投资计划

财政部门将满足如下条件的项目纳入年度投资计划（预算）：规划设计方案已经审定；初步设计已经批准，概算投资已确定，并已列入项目储备库；除财政预算内投资外，其他投资已经基本落实。年度投资计划应根据投资总量统筹兼顾，综合平衡，按项目进度合理安排。

（2）学校预算编制

学校须在上年1—5月编制研究需求并向项目主管部门申报、审批；经审批的项目于上年12月由财政部门下达投资计划，学校据此编制预算。学校根据项目概算、建设工期、年度投资和自筹资金计划、以前年度项目各类资金结转情况等，由基建部门配合财务部门编制项目预算，提出项目财政资金预算建议数（一上），按照规定程序经项目主管部门审核汇总报财政部门；根据财政部门下达的预算控制数（一下）编制预算草案（二上），由项目主管部门审核汇总报财政部门，经法定程序审核批复（二下）后执行。

项目资金预算应当纳入项目主管部门的部门预算或者国有资本经营预算统一管理。列入部门预算的项目，一般应当从项目库中产生。预算批复后，学校应当细化项目预算，分解项目各年度预算和财政资金预算需求。预算编审结束后，基建部门应对施工图设计和施工预算进行校对和审核，整理相关资料留存归档，以备基本建设项目具体实施时使用。

（二）工程设计与概预算管理流程及说明

1.工程设计与概预算流程（如图10-4所示）及管控节点说明（见表10-4）

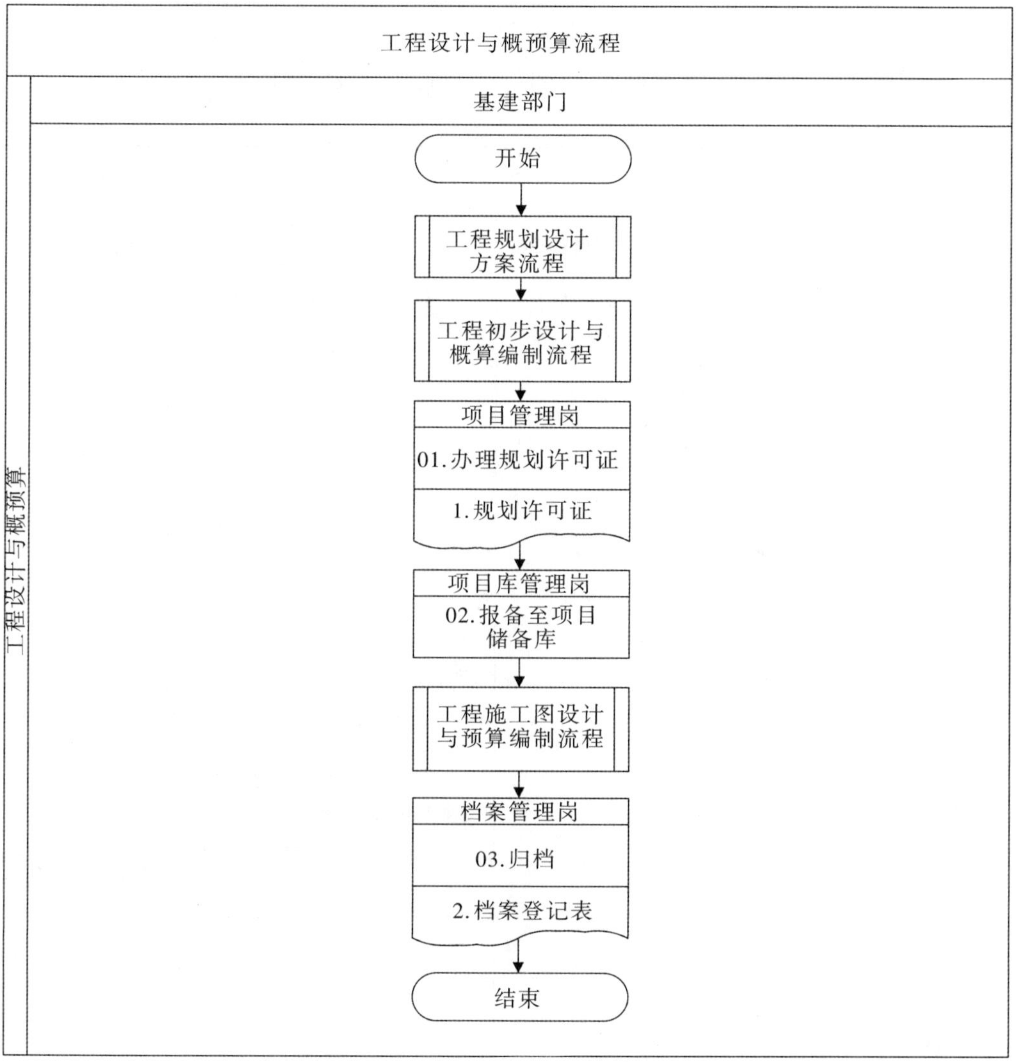

图10-4 工程设计与概预算流程

表 10-4 **工程设计与概预算流程管控节点说明**

管控节点	节点说明	输出文档
	转入工程规划设计方案流程	
	转入工程初步设计与概算编制流程	
01	基建部门项目管理岗办理规划许可证等文件	规划许可证
02	基建部门项目库管理岗将确立的基本建设项目纳入学校项目库，并报备财政部门、发改部门项目储备库，作为编制年度投资计划的重要依据	
	转入工程施工图设计与预算编制流程	
03	基建部门档案管理岗整理相关资料留存归档，以备基本建设项目的具体实施时使用	档案登记表

2.工程规划设计方案流程（如图 10-5 所示）及管控节点说明（见表 10-5）

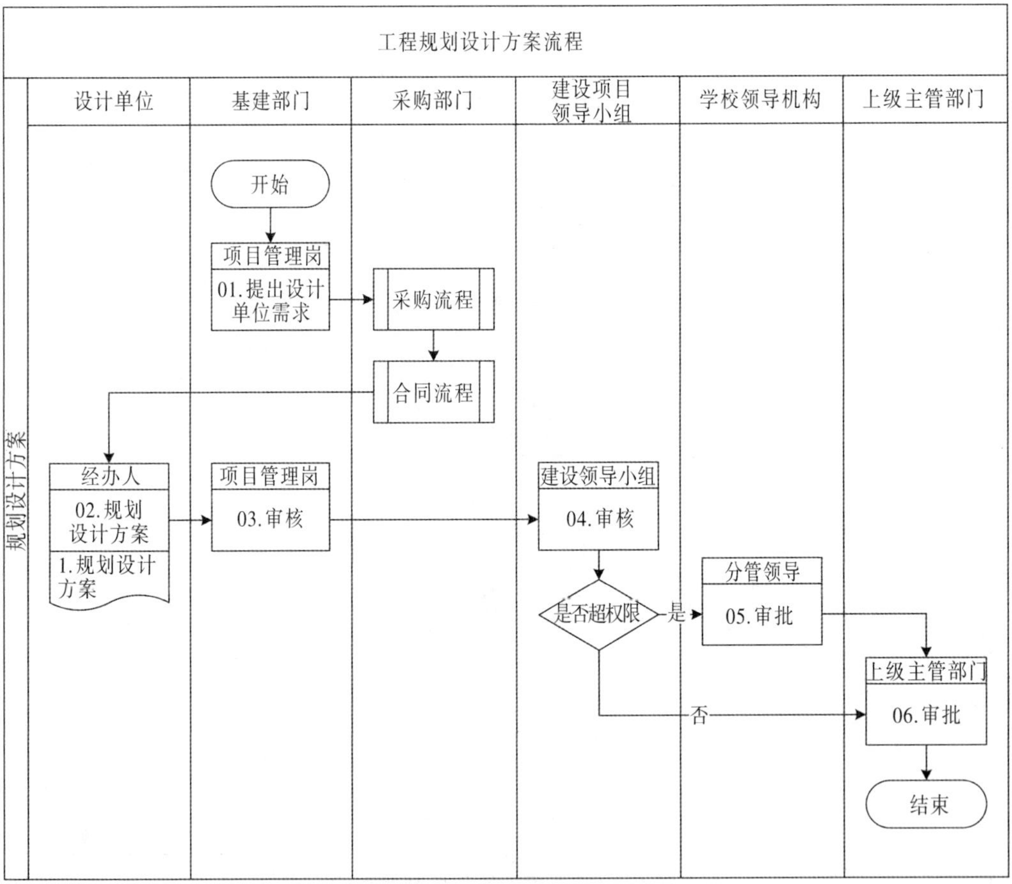

图 10-5 工程规划设计方案流程

表 10-5 **工程规划设计方案流程管控节点说明**

管控节点	节点说明	输出文档
01	基建部门项目管理岗向采购部门提出设计单位需求	
	采购工程规划设计单位，转入采购流程及合同流程	
02	设计单位经办人编制规划设计方案	规划设计方案
03	基建部门项目管理岗审核规划设计方案，提交至基本建设项目领导小组	
04	基本建设项目领导小组全体审核规划设计方案，若超权限须提交至学校分管领导	
	判断是否超越权限，若是，进入05；若否，进入06	
05	学校分管领导按权限审批规划设计方案	
06	学校提交上级主管部门审批规划设计方案	

3.工程初步设计与概算编制流程（如图10-6所示）及管控节点说明（见表10-6）

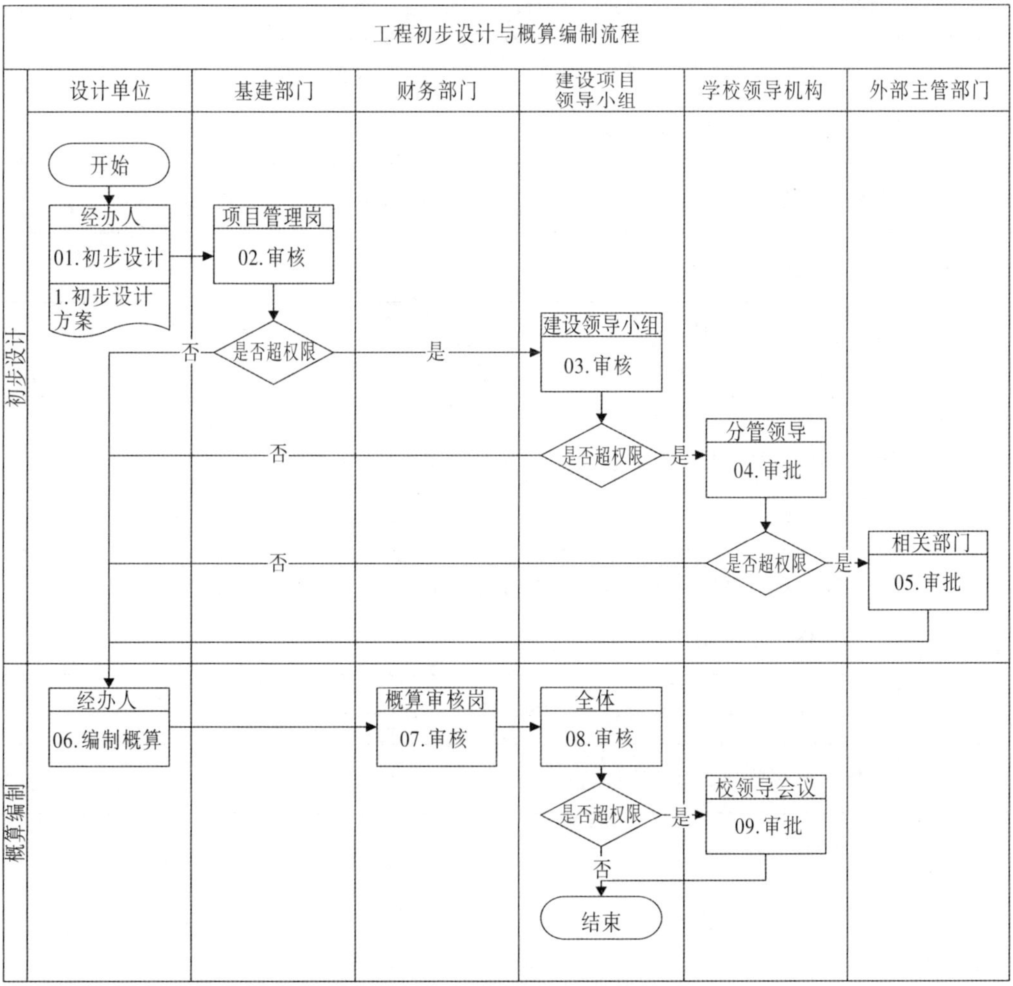

图 10-6 工程初步设计与概算编制流程

表 10-6 **工程初步设计与概算编制流程管控节点说明**

管控节点	节点说明	输出文档
01	设计单位经办人编制初步设计方案，编制后提交基建部门	初步设计方案
02	基建部门项目管理岗审核初步设计方案	
	判断是否超越权限，若是，进入03；若否，进入06	
03	基本建设项目领导小组按照权限全体审核初步设计方案，若超权限须上报学校分管领导	
	判断是否超越权限，若是，进入04；若否，进入06	
04	学校分管领导根据权限审批初步计划方案，若超权限须上报外部主管单位相关部门审批	
	判断是否超越权限，若是，进入05；若否，进入06	
05	外部相关部门审批初步设计方案	
06	初步设计方案经审批通过后，设计单位经办人编制工程概算，并提交至财务部门	
07	财务部门概算审核岗对工程概算的财务方面进行审核，并提交至基本建设项目领导小组	
08	基本建设项目领导小组对概算进行综合性审核，若超权限须上报学校分管领导审批	
	判断是否超越权限，若是，进入09；若否，结束该流程	
09	学校分管领导对工程概算进行审批	

4.工程施工图设计与预算编制流程（如图10-7所示）及管控节点说明（见表10-7）

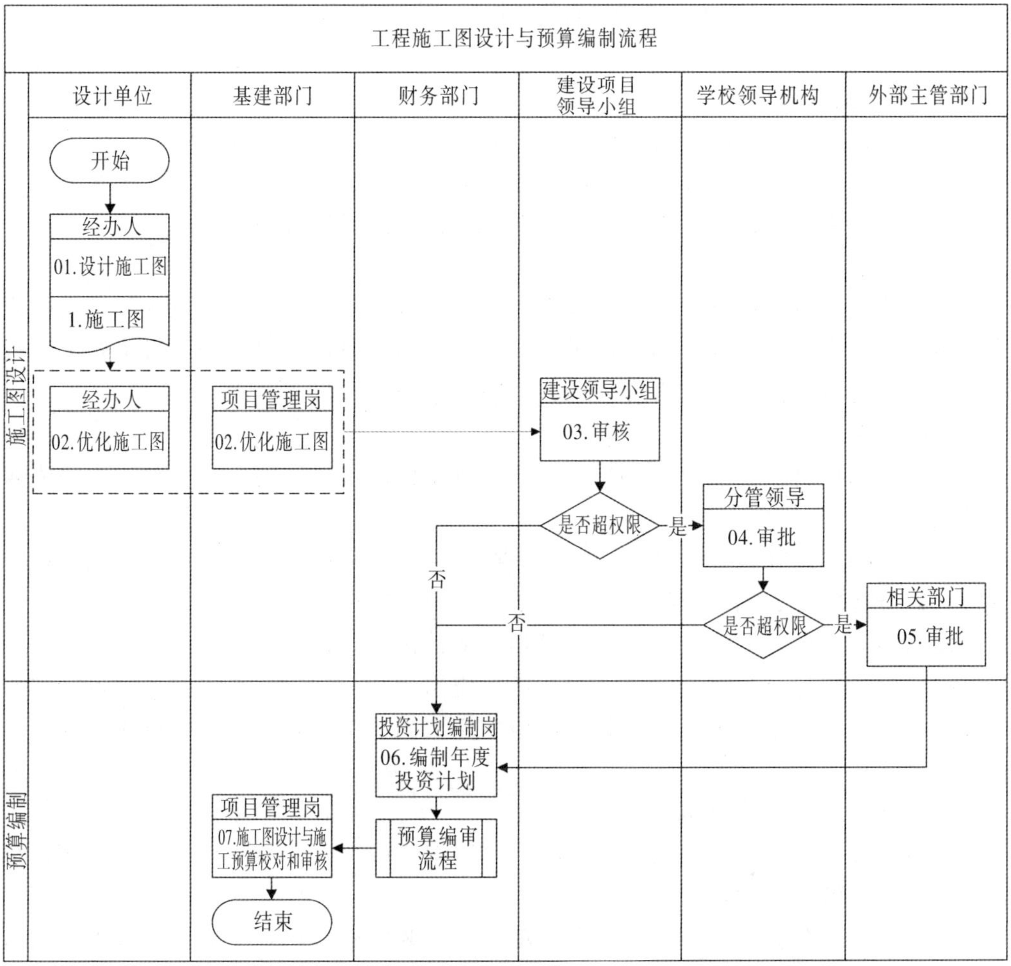

图10-7　工程施工图设计与预算编制流程图

表10-7　**工程施工图设计与预算编制流程管控节点说明**

管控节点	节点说明	输出文档
01	设计单位经办人按照初步设计进行施工图设计	施工图
02	设计单位经办人与基建部门项目管理岗沟通，共同优化施工图，并上报基本建设项目领导小组	
03	基本建设项目领导小组全体集体审核施工图，若超权限须上报学校领导机构	
	判断是否超越权限，若是，进入04；若否，进入06	
04	学校分管领导根据权限进行审批，若超权限须上报外部相关部门	
	判断是否超越权限，若是，进入05；若否，进入06	
05	外部相关部门根据权限进行审批	
06	财务部门投资计划编制岗编制基本建设项目的年度投资计划	
	转入预算编审流程	
07	基建部门项目管理岗对施工图设计和施工预算校对和审核	

五、基本建设项目招投标管理

（一）招投标管理规范

基本建设项目招投标管理主要包括招标管理及合同签订管理。学校应依法并依据可行性研究报告审批时核准的招标内容和招标方式组织招标采购，确定具有相应资质和能力的中标单位并与中标单位订立合同，严格履行合同。

1.基本建设项目招标

基本建设项目的勘察、设计，采用特定专利或者专有技术的，或者其建筑艺术造型有特殊要求的，以及采购金额小于一定额度的小修理项目，经项目主管部门批准，可以不进行招标，采用内部采购方式进行采购。

招标步骤如下：

（1）招标项目按照国家有关规定需要履行项目审批手续的，基建部门应当先履行审批手续，取得批准。

（2）采购部门在招标前期，应准备好招标文件，文件中应包括组织方式、招标方式、划分标段等，国家对招标项目的技术、标准有规定的，招标人应当在招标文件中提出相应要求，并组成招标小组对相关文件进行审议。

（3）发布招标公告或邀请函，招标活动应当公开、透明，严格按照项目特点确定投标人的资格要求；单位不具备自行招标能力的，应当委托具有相应资质的招标机构代理招标。

（4）学校对投标单位进行资格预审。

（5）学校根据招标项目的具体情况，可以组织投标人考察项目现场，以便投标人更深入地了解项目情况。

（6）投标预备会上，招标负责人对项目进行基本建设项目交底并解答投标人对基本建设项目提出的具体疑问。

（7）学校接收投标人按照招标文件的要求编制的投标文件。

（8）投标工作结束后，学校组织开标。

（9）由招标人依法组建的评标委员会，按照招标文件确定的评标标准和方法，对投标文件进行评审和比较，推荐合格的中标候选人。

（10）学校按照规定的权限和程序从中标候选人中确定中标人，向中标人发出中标通知书。

（11）学校在规定期限内与中标人订立书面合同。

2.基本建设项目合同订立

在基本建设项目管理过程中，学校须加强合同管理机制，其设计、施工、工程监理及其他采购活动要依法订立合同。合同签订前必须经由法律部门或委托专业律师进行严格审核，所签订合同应采取统一、规范的合同范本，各类合同要有明确的质量要求、履约担保和违约处罚条款。

3.明确管理责任

学校基本建设项目全体工作人员须在主管部门组织下与施工单位、监理单位等项目管理单位签订基本建设项目管理责任书和廉政责任书，做到“随做随签，及时报备；加强学习，抓好自律；加强监督，抓好他律”，明确决策程序和项目执行中的责任、权利和义务，明确防腐倡廉的要求和措施，并严格按照基本建设项目管理责任书和廉政责任书的条款对项目建设情况进行监督。

（二）工程招标流程（如图10-8所示）及管控节点说明（见表10-8）

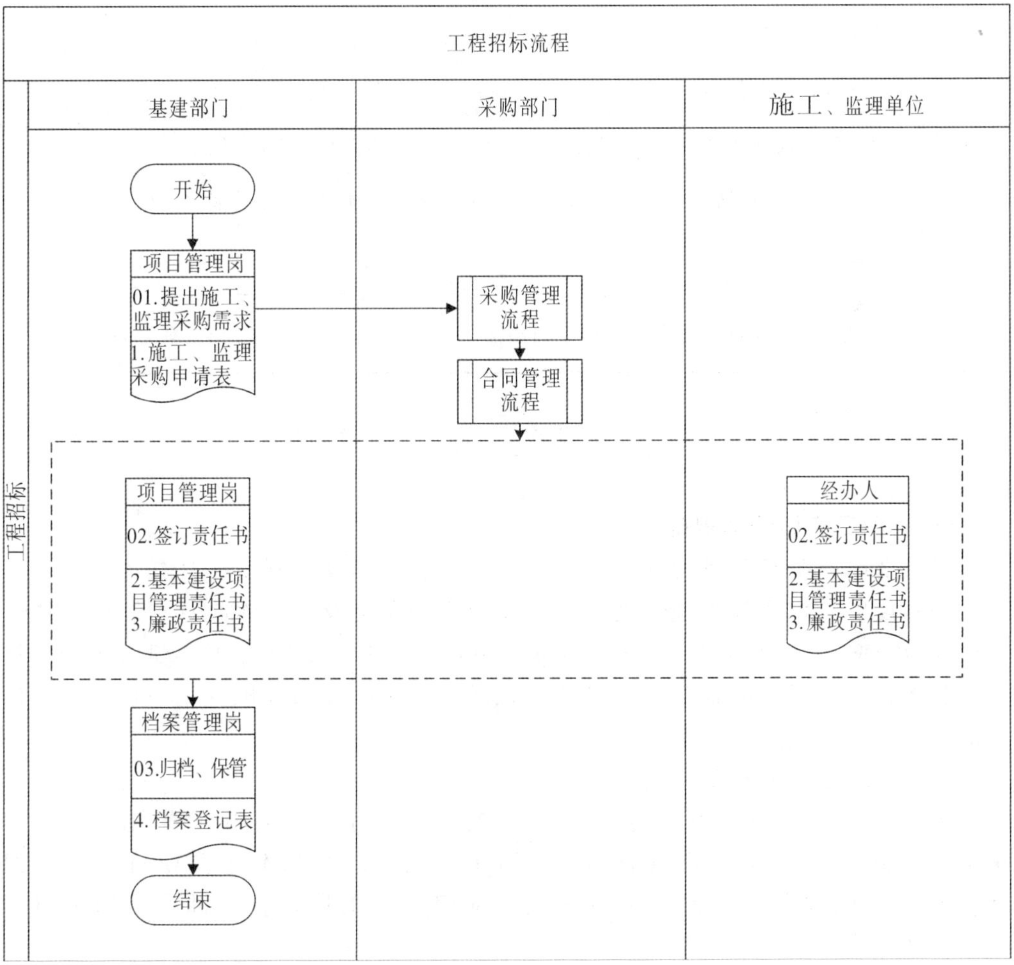

图10-8　招标管理流程图

表10-8 **招标管理流程管控节点说明**

管控节点	节点说明	输出文档
01	基建部门项目管理岗向采购部门提出项目施工、监理的采购需求	施工、监理采购申请表
	转入采购管理流程及合同管理流程	
02	基建部门项目管理岗与施工、监理单位经办人共同签订基本建设项目管理责任书和廉政责任书，明确决策程序和项目执行中的责任、权利和义务，明确防腐倡廉的要求和措施，并严格按照基本建设项目管理责任书和廉政责任书的条款对项目建设情况进行监督	基本建设项目管理责任书、 廉政责任书
03	基建部门档案管理岗将合同档案归档保管	档案登记表

六、基本建设项目实施管理

（一）项目实施管理规范

基建部门应明确项目责任人，建立健全项目实施管理制度，其具体包括：开工管理制度、具体实施管理制度、项目变更管理制度及竣工验收管理制度。项目责任人应及时向基建部门负责人报告项目建设过程中的设计变更、建设进度、概算控制等情况，必要时报基本建设项目领导小组、学校领导机构、项目主管部门审批。

1.基本建设项目开工

基建部门组织完成基本建设项目各项准备工作；具备开工条件后，由基建部门组织编制开工报告（含取得开工许可证），经基本建设项目领导小组及学校领导机构审核后，及时提交主管部门，开工报告获得批准后即可进行项目施工。

项目开工应具备下列条件：

（1）已完成项目审批手续（取得开工许可证）；

（2）已落实年度投资计划（预算）（取得预算批复表）；

（3）已完成全部施工图设计与复审；

（4）已完成施工和监理招标投标工作（已经审批通过招投标文件、签订服务采购合同）；

（5）已完成现场“三通一平”。

2.进度、质量和安全控制

工程施工前，基建部门应组织与施工单位签订安全协议书，保证施工安全；在施工过程中，基建部门要在施工过程中派专员监督，施工单位须提交基本建设项目进度登记表，学校据此编制学校内部的基本建设项目台账。基建部门（项目负责人）定期监督施工单位是否将基本建设项目分包、转包情况报经学校领导机构及相关部门审核审批。

基建部门应委托具有相应资质的工程监理单位对项目建设进行工程监理。在监理过程中，基建部门与监理单位共同编写工程日志，共同对项目全过程进行进度控制、质量控制和安全控制，并接受质量、安全、环保部门的监督检查，督促施工单位对监督检查发现的问题及时进行整改。

3.基本建设项目变更

项目实施过程中若因规模发生变化、使用功能调整、装修和设备标准提高等原因导致基本建设项目发生变更的，由申请单位（施工单位、基建部门、需求部门）提出变更后编制基本建设项目变更申请书，施工单位、监理单位以及基建部门进行洽商，出具基本建设项目洽商单，必要时重新进行可行性研究及项目设计；基本建设项目领导小组对基本建设项目洽商单及相关变更文件进行审核，并交由学校领导机构进行变更审批。金额在一定额度以下的变更可直接处理；金额超过额度的，由分管业务校领导审批或由分管业务校领导决定审批程序并上报基本建设项目领导小组、校长办公会、党委常委会（党委会）。

确需调整的项目，项目建设单位应当按照规定程序报项目主管部门审核后，向发改部门与财政部门申请调整投资计划以及项目财政资金预算。变更审批通过后，基建部门负责及时通知施工单位与监理单位基本建设项目的变更情况。任何单位和个人不得违反基本建设项目程序，随意修改设计、改变标准或者调整工程量，严禁将项目变更化整为零、分次变更、逃避监督。

（二）项目实施管理流程及说明

1.工程施工流程（如图10-9所示）及管控节点说明（见表10-9）

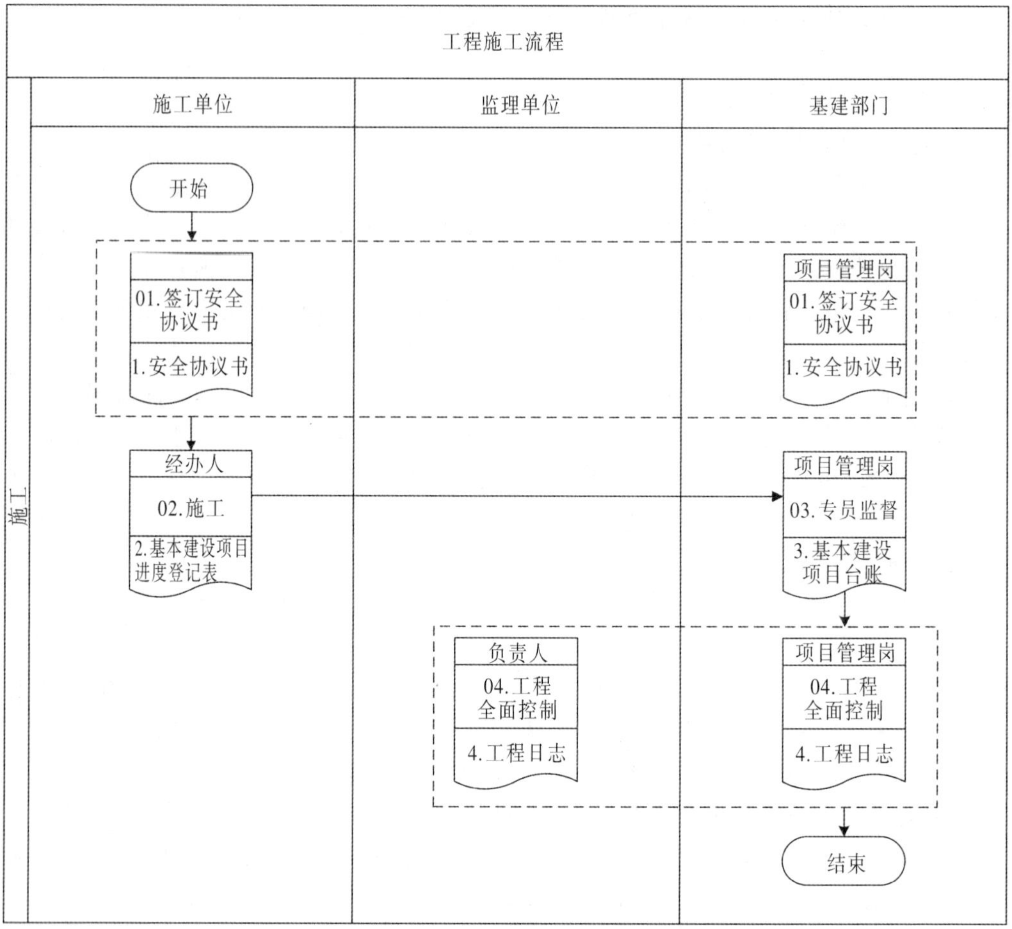

图 10-9 工程施工流程

表 10-9 工程施工流程管控节点说明

管控节点	节点说明	输出文档
01	施工单位与基建部门共同签订安全协议书，保证施工安全	安全协议书
02	施工单位正式施工，施工单位提交基本建设项目进度登记表	基本建设项目进度登记表
03	施工过程中基建部门项目管理岗进行专员监督，基建部门据此编制学校内部的基本建设项目台账	基本建设项目台账
04	在监理过程中，基建部门与监理单位共同编写工程日志，共同对项目全过程进行进度控制、质量控制和安全控制	工程日志

2.工程变更流程（如图10-10所示）及管控节点说明（见表10-10）

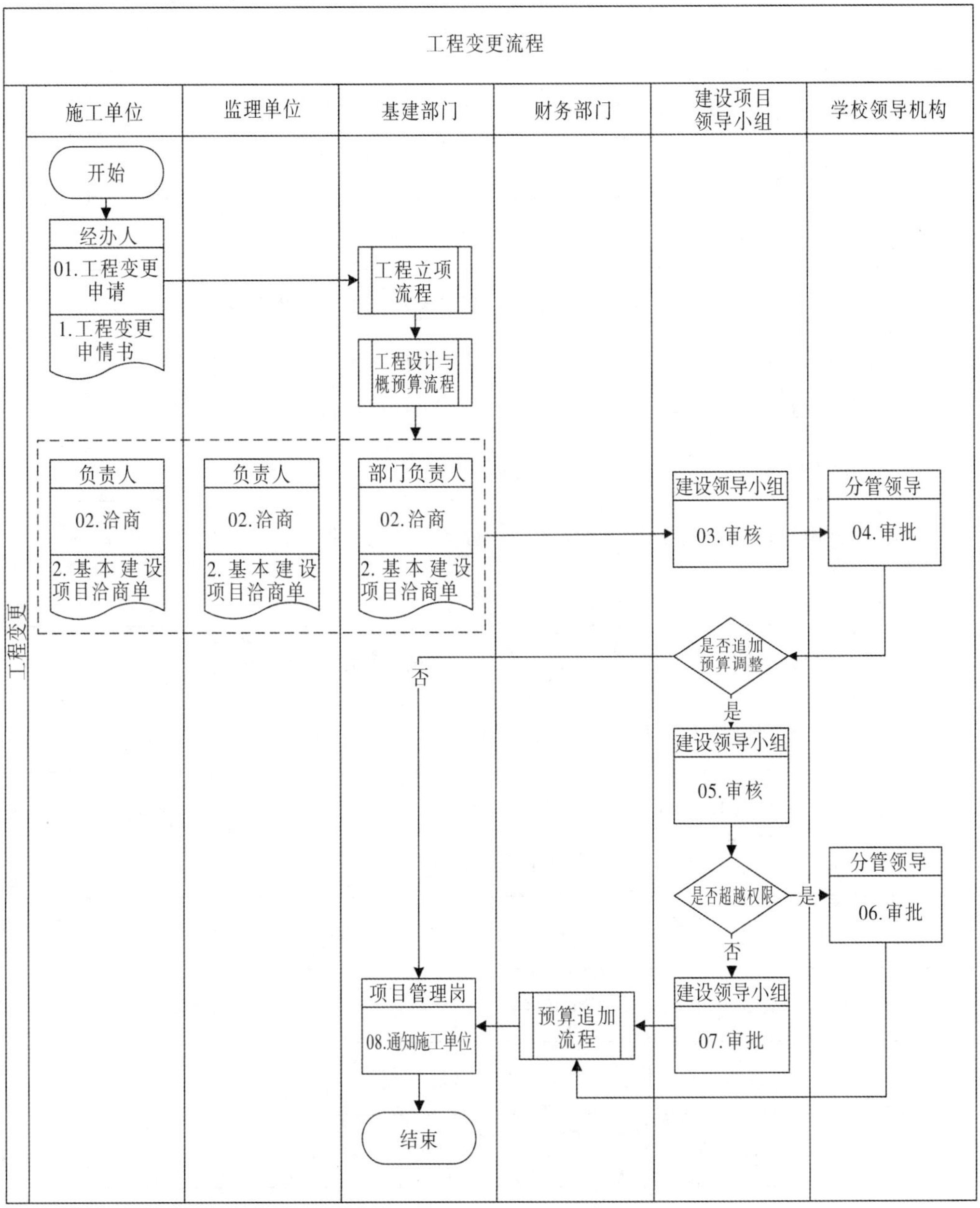

图10-10　工程变更流程

表 10-10　**工程变更流程管控节点说明**

管控节点	节点说明	输出文档
01	施工单位经办人及时提出工程变更申请，不得违反基本建设项目程序，随意修改设计、改变标准或者调整工程量	工程变更申请书
	执行工程立项、工程设计与概预算流程	
02	基建部门负责人与施工、监理单位负责人对变更情况进行充分讨论，相关意见整理形成基本建设项目洽商单，必要时重新进行可行性研究及项目设计，并报基本建设项目领导小组审核	基本建设项目洽商单
03	基本建设项目领导小组集体严格执行变更审核，报学校分管领导审批	
04	学校分管领导召开工作例会讨论审核后，按照权限进行审批	
	判断是否追加预算调整，若是，进入 05；若否，进入 08	
05	对需要调整预算的项目，基本建设项目领导小组严格执行对预算调整的审核，若超权限须上报学校分管领导	
	判断是否超越权限，若是，进入 06；若否，进入 07	
06	学校分管领导按照权限进行审批	
07	基本建设项目领导小组按照权限进行审批	
	转入预算追加流程	
08	基建部门项目管理岗对批准的项目变更，及时通知施工单位、监理单位以及其他相关部门	

七、基本建设项目资金支付和竣工验收管理

（一）资金支付和竣工验收管理规范

1.资金支付管理

（1）资金支出范围

财务部门统一负责基建财务管理工作，应指定专人（基建财务岗）负责基本建设项目财务工作，严格按照批准的概预算建设内容，做好账务设置和账务管理，建立健全内部审批程序，严格按照财政管理的有关规定使用工程基本建设项目财政资金，专账管理、专款专用。

基本建设项目款项支出主要包括：建设安装工程投资支出、设备投资支出、待摊投资支出和其他投资支出。其中待摊投资支出包括管理费、可行性研究报告编制费、勘察费、设计费、监理费等支出，管理费支出包括职工工资、社会保险费、办公费、差旅费、劳动保护费、技术图书资料费、印花税、业务招待费、施工现场津贴、竣工验收费和其他管理性质开支。

（2）项目管理费支付审批管理

学校对项目管理费所涉及支出事项实行分类管控，严格按照国家及学校关于开支范围、开支标准、事前申请及报销审核审批权限、相关单据要求使用相关资金。对于基本建设项目涉及的具有外部或者内部标准的管理费用（如职工工资、社保、差旅费、施工津贴、伙食费、加班费等），由基建财务岗、基建部门负责人、财务部门审核，由审计部门审计，经分管财务校领导审批通过后，交财务部门付款。

（3）工程款支付审批管理

①预付款支付管理

开工报告审核通过后，施工单位按照合同规定提出预付款申请，填写工程预付款支付申请表，随附合同、履约保函、预付款保函、施工进度计划、资金使用计划；监理单位根据施工合同进行审核，签发工程预付款支付证书，提交工程造价机构进行审核；审核通过后，基建部门填写工程基本建设项目付款审批表，报基建财务岗、基建部门负责人审核后，提交财务部门；基建处填写大额付款审批单，报财务部门负责人、分管财务领导、审计部门审核，经学校领导机构审批后，资金支付岗按照国库集中支付制度有关规定和合同约定，综合考虑项目财政资金预算、建设进度等因素执行。

②进度款支付管理

施工单位根据合同约定和项目实际进度（工程基本建设项目进度登记表）提出付款申请，填写工程款支付申请表，附工程款计量支付报表，经由监理单位审核、填写工程款支付证书后，提交工程造价机构进行审核；审核通过后，

基建部门填写工程基本建设项目付款审批表，报基建财务岗、基建部门负责人审核后，提交财务部门；财务部门填写付款审批单，报财务部门负责人、分管财务领导、审计部门审核，经学校领导机构审批后，资金支付岗按照国库集中支付制度有关规定和合同约定，综合考虑项目财政资金预算、建设进度等因素执行。同时，财务部门预算管理岗要对工程价款结算过程进行跟踪管理，采用技术手段定期分析预算控制状态，严格资金支付手段，督促工程及时结算。

③工程质量保证金返还

当竣工决算后，支付工程竣工进度款时，基建部门应保留5%左右的工程质量保证（保修）金，待工程交付使用质保期（一般为1年）到期后清算。工程质量保证金返还应满足以下条件：（1）基本建设项目已通过验收，并与施工单位签订工程质量保修书；（2）施工单位已按照合同要求履行应尽义务；（3）施工单位相关资料已通过基建部门审核验收；（4）缺陷责任期限已满。申请返还时，施工单位填写工程质量保证金返还支付申请表和校内使用部门回访单，将工程质量保证金返还支付证书提交基建部门和工程造价机构进行审核；审核通过后，财务部门按照工程款支付审批管理，按照国库集中支付制度办理付款手续。

财务部门按照收支业务具体规定进行工程款结算审批支付，及时进行账务处理；财务部门对工程竣工价款结算环节相关文件材料进行收集、整理、归档。

2.竣工验收管理

施工单位施工完成，并按合同规定达到竣工验收条件后，由施工单位按照合同要求进行初步自检；自检合格后，施工单位向监理机构提交工程竣工报验单以及基本建设项目竣工图，监理机构对其完成工程进行全面检查；经监理机构审核通过的，监理机构签署工程竣工报验单，并上报学校基建部门进行验收。

学校基建部门组织设计、施工、监理单位以及工程质量监督部门等对工程进行验收，分别汇报合同履行情况和建设各环节执行法规、标准的情况；同时对基本建设项目进行实地检查，必要时征求验收组专家意见。外部审核通过后，对该项目是否符合规划设计要求以及建筑施工和设备安装质量进行全面检验，验收结果经相关部门主管上会审核后，提交学校领导机构审批。另外，学校应根据项目需要，组织环保、消防、人防、规划等相关监督部门进行验收或检测并出具验评报告，提交项目主管部门审批。工程验收合格后，建设单位组织编制竣工验收鉴定书，并由施工、监理、建设单位共同签署。

项目验收后，基建部门根据项目验收情况填写项目进度登记表，对基本建设项目进行跟踪管理，同时对验收环节相关文件材料进行收集、整理、归档。

（二）资金支付和竣工验收管理流程及说明

1.预付款支付流程（如图10-11所示）及管控节点说明（见表10-11）

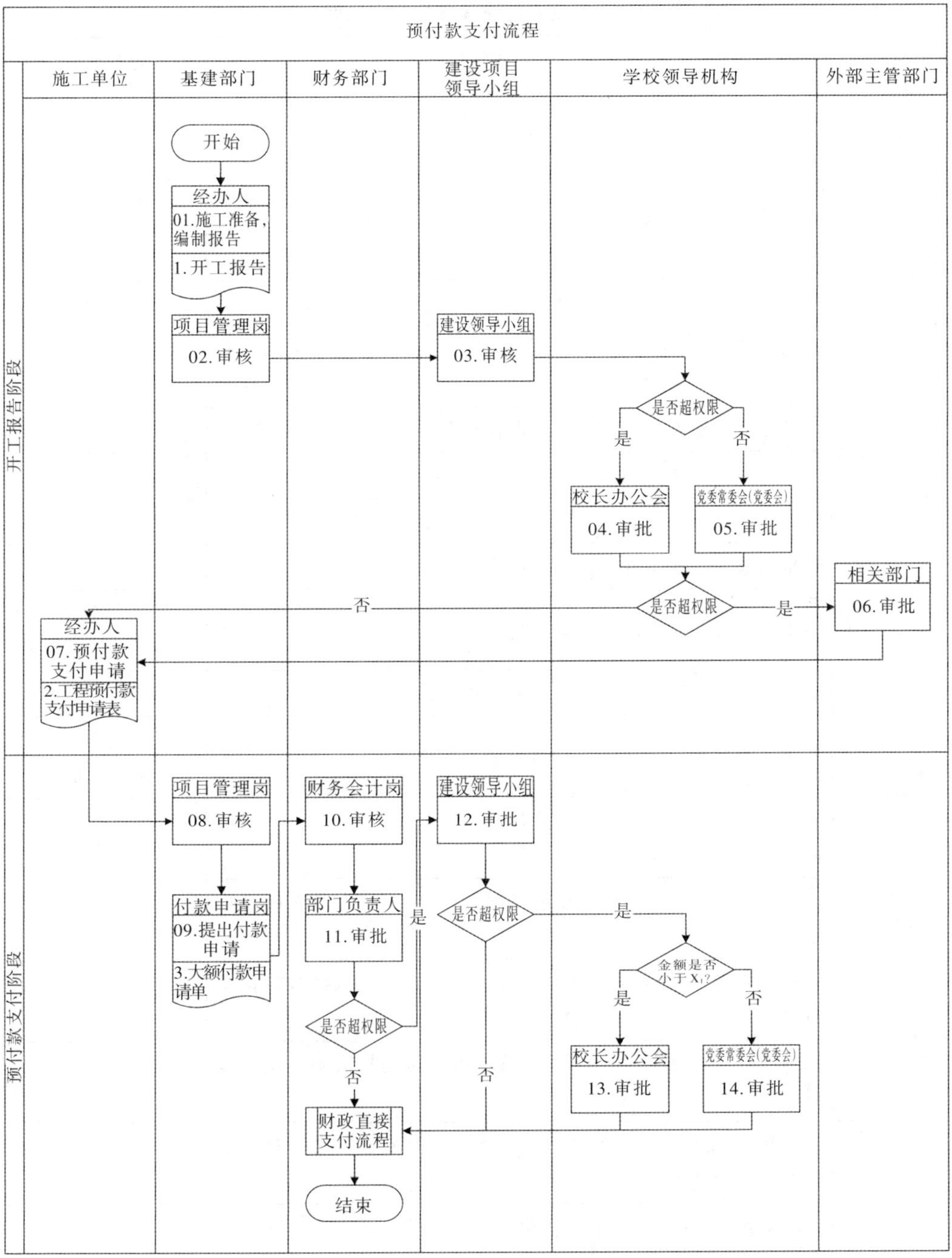

图 10-11　预付款支付流程

表10-11 **预付款支付流程管控节点说明**

管控节点	节点说明	输出文档
01	基建部门经办人组织完成基本建设项目各项准备工作；具备开工条件后，由基本建设项目归口管理部门组织编制开工报告（含取得开工许可证）	开工报告
02	基建部门项目管理岗审核开工报告，并提交至基本建设项目领导小组	
03	基本建设项目领导小组集体审核，并上报学校领导机构	
	判断是否超过权限（金额是否小于X_1），若是，进入04；若否，进入05	
04	金额在一定额度（X_1）以下的由校长办公会审批	
05	金额在X_1以上的由党委常委会（党委会）审批	
	判断是否超越权限，若是，进入06；若否，进入07	
06	若超越权限，提交外部主管部门审批开工报告	
07	施工单位经办人提出预付款支付申请	工程预付款支付申请表
08	基建部门项目管理岗审核预付款支付申请表	
09	基建部门付款申请岗提出付款申请，提交财务部门	工程基本建设项目大额付款申请单
10	财务部门财务会计岗审核，判断是否满足付款条件，审核后提交财务部门负责人	
11	财务部门负责人审批，若超权限须上报基本建设项目管理小组	
	判断是否超越权限，若是，进入12；若否，进入财政直接支付流程	
12	基本建设项目领导小组集体审核审批，若超权限须上报学校分管领导	
	判断是否超越权限，若是，进入下一级判断；若否，进入财政直接支付流程	
	判断金额是否小于X_1，若是，进入13；若否，进入14	
13	金额在X_1以下的由校长办公会审批	
14	金额在X_1以上的由党委常委会（党委会）审批	
	进入财政直接支付流程	

2.进度款支付流程（如图10-12所示）及管控节点说明（见表10-12）

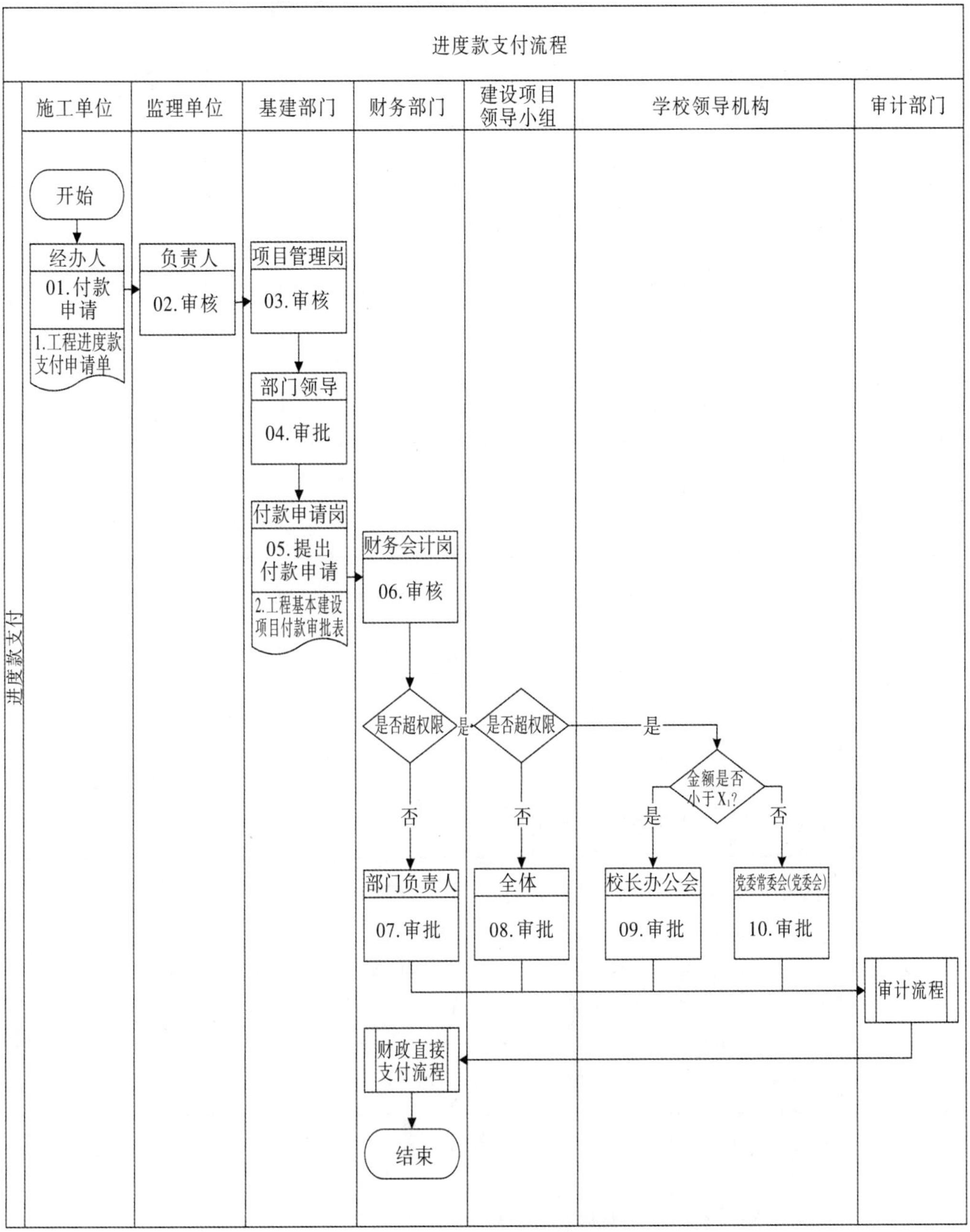

图10-12　进度款支付流程

表10-12 **进度款支付流程管控节点说明**

管控节点	节点说明	输出文档
01	施工单位经办人提出工程进度款支付申请，提交支付申请表	工程进度款支付申请表
02	监理单位负责人审核后提交学校基建部门	
03	基建部门项目管理岗对合同中涉及的工程预付款条款进行审核，判断其是否满足付款条件	
04	基建部门领导审批	
05	基建部门付款申请岗提出付款申请	工程基本建设项目付款审批表
06	财务部门财务会计岗审核，若超权限须上报基本建设项目管理小组或学校分管领导	
	判断是否超越权限，若是，进入下一级判断；若否，进入07	
07	财务部门负责人根据权限审批	
	判断是否超越权限，若是，进入下一级判断；若否，进入08	
08	基本建设项目领导小组根据权限集体审核审批	
	判断金额是否小于X_1，若是，进入09；若否，进入10	
09	金额在X_1以下的由校长办公会审批	
10	金额在X_1以上的由党委常委会（党委会）审批	
	转入审计流程和财政直接支付流程	

3.工程验收流程（如图10-13所示）及管控节点说明（见表10-13）

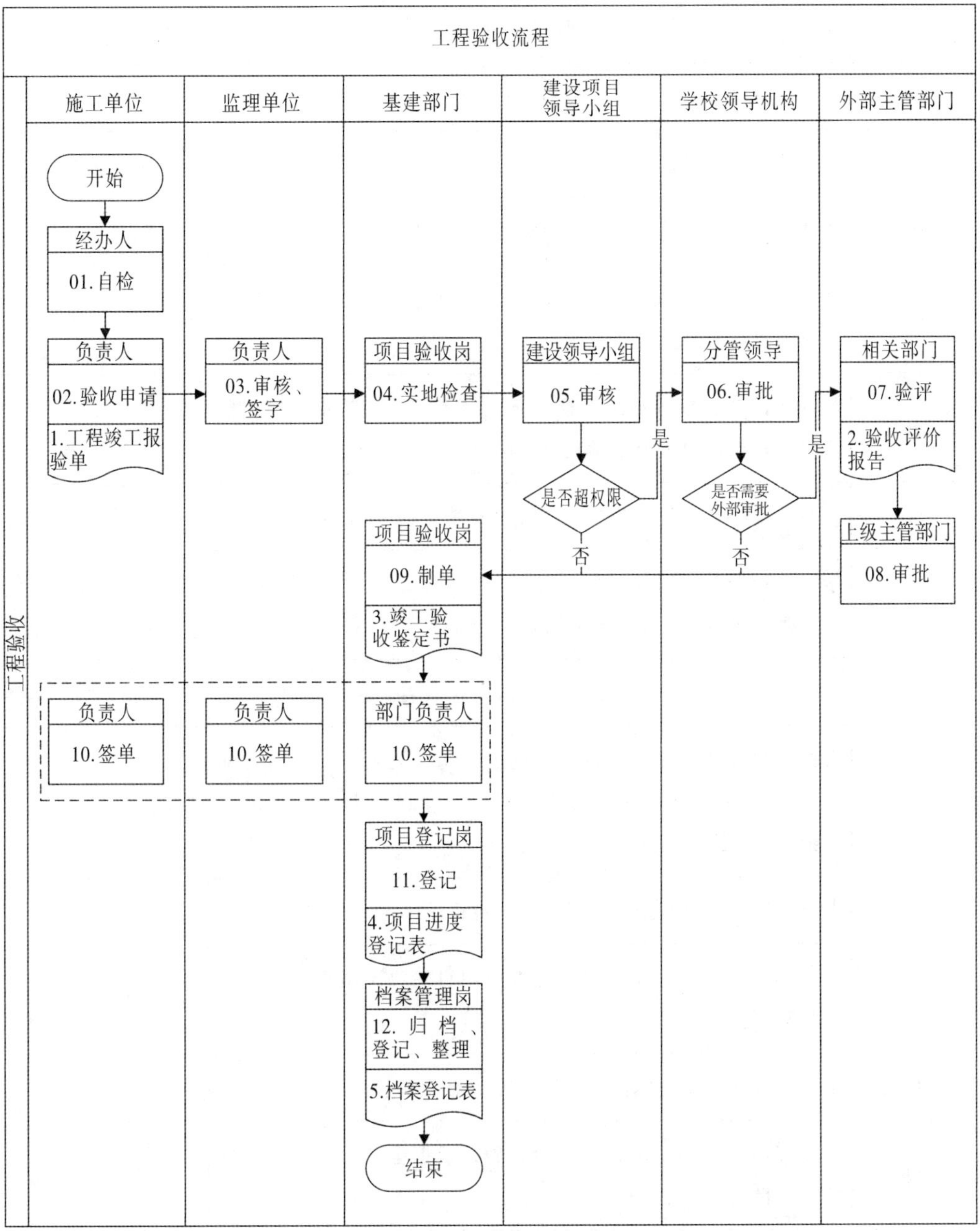

图10-13　工程验收流程

表 10-13 **工程验收流程管控节点说明**

管控节点	节点说明	输出文档
01	施工单位经办人对项目建设情况自检	
02	施工单位项目负责人提出项目验收申请	工程竣工报验单
03	监理单位负责人执行竣工验收审核，审核通过后签字	
04	基建部门项目验收岗对基本建设项目进行实地检查，必要时征求验收组专家意见	
05	基本建设项目领导小组严格执行全部工程竣工验收审核审批流程，若超权限须上报学校分管领导	
	判断是否超越权限，若是，进入06；若否，进入09	
06	学校分管领导根据权限严格执行全部工程竣工验收审批流程，若需要外部审批则报送至相关部门	
	判断是否需要外部审批，若是，进入07；若否，进入09	
07	根据项目需要，组织环保、消防、人防、规划等相关监督部门进行验收或检测并出具验评报告，并提交上级主管部门审批	验收评价报告
08	上级主管部门执行全部项目验收审批程序	
09	对全部工程验收合格后，基建部门项目验收岗组织编制竣工验收鉴定书	竣工验收鉴定书
10	施工、监理、建设单位共同签署竣工验收鉴定书	
11	基建部门项目登记岗在项目验收后，根据全部工程验收情况填写项目进度登记表	项目进度登记表
12	基建部门档案管理岗对基本建设项目档案进行归档、登记、整理	档案登记表

八、基本建设项目后续管理

（一）项目后续管理规范

1.竣工决算

在项目竣工后一定期间内，财务部门应组织完成竣工财务决算的编制工作，按照要求编入部门决算或者国有资本经营决算。其中，建设周期长、建设内容多的大型项目，单项工程竣工具备交付使用条件的，可以编报单项工程竣工财务决算，项目全部竣工后应当编报竣工财务总决算。学校领导机构应依据国家法律、法规的规定及时审核竣工决算，并报主管部门及财政部门审批。

项目竣工财务决算是正确核定项目资产价值、反映竣工项目建设成果的文件，是办理资产移交和产权登记的依据，包括竣工财务决算报表、竣工财务决算说明书以及相关材料（包括可行性研究报告、初步设计、概算调整及其批准文件；招投标文件；历年投资计划；经财政部门审核批准的项目预算；工程合同、工程结算、竣工结算审核报告等有关资料；有关的财务核算制度、规定；其他有关资料）。

2.基本建设项目审计

学校审计部门应建立竣工决算审计制度，及时组织对基本建设项目进行项目审计。未经竣工决算审计的基本建设项目，不得办理资产移交手续。学校应根据审计人员专业能力及项目性质，判断是否需要初审或直接委托具有相应资质及业绩的外部审计机构承担项目审计业务。无论是内部审计还是外部委托，项目审计报告均须上会经相关部门主管人员进行审核，并根据审批权限上报项目主管单位审批或备案。单位内部须对审计结果及时反馈，审计部门须对审计报告进行登记、归档。

3.项目绩效评价

建设工作完成后，基建部门应以学校为主体，协调监理单位、施工单位，以及主要材料和设备供应单位共同编写基本建设项目总结报告，分析建设过程中各方的成绩和问题，提出改进意见。

学校应建立项目绩效评价机制，对项目的立项决策、设计、施工、竣工验收及运营全过程进行系统回顾和综合评价，主要包括：项目建设成本、工程造价、投资控制、达产能力与设计能力差异、偿债能力、持续经营能力等实施绩效评价，根据管理需要和项目特点选用社会效益指标、财务效益指标、工程质量指标、建设工期指标、资金来源指标、资金使用指标、实际投资回收期指标、实际单位生产（营运）能力投资指标等评价指标。

基本建设项目绩效评价分为学校对项目的自我评价和委托工程咨询机构对项目的独立评价。基本建设项目领导小组或基建部门作为绩效评价主体，负责组织学校搜集相关资料，于项目决算审计后一段期间内完成项目自我评价并出具基本建设项目自我评价报告，经学校领导机构审核后向主管部门报送。

另外，学校应根据主管部门要求判断是否自行聘请外部工程咨询机构进行绩效评价。若主管部门组织进行绩效评价，建设单位须提供评价工作需要的有关项目资料，配合主管部门及有关工程咨询机构开展项目绩效评价。若主管部门不组织绩效评价，学校应自行通过服务采购选择外部工程咨询机构进行独立评价。在选择工程咨询机构时，应考虑机构的独立性，不得是该项目的项目建议书、可行性研究报告、初步设计文件的编制、审查或评估评审单位，参与绩效评价及报告编制人员不得是该项目的决策者和前期咨询、设计和评估评审者。最终，工程咨询机构形成基本建设项目绩效评价报告，提交政府主管部门审核。对于绩效评价结果，学校应及时组织分析、讨论，提出改进意见并落实整改措施。

4.项目移交与资产登记

经竣工验收，固定资产达到预定可使用状态后，交付采购部门，由采购部门安排使用。验收合格的基本建设项目，参建各方应提供相关资产清单并办理资产移交手续，移交的文件包括：（1）竣工验收报告；（2）批准的项目建议书、初步设计及概算、施工图、竣工图；（3）设备技术说明书；（4）竣工决算、竣工决算审计报告；（5）设备设施试运行报告；（6）工程质量合格文件；（7）其他有关审批、修改、调整、检验文件和各种技术资料。

基建部门应加强对资产的管理，并按照规定及时组织交接项目资产，资产管理部门登记资产台账，同时财务部门应根据批复的决算进行入账登记。

项目移交与登记应满足以下条件：项目确认达到各项设计指标；完成环境保护、安全设施、消防设施、职业病防护设施等专项验收；取得工程质量监督报告、项目完整竣工决算审计报告；项目建设档案完整、准确，并经验收合格；根据有关规定和项目类别应具备的其他条件。

基本建设项目已实际投入使用但超时限未办理竣工决算的，学校应当根据对基本建设项目的实际投资暂估入账，转作相关资产管理。

5.资料归档管理

学校应制定基本建设项目档案管理制度，建立健全基本建设项目档案，对基本建设项目档案实行集中统一管理。基本建设项目的档案归档应与项目建设同步，及时收集、整理、归档从项目筹划到竣工验收各环节的文件资料；基建部门应在竣工移交完成后一定时间内形成完整的项目档案并分别向当地城建档案馆和学校档案馆各移交一套完整档案，必要时报送项目主管部门。

（二）项目后续管理流程及说明

1.竣工决算流程（如图10-14所示）及管控节点说明（见表10-14）

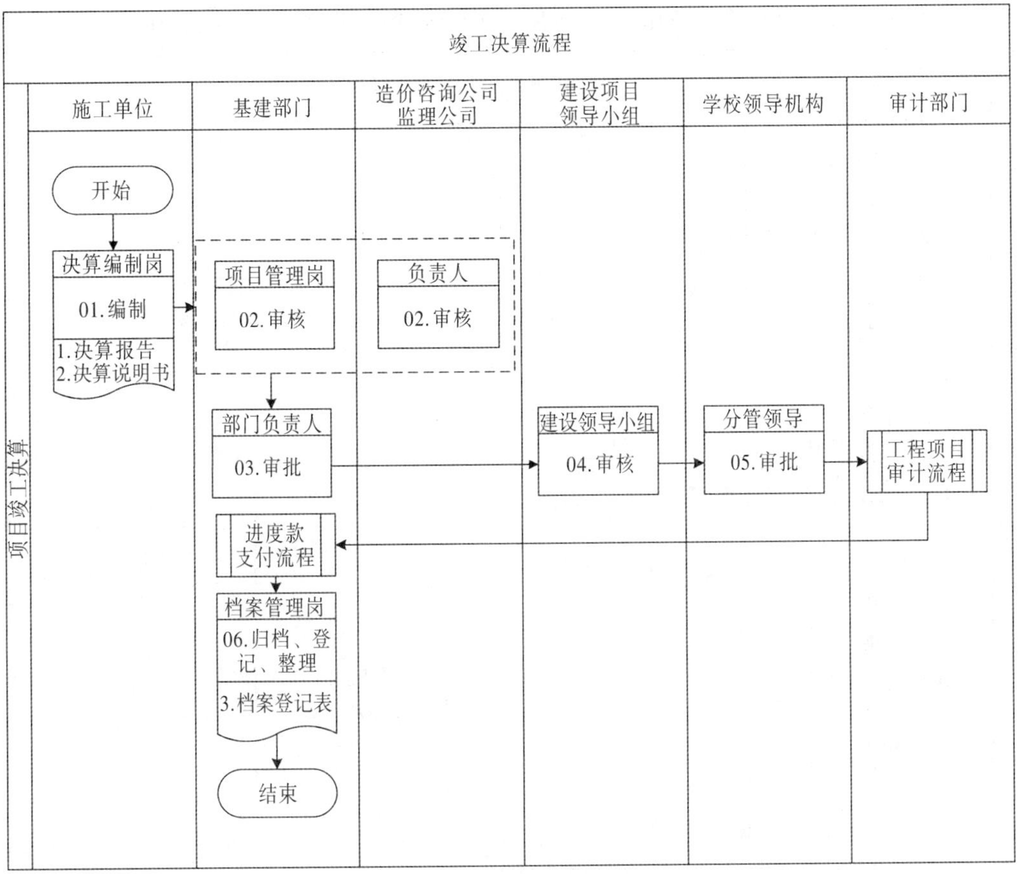

图 10-14　竣工决算流程

表 10-14

竣工决算流程管控节点说明

管控节点	节点说明	输出文档
01	在项目竣工后一段期间内，施工单位决算编制岗应组织完成竣工财务决算的编制工作	决算报告、决算说明书
02	基建部门项目管理岗会同造价咨询公司负责人和监理公司负责人对决算进行审核	
03	基建部门负责人进行审批后，提交基本建设项目领导小组审批	
04	基本建设项目领导小组审核审批后，提交学校主管领导审批	
05	学校分管领导审批后进入工程项目审计流程	
	转入工程项目审计流程	
06	基建部门档案管理岗对基本建设项目档案进行归档、登记、整理	档案登记表

2. 工程项目审计流程（如图 10-15 所示）及管控节点说明（见表 10-15）

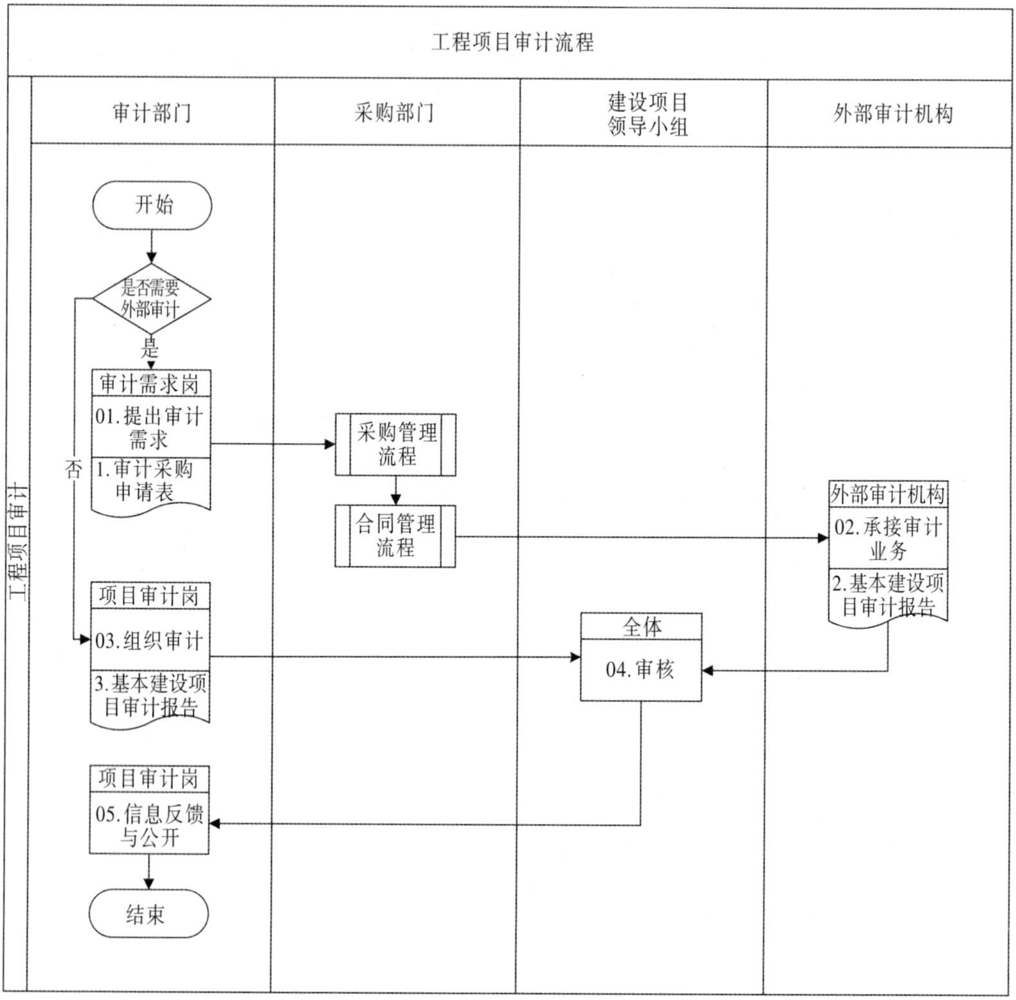

图 10-15　工程项目审计流程

表 10-15　工程项目审计流程管控节点说明

管控节点	节点说明	输出文档
01	学校若不具备进行项目审计能力，审计部门审计需求岗应提出委托工程咨询机构对项目进行项目审计，填制审计采购申请表	审计采购申请表
	进入采购管理流程及合同管理流程	
02	外部审计机构承接审计业务，编制基本建设项目审计报告	基本建设项目审计报告
03	如果学校不需要外部审计，审计部门项目审计岗应组织基本建设项目审计工作，编制基本建设项目审计报告	基本建设项目审计报告
04	基本建设项目领导小组对审计报告进行审核	
05	审计部门项目审计岗对审计报告的内容信息进行反馈与公开	

3.项目绩效评价流程（如图10-16所示）及管控节点说明（见表10-16）

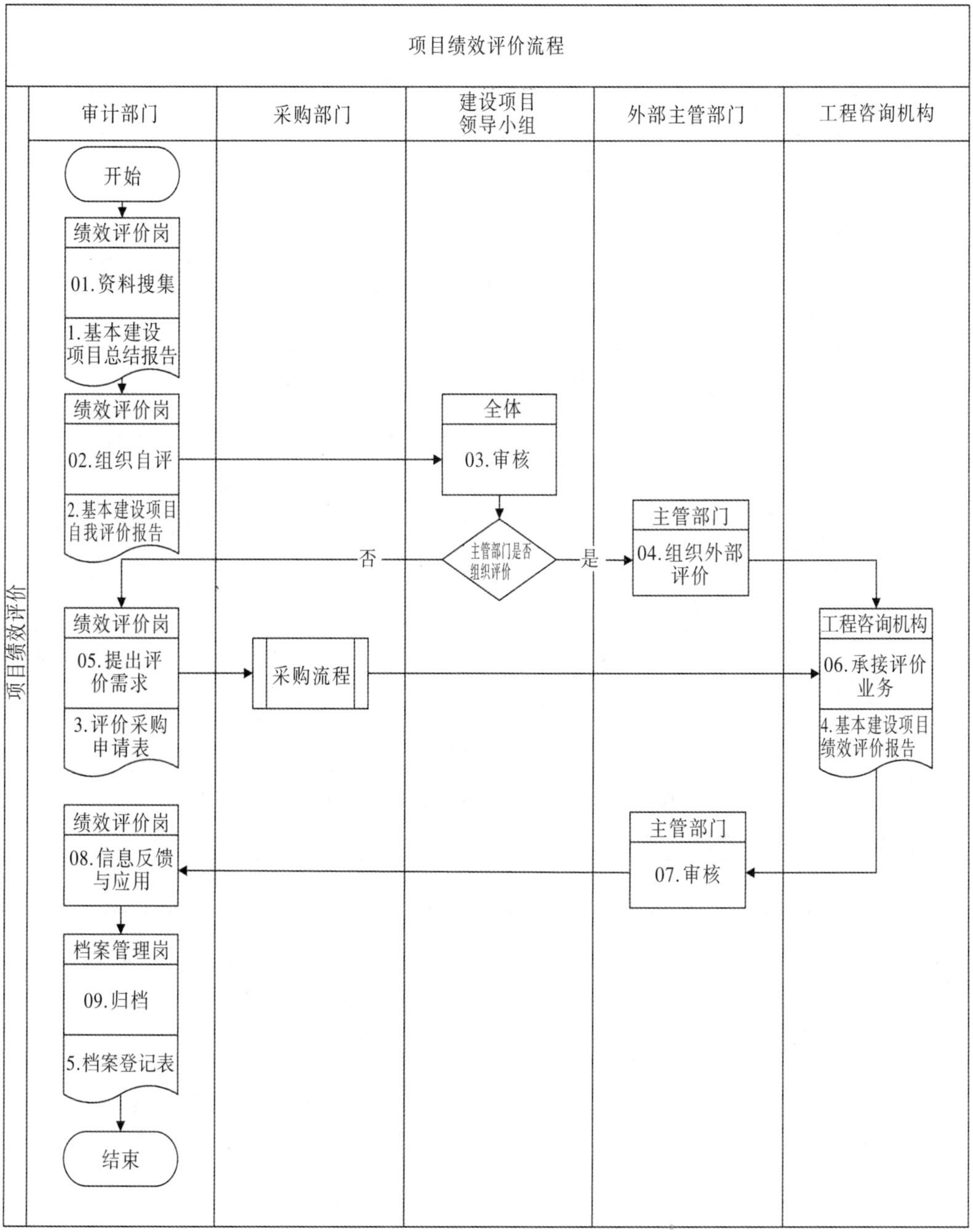

图10-16　项目绩效评价流程

表 10-16 **项目绩效评价流程管控节点说明**

管控节点	节点说明	输出文档
01	审计部门绩效评价岗组织编写基本建设项目总结报告，分析建设过程中各方的成绩和问题，提出改进意见	基本建设项目总结报告
02	绩效评价岗对项目的立项决策、设计、施工、竣工验收及运营全过程进行系统回顾和综合评价，项目决算审计后180天内完成项目自我评价并出具基本建设项目自我评价报告	基本建设项目自我评价报告
03	基本建设项目领导小组审核，若外部主管部门（教育厅）组织评价则上报上级主管部门	
	判断主管部门是否组织评价，若是，进入04；若否，进入05	
04	上级主管部门（教育厅）组织外部评价	
05	若上级主管部门未组织评价，则审计部门向采购部门提出采购服务需求	评价采购申请表
	进入采购管理流程	
06	委托外部工程咨询机构进行绩效评价，形成基本建设项目绩效评价报告	基本建设项目绩效评价报告
07	上级主管部门（教育行政部门、财政部门）审核	
08	绩效评价岗及时组织分析、讨论绩效评价结果，提出改进意见并落实整改措施	
09	档案管理岗对基本建设项目档案进行归档、登记、整理	档案登记表

第十一部分

资产管理内部控制

为了加强对高校资产内部控制管理，保证资产安全完整，提高资产利用效率，根据《中华人民共和国会计法》《中华人民共和国印章管理办法》《现金管理暂行条例》《行政单位国有资产管理暂行办法》《行政事业单位内部控制规范（试行）》等法律法规，制定本指南。

一、资产管理内部控制概述

资产是指学校占有或者使用的能以货币计量的经济资源，包括各种财产、债权和其他权利。

学校应当加强各类资产管理，全面梳理资产管理流程，及时发现资产管理中的薄弱环节，采取切实有效措施加以改进，不断提高资产管理水平。

高校资产管理内部控制的主要任务是：加强对货币资金的管理，建立健全货币资金管理岗位责任制，建立对货币资金业务的监督检查制度，定期和不定期地进行检查。加强对实物资产和无形资产的归口管理，强化对实物资产的验收入库、领用、发出、盘点、保管、处置及清查等关键环节的管控，同时做好资产的统计、报告、分析工作。加强对外投资的保值、增值及风险防范管理，确保投资行为的科学性、合理性，提高投资的经济效益。加强对专利权、商标权、著作权、土地使用权、非专利技术、商誉等无形资产的管理，防止无形资产流失。建立资产部门与财务部门、采购部门、基建部门、党政办公室等业务部门之间的协同机制，理顺资产管理业务与预算、收支、采购、合同、基本建设项目业务之间的关系，确保资产管理整体运行环节有序衔接。财务部门应切实做好购置资产的预算及处置资产的相关收入核算工作；采购部门应做好购置资产的验收管理工作；基建部门应做好工程项目验收工作，以确保资产部门及时登记资产；资产部门应配合财务部门审核投资合同的合法合规。

二、资产管理机构设置及职责分工

学校应当合理设置资产管理岗位，确保关键岗位人员合理配置，切实做到资产业务不相容岗位相互分离、制约和相互监督，切实加强资产管理的岗位管理。结合学校组织架构设置及实际业务管控需要，明确资产部门、财务部门为主要责任部门，科学设置岗位，合理划分岗位职责，并确保实现出纳与稽核，会计档案保管和收入、支出、费用、债权、债务账目登记岗相分离，相关申请的编制和审核等不相容岗位相分离。学校资产管理业务内部控制组织结构包括资产部门、资产使用部门、财务部门和审计部门。

（一）资产部门

资产部门是学校资产管理的职能部门，其主要职责为：执行国家有关资产管理法律法规、政策，制定、监督执行学校资产管理规章制度；资产清查登记、统计报告、日常监督检查，检查资产登记、分配、发放、保养情况，向学校领导报告学校资产管理工作；办理资产更新、无偿转让、出售、出租、出借、报损、报废等相关手续；负责其他与资产管理有关的工作。

（二）资产使用部门

资产使用部门是学校资产的日常保管部门，其主要职责为：设置专人保管领用的资产，保证所领用资产的安全、完整；建立资产运行管理档案，制订日常维修和修理计划，并定期检查以消除风险。

（三）财务部门

财务部门是学校资产管理的核算部门，其主要职责为：根据资产需求编报预算，根据当年资产实际增减情况编报决算；统一办理各银行账户的开立、变更、撤销手续，负责银行账户以及库存现金的使用和管理；负责财务印章的使用和保管；负责资产价值管理。

（四）审计部门

审计部门是学校整体资产业务的监督部门，其对应的主要职责为：监督各部门的资产使用申请以及使用情况；检查各不相容岗位是否严格做到人员分离。

三、货币资金管理

货币资金是指学校所拥有的现金、银行存款和其他货币资金。学校货币资金管理分为库存现金管理、银行账户管理、财务印章管理等。

（一）货币资金管理规范

1.库存现金管理

（1）现金出纳的不相容岗位

学校现金保管的责任人为出纳人员。出纳人员应与稽核岗、会计档案保管岗和收入、支出、费用、债权、债务账目登记岗相分离，确需出纳人员办理上述工作的，可指定其他人员定期进行复审和监督。学校应当设置现金日记账，由出纳人员根据收付款凭证，按照业务发生顺序逐笔登记。每日终了，出纳人员应当计算当日的现金收入合计数、现金支出合计数和结余数，并将结余数与实际库存数核对，做到账款相符。

（2）现金限额的管理

超过限额的现金应由出纳人员送存银行。经核定的库存现金限额，学校必须严格遵守。需要增加或减少库存现金限额的，应当向开户银行提出申请，由开户银行核定。

月底出纳人员要对库存现金进行盘点，财务部门会计岗进行监盘，并编制现金盘点表，盘盈盘亏出纳人员均须查明其产生的原因，并给出处理建议。财务部门会计岗审核盘点差异报告，上报至财务部门负责人进行审批，进行账务处理。在盘点结束后，会计档案管理岗进行归档保存，以供审计备查。

（3）库存现金的清查盘点

学校应建立现金清查制度，定期和不定期对库存现金情况进行清查盘点，重点盘点项目如下：①账款是否相符。学校出纳人员每日和每月终了对现金的盘点，根据现金日记账的合计数，结出库存现金余额，并与库存现金实有数核对，做到账款相符。财务部门负责人应随机抽查盘点库存现金实际数和日记账，加强监督。若发现账款不符，应及时查明原因，并做相应处理。若是由一般工作失误造成的，可由学校相关负责人按照规定作出处理；若属于违法行为，应依法移交相关部门处理。②有无白条抵库。学校会计人员在支出现金时必须以发票、收据等正规的付款凭证为依据，不能用欠条或收条来顶替库存现金。尤其在会计人员进行工作交接时，必须要按照相应的规定和程序办理交接工作，按移交清册进行交接，坚决杜绝白条抵库现象。③有无私借挪用公款。学校工作人员如因工作需要借用现金的，应填写借款单，经其所在部门负责人和财务部门负责人审批后方能支取，且借出现金必须在规定时间内送还。④有无账外资金。学校会计人员应当定期对本校的实物资料、收入、支出、银行对账单、银行账户、往来账等进行核对，避免以存货溢余、虚假应付账款、隐瞒账户等形态存在的账外资产。

2.银行账户管理

学校银行账户包括基本账户、零余额账户及其他专用账户。学校银行账户管理过程包括开立、变更和撤销银行账户。

（1）银行账户开立程序

学校银行账户开立由财务部门根据学校银行账户历史情况及有关基本户开户的相关规定提出开户申请，填写开立银行账户申请报告、开立银行账户申请表。开立银行账户申请报告应详细说明本校的基本情况和申请开户的理由，包括新开账户的名称、用途、使用范围，开户依据或开户理由，相关证明材料清单及其他需要说明的情况等。由财务部门负责人、学校分管领导对开户申请进行审核，主要审核开户申请的要件是否齐全，包括账户的名称、用途、使用范围，开户依据或理由，相关证明材料清单及其他需要说明的情况等。审核通过后报财政部门，财政部门对报送的开户申请进行合规性审核，对同意开设的银行账户签发开立银行账户批复书。学校财务部门经办人持财政部门签发的开立银行账户批复书，按照中国人民银行账户管理的有关规定，到相关银行办理开户手续。开户成功后，由财务部门经办人填写统一规定的银行账户备案表并附光盘，到相应批准开户的财政部门和各级主管单位备案。

（2）银行账户变更程序

学校应当根据银行账户变更类型执行相应的变更程序：①主管单位发生变更的，应在变更后3个工作日内填制学校主管单位变更登记表，报相应财政部门和各级主管单位备案；②需要延长账户使用期的，应提前提出申请并分别报财务部门负责人、学校分管领导审核，审核通过后报相应财政部门审批。审批期间，按原账户使用期执行。因特殊需要变更开户银行的，应按规定将原账户撤销，按银行账户开立的相关规定重新办理开户，并进行备案，将原账户的资金余额（包括存款利息）如数转入新开账户。

（3）银行账户撤销程序

学校因银行账户使用期满、机构改革、开立1年内没有发生资金往来业务等原因确需撤销银行账户的，由财务部门提出撤销申请，经学校领导及财政部门审核批准后，到相关银行办理销户手续，学校财务部门进行账户登记并将撤销结果报送上级主管单位及相应批准开户的财政部门备案。学校应当按开户银行和其他金融机构的名称和存款种类，分别设置银行存款日记账，由出纳人员根据收付款凭证逐笔按顺序登记，每日终了结出余额。出纳人员不得从事银行对账单获取、银行存款余额调节表的编制等工作。

（4）银行账户对账

会计应至少每月核对一次银行存款日记账与银行对账单，编制银行存款余额调节表，确保银行存款账面余额和银行对账单余额调节相符，若银行存款账面余额和银行对账单余额调节不符，按以下办法处理：发现记账错误的，应上报财务部门负责人，查明原因后进行处理、改正；因收付款结算凭证在学校和银行之间传递需要时间，由此造成的记账时间不同，可通过银行存款余额调节表调节相符。

（5）零余额账户管理

财务部门应当加强对零余额账户的管理，建立对零余额账户支付业务的监督检查制度，明确监督检查机构或人员的职责权限，定期和不定期地进行检查。对零余额账户的管理内容主要包括：记账人员应与核对、档案保管等岗位人员严格分离，不得由一人办理零余额账户业务的全过程，确保零余额账户业务不相容岗位相分离。应健全零余额账户用款额度支出的授权批准手续，并严格执行，对过程中的审批行为严格控制，避免越权审批。每月定期核对零余额账户与银行对账单，确保二者授权支付明细一致。

（6）银行账户审核

审计部门指派专门人员，不定期审查学校银行存款余额和银行存款相关账目。具体审核内容如下：银行存款业务的原始凭证、记账凭证、结算凭证是否一致，相关凭证与银行存款日记账是否一致；银行存款业务的手续是否齐备；银行存款总账与学校相关账目、银行存款余额调节表是否一致。

3.财务印章管理

本指南所称的财务印章包括财务印鉴（由财务专用章和法人名章组成）、发票专用章、收费专用章、财务部门公章、财务工作人员个人名章。学校财务印章管理包括申请、启用、保管和使用管理。

财务印章、发票专用章、收费专用章、财务部门公章的刻制应持学校公函到公安部门指定的经批准并颁发特种行业营业执照的刻章单位刻制。因财务印鉴、发票专用章、收费专用章、财务部门公章损坏或人员变更等原因需要重新刻制的，须经财务部门负责人批准，并将原印章封存。

启用新印章（包括更换新印章）须经过学校发文报登相关部门备案后，才能启用。新印章启用以后原有印章作废，属上级单位刻制的印章，原印章应交回上级单位封存或者销毁；属自行刻制的，应移交档案室封存或者销毁。

财务印章的管理应遵循“专职专管，相互牵制，监督使用”的原则。财务印章要妥善保管，不得随意放置。财务专用章、收费专用章、发票专用章由指定的出纳人员保管，法人名章由财务部门负责人保管，财务部门公章由财务部门负责人负责保管，其他财务人员的个人名章原则上由本人保管。财务印章任何时间均不能由同一人保管；保管财务专用章、收费专用章、发票专用章的人员不得保管各类收费票据。财务部门要设立印章保管登记簿。保管印章人员因事请假，要按规定办理交接手续。印章长期转交须经财务部门负责人批准，不得随意转交他人，不得把财务印鉴转交给同一人。印章的交接必须进行登记，交接人必须签字，并注明交接时间。

收费专用章用于开具“资金往来结算票据”及“辽宁省非税收入统一收据”的业务。发票专用章用于开具各类涉税发票的业务。财务专用章、财务部门公章用于财务部门对外出具的各种文件、财务证明、财务报表等相关业务。财务人员个人名章主要用于证明个人处理的相关会计业务。

财务印章要严格按照规定的业务内容和批准程序使用。对外出具银行票据加盖财务印章的，必须以会计人员制作的记账凭证为依据。因出具各类证明，需要加盖财务专用章、财务部门公章、法人名章的，须经财务负责人批准。对外申报专项经费（含科研经费）、项目验收等，需要加盖财务印章的，须持相关职能处室出具的用印申请，经财务负责人批准后使用。出纳人员收讫款项后，方可加盖收费专用章或发票专用章。款项暂未到账需预借票据的，经办人履行借票据手续后，出纳人员方可在票据上加盖收费专用章或发票专用章。

（二）货币资金管理流程及说明

1.库存现金管理流程（如图11-1所示）及管控节点说明（见表11-1）

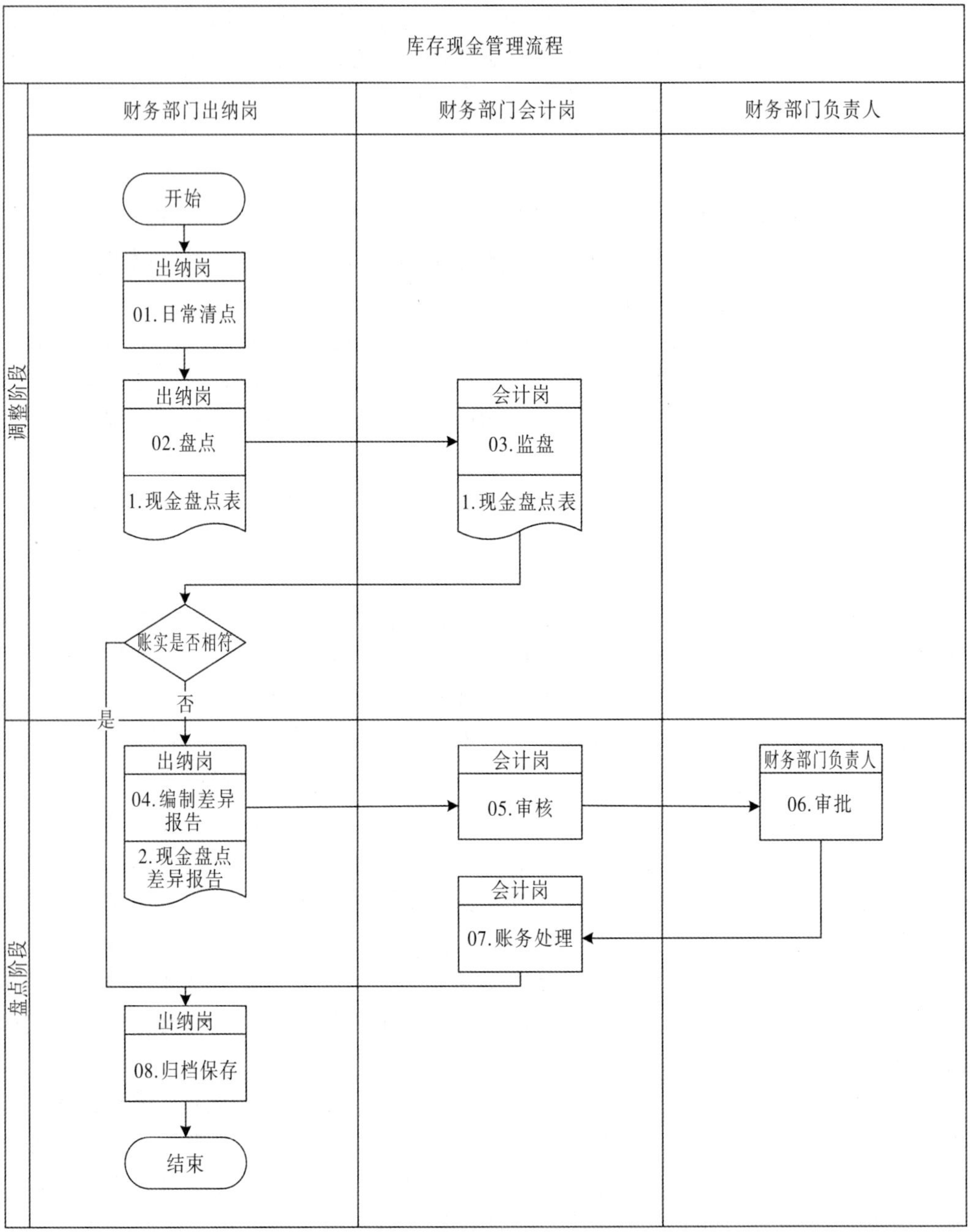

图11-1 库存现金管理流程

表11-1　**库存现金管理流程管控节点说明**

管控节点	节点说明	输出文档
01	财务部门出纳岗每天下班前对当天库存现金进行清点，根据清点结果核对库存现金日记账余额，做到账实相符	
02	财务部门出纳岗每月对库存现金进行盘点，根据盘点结果编制库存现金盘点表，在库存现金盘点表上签字	现金盘点表
03	财务部门会计岗进行监盘，主要关注现金盘点过程的规范性以及现金记录的准确性。盘点结束，会计在库存现金盘点表上签字	现金盘点表
	判断账实是否相符，若是，进入08；若否，进入04	
04	学校应建立现金清查制度,定期和不定期地对库存现金情况进行清查盘点,重点盘点项目如下：（1）账款是否相符。（2）有无白条抵库。（3）有无私借挪用公款。（4）有无账外资金。若盘点过程中发现账实不符，财务部门出纳岗应查明其产生的原因，并提交现金盘点差异报告。对于记账错误引起的差异，建议修改记账凭证或编制新的调整记账凭证；对于人为原因造成的资金损失，要追究相关责任人的责任。原则上长款归公，短款由出纳和会计查明原因，由责任人进行赔偿	现金盘点差异报告
05	财务部门会计岗对现金盘点差异报告进行审核，主要关注差异的大小、差异的原因是否正确，并签字确认	
06	财务部门负责人对盘点结果进行审批，主要关注现金盘点表、现金盘点差异报告的编写是否规范，是否有相关人员的签字确认，盘点结果是否真实、完整，盘点发现的长、短款情况是否属实，原因是否查明，处理意见是否合理	
07	财务部门会计岗根据现金盘点表、现金盘点差异报告的审批结果，需要进行账务处理的，提交会计依据会计准则及批示进行处理	
08	在盘点结束后，财务部门出纳岗对现金盘点表、现金盘点差异报告进行归档保存，以供审计备查	

2.银行账户管理流程及说明

(1)银行账户开立流程(如图11-2所示)及管控节点说明(见表11-2)

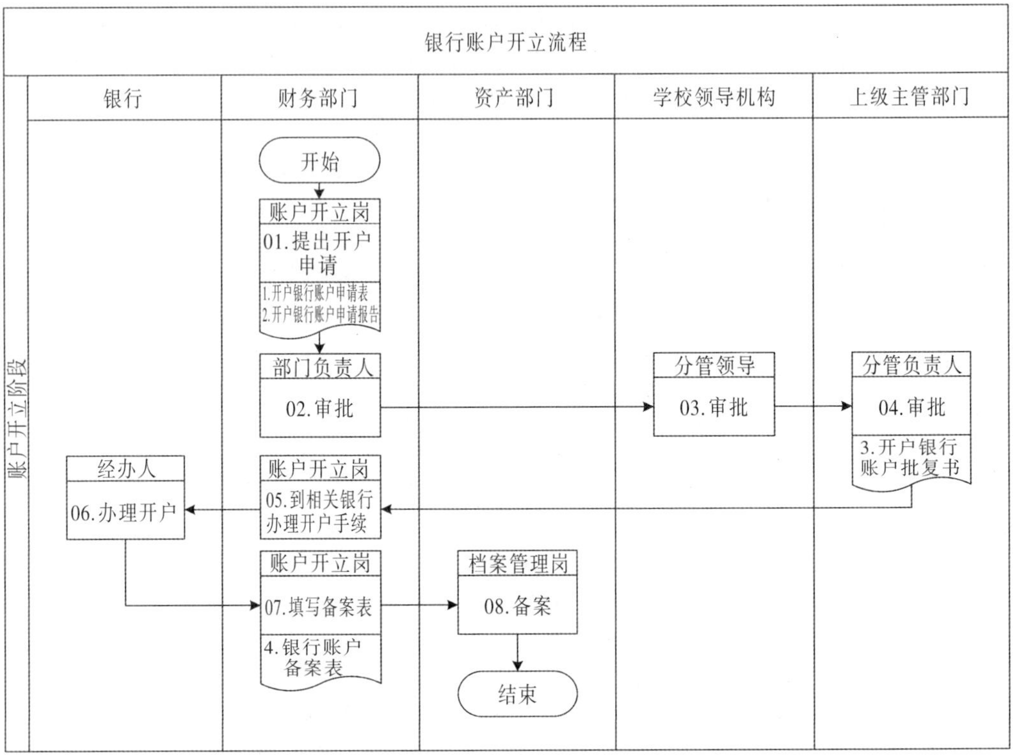

图11-2 银行账户开立流程

表11-2 **银行账户开立流程管控节点说明**

管控节点	节点说明	输出文档
01	财务部门账户开立岗提出开户申请,填写开立银行账户申请报告、开立银行账户申请表。开立银行账户申请报告应详细说明本校的基本情况和申请开户的理由,包括新开账户的名称、用途、使用范围,开户依据或开户理由,相关证明材料清单及其他需要说明的情况等	开立银行账户申请表、开立银行账户申请报告
02	财务部门负责人对开户申请进行审批,并提交至学校分管领导	
03	学校分管领导对开户申请进行审批并上报上级主管部门	
04	上级主管部门分管负责人及时对报送的开户申请进行合规性审核,对同意开设的银行账户签发开立银行账户批复书	开立银行账户批复书
05	财务部门账户开立岗持上级主管部门签发的开立银行账户批复书,按照中国人民银行账户管理的有关规定,到相关银行办理开户手续	
06	相关银行办理开户	
07	开户后,财务部门账户开立岗填写统一规定的银行账户备案表	银行账户备案表
08	资产部门档案管理岗进行备案	

（2）银行账户变更流程（如图11-3所示）及管控节点说明（见表11-3）

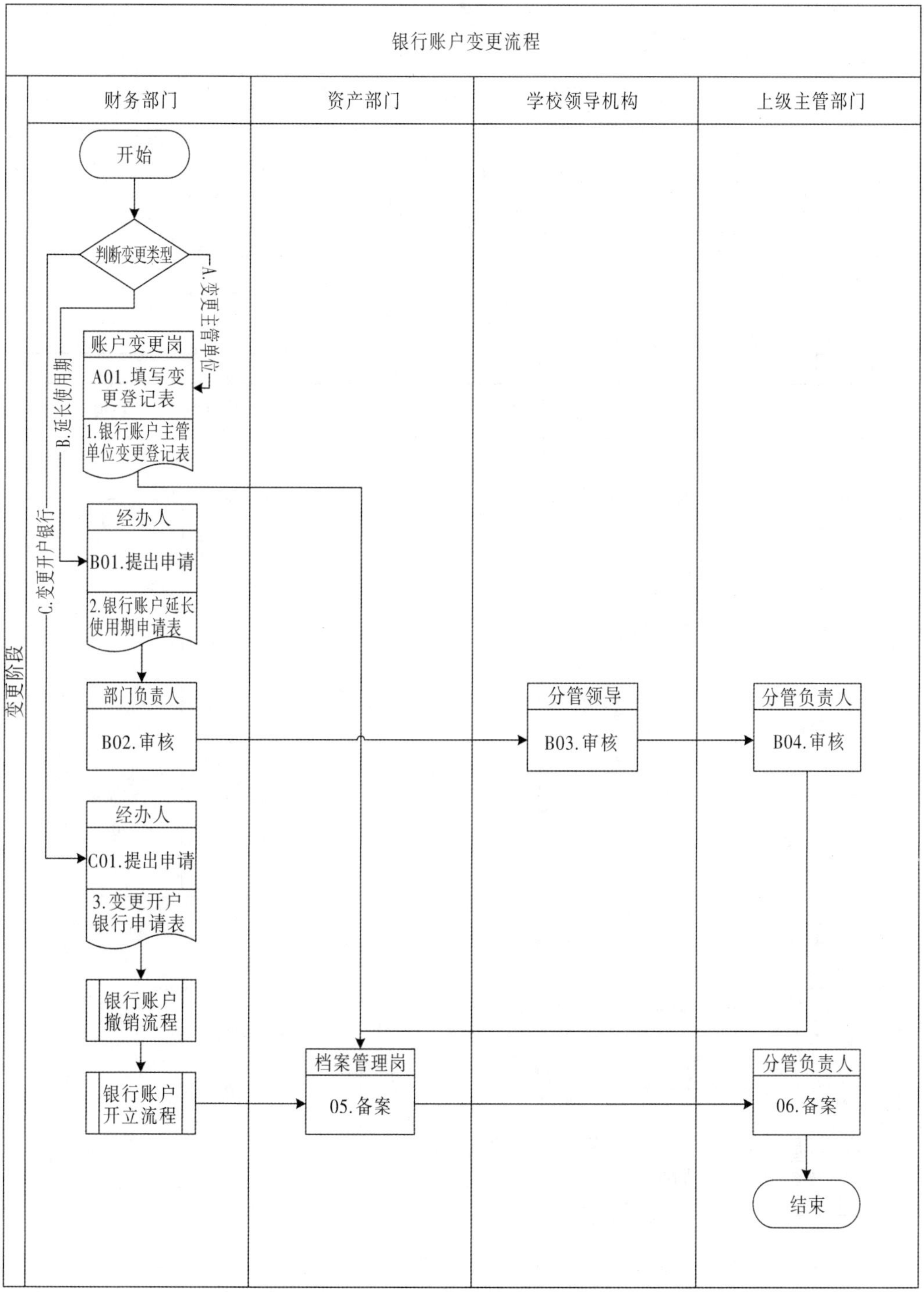

图11-3　银行账户变更流程

表 11-3 **银行账户变更流程管控节点说明**

管控节点	节点说明	输出文档
	判断银行账户信息变更类型 A.变更主管单位 B.延长使用期 C.变更开户银行	
A01	主管单位发生变更的，应在变更后填制银行账户主管单位变更登记表，附软盘报上级主管部门和各级主管单位备案	银行账户主管单位变更登记表
B01	确需延长账户使用期的，由经办人提前提出申请，填写银行账户延长使用期申请表，并由财务部门负责人审核	银行账户延长使用期申请表
C01	确需变更开户银行的，应按规定填写变更开户银行申请表，后执行银行账户撤销和开立流程的相关审批手续	变更开户银行申请表
B02	财务部门负责人对变更开户银行申请表进行审核，后报学校分管领导	
B03	学校分管领导对变更开户银行申请表进行审核，后报上级主管部门	
B04	上级主管部门分管负责人对变更开户银行申请表进行审批	
05	资产部门档案管理岗进行备案	
06	上级主管部门和各级主管单位进行备案	

（3）银行账户撤销流程（如图 11-4 所示）及管控节点说明（见表 11-4）

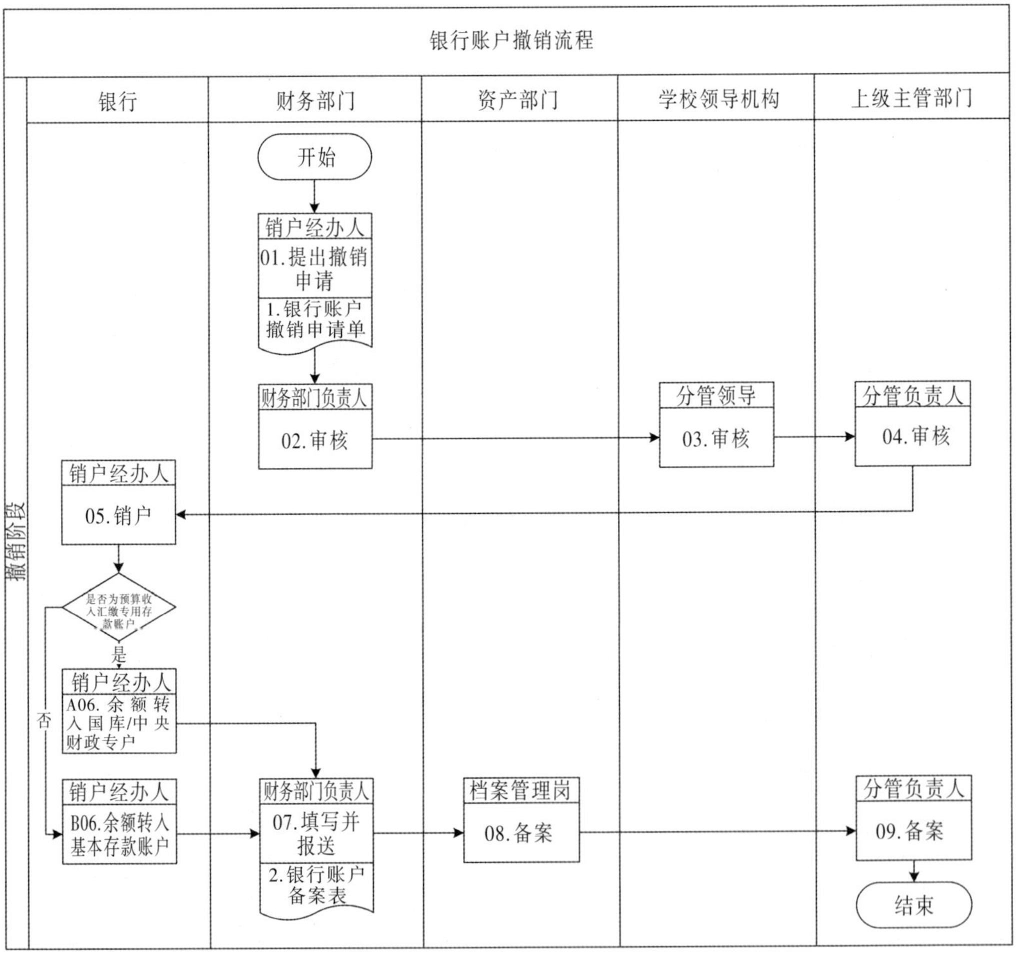

图 11-4 银行账户撤销流程

表 11-4　**银行账户撤销流程管控节点说明**

管控节点	节点说明	输出文档
01	由于银行账户使用期满或者按规定开设的银行账户，在开立后1年内没有发生资金往来业务等原因撤销银行账户时，须由财务部门销户经办人提出撤销申请，填写银行账户撤销申请单	银行账户撤销申请单
02	财务部门负责人对撤销申请进行审核，并提交至学校分管领导	
03	学校分管领导对撤销申请进行审核，并上报至上级主管部门	
04	上级主管部门分管负责人审批	
05	销户经办人到银行办理销户手续	
	判断是否为预算收入汇缴专用存款账户，若是，进入A06；若否，进入B06	
A06	学校银行账户使用期满撤户时预算收入汇缴专用存款账户的资金余额按规定转入国库或中央财政专户	
B06	其他账户资金余额转入本校基本存款账户，销户后的未了事项纳入基本存款账户核算	
07	财务部门负责人填写并报送统一规定的银行账户备案表	银行账户备案表
08	资产部门档案管理岗进行备案	
09	上级主管部门和各级主管单位进行备案	

（4）银行账户对账流程（如图11-5所示）及管控节点说明（见表11-5）

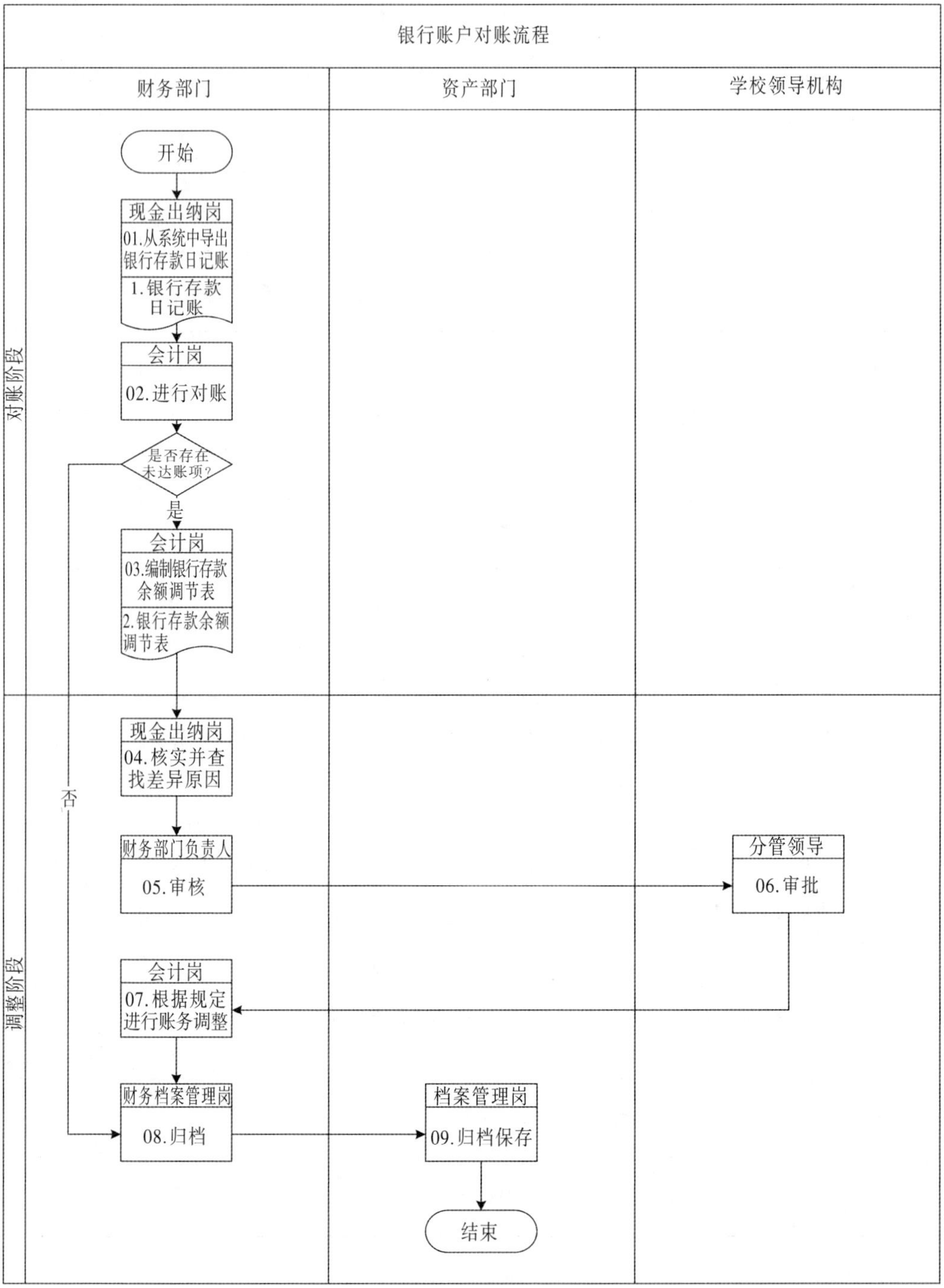

图11-5 银行账户对账流程

表 11-5　**银行账户对账流程管控节点说明**

管控节点	节点说明	输出文档
01	财务部门现金出纳岗每月从财务系统中导出财务系统内的银行存款日记账	银行存款日记账
02	财务部门会计岗将银行存款对账单与银行日记账进行逐笔核对，主要关注账户资金往来的日期、金额、票据号、用途等信息是否准确，并判断是否存在未达账项	
	判断是否存在未达账项，若是，进入03；若否，进入08	
03	对于存在未达账项或需要调整内容的账目，会计根据对账结果编制银行存款余额调节表，内容主要体现中心各账户资金状况，列出未达账项的详细内容（日期、金额、票据号、用途等），及产生原因	银行存款余额调节表
04	财务部门现金出纳岗核实及查证银行对账单、财务系统内的银行日记账未平衡的原因	
05	财务部门负责人对于未达账项及差异原因进行审核，关注未达账项的合理性，并提交至学校分管领导	
06	学校分管领导审批	
07	财务部门会计岗对于需要进行账务调整的，依据会计准则及批示进行处理	
08	财务部门财务档案管理岗将本次银行存款对账管理的相关资料整理汇总，并做好归档保存工作	
09	资产部门档案管理岗进行归档保存	

3.财务印章管理流程（如图11-6所示）及管控节点说明（见表11-6）

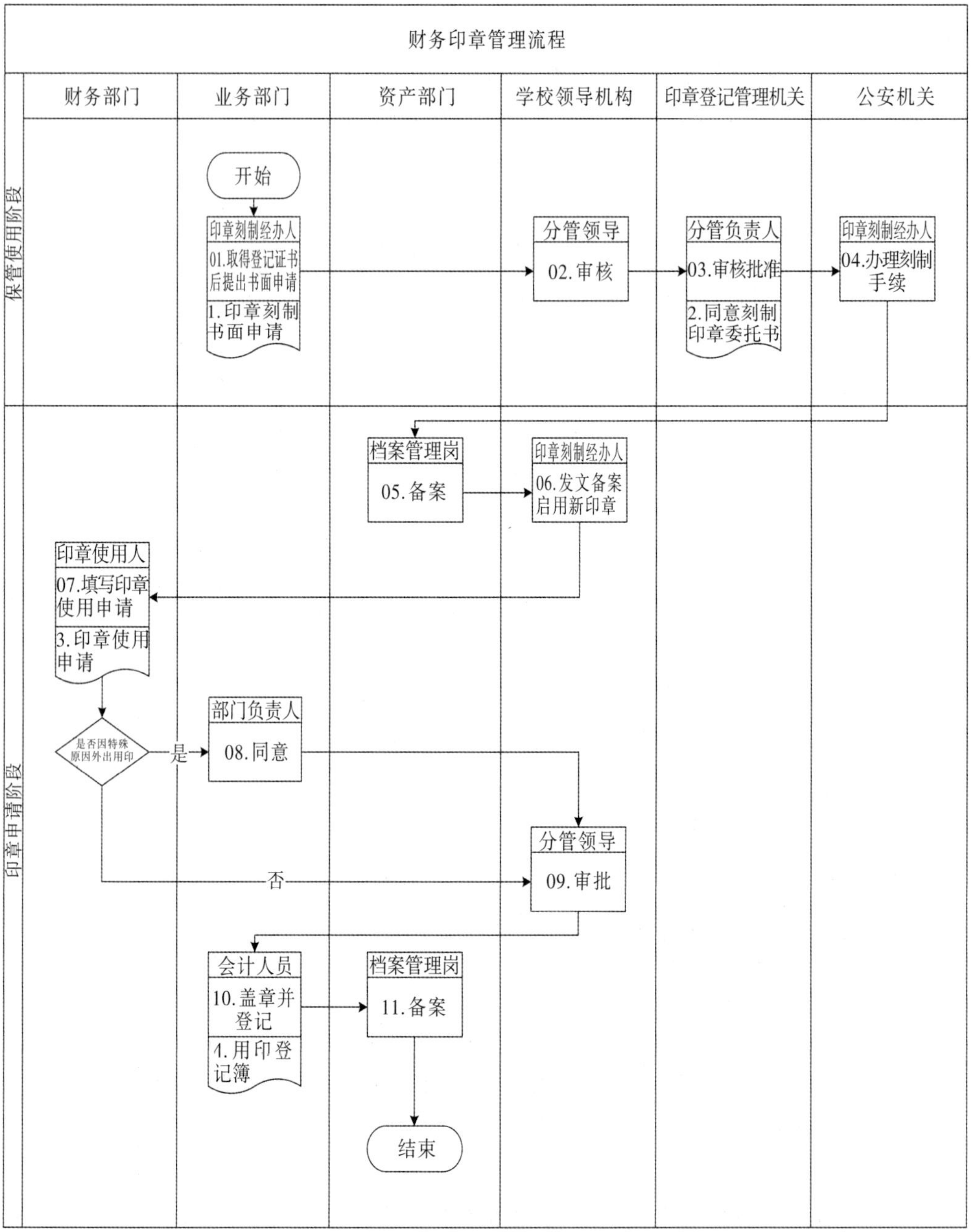

图11-6 财务印章管理流程

表 11-6　**财务印章管理流程管控节点说明**

管控节点	节点说明	输出文档
01	财务部门印章刻制经办人向学校分管领导提出印章刻制书面申请，并提交至学校分管领导	印章刻制书面申请
02	学校分管领导审核印章刻制的合理性，上报印章登记管理机关	
03	登记管理机关审核批准后，发放同意刻制印章委托书	同意刻制印章委托书
04	印章刻制经办人持同意刻制印章委托书到公安机关办理刻制手续	
05	资产部门档案管理岗进行备案	
06	印章刻制经办人发文备案启用新印章	
07	学校相关人员使用印章时，应填写印章使用申请，说明使用印章理由	印章使用申请
	判断是否因特殊原因外出用印，若是，进入08；若否，进入09	
08	印章使用应在学校部进行，不可随意印模外出用印。因特殊原因确需外出用印的，须经财务部门负责人同意后方可带出	
09	印章使用申请须经过学校分管领导审批	
10	经过审批后，连同需要使用印章的文件一同交予会计人员盖章。应建立用印登记簿，使用印章须履行登记手续，以便备查	用印登记簿
11	定期将用印登记簿报给资产部门档案管理岗备案保存	

四、实物资产管理

实物资产包括存货和固定资产等。学校存货是指在开展业务活动及其他活动中为耗用而储存的资产。学校的存货主要包括产成品、在产品、低值易耗品等；学校的固定资产是指为满足自身开展业务活动或其他活动需要而控制的，使用年限超过1年（不含1年）、单位价值在规定标准以上，并在使用过程中基本保持原有物质形态的资产，以及单位价值虽未达到规定标准，但是使用年限超过1年（不含1年）的大批同类物资。学校的固定资产主要包括设备、房屋、办公家具等。学校实物资产管理包括实物资产配置、使用与维修、清查盘点和处置等关键环节的管控。

（一）实物资产管理规范

1.实物资产配置管理

学校资产配置应当坚持保障需要、节俭适用、节能环保、从严控制的原则。各部门有下列情形之一的，可以申请配置资产：新增机构或人员编制的；增加工作职能和任务的；现有资产按规定处置后需要配置的；现有资产无法满足工作需要的其他情形。学校的资产配置方式主要包括购置、调剂、租赁、受赠等。凡能通过调剂方式解决的，原则上不得购置。学校的资产配置主要包括办公与业务用房、公务用车、办公家具、办公设备、教学科研仪器设备等。

（1）资产配置标准

办公与业务用房的相关配置标准如下：①面积标准、建设标准和装修标准：按照《关于进一步严格控制党政机关办公楼等楼堂馆所建设问题的通知》（中办发〔2007〕11号）和国家发展改革委等部门制定的党政机关办公用房建设标准等规定执行；②维修标准：按照国务院机关事务管理局《关于印发〈中央国家机关办公用房维修标准（试行）〉的通知》（国管房地〔2004〕85号）等规定执行；③租用或购置标准：依照办公与业务用房建设标准执行。对于租赁的办公与业务用房，原则上不允许进行整体改造，只能进行满足办公需要的局部改造。

一般公务用车：根据各单位内设机构、主要职能和人员编制等情况配备，按照《关于印发〈中央国家机关公务用车编制和配备标准的规定〉的通知》（国管财〔2004〕120号）等规定执行，要优先配备国产自主品牌车辆，符合节能、环保要求。未经批准，一律不得配备进口车辆。

办公家具的配置应按照相关规定，充分考虑办公布局，符合简朴实用要求，不得配置豪华家具，不得使用名贵木材。具体标准参见《中央行政单位通用办公家具配置标准表》。

办公设备包括信息化办公设备、电器设备和其他设备等，按照机构职能、人员编制的一定比例和规定价格、性能规格进行配置，未达到规定使用年限不得更新。信息化办公设备的配置必须符合国家有关部门关于安全保密的相关规定，涉密岗位的信息化办公设备须经过安全检查后方可配备使用。具体标准参见《中央行政单位通用办公设备配置标准表》。

（2）配置流程

资产需求部门提出申请，提交实物资产配置申请表，申请表上应详细填写拟购买实物资产的名称、规格、型号、性能、预算金额以及购置原因等内容；申请表经使用部门负责人签字确认后由资产部门资产配置审核岗进行审批，经批准后，由资产部门办理配备事宜。

若所申请的资产能够通过调剂获得，则根据申请，资产部门从现有学校资产中调剂配发，并登记实物资产记录文件；若所申请的资产没有库存，则应填写实物资产请购单，若财政部门能够通过调剂对学校所需资产进行配置，则通过调剂对学校资产进行配置，否则经同级财政部门同意后，学校将请购单交由采购部门，进入采购流程，采购完成后资产部门会同采购部门进行资产验收入库，采购部门和财务部门应分别建立资产实物账和财务账。

（3）配置预算

各部门如有办公设备、办公家具等实物资产的购置需求，且不能通过调剂获得，则应由资产使用部门填制《×××部门资产采购预算登记单》，经财务部门负责人签字确认后交到采购部门审核，若因政策调整等因素确需对资产购置预算进行调整的，应由以上部门调整预算，经采购部门批准同意后办理采购。

2.实物资产调剂管理

学校各部门之间进行实物资产调剂，由资产部门资产管理岗填写实物资产内部调剂单，明确实物资产的名称、编号、调剂时间等，经调入部门和调出部门签字确认后，资产部门方可办理实物调剂，并及时调整资产管理信息系统。

3.实物资产使用与维修管理

资产部门应指定专人对资产的领用进行登记，填写实物资产领用登记表，记录资产的编号、名称、使用人等信息。资产使用部门也应设置专人对所领用的资产进行日常记录。

资产使用人须爱护所用资产，维护资产的安全完整，贵重或危险的实物资产以及有保密等特殊要求的实物资产，应当指定专人保管、专人使用。各部门或个人不得随意对实物资产进行拆改，如确有需要，须申请报批后由专人操作。

资产使用部门和使用人员如需变更资产使用地点和使用人，必须经资产部门批准。实物资产使用人在调离工作岗位前，必须提前办妥资产交接手续，经使用部门负责人、资产部门负责人签章后，人事部门方予办理调离手续。未办理资产交接或出具虚假报告造成资产流失的，追究相关人员责任。

资产部门负责资产（设备、家具）的维修工作。资产使用部门经办人提出资产维修申请，本部门负责人审核签字并判断是否需要修理及大修理，资产部门对资产维修申请的合理性出具审核意见。需要进行修理的资产，对于日常维修保养工作，由资产部门联系维修人员进行维修；若资产损坏过于严重，则需进行大修理，由使用部门、资产部门组织评估并提出修理方案，报学校领导审批，学校领导审批同意后由资产部门联系维修人员进行维修，根据维修情况填写资产维修统计表，由资产维修申请人签字确认，资产部门应做好登记备案工作，财务部门进行账务处理。

4.实物资产清查盘点管理

学校资产清查工作的主要内容有：学校基本情况清查、账务清查、财产清查等。有下列情形之一的，学校应当进行资产清查：国家专项工作要求进行清查的；进行重大改革或机构进行调整的；遭受重大自然灾害等不可抗力造成资产严重损失的；会计信息严重失真或者国有资产出现重大流失的；会计政策发生重大变更，资产核算方法发生重要变化的；上级部门认为应当进行资产清查的其他情形。

实物资产定期清查于每年年底进行，不定期清查则根据实际需要临时安排。

学校应当成立清查小组。清查小组成员由资产部门、财务部门及相关部门派员组成，具体负责实物资产实物清查事宜。资产清查小组将资产实物账和财务账进行账账核对，并记录。清查小组按通知约定时间进场，对需清查各部门所管理和占用的实物资产进行现场查点，并对盘点结果签字确认。清查小组根据现场查点的实物资产与其实物账逐一进行核对，编写实物资产盘点明细表，对盘盈盘亏实物资产作进一步核实，查明原因，最后形成资产清查盘点报告，阐明实物资产清查情况及初步处理意见，呈报资产部门负责人、财务部门负责人、学校分管校长、校长、校长办公会审核，并呈报主管部门审核，同级财政部门审批。对于超过1年未使用的闲置资产以及不需用资产应当单独报告，并上报闲置及不需用实物资产统计表。

财务部门根据批复的资产清查盘点报告按财务相关规定和程序进行相应会计处理，使实物账与财务账保持一致，确保账账相符、账实相符。

5.实物资产处置管理

实物资产处置是指学校实物资产产权转移或者注销的行为，主要方式包括无偿转让、出售、出租、出借、出让、置换、对外捐赠、报损、报废等。学校资产处置范围包括：闲置资产；报废、淘汰的资产；所有权或使用权转移的资产；盘亏、呆账及非正常损失的资产；已超过使用年限无法使用的资产；依照国家有关规定需进行资产处置的其他情形。

资产使用部门提出资产处置申请，形成资产处置申请单，由资产部门和财务部门进行审核，提出处置意见，若不在规定的处置限额内，要报送学校分管领导审核后上报校长办公会及上级主管部门审批，审批通过后进行资产的处置工作。

若该资产未到使用期限，则应由技术鉴定部门进行鉴定确认，并出具鉴定报告，交由学校分管领导审核，审核通过后进行相关的报废报损工作。财务部门凭审批文件或处置批复调整有关资产、资金科目。审批后资产部门和财务部门分别留存实物资产报废单。实物资产管理人员在授权范围内在实物资产管理台账和卡片上作变更，以示注销。

学校国有资产处置收入包括变卖收入、置换收入和报损报废的残值变价收入等。资产处置收入应当按政府非税收入管理的规定，实行“收支两条线”管理。财务部门应当按照财务管理制度，如实反映和缴纳国有资产处置收入，不得隐瞒、截留、挤占、坐支和挪用。

(二) 实物资产管理流程及说明

1.实物资产配置流程（如图11-7所示）及管控节点说明（见表11-7）

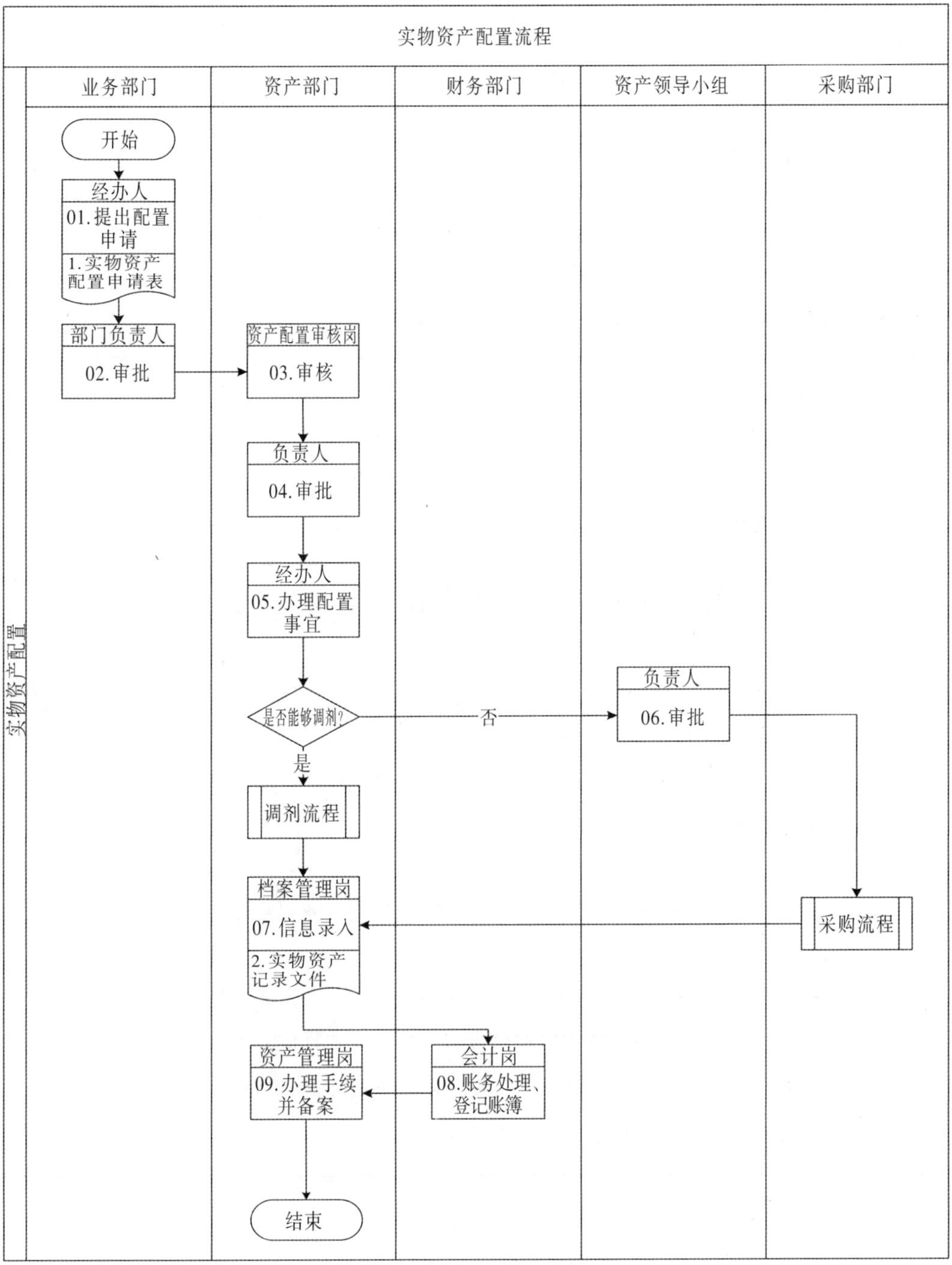

图11-7　实物资产配置流程

表 11-7 **实物资产配置流程管控节点说明**

管控节点	节点说明	输出文档
01	业务部门经办人提交实物资产配置申请表	实物资产配置申请表
02	业务部门负责人审批后送资产部门审批	
03	资产部门资产配置审核岗对配置申请进行审批	
04	资产部门负责人审批	
05	经批准后，由资产部门经办人办理配置事宜	
	判断所申请的实物资产是否能够通过调剂配置，若是，则依据调剂流程；若否，进入06	
06	若所申请的资产不能通过调剂配置，则由资产领导小组进行审批，审批通过后转入采购流程	
07	采购部门将购置资产的发票复印件、设备型号、设备号、售货单位、联系电话、产地等有关信息一并交付资产部门档案管理岗进行信息录入	实物资产记录文件
08	财务部门会计岗对新增实物资产进行账务处理、登记账簿等工作	
09	资产部门资产管理岗负责资产设备的登记建账，将信息录入系统，制作、管理实物资产记录，组织粘贴信息条形码，办理资产设备发放手续	

2.实物资产调剂流程（如图11-8所示）及管控节点说明（见表11-8）

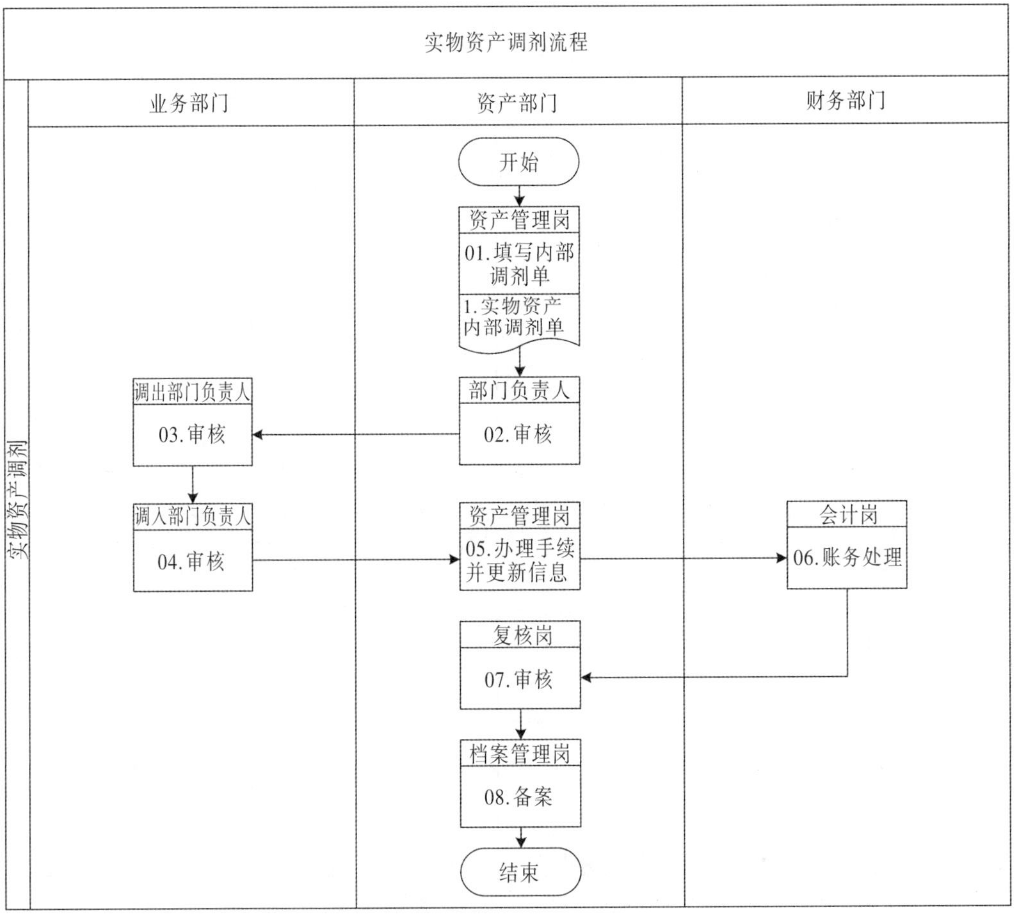

图11-8　实物资产调剂流程

表11-8　**实物资产调剂流程管控节点说明**

管控节点	节点说明	输出文档
01	资产部门资产管理岗填写实物资产内部调剂单，注明调剂原因	实物资产内部调剂单
02	资产部门负责人审核实物资产调剂原因的合理性，并在实物资产内部调剂单上签字确认	
03	资产调出部门负责人审核资产名称、规格型号、数量、调剂原因等的准确性，并在实物资产内部调剂单上签字确认	
04	资产调入部门负责人审核资产名称、规格型号、数量、调剂原因等的准确性，并在实物资产内部调剂单上签字确认	
05	资产部门资产管理岗办理实物调剂手续，并在资产管理信息系统里更新资产信息	
06	财务部门会计岗进行账务处理	
07	资产部门复核岗进行审核	
08	资产部门档案管理岗进行备案	

3.实物资产使用与维修流程（如图11-9所示）及管控节点说明（见表11-9）

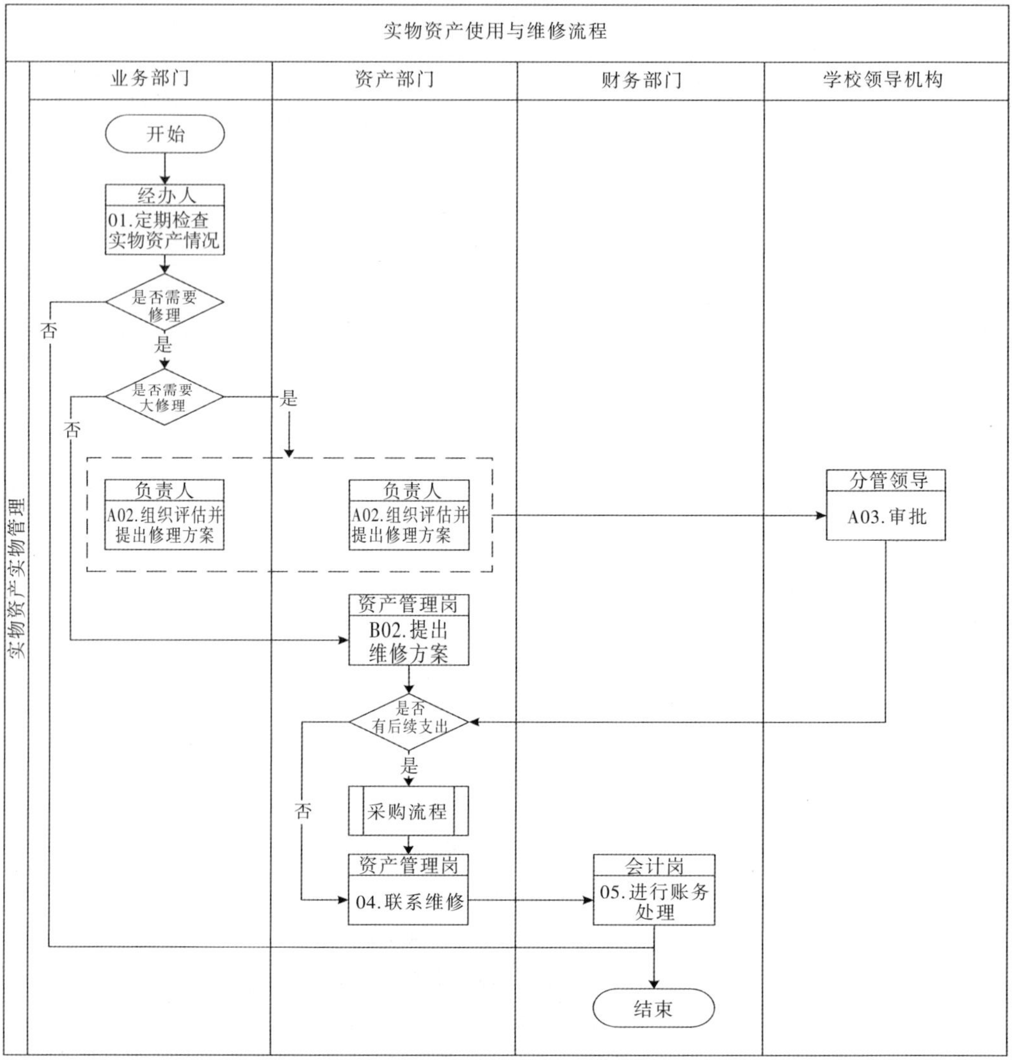

图11-9 实物资产使用与维修流程

表11-9 实物资产使用与维修流程管控节点说明

管控节点	节点说明	输出文档
01	业务部门经办人定期检查实物资产情况，并进行登记，判断是否需要进行修理及是否需要进行大修理；同时资产部门和学校相关监督部门对资产的检查情况进行监督	
	判断是否需要修理，若是，进入下一级判断；若否，结束维修流程	
	判断是否需要大修理，若是，进入A02；若否，进入B02	
A02	若资产需要大修理，应由资产部门和业务部门负责人共同组织评估并提出修理方案，交学校分管领导审批	

续表

管控节点	节点说明	输出文档
A03	学校分管领导审批大修理方案	
B02	若不需要大修理，只需要日常修理，则由资产部门资产管理岗提出维修方案判断是否有后续支出	
	判断是否有后续支出，若是，进入采购流程；若否，进入04	
04	资产部门资产管理岗负责联系维修	
05	财务部门会计岗进行账务处理	

4.实物资产清查盘点流程（如图11-10所示）及管控节点说明（见表11-10）

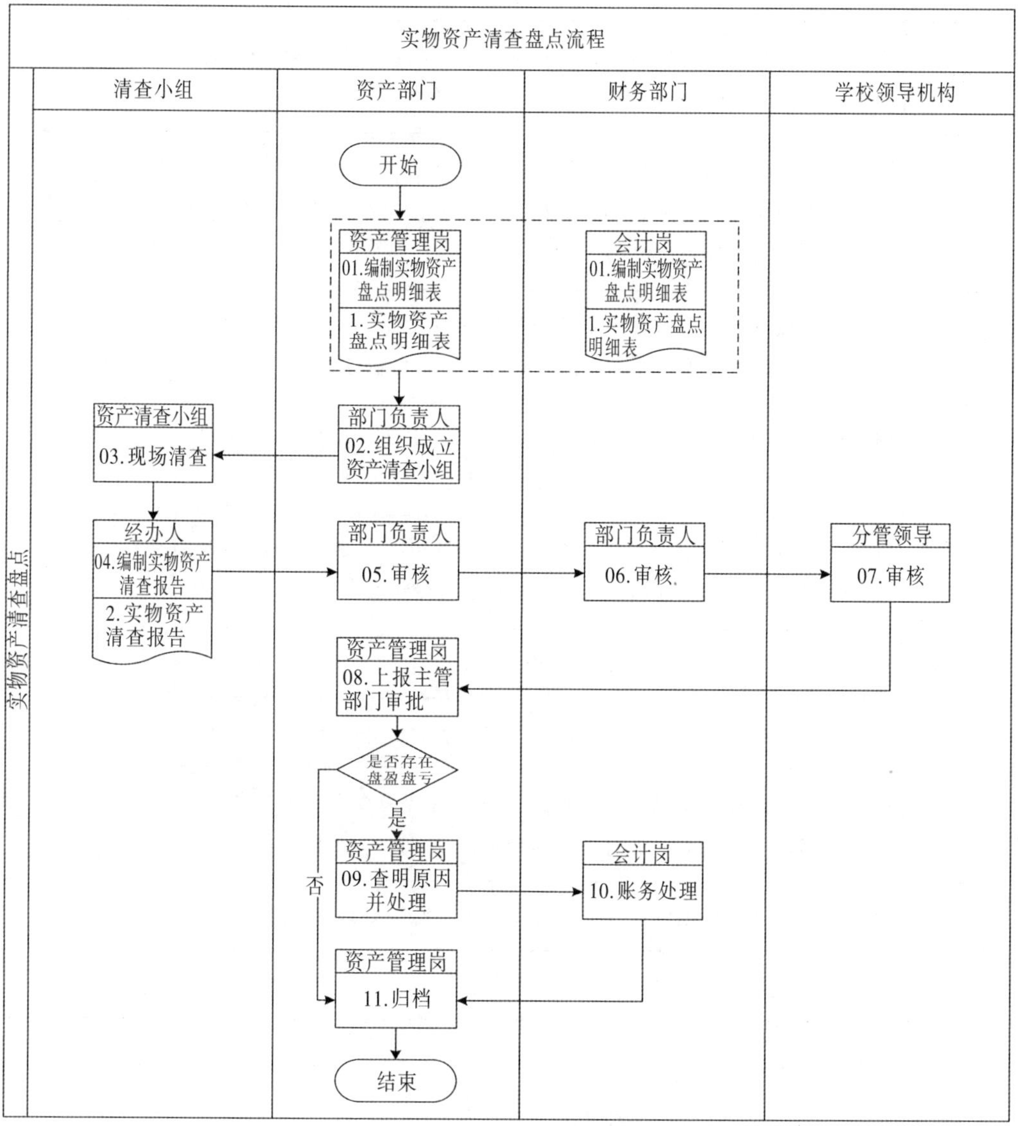

图11-10　实物资产清查盘点流程

表 11-10 **实物资产清查盘点流程管控节点说明**

管控节点	节点说明	输出文档
01	资产部门资产管理岗与财务部门会计岗核对资产实物账和财务账，编制实物资产盘点明细表	实物资产盘点明细表
02	资产部门负责人组织成立资产清查小组，清查小组成员由资产部门、财务部门及相关部门派员组成，具体负责实物资产实物清查事宜	
03	资产清查小组进行现场清查，核对资产实物数量，在实物资产盘点明细表上签字确认	
04	资产清查小组根据账账核对结果和实物盘点结果编制实物资产清查报告。出现盘盈（盘亏）的，分析差异原因，并对盘盈（盘亏）资产提出处理初步处理建议	实物资产清查报告
05	资产部门负责人审核实物资产清查报告的真实性、盘盈（盘亏）资产处理意见的合理性，并在资产清查报告上签字确认	
06	财务部门负责人审核实物资产清查报告的真实性、盘盈（盘亏）资产处理意见的合理性，并在资产清查报告上签字确认	
07	学校分管领导审核实物资产清查报告的真实性、盘盈（盘亏）资产处理意见的合理性，并在资产清查报告上签字确认	
08	资产部门资产管理岗报上级主管部门审批	
	判断是否存在盘盈盘亏，若是，进入09；若否，进入11	
09	如果存在盘盈盘亏的情况，资产部门资产管理岗查明原因并进根据审批后固定资产清查报告对盘盈（盘亏）资产进行处理	
10	财务部门会计岗根据资产盘盈盘亏原因进行账务处理	
11	资产部门资产管理岗整理归档相关资料	

5.实物资产处置流程（如图 11-11 所示）及管控节点说明（见表 11-11）

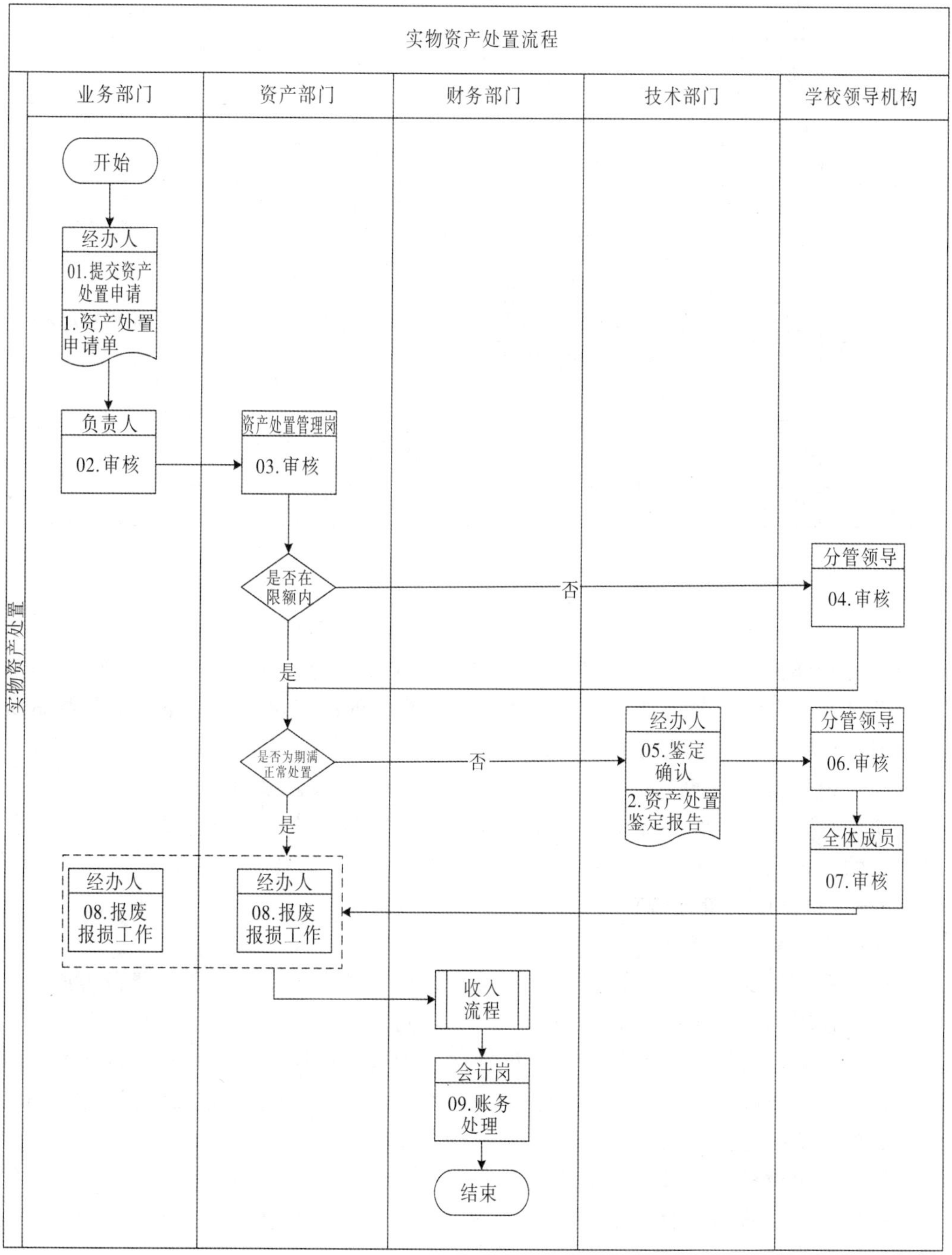

图 11-11　实物资产处置流程

表11-11 **实物资产处置流程管控节点说明**

管控节点	节点说明	输出文档
01	业务部门经办人上报待报废报损资产的名称、规格、条形码编号、数量、报废原因等报废资料，并填写资产处置申请单	资产处置申请单
02	业务部门负责人初步审核报废资产相关资料	
03	资产部门资产处置管理岗审核报废资产相关资料	
	判断是否在限额内，若是，进入下一级判断；若否，进入04	
04	对于限额以上实物资产的报废，须报送学校分管领导进行审核	
	判断是否为期满正常处理，若是，进入08；若否，进入05	
05	若资产不是期满正常处置，交由技术部门鉴定确认	资产处置鉴定报告
06	分管资产校领导审核资产处置鉴定报告	
07	学校领导机构全体成员审核资产处置鉴定报告	
08	若资产为期满正常处置，则由业务部门和资产部门经办人依照国家相关规定共同进行资产的报废报损工作	
09	财务部门会计岗对报废实物资产进行账务处理	

五、对外投资管理

学校对外投资是指学校将各种资产以入股或转让的形式注入产权清晰的企业，以促进科技成果转化与产业化并发挥资产效益为目的的经济行为。学校对外投资资产范围包括：货币、实物等有形资产；知识产权、非专利技术、学校冠名权等无形资产。学校不得进行的对外投资活动包括：使用财政拨款及其结余进行对外投资；买卖期货、股票；购买企业债券、基金和其他任何形式的金融衍生品或进行其他任何形式的金融风险投资。

（一）对外投资管理规范

1.对外投资立项管理

拟投资单位提出申请，将以下资料报资产部门审核：项目投资申请报告或建议书；对外投资的项目可行性分析报告；有关合同、协议、草案；资金来源及所投资企业的资产负债情况；政府的有关许可文件；投资项目执行单位的资质及能力等。

资产部门进行初审并提出报批意见后，由对外投资管理小组审议后报学校审批。

2.对外投资过程管理

拟投资单位根据审批通过的投资方案，编制详细的投资计划，落实不同阶段的资金投资数量、投资具体内容及回收情况等，由资产部门审核后按程序报教育厅、财政厅批准执行。

资产部门会同有关责任人与其他投资方进行投资谈判，谈判中若投资条件与原计划相比发生重大变化时，须报授权人员决策，特别重大的变更须报学校领导集体审议决定；在投资谈判取得一致意见后，草拟投资合同文本报单位负责人审定，并按授权权限由授权人员与其他投资方签订合同。

获准投资的项目，由资产部门负责向上级主管部门申请办理资产对外投资手续。拟投资单位须配合资产部门提供以下材料：单位对外投资事项的正式申请文件；单位对外投资的国有资产清单；单位同意利用国有资产对外投资的会议（如校长办公会或党委常委会（党委会））决议；拟对外投资资产的价值凭证及权属证明，如购货发票或收据、工程决算副本、国有土地使用权证、房屋所有权证、股权证、资产评估报告书等凭据的复印件；单位进行对外投资的可行性分析报告；单位法人证书复印件、拟合作方法人证书复印件或企业营业执照（副本）复印件、个人身份证复印件等；拟创办经济实体的章程和工商行政管理部门预先核准的企业名称通知书；单位与拟合作方签订的合作意向书、协议草案或合同草案；单位上年度财务报表、拟合作方经中介机构审计的上年度财务审计报告等。

3.对外投资监督与管理

学校应加强对外投资项目的追踪管理，及时、全面、准确地记录对外投资的价值变动和投资收益。学校对外投资的收益应当纳入学校预算，统一核算、统一管理。学校应以划转到所投资企业的资产，作为考核国有资产保值增值率和投资回报率的基数。

学校应建立对外投资内部控制的监督检查制度，明确监督检查机构或人员的职责权限，定期或不定期地进行检查。对监督检查过程中发现的问题，应当及时报告，查明原因，采取措施加以纠正和完善。

学校应对亏损的投资项目查清原因。对投资项目因经营失误，造成较大经济损失的，要追究相关责任人的责任；对投资项目因管理不善或用人不当致使国有资产流失、企业严重亏损或造成其他严重后果的，要追究该企业负责人的责任。

4.对外投资处置与评价管理

到期的投资项目的处置应由投资单位提出处置申请，经过资产部门审核后报学校审批，并按规定报教育厅批准或备案，力求实现对外投资最大的经济收益。学校应当按照国家有关规定对其对外投资的经济效益、收益分配及使用情况等进行严格监管。

投资收回的资产，学校应及时足额收取，提前或延期收回对外投资、转让或核销对外投资，应经学校审议批准。

学校对外投资管理小组按与企业所签协议及学校规定对校办企业负责人进行考核。必要时聘请中介机构或相关专业人员对学校对外投资内部控制制度的建立、健全及有效实施进行评价。接受委托的中介机构或相关专业人士，应当对委托单位已建立的对外投资内部控制制度存在的重大缺陷提出书面检查报告，最终促使学校对外投资内部控制制度日益完善。

5.对外投资资产评估管理

学校的资产评估应当遵循真实性、科学性、可行性原则，委托具有相应资质的资产评估机构对标的资产进行评估。

学校委托有资质的资产评估机构按照要求对拟投资资产价值进行评定和估算，评估机构应提交评估报告等材料。学校对评估报告进行初审，并自评估基准日起9个月内，向上级主管部门提出国有资产评估项目备案申请。财务部门进行相关的账务处理。

（二）对外投资管理流程及说明

1.对外投资立项管理流程（如图11-12所示）及管控节点说明（见表11-12）

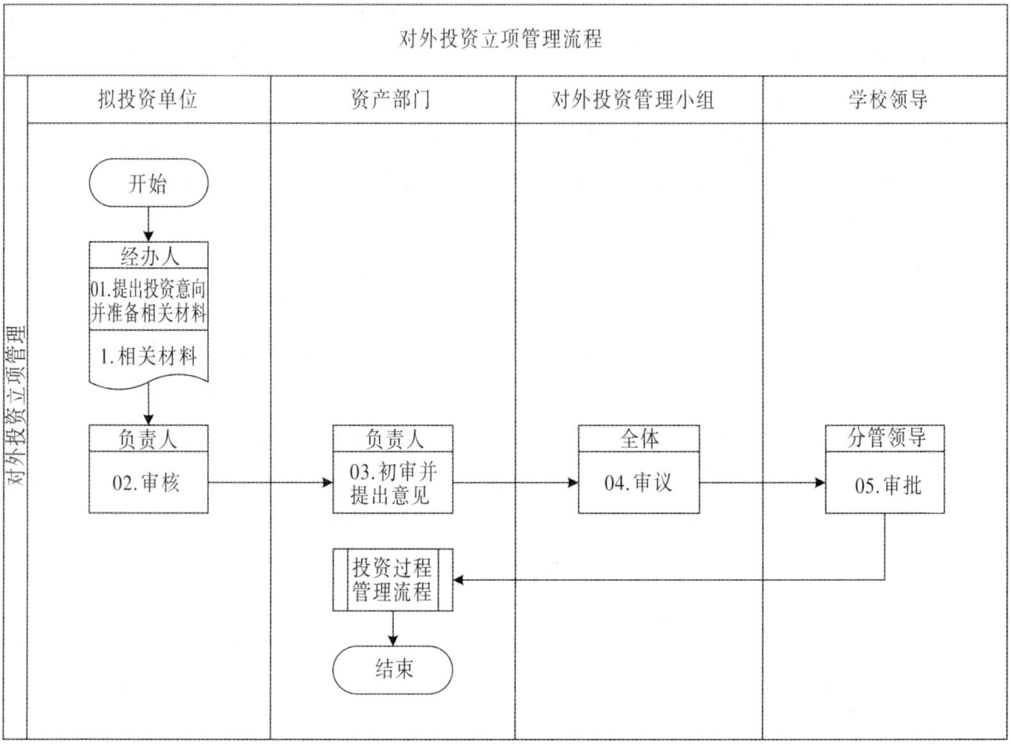

图11-12 对外投资立项管理流程

表11-12 **对外投资立项管理流程管控节点说明**

管控节点	节点说明	输出文档
01	拟投资单位经办人提出申请，并准备相关资料	投资申请书 可行性分析报告 投资草案、协议 投资企业资产负债情况 政府有关许可文件 执行单位资质能力证明
02	拟投资单位负责人审核相关材料后报送资产部门	
03	资产部门负责人进行初审后提出意见	
04	对外投资管理小组全体审议立项申请	
05	经学校分管领导审批通过后，进入投资过程管理流程	

2.对外投资过程管理流程（如图11-13所示）及管控节点说明（见表11-13）

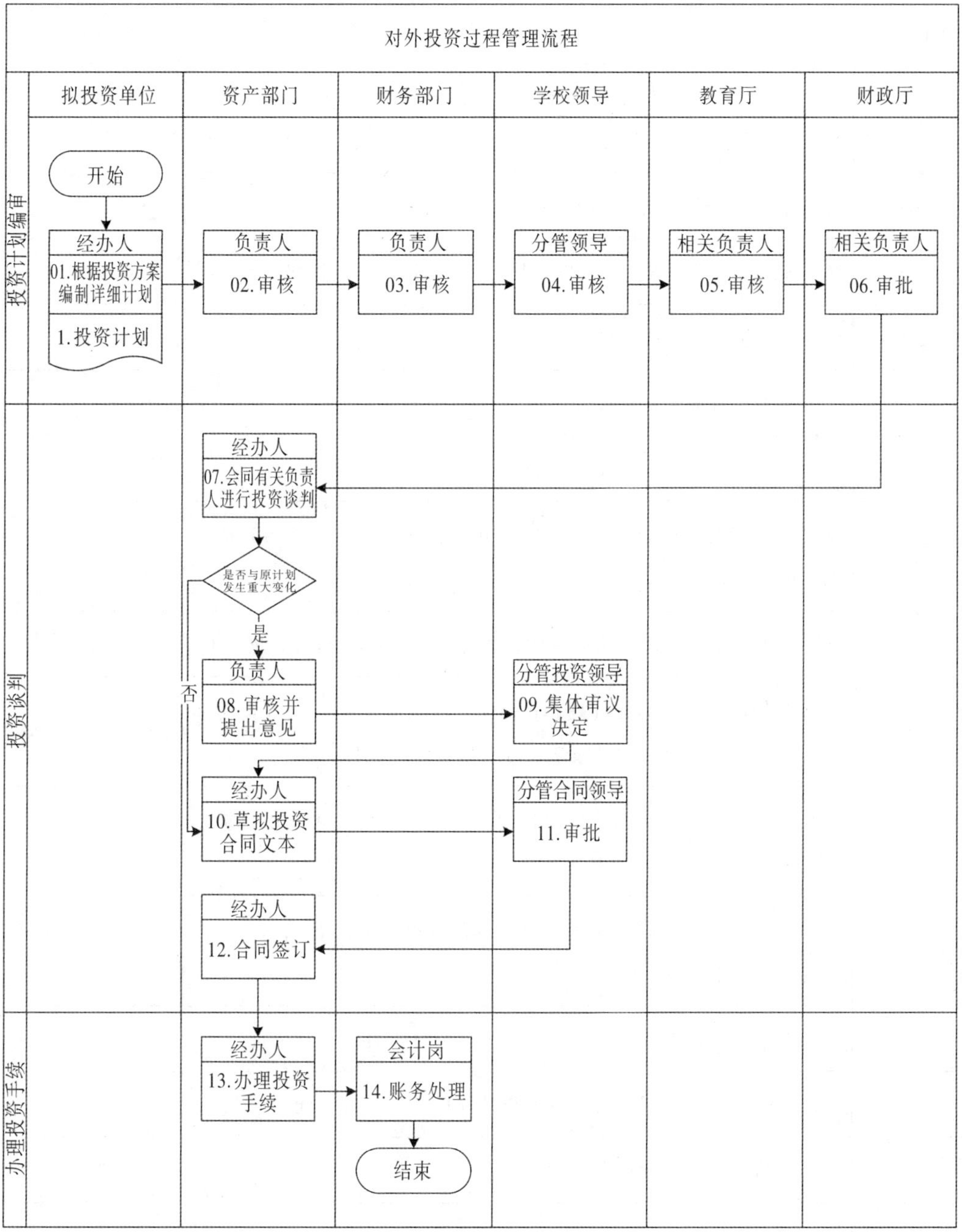

图11-13 对外投资过程管理流程

表 11-13 **对外投资过程管理流程管控节点说明**

管控节点	节点说明	输出文档
01	拟投资单位经办人根据审批通过的投资方案，编制详细的投资计划，落实不同阶段的资金投放数额、投资具体内容及回收情况等	投资计划
02	资产部门负责人审核投资计划内容的科学合理性	
03	财务部门负责人从投资资金投放及收益的角度对投资计划进行审核	
04	学校分管领导审核投资计划	
05	教育厅相关负责人审核投资计划	
06	财政厅相关负责人审批投资计划	
07	投资计划审批通过后，资产部门经办人会同有关负责人与其他投资方进行谈判	
	判断是否与原计划发生重大变化，若是，进入08；若否，进入10	
08	谈判中若投资条件与原计划相比发生重大变化时，须报授资产部门负责人决策并提出意见报学校分管投资领导集体审议	
09	学校分管投资领导对在谈判过程中发生重大变化的投资进行集体审议决定	
10	在投资谈判取得一致意见后，资产部门经办人会同有关部门草拟投资合同文本	
11	合同文本经法律事务办公室审核后由学校分管合同领导审批	
12	资产部门经办人会同有关负责人与其他投资方签订合同	
13	资产部门经办人办理投资手续	
14	财务部门进行对外投资的账务处理	

3.对外投资处置与评价管理流程（如图11-14所示）及管控节点说明（见表11-14）

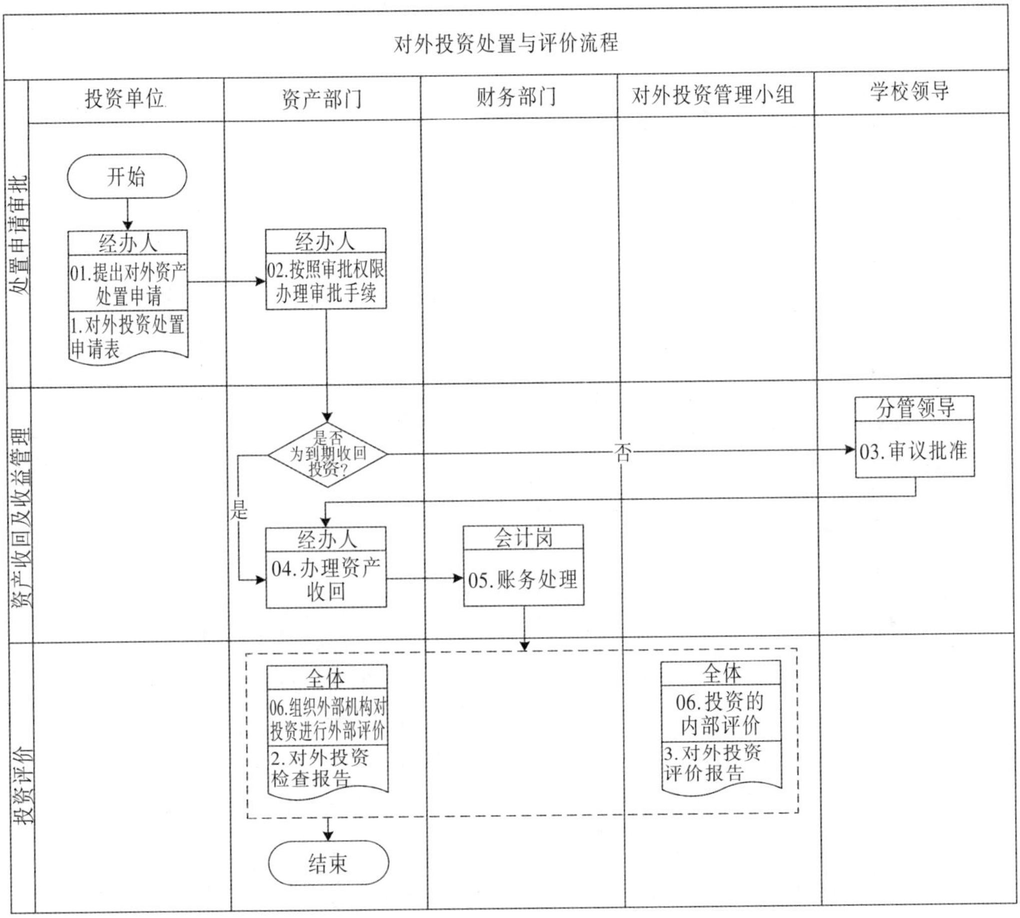

图11-14　对外投资处置与评价管理流程

表11-14　**对外投资处置与评价管理流程管控节点说明**

管控节点	节点说明	输出文档
01	投资单位经办人提出对外投资处置申请	对外投资处置申请表
02	资产部门经办人按照审批权限进行办理审批	
	判断是否为到期收回投资，若是，进入04；若否，进入03	
03	若是提前或者延期处置对外投资，则由学校分管领导进行审议批准	
04	若是到期收回投资，由资产部门经办人办理资产收回，及时足额收取	
05	财务部门会计岗进行账务处理	
06	进行投资评价： ①内部评价：对外投资管理小组按与企业所签协议及学校规定对校办企业负责人进行考核； ②外部评价：资产部门聘请外部中介机构或相关专业人员对学校对外投资进行外部评价，接受委托的中介机构或相关专业人士，应当对委托单位已建立的对外投资内部控制制度存在的重大缺陷提出书面检查报告，出具对外投资检查报告	对外投资评价报告、 对外投资检查报告

4. 对外投资资产评估流程（如图 11-15 所示）及管控节点说明（见表 11-15）

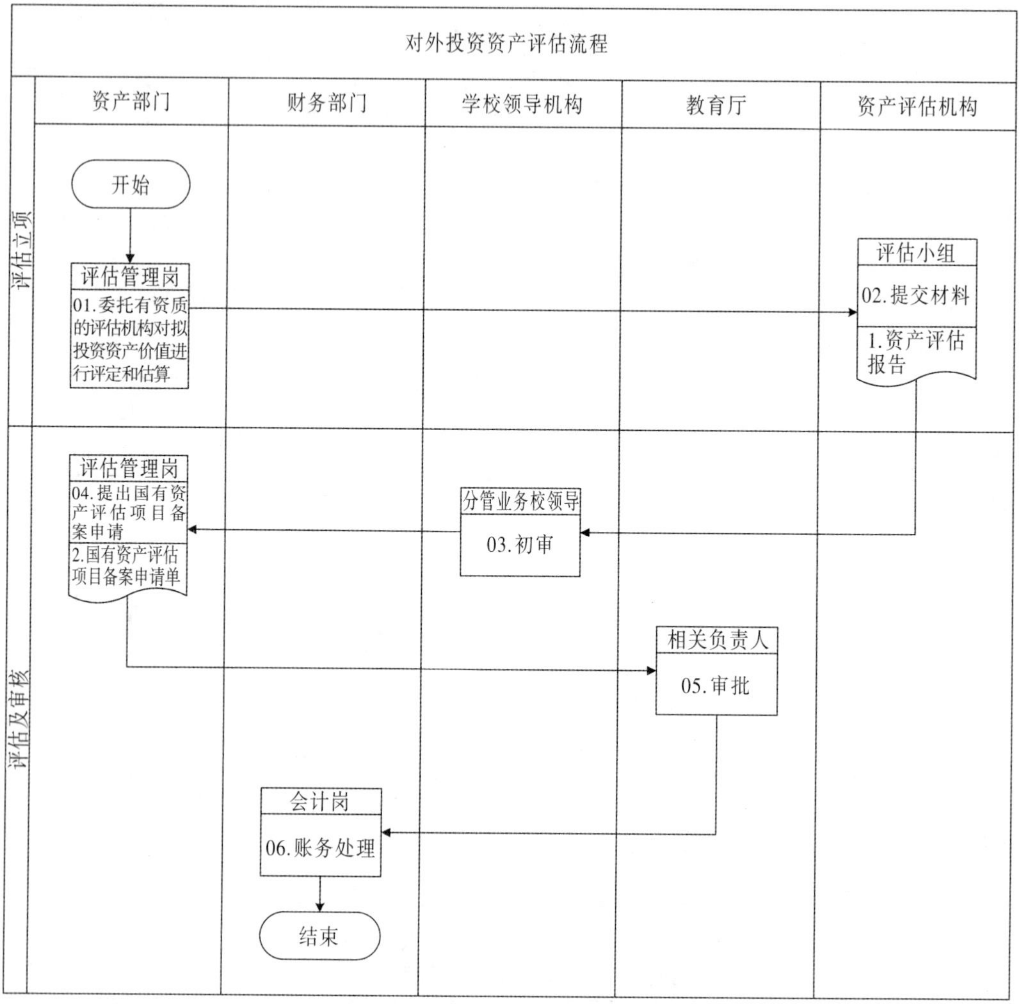

图 11-15 对外投资资产评估流程

表 11-15 **对外投资资产评估流程管控节点说明**

管控节点	节点说明	输出文档
01	资产部门评估管理岗委托有资质的资产评估机构按照要求对拟投资资产价值进行评定和估算	
02	评估机构提交资产评估报告等材料	资产评估报告
03	分管业务校领导对评估报告进行初审	
04	资产部门评估管理岗自评估基准日起 9 个月内，向教育厅提出国有资产评估项目备案申请	国有资产评估项目备案申请单
05	教育厅相关负责人审批学校提出的国有资产评估项目备案申请	
06	财务部门会计岗进行相关的账务处理	

六、无形资产管理

学校的无形资产是指学校控制的没有实物形态的可辨认非货币性资产。学校的无形资产主要包括专利权、商标权、著作权、土地使用权、非专利技术、商誉等。

学校无形资产管理的主要任务是：完善管理体制，建立健全各项规章制度；明晰产权关系，实施产权管理；规范无形资产处置行为，保障无形资产的安全和完整；促进无形资产的开发和使用，提高无形资产的经济效益；监管经营性无形资产保值增值。

（一）无形资产管理规范

1.无形资产配置管理

资产部门判断所申请无形资产是否可以自行开发，若能够自行开发，则自行开发使用，若不能自行开发，交由财务部门负责人审核，通过审核的依据采购流程采购所需要的无形资产；没有通过审核的则发还申请资料。

无形资产的基本价值，按下列原则确定：原始产生并取得的专有技术、取得专利授权的技术、拥有著作权或使用权的作品（含计算机软件），根据取得时实际发生的支出，包括研制（完成）成本、注册费或申请费等所有实际发生的费用确定。以受让的方式取得的无形资产，根据受让所发生的总支出，包括支付的价款、登记费等确定。以受赠的方式取得的无形资产，根据受赠时该无形资产的市场公允价值及因受赠而履行必要手续的费用支出等确定。土地使用权形成的无形资产，根据土地出让合同所约定的土地使用权出让金及所有相关费用支出等确定。商业信誉形成的无形资产，根据其市场评估价值确定。学校的其他无形资产，根据形成时支出的所有费用确定。按前款原则确定的无形资产的基本价值，为学校无形资产的账面价值。

2.无形资产使用管理

资产部门负责人将使用部门或个人的申请资料、使用证书等相关资料进行登记、存档，以备查询，并对各部门或个人无形资产的使用情况进行监督，发现问题及时处理。

使用学校无形资产的部门或个人，要严格按照规定填制资产年度报告，做到内容完整，数字准确。同时，对资产的变动、结存情况和使用效益作出分析说明。

资产部门按照学校及上级有关部门规定的时间和要求，编报学校无形资产汇总表及分析说明，向学校领导、上级主管部门和财政部门报告，为制定学校发展规划及编制学校财务预算提供决策依据。

获许可使用学校无形资产的被许可使用人（受让人），未经学校授权或同意，不得再许可（转让）他人使用。

资产部门会同财务部门等部门进行协商，共同确定关于无形资产使用的收费标准，对使用部门或个人征收合理的费用。

3.无形资产处置管理

由业务部门上报需要处置的无形资产，并提出处置申请，经其负责人初步审核后交由资产部门再审待处置资产相关资料，判断是否在限额内，对于限额以上资产的处置，须报送学校分管领导进行审核。

资产部门须判断待处置资产是否为期满正常处置，若不是，交由资产部门会同归口管理部门组织的资产处置小组进行技术鉴定，出具鉴定报告并交由分管业务校领导审核。之后业务部门和资产部门相关人员依照国家相关规定共同进行资产的处置工作。

（二）无形资产管理流程及说明

1.无形资产配置流程（如图11-16所示）及管控节点说明（见表11-16）

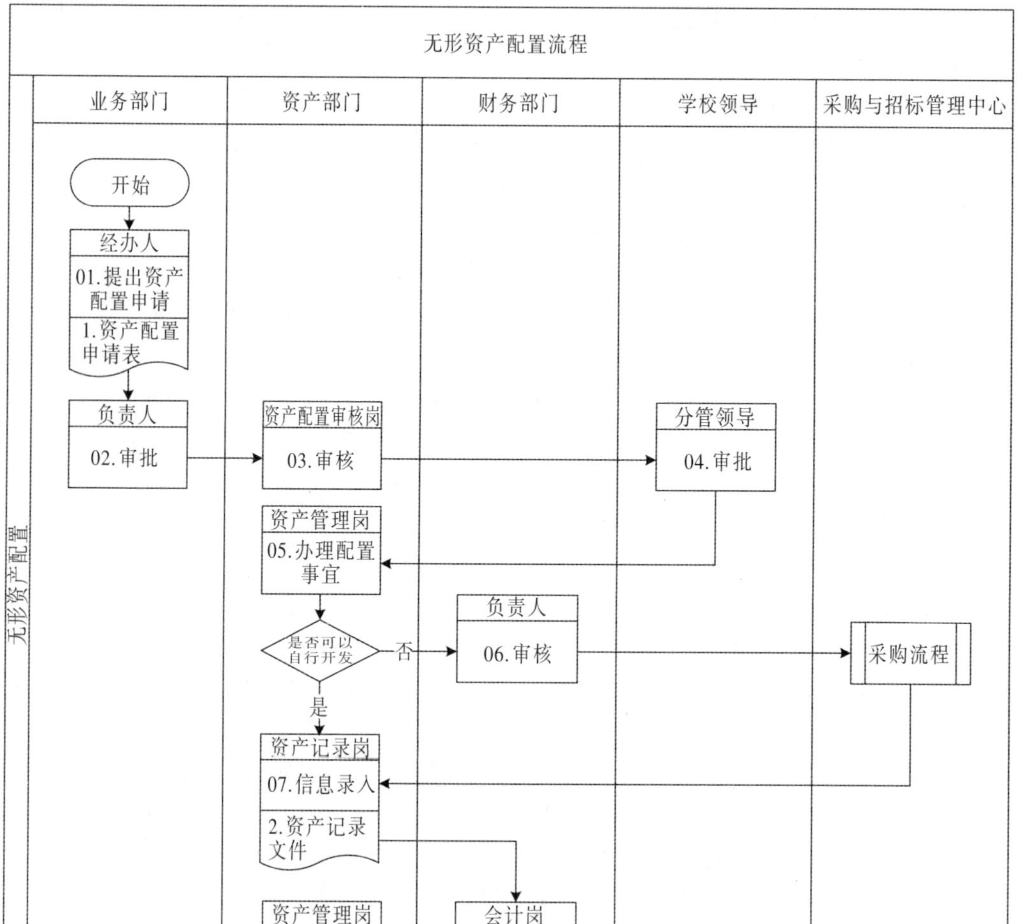

图11-16　无形资产配置流程

表 11-16　**无形资产配置流程管控节点说明**

管控节点	节点说明	输出文档
01	业务部门经办人提出资产配置申请表	资产配置申请表
02	业务部门负责人审批后送资产部门审批	
03	资产部门资产配置审核岗对配置申请进行审批	
04	学校分管领导审批	
05	经批准后，由资产部门资产管理岗办理配置事宜	
	判断所申请无形资产是否可以自行开发，若是，进入07；若否，进入06	
06	若不能够自行开发，交由财务部门负责人审核，通过后转入采购流程	
07	采购与招标管理中心将外购无形资产的发票复印件、销售单位、联系电话、等有关信息一并交付资产部门资产记录岗进行信息录入	资产记录文件
08	财务部门会计岗对新增无形资产进行账务处理、登记账簿	
09	资产部门资产管理岗负责无形资产的登记建账，将信息录入系统，制作、管理无形资产记录，办理手续并备案	

2.无形资产使用流程（如图11-17所示）及管控节点说明（见表11-17）

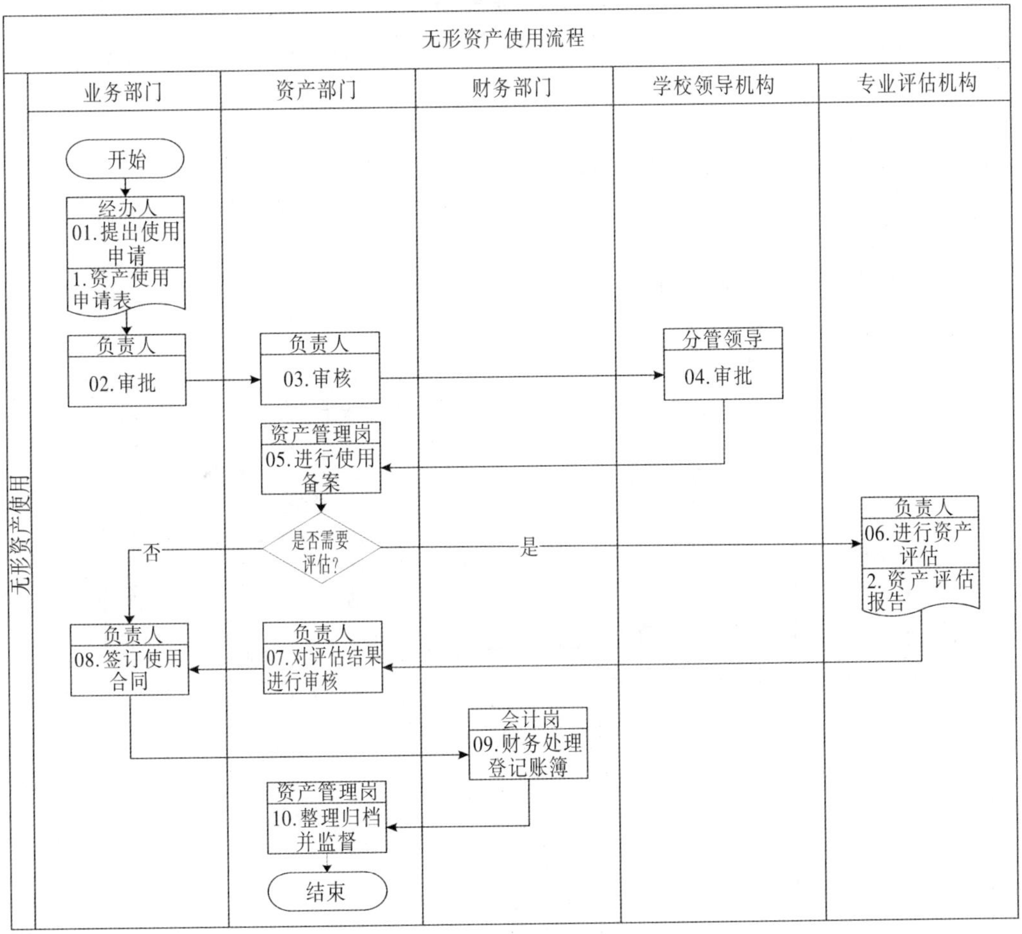

图 11-17　无形资产使用流程

表 11-17 **无形资产使用流程管控节点说明**

管控节点	节点说明	输出文档
01	业务部门经办人申请使用无形资产	资产使用申请表
02	业务部门负责人签批后送资产部门审批	
03	资产部门负责人对使用申请进行审核，并提交至学校分管领导	
04	学校分管领导进行审批	
05	经批准后，由资产部门资产管理岗进行使用备案	
	判断是否需要评估，若是，进入06；若否，进入08	
06	专业评估机构负责人进行资产评估，出具资产评估报告	资产评估报告
07	资产部门负责人对评估结果进行审核	
08	资产部门负责人代表学校与业务部门签订使用合同	
09	财务部门会计岗进行财务处理，登记账簿	
10	资产部门资产管理岗整理归档并监督资产使用	

3.无形资产处置流程（如图11-18所示）及管控节点说明（见表11-18）

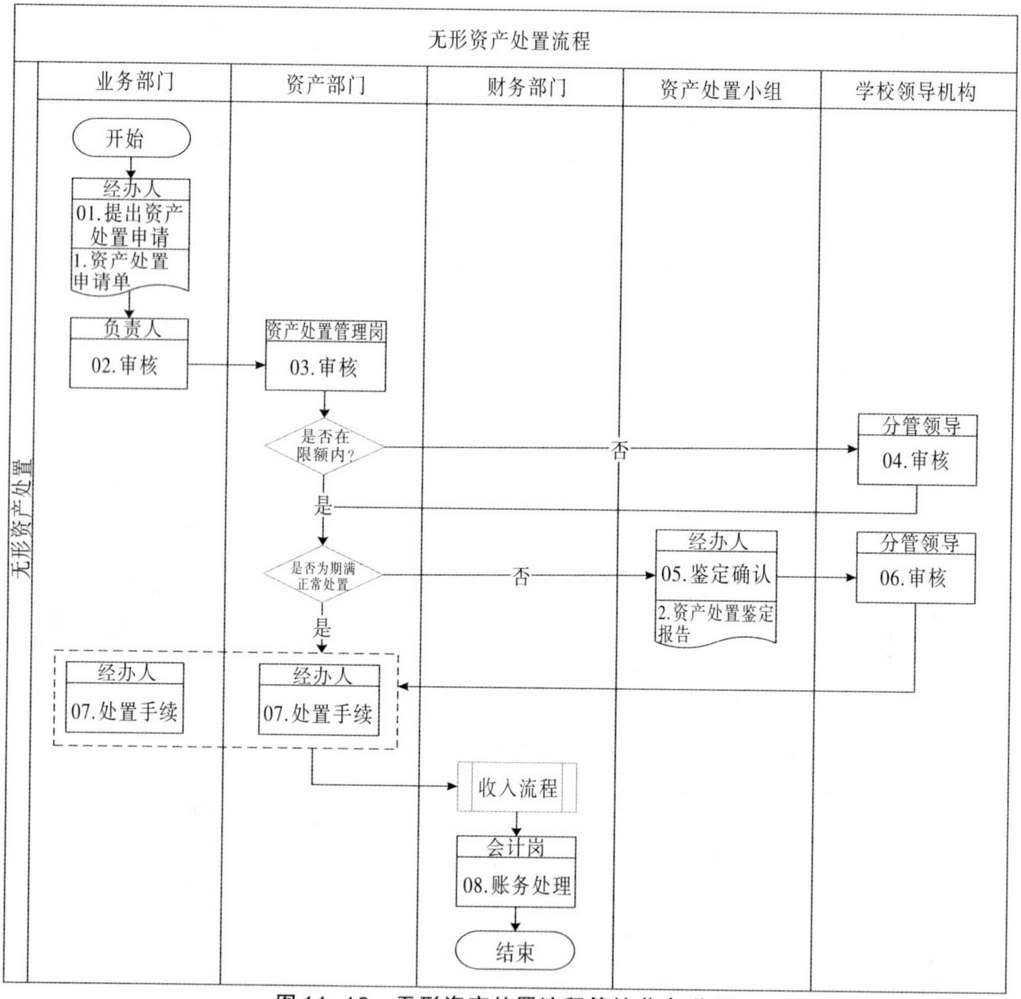

图 11-18 无形资产处置流程管控节点说明

表11-18　**无形资产处置流程管控节点说明**

管控节点	节点说明	输出文档
01	业务部门经办提出处置申请，提交资产处置申请单	资产处置申请单
02	业务部门负责人初步审核待处置资产相关资料	
03	资产部门资产处置管理岗再审待处置资产相关资料	
	判断是否在限额内，若是，进入下一级判断；若否，进入04	
04	对于超过限额的资产的处置，须报送学校分管领导进行审核	
	判断是否为期满正常处置，若是，进入07；若否，进入05	
05	若不是期满正常处置，交由资产部门会同归口管理部门组织的资产处置小组进行鉴定确认，出具资产处置鉴定报告	资产处置鉴定报告
06	学校分管领导审核资产处置鉴定报告	
07	业务部门和资产部门经办人依照国家相关规定共同进行资产的处置工作	
	转入收入流程	
08	财务部门会计岗进行账务处理	

七、校办企业管理

（一）校办企业管理规范

1.董事监事委派

学校向所属企业委派的董事、监事，应当具备下列条件：学校在编在岗职工；有良好的品行；有符合职位要求的专业知识和工作能力；有能够正常履行职责的身体条件；现职和不担任现职但未办理离（退）休手续的党政领导干部不得在所属企业兼职（任职）；法律、行政法规规定的其他条件。

学校拟委派的董事、监事、监事会主席，由校企领导小组审议后报校级会议审批；董事长选任由校企领导小组提名，董事会会议选举通过后，由校企领导小组报校级会议审批。审批通过的董事、监事与校企领导小组签订任期履职责任书。

2.校企领导小组工作管理

校企领导小组例行会议每年召开一次，校企领导小组组长或半数以上成员提议，可临时召开校企领导小组会议。该会议审议所属企业年度工作计划、工作总结和财务预决算，审议投资企业重大经营事项。

校企领导小组会议的要求：（1）会议须2/3以上（含2/3）校企领导小组成员参加方可举行；（2）会议由校企领导小组组长主持，校企领导小组会议召开前三天，应将会议议题等相关材料书面通知成员；（3）会议须形成决议和会议纪要，出席会议的校企领导小组成员在决议和会议纪要上签字；（4）会议表决实行一人一票，决策事项获参加会议成员2/3以上（含2/3）同意为通过。

3.人员考核

学校应加强对所属企业负责人履职考核和薪酬管理，建立健全对所属企业的经营考核机制，将经营业绩考核结果作为企业负责人岗位调整、职务任免、薪酬待遇升降的重要依据，促使企业负责人勤勉尽责。考核的要点主要有：特定经营期间的盈利能力、资产质量、债务风险、经营业绩增长及管理状况、所属企业内部控制是否健全有效等。

学校的董事、监事、监事会主席任期届满后，由校企领导小组就以上要点对其任期履职情况进行考评。

4.财务管理

各所属企业财务部门于每年11月份向企业负责人提交下一年度预算编制时间表，获得批准后由财务部门向各预算部门下发预算编制时间表，组织各预算部门召开预算会议，讲解预算要求并下发统一预算格式，各预算部门编制本部门相关预算建议数后交由财务部门汇总，财务部门将汇总的企业年度预算建议数提交管理层讨论；管理层讨论预算建议数后，下发年度预算控制数，各部门对预算进行修改并分解，形成部门预算草案；企业财务部门汇总修改后的预算，形成企业年度预算草案，再次上报管理层讨论，通过后由负责人向董事会上报年度财务预算；董事会集体讨论后获得批准通过，报对外投资管理小组审批后形成企业年度预算，由财务部门下发至各预算部门。

经批准的年度预算由各部门具体执行，财务部门每月编制预算执行情况报表，送达各有关预算部门负责人及企业负责人，并对预算执行情况不好的单位提出预警。对于预算内的支出，财务实行“一支笔”签批制度；对于预算外的支出：由于市场价格变动等因素造成预算不足的不可抗力支出，由预算部门向负责人提交申请支出的报告，经董事长批准后方可支出；由于企业内部人为原因造成的不可预计支出，有关部门应提出处理意见，经董事长批准后方可支出。

因企业调整经营结构、新增经营项目等原因而发生的预算外支出，其项目可行性应先通过企业负责人批准，由此发生的新增相关支出，由项目负责人提出预算，经企业负责人交董事长批准后，由财务部门调整当年预算，并按照预算内支出的程序执行。

财务部门为预算执行情况的监督部门，并有权拒付超预算及申报程序不合理的支出。

财务部门每年年末根据企业各部门实际支出情况编制年度决算，由企业负责人审核通过后，上报至董事会审批并备案。

学校所属企业的经营收益按照与学校的协议上缴学校，纳入学校预算，统一核算、统一管理。学校各所属企业独立运营的过程中，应每年向校企领导小组做报告，汇报企业的经营管理情况；同时向学校资产部门报送会计师事务所审计后的审计报告，由资产部门进行汇总统一管理。学校各所属企业应定期聘请外部会计师事务所对企业的财务报表及内部控制管理情况进行审计，并将审计报告报送至学校资产部门备案。

5.国有资产管理

对管理不规范、长期亏损、扭亏无望的所属企业，要实行关、停、并、转。对教学科研无促进作用或长期不分红的所属企业，要撤出投资。严禁以土地、房屋对外投资。

学校所属企业整体或部分改建为有限责任公司或者股份有限公司，合并、分立、破产、解散，国有股东股权比例变动，产权转让，资产转让、置换，整体资产或者部分资产租赁给非国有单位，资产涉讼，收购非国有单位的资产，接受非国有单位以非货币资产出资、抵债等依法律法规规定需要进行资产评估的，要按规定进行资产评估，并将评估结果报教育厅备案。

6.重大事项管理及信息公开

校企领导小组委派的董事、监事，参与所任职企业重大事项的审议决策，应及时报告决策结果，定期向校企领导小组报告履职情况；当所任职企业发生重大事故、出现重大风险，或者发现其他可能损害学校权益的行为时，应当及时报告校企领导小组。

学校所属企业发生合并、分立，增加或者减少注册资本，分配利润，以及解散、申请破产等关系国有资产出资人权益的重大事项，应按照国家规定、按管理权限，报学校批准审核后报教育厅、财政厅批准。

所属企业应按照有关要求，真实、及时向社会公示企业负责人薪酬水平、福利性收入等信息，接受社会公众监督。

（二）校办企业管理流程及说明

1.董事监事委派流程（如图11-19所示）及管控节点说明（见表11-19）

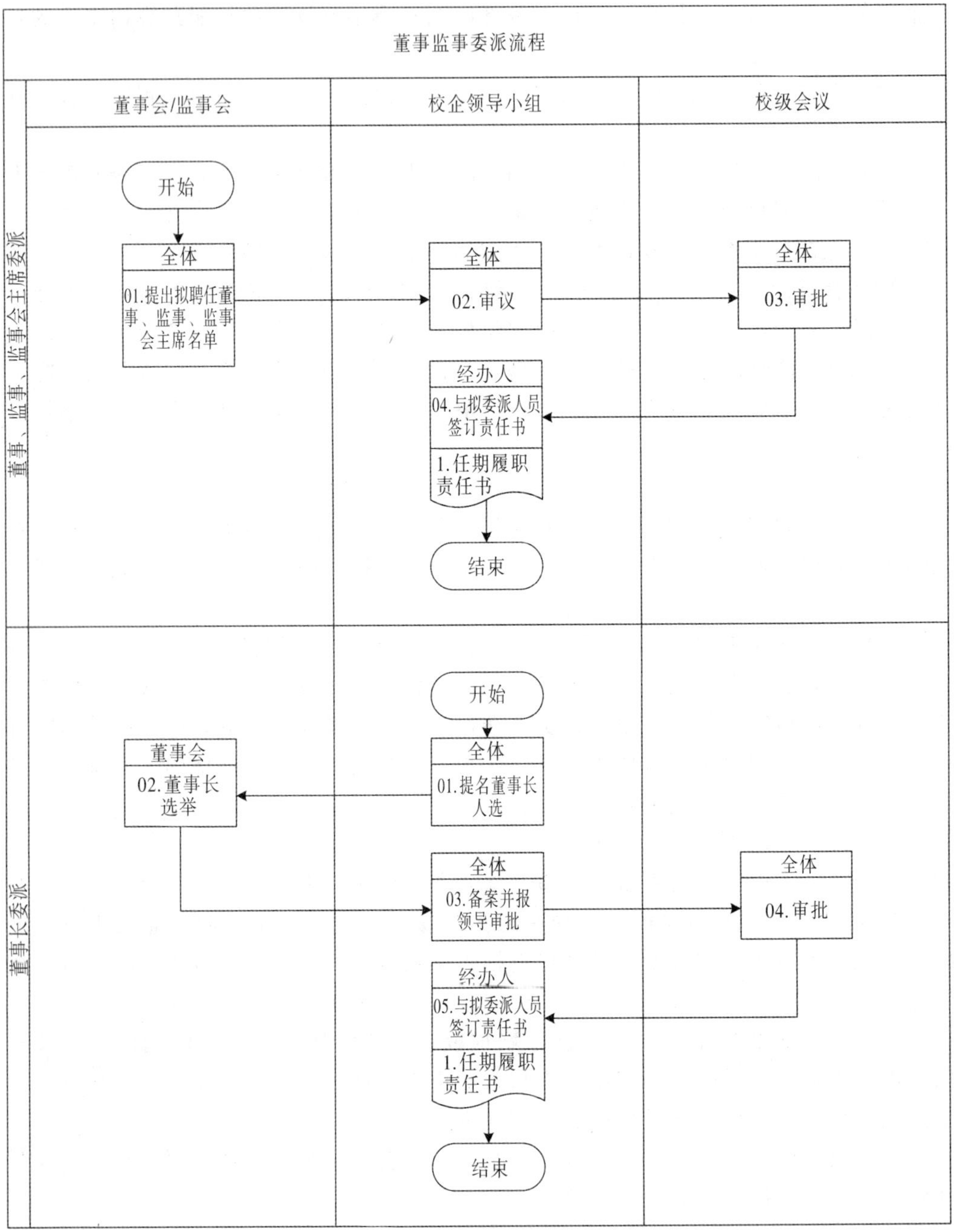

图11-19 董事监事委派流程

表 11-19　**董事监事委派流程管控节点说明**

管控节点	节点说明	输出文档
	董事、监事、监事会主席委派	
01	企业董事会提出拟聘任的董事、监事、监事会主席名单交由校企领导小组	
02	校企领导小组审议拟委派名单后报校级会议	
03	校级会议审批	
04	审批通过的董事、监事、监事会主席与校企领导小组签订任期履职责任书	任期履职责任书
	董事长委派	
01	校企领导小组全体提名董事长人选	
02	董事会会议进行董事长选举，通过后报校企领导小组	
03	校企领导小组对选举结果进行备案并报校级会议审批	
04	校级会议审批	
05	审批通过的董事长与校企领导小组签订任期履职责任书	任期履职责任书

2.国有资产管理流程及说明

（1）流动资产处置审批流程（如图 11-20 所示）及管控节点说明（见表 11-20）

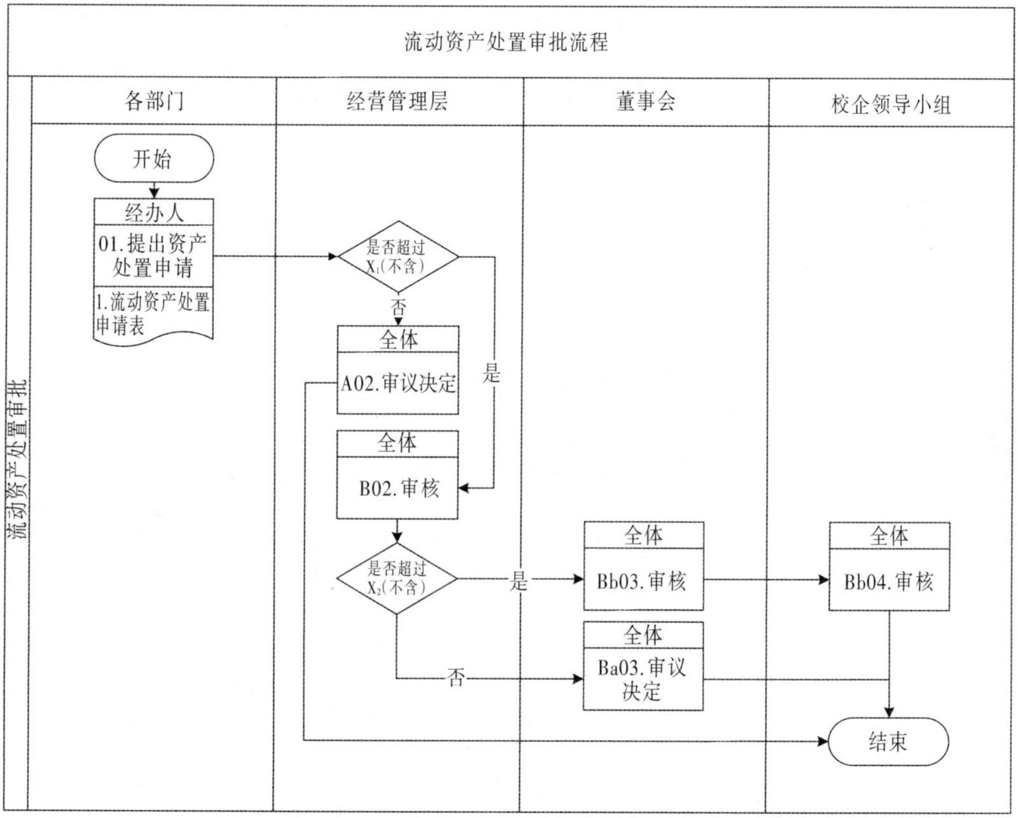

图 11-20　流动资产处置审批流程

表 11-20 **流动资产处置审批流程管控节点说明**

管控节点	节点说明	输出文档
01	企业各部门经办人对需要处置的资产提出申请	流动资产处置申请表
	判断是否超过一定额度 X_1（不含），若是，进入 B02；若否，进入 A02	
A02	单次或批量 X_1 以下（不含）的流动资产处置，由经营管理层决定	
B02	单次或批量 X_1 以上（含）的流动资产处置，由经营管理层先进行审核，然后进入下一级判断	
	判断是否超过一定额度 X_2（不含），若是，进入 Bb03；若否，进入 Ba03	
Ba03	单次或批量 X_1 以上（含）—X_2 以下（不含 X_2）的流动资产处置，经营管理层审核通过后报董事会决定	
Bb03	单次或批量 X_2 以上（含 X_2）的流动资产处置，经营管理层审核通过后由董事会审核	
Bb04	董事会审核通过后报校企领导小组决定	

（2）固定资产处置审批流程（如图 11-21 所示）及管控节点说明（见表 11-21）

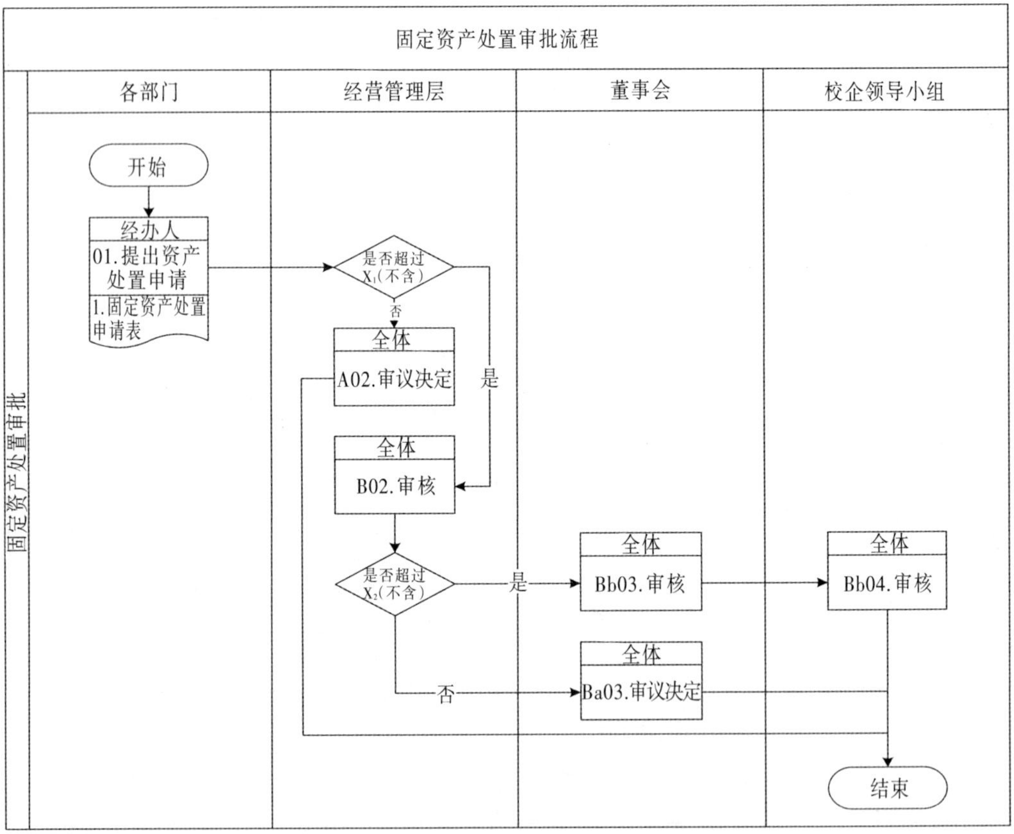

图 11-21 固定资产处置审批流程

表 11-21　**固定资产处置审批流程管控节点说明**

管控节点	节点说明	输出文档
01	企业各部门经办人对需要处置的固定资产提出申请	固定资产处置申请表
	判断是否超过一定额度 X_1（不含），若是，进入 B02；若否，进入 A02	
A02	单次或批量 X_1 以下（不含）的固定资产处置，由经营管理层决定	
B02	单次或批量 X_1 以上（含）的固定资产处置，由经营管理层先进行审核，然后进入下一级判断	
	判断是否超过一定额度 X_2（不含），若是，进入 Bb03；若否，进入 Ba03	
Ba03	单次或批量 X_1 以上（含）—X_2 以下（不含）的固定资产处置，经营管理层审核通过后报董事会决定	
Bb03	单次或批量 X_2 以上（含）的固定资产处置，经营管理层审核通过后由董事会审核	
Bb04	董事会审核通过后报校企领导小组决定	

下篇

其他业务内部控制实施指南

第十二部分

财政专项管理内部控制

一、财政专项管理概述

财政专项项目是指高校使用改善基本办学条件、教育教学改革专项、基本科研业务费、建设世界一流大学（学科）、特色发展引导专项、管理改革等绩效拨款专项和捐赠配比专项等财政专项资金开展的各类项目。

财政专项资金是指具有指定用途、进行单独核算并接受监督和检查的专款专用的财政拨款，是学校为了完成特定工作任务和事业发展目标而取得的具有指定项目和用途的资金，对高校开展业务活动、实现事业发展目标和计划，具有十分重要的作用。

财政专项管理控制就是对财政专项各类项目的控制，具体是指高校通过建立健全财政专项项目管理制度办法，运用系统理论和方法对项目及资源进行计划、组织、协调，建立部门间沟通协调机制和预算执行分析机制，加强内部审核审批等控制办法，对财政专项立项、项目实施、项目绩效评价、项目验收和监督等环节实施有效的控制。

财政专项管理控制的目标是高校进行财政专项项目内部控制所要达到的一个最终目标状态，是分析当前项目管理过程中的风险点并采取控制措施的关键和基础。根据国家财政专项资金管理办法的有关规定，高校财政专项资金分配、使用和管理必须坚持公开、公平、科学、高效原则；集中管理，突出重点；专款专用，独立核算；统一支付，严格把关；跟踪问效，责任追究，强化财政专项资金申报立项、评估论证、拨付使用、绩效评价全过程管理，切实实现财政专项资金管理使用规范化、科学化、效益化。

二、财政专项管理机构设置和职责分工

财政专项管理应建立合理的组织领导和工作协调机制，形成集体研究、专家论证和技术咨询相结合的议事决策机制，确保项目决策科学合理；设置合理的财政专项组织管理体系，明确管理业务各个环节的分工制约、审批权限和责任划分，明确各类项目的归口管理部门及其管理范围和职责；建立健全各类财政专项项目的管理制度和流程，确保管理各个环节有章可依、有规可循，并根据实际情况不断完善、调整、修正和优化制度办法，形成良性循环；建立关键岗位管理制度，按照不相容岗位分离原则合理设置岗位。

（一）学校党委常委会（党委会）

学校党委常委会（党委会）是学校财政专项管理的决策机构，主要职责是：

1.负责审定学校财政专项管理方面的规章制度；

2.负责审批学校年度财政专项预算、预算调整方案；

3.负责审批学校财政专项决算和绩效评价报告；

4.负责审批X_2元及以上的财政专项立项和预算调整。

（二）校长办公会

校长办公会是学校财政专项项目执行的决策机构，主要职责是：

1.负责审定对学校各部门财政专项的分配方案；

2.负责审定（X_1-X_2）元财政专项立项和预算调整；

3.负责审定各财政专项绩效评价报告。

（三）校财经工作领导小组

校财经工作领导小组是学校财政专项的评审机构，主要职责是：

1.审议学校财政专项方面的规章制度；

2.审议学校财政专项预决算和部门预算分配草案；

3.审议学校财政专项绩效评价报告。

（四）财务部门

财务部门是学校财政专项经费管理部门，具体负责财政专项预算的执行、调整、监督、绩效评价等工作，主要职责是：

1.提出学校财政专项经费预算编制的基本要求和定额支出标准；

2.汇总并审核各归口管理部门提交的财政专项经费预算申报资料；

3.根据主管部门要求细化分解财政专项经费的预算指标，拟定预算执行规则；

4.对学校及各部门财政专项经费预算执行过程进行监督；

5.对学校及各部门财政专项经费预算执行结果进行绩效评价,并向财经工作领导小组提交绩效评价报告草案。

（五）归口管理部门

归口管理部门是财政专项组织的执行部门，各归口管理部门的职责是：

1.提出归口审核或审批管理范围内的财政专项经费预算和立项基础资料；

2.确定管理范围内的财政专项经费预算指标的分解及执行方式；

3.归口审核或审批各业务部门提交的财政专项经费预算执行申请、预算调整申请；

4.协助填报财政专项结项材料及完成绩效评价工作。

（六）审计部门

审计部门为预算监督部门，主要职责是：

1.检查财政专项预决算和立项相关基础材料，及时发现问题并索取证明材料；

2.纠正财政专项管理过程中的违规违纪问题，及时向校长办公会和学校党委常委会（党委会）报告；

3.提出改进学校财政专项管理、提高资金使用效益的建议和措施。

三、财政专项立项管理

项目立项是财政专项的起点，在整个财政项目管理中具有重要的地位。在这一阶段，高校应该通过一系列的科学手段针对是否要实施项目作出决策，主要包括项目申报书编写、项目论证、项目评审、项目批复，按照规定的权限和程序对项目进行授权决策，重大项目的立项由学校集体研究决策。

财政专项立项管理的控制目标包括：确保申报的项目符合国家方针政策、财政专项资金支持方向和范围、高校内部规章制度，明确项目的申报条件、内容、要求；确保申报项目具有建设必要性和技术可行性，符合学校年度目标和工作计划；项目支出预算编制过程中各部分沟通协调充分，加强项目内部审核管理；明确项目申请、评审、筛选、立项等程序，确保项目申报经过审批，立项决策科学合理，立项过程规范合理，立项过程中的文件资料得到及时整理和妥善保管；确保项目符合学校中长期发展规划。

（一）财政专项立项管理规范

1.申请使用学校预算资金安排的专项

在学校编制年初预算时，各部门所申报的专项经费的立项程序按预算管理办法执行。

2.申报上级各部门的专项经费

申请：归口管理部门根据上级部门下达专项经费的性质、资金额度、编报要求以及学校建设发展需要，组织项目申报，项目申报部门进行项目立项申报时，申报项目建设的可行性论证报告应明确项目建设的绩效目标，用以清晰表明项目建设完成后可达到的目标和效果。归口管理部门负责初审，并负责牵头组织相关职能部门和专家进行论证并出具论证意见，由归口管理部门汇总编写项目可行性论证报告，提出预算方案，报分管业务校领导审定批准后提交评审。

评审：根据预算额度，分别执行以下审批程序：

（1）单项金额X_1元及以下项目由归口管理部门报校长审批。

（2）单项金额（X_1- X_2）元项目由归口管理部门报学校财经工作领导小组评审通过后，上报校长办公会审批。

（3）单项金额X_2元及以上项目由归口管理部门报学校财经工作领导小组评审通过后，上报党委常委会（党委会）审批。

立项拨款：经批准后的项目，由归口管理部门向财务部门提交经审批签字后的《专项经费立项申请表》，财务部门据此立项、确定项目编号、出具《专项经费预算指标拨款通知书》。

3.学校预算执行中追加的专项

学校执行中追加的专项，是指在年度预算执行过程中依据教育事业发展的需要追加的专项，主要资金来源为预算预备费。

申请：项目申报部门进行项目立项申报时，申报项目建设的可行性论证报告应明确项目建设的绩效目标，用以清晰表明项目建设完成后可达到的目标和效果。归口管理部门初审，并负责牵头组织相关职能部门和专家进行论证并出具论证意见，由归口管理部门汇总编写项目可行性论证报告、提出预算申请方案，报分管业务校领导审定批准后提交评审。

评审：根据预算申请额度，分别执行以下审批程序：

（1）单项金额X_1元及以下项目由归口管理部门报校长审批。

（2）单项金额（X_1- X_2）元项目由归口管理部门报学校财经工作领导小组评审通过后，上报校长办公会审批。

（3）单项金额X_2元及以上项目由归口管理部门报学校财经工作领导小组评审通过后，上报党委常委会（党委会）审批。

立项拨款：经批准后的项目，由归口管理部门向财务部门提交经审批签字后的《专项经费立项申请表》，财务部门据此立项、确定项目编号、出具《专项经费预算指标拨款通知书》。

4.其他需专项管理的各类经费

申请：归口管理部门根据拨付经费的用途进行项目申报，编制《专项经费立项申请表》，报分管业务校领导、财务部门负责人、分管财务校领导审批后，报校长审定。

立项拨款：归口管理部门向财务部门提交经审批签字后的《专项经费立项申请表》，财务部门据此立项、确定项目编号、出具《专项经费预算指标拨款通知书》。

(二) 财政专项立项管理流程及说明

1. 申报上级部门的财政专项立项管理流程如图12-1所示。

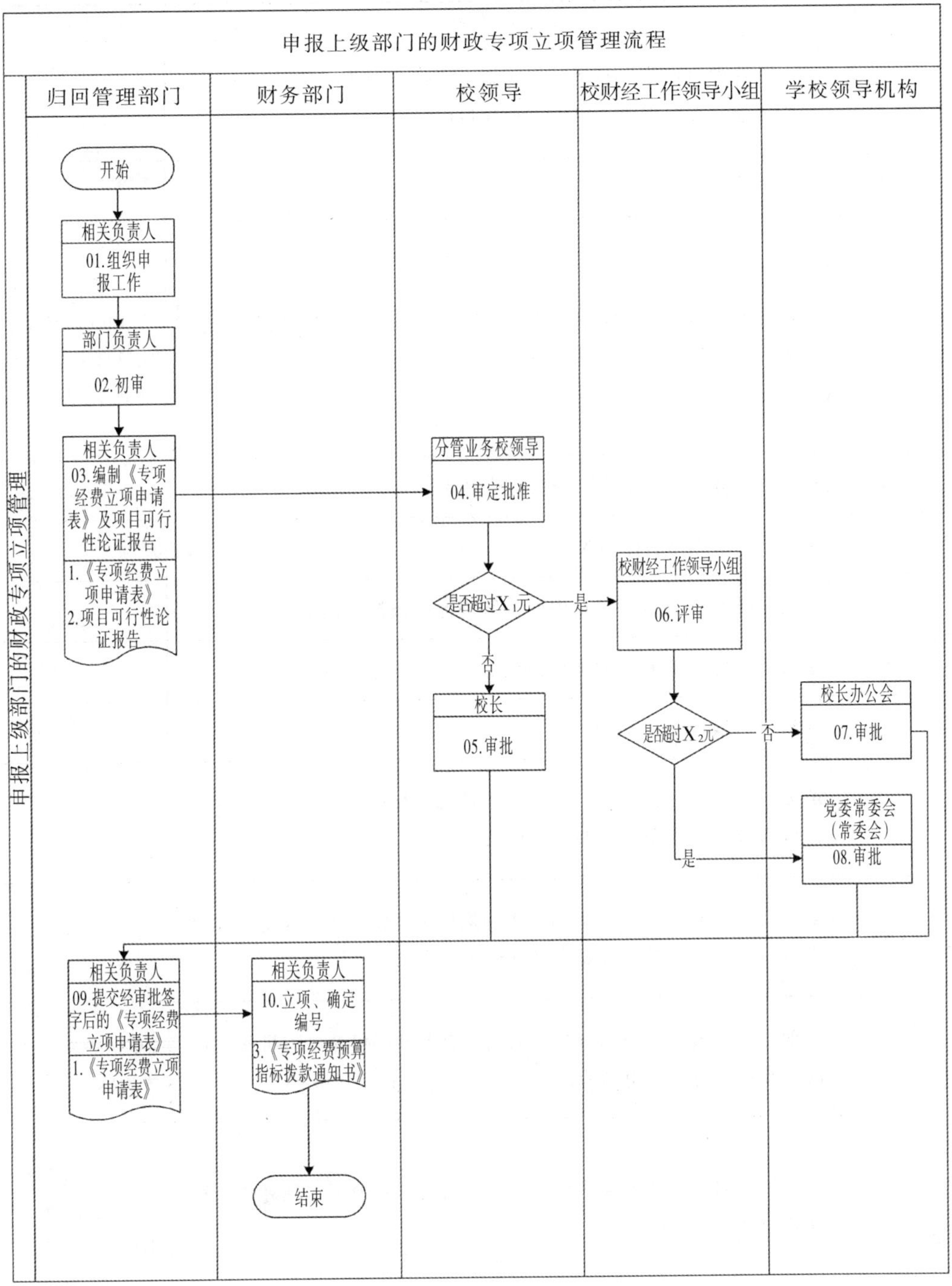

图12-1　申报上级部门的财政专项立项管理流程

管控节点说明见表12-1。

表12-1 **管控节点说明**

管控节点	节点说明	输出文档
01	归口管理部门根据上级部门下达的专项经费的性质、编报要求以及学校建设发展需要，组织进行项目申报	
02	归口管理部门负责人初审	
03	归口管理部门相关负责人提出预算方案，编制《专项经费立项申请表》及项目可行性论证报告	《专项经费立项申请表》、项目可行性论证报告
04	报分管业务校领导审定批准后提交评审	
	判断单项金额是否超过X_1元	
05	单项金额X_1元及以下项目由归口管理部门报校长审批	
06	单项金额超过X_1元以上项目报校财经工作领导小组评审	
	判断金额是否超过X_2元	
07	单项金额X_2元及以下项目由归口管理部门报校财经工作领导小组评审通过后，上报校长办公会审批	
08	单项金额X_2元以上项目由归口管理部门报校财经工作领导小组评审通过后，上报党委常委会（党委会）审批	
09	经批准后的项目，由归口管理部门向财务部门提交经审批签字后的《专项经费立项申请表》	《专项经费立项申请表》
10	财务部门据此立项、确定项目编号、出具《专项经费预算指标拨款通知书》	《专项经费预算指标拨款通知书》

2.预算执行中追加校内财政专项立项管理流程如图12-2所示。

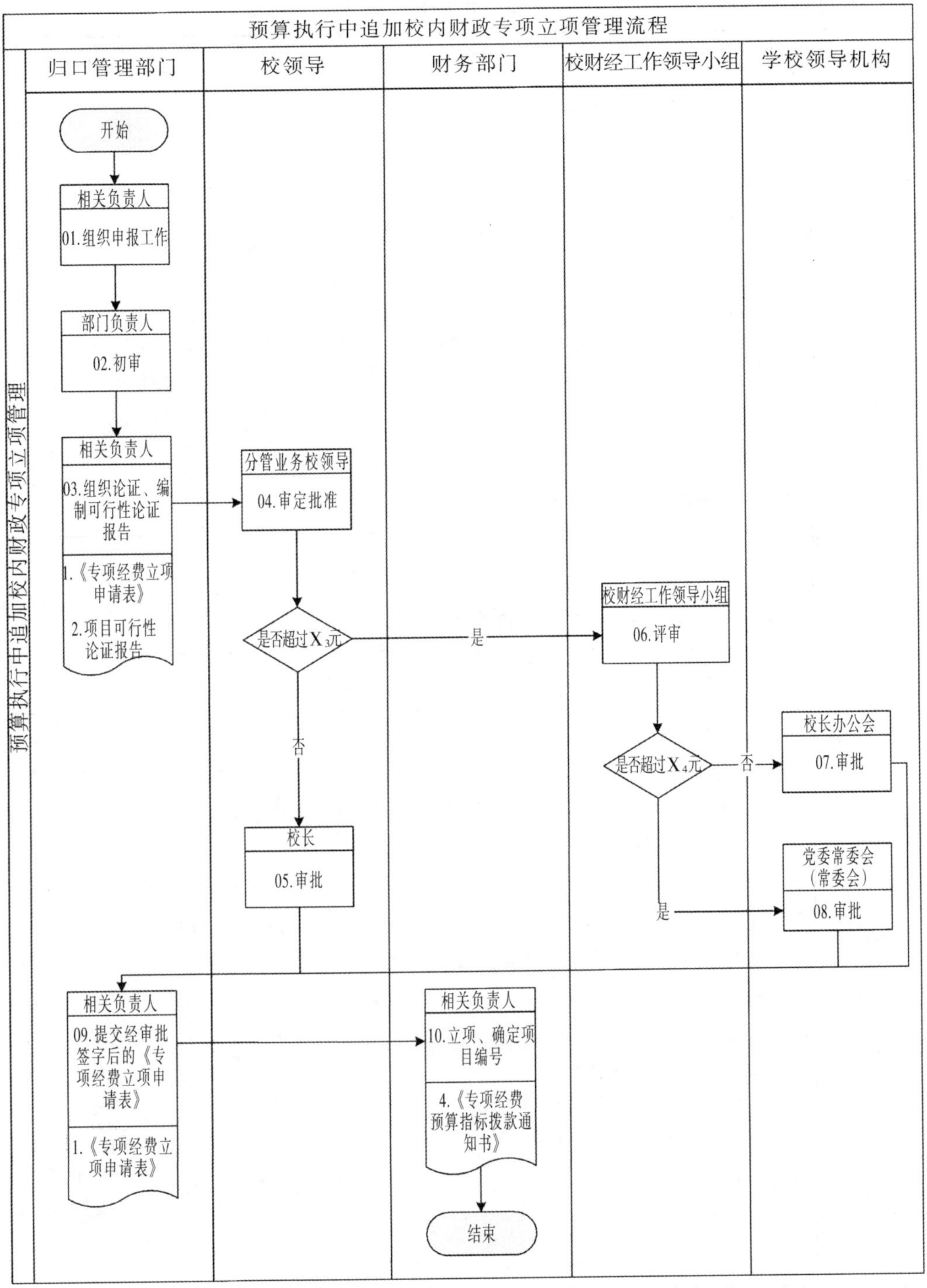

图12-2　预算执行中追加校内财政专项立项管理流程

管控节点说明见表12-2。

表12-2 管控节点说明

管控节点	节点说明	输出文档
01	归口管理部门根据学校建设发展需要、当年经费情况以及项目的轻重缓急组织申报工作	
02	归口管理部门负责人初审	
03	归口管理部门负责人编制《专项经费立项申请表》及项目可行性论证报告	《专项经费立项申请表》、项目可行性论证报告
04	报分管业务校领导审定批准	
	判断单项金额是否超过X_3元	
05	单项金额X_3元及以下项目由归口管理部门报校长审批	
06	单项金额X_3元以上项目由校财经工作领导小组评审	
	判断金额是否超过X_4元	
07	单项金额X_4元及以下项目由归口管理部门报校财经工作领导小组评审通过后，上报校长办公会审批	
08	单项金额X_4元以上项目由归口管理部门报校财经工作领导小组评审通过后，上报党委常委会（党委会）审批	
09	经批准后的项目，由归口管理部门向财务部门提交经审批签字后的《专项经费立项申请表》	《专项经费立项申请表》
10	财务部门据此立项、确定项目编号、出具《专项经费预算指标拨款通知书》	《专项经费预算指标拨款通知书》

3.其他需财政专项管理的项目立项管理流程如图12-3所示。

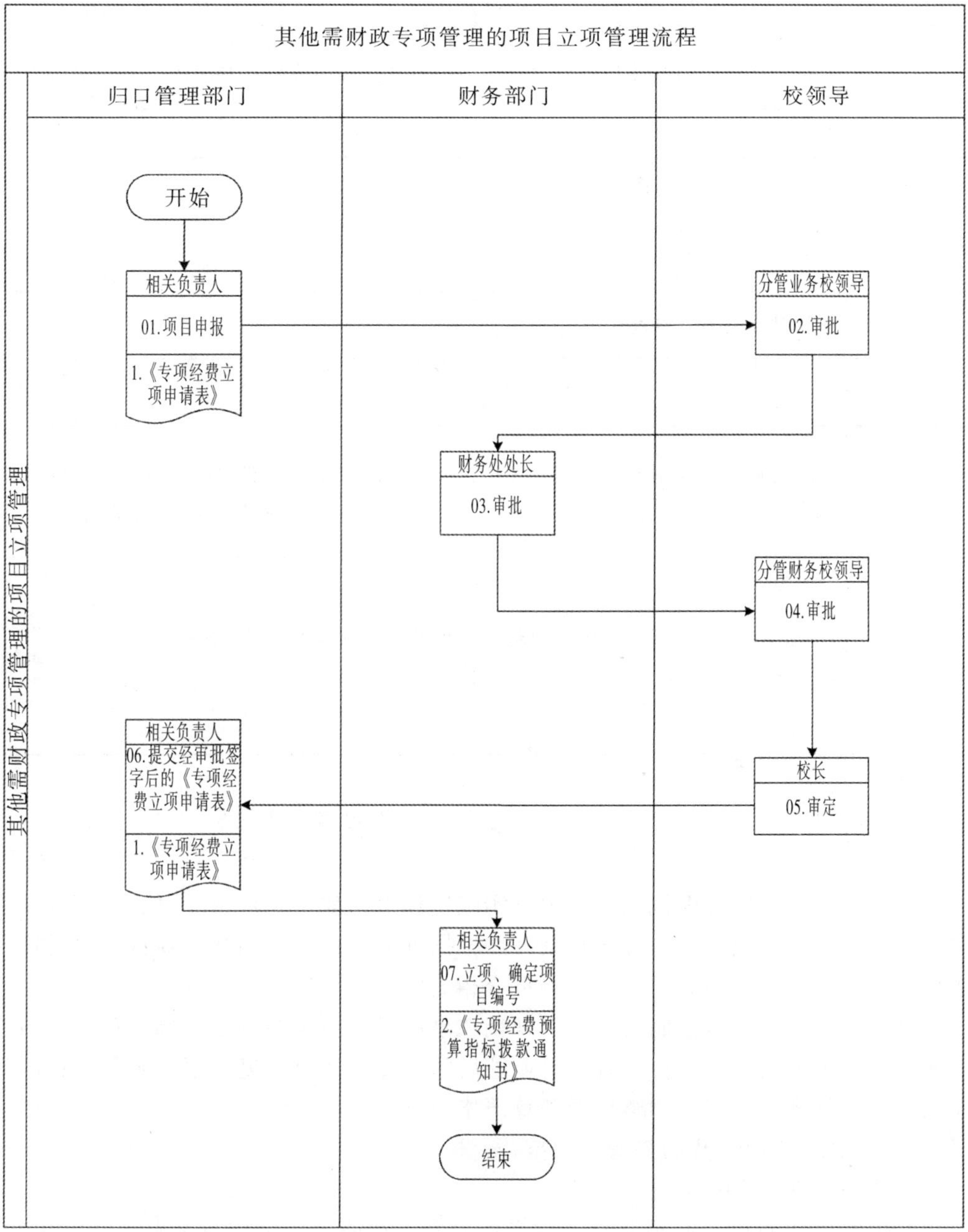

图12-3　其他需财政专项管理的项目立项管理流程

管控节点说明见表12-3。

表12-3 **管控节点说明**

管控节点	节点说明	输出文档
01	归口管理部门根据拨付经费的用途进行项目申报，编制《专项经费立项申请表》	《专项经费立项申请表》
02	分管业务校领导审批	
03	财务处处长审批	
04	分管财务校领导审批	
05	校长审定	
06	归口管理部门向财务部门提交经审批签字后的《专项经费立项申请表》	《专项经费立项申请表》
07	财务部门据此立项、确定项目编号、出具《专项经费预算指标拨款通知书》	《专项经费预算指标拨款通知书》

四、财政专项经费调整管理

要建立健全项目管理机制，在项目实施过程中，如发生项目变更、终止等预算调整事项，必须按照规定的程序报批，并根据批复进行相应调整。项目变更要符合法律法规和相关文件的规定，程序应符合相关要求。

财政专项经费调整控制目标：出现调整事项时，应及时调增或调减预算，预算的调整应按规定的程序进行审批；对调整后的预算应及时批复，下达到部门；部门在收到调整预算后，应按调整后的预算严格执行。

（一）财政专项经费调整管理规范

1.财政专项经费的使用

专项经费的使用，必须坚持专款专用原则，严格遵守国家有关财经法律法规、会计制度以及学校财务管理的相关规定。专项经费的使用应严格按预算申报的内容执行，不得擅自挪作他用。

专项经费中属政府采购的项目经费，按国家、学校采购管理的有关规定执行。

凡使用专项经费购置的固定资产均属国有资产，按学校固定资产管理规定统一管理。

专项经费管理实行“项目负责人制度”。专项经费项目负责人为第一责任人，全面负责项目的实施和经费的使用（归口管理部门有文件规定除外），并对资金使用的真实性、合法性、合规性和效益性负责。

项目归口管理部门应加强对专项经费的管理，在财务部门的指导下制定专项经费管理办法，对专项经费的使用、进展情况严格控制把关，并定期与学校财务部门核对专项经费的执行情况。

专项经费在按规定上报阶段性工作总结时，应针对项目经费预算执行情况进行小结，以便进一步落实项目资金使用、物资设备管理情况，校财经工作领导小组每年组织检查。

2.财政专项经费调整

经批准立项的项目在建设过程中，因某些不可预见原因，并经相关归口管理部门确认确有必要调整的，归口管理部门应确定调整类别，填写《专项经费调整申请表》，执行专项调整审批程序。

根据调整内容重要性以及是否需调整项目预算金额，专项经费调整可分为五大类：

第一类：项目建设内容没有调整，仅需调整项目预算金额的；

第二类：项目建设内容的调整为局部、非关键性的，需调整项目预算金额或项目预算金额不发生变化的；

第三类：项目建设内容的调整为重大、关键性的，需调整项目预算金额或项目预算金额不发生变化的；

第四类：因某种原因导致项目无法建设，需撤销项目的；

第五类：因某种原因导致项目无法按期建设完成，需延长项目建设周期的。

根据上述分类，分别执行以下审批程序：

第一类：需调整预算金额的，执行学校预算执行中追加的校内专项程序；

第二类：需调整预算金额的，执行学校预算执行中追加的校内专项程序；不需调整预算金额的，经分管业务校领导审批后报财务部门备案；

第三类：执行原项目立项时的审批程序；

第四类：执行原项目立项时的审批程序；

第五类：执行原项目立项时的审批程序。

（二）财政专项经费调整管理流程及说明

财政专项经费调整管理流程如图12-4所示。

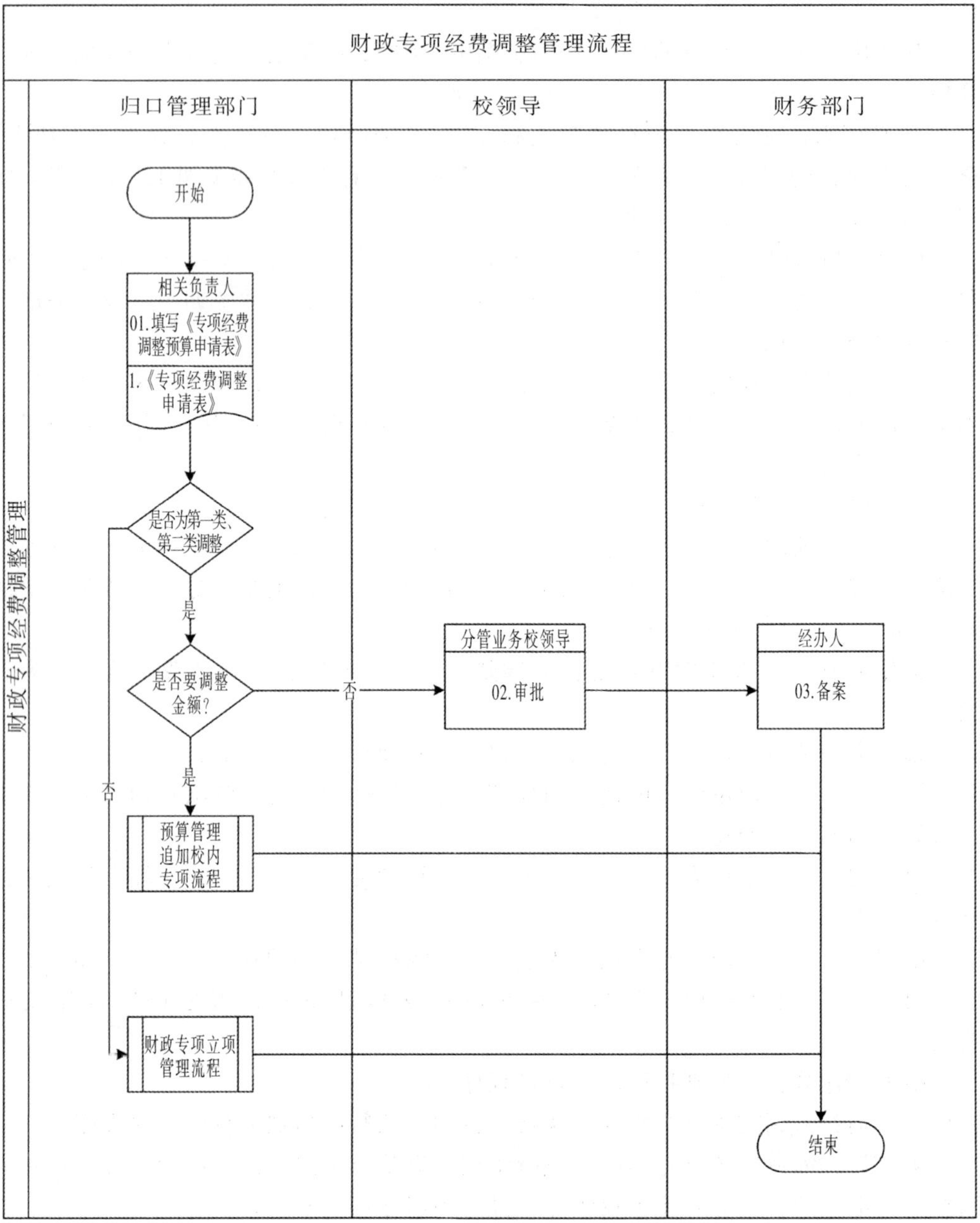

图 12-4 财政专项经费调整管理流程

管控节点说明见表 12-4。

表 12-4　**管控节点说明**

管控节点	节点说明	输出文档
01	经批准立项的项目在建设过程中，因某些不可预见原因，并经相关归口管理部门确认确有必要调整的，归口管理部门应确定调整类别，填写《专项经费调整申请表》，执行专项调整审批程序	《专项经费调整申请表》
	是否为第一类、第二类调整	
	如果是第一类、第二类调整，判断是否需要调整金额	
	如果需要调整金额，则实施预算管理中追加校内专项管理流程的审批程序	
02	如不需调整金额，先由分管业务校领导审批	
03	交财务部门备案	
	如果非第一类、第二类调整，则实施财政专项立项管理流程，申报上级各部门的专项经费管理流程的审批程序	

五、财政专项结项管理

高校对财政专项项目实施的全过程和完成效果进行监督、检查与验收。这一阶段主要包括项目决算，组织专业人员进行竣工验收，及时收集、整理项目立项、论证、中期检查与项目验收、绩效评价等各环节的文件资料，保障项目档案的完整性、规范性等。

财政专项结项管理的控制目标包括：项目完成后，相关部门及时整理项目资料办理验收，明确验收条件、验收内容和验收程序，确保财政专项验收工作依法依规及时开展，程序规范，保证财政专项项目的完成质量符合立项目标；项目决算编制及时、合理，内容完备，决算审计独立、科学、客观、公正和实事求是，保证项目决算的真实性、合法性和完整性；做好项目档案管理工作，及时收集、整理、归档和保管项目立项、论证、中期检查和验收、绩效评价等各环节的文件资料，保障项目档案的完整性、规范性。

（一）财政专项结项管理规范

专项项目必须在《专项经费立项申请表》承诺的时间内实施完成，包括完成验收、决算、审计工作。当年应完成的专项因客观因素造成延期，需在次年继续执行的，必须提前一个月办理延期手续。跨年度的专项项目在立项申报时要说明申报经费总额、执行年限、当年申报经费数额。以后年度经费，仍按本办法申报和管理。

专项项目完成后，归口管理部门要根据学校专项经费项目管理要求，在项目终了10日内及时向财务部门提出建设项目结项申请，填写《专项经费结项申请表》，同时提交项目建设验收报告、项目绩效评价报告等书面材料，财务部门据此办理结项的相关手续。

完成专项项目如有结余经费，上级部门有文件规定的，按相关规定执行；没有文件规定的，对已完成项目的专项经费结余不得挪作他用，由学校收回统筹使用。

（二）财政专项结项管理流程及说明

财政专项结项管理流程如图12-5所示。

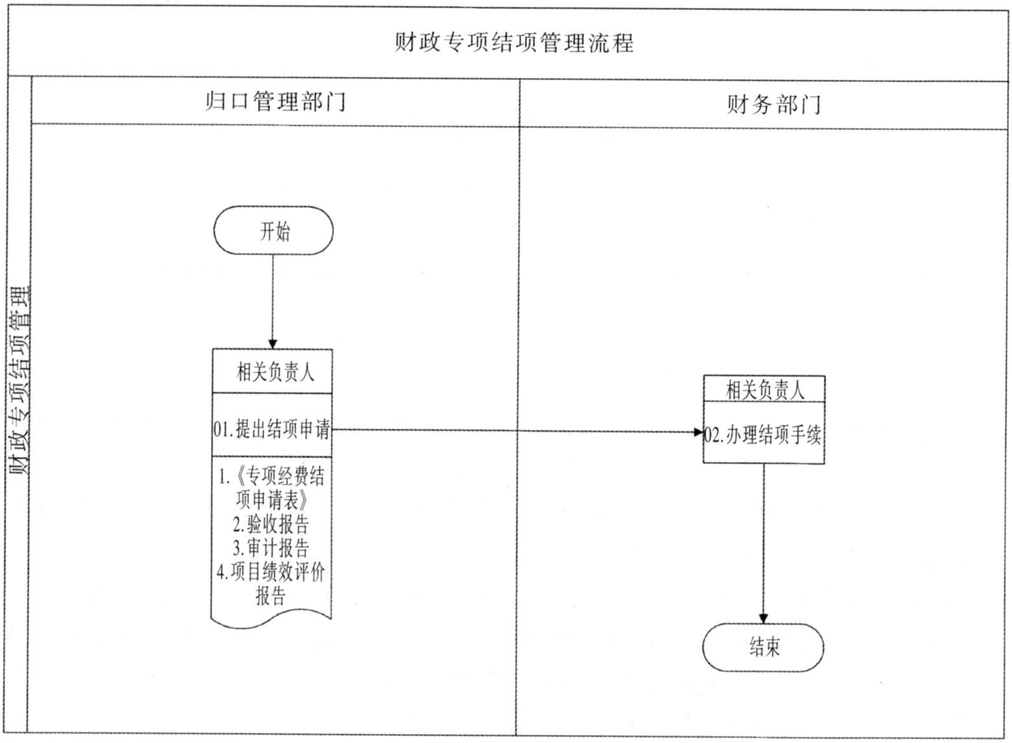

图12-5 财政专项结项管理流程

管控节点说明见表12-5。

表12-5　**管控节点说明**

管控节点	节点说明	输出文档
01	专项项目完成后，归口管理部门要根据学校专项经费项目管理要求，在项目终了10日内及时向财务部门提出建设项目结项申请，填写《专项经费结项申请表》，同时提交验收报告、审计报告、项目绩效评价报告等书面材料	《专项经费结项申请表》、验收报告、审计报告、项目绩效评价报告
02	财务部门据此办理结项的相关手续	

六、财政专项绩效评价管理

高校应当按照规定制定项目绩效评价实施办法，做好项目绩效评价工作，并注重应用评价结果，建立追责问效和奖惩机制。这一阶段主要包括项目评价方法选择，评价指标设置，项目评价报告撰写，绩效反馈及跟踪控制等。

财政专项绩效评价管理的控制目标包括：加强项目支出预算绩效管理，建立财政专项“预算编制有目标、预算执行有监控、预算完成有评价、评价结果有反馈、反馈结果有应用”的全过程预算绩效管理机制；项目绩效评价方法科学合理，评价指标体系完整，评价过程公开透明，考核结果客观公正，建立追责问效和公平合理的奖惩机制，能够依据考评结果作出反馈并确保反馈的有效性，确保项目绩效评价结果在一定范围内公开。

（一）财政专项绩效评价管理规范

1.财政专项绩效评价

项目建设部门在项目立项申报时提交的项目可行性论证报告应明确项目绩效目标，用以清晰表明项目建设完成后可达到的目标和效果。绩效目标应以细化、数字化的各类绩效指标进行详细描述，具体应包含数量指标、经济效益指标、社会效益指标、生态效益指标、可持续影响指标、服务对象满意度指标等内容。归口管理部门应根据申报部门的项目申报内容和绩效目标，组织相关专家进行论证，确定是否同意立项。

项目建设完成后，项目建设部门应对项目绩效目标完成情况进行自评并提交自评报告。

归口管理部门应根据批准的立项申请、项目建设部门的绩效自评报告，经实地核查后对建设的项目进行绩效评价，并向学校提交该项目的绩效评价报告，由分管业务的校领导审核，由校财经工作领导小组审核。立项额度不超过X元则由校长办公会议审批，超过X元的则交由党委常委会（党委会）审批。评价报告应包括项目建设预期目标实现情况及其效果，项目建设需要进一步完善和整改方面的建议等内容。

2. 财政专项经费使用监督检查

学校财务部门、审计部门对专项资金使用的合法性、合理性和有效性实施全面监督和检查。专项项目在立项、实施中给学校造成损失的，学校要根据责任严肃追究项目相关单位（部门）责任人的责任。如发现有截留、挤占、挪用专项经费或物资管理不善等情况，应对有关责任单位和责任人员进行处理并终止项目，情节严重者，应由有关部门追究其法律责任。

所有与专项经费有关的项目负责人和财务人员，都应自觉遵守国家财经法规，同时接受有关主管部门和学校财务部门、审计部门等的监督检查。

（二）财政专项绩效评价管理流程及说明

财政专项绩效评价管理流程如图12-6所示。

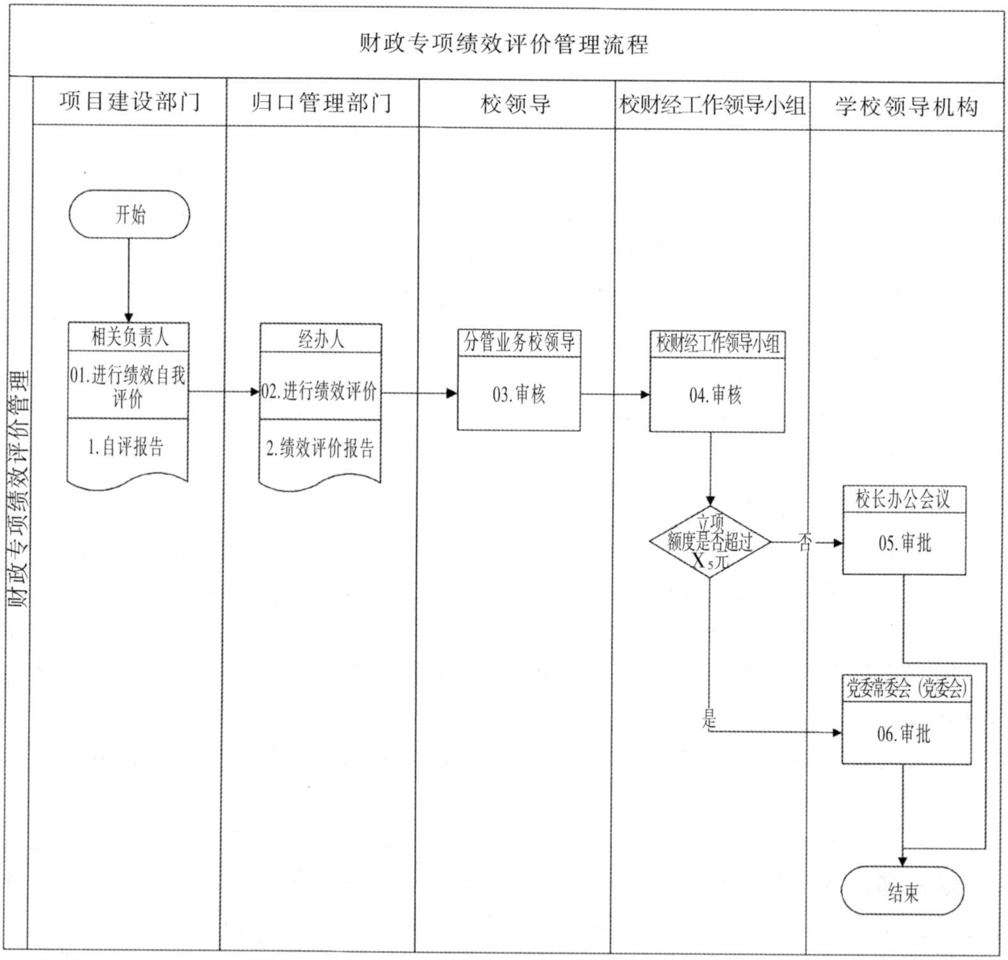

图12-6　财政专项绩效评价管理流程

管控节点说明见表12-6。

表12-6 **管控节点说明**

管控节点	节点说明	输出文档
01	项目建设完成后，项目建设部门应对项目绩效目标完成情况进行自评并提交自评报告	自评报告
02	归口管理部门应根据批准的立项申请、项目建设部门的绩效自评报告，经实地核查后对建设的项目进行绩效评价，并向学校提交该项目的绩效评价报告。评价报告应包括项目建设预期目标实现情况及其效果，项目建设需要进一步完善和整改方面的建议等内容	绩效评价报告
03	分管业务校领导审核	
04	校财经工作领导小组审核	
	立项额度是否超过 X_5 元	
05	不超过则报送校长办公会议审批	
06	超过则报送党委常委会（党委会）审批	

第十三部分

科研管理内部控制

为规范高校科研管理，鼓励教师积极从事科学研究工作，根据教育部《全国高校哲学社会科学繁荣计划》、《国务院关于优化科研管理提升科研绩效若干措施的通知》、《国务院关于改进加强中央财政科研项目和资金管理的若干意见》和《高等学校哲学社会科学繁荣计划专项资金管理办法》等有关文件精神，结合高校实际情况，制定本指南。

一、科研管理概述

科研管理，是学校科研工作的全过程管理。其主要内容包括：科研项目管理、科研项目资金管理、其他科研工作管理。

高校科研管理的主要任务包括：统筹安排组织申报各级各类科研项目、合理监督科研经费使用、科学制定科研管理制度、积极申报各级各类科研成果奖、筹备组建科研机构、开展学术活动、整理科研数据、报送咨政报告。

二、科研管理机构设置和职责分工

高校科研管理的组织机构包括党委常委会（党委会）、校长办公会、科研部门、财务部门及各学院（系、部）。另有学术委员会对学术问题进行审议，审计部门对科研管理全过程进行监督。

（一）党委常委会（党委会）

党委常委会（党委会）为学校科研管理最高决策机构，其主要职责包括：

1.审定学校科研工作中长期发展规划，审定科研管理规章制度；

2.审定成立科研机构。

（二）学术委员会

学术委员会为科研管理的最高学术机构，其主要职责包括：

1.审议学科、专业及教师队伍建设规划；

2.审议科学研究、对外学术交流合作等重大学术规划；

3.审议学科专业设置；

4.审议教学机构及学术机构设置与调整方案；

5.审议交叉学科、跨学科协同创新机制的建设方案，学科资源的配置方案；

6.审议人才培养质量的评价标准及考核办法；

7.审议学位授予标准及细则、学历教育培养标准、教学计划方案等；

8.审议学校教师及其他专业技术职务聘任的学术标准与办法；

9.审议学术评价规则、学术争议处理规则和学术道德规范；

10.审议学术委员会专门委员会章程及学院（系、部）教授委员会章程；

11.审议教学科研成果评价标准与奖励细则；

12.审议领军人才引进人选、特聘教授聘任人选、国内外重要学术组织的任职人选及人才选拔培养计划人选；

13.审议自主设立的各类学术基金项目、科研项目以及教学和科研奖项等；

14.审议学校认为需要提交审议的其他学术事务。

（三）科研部门

科研部门为科研项目的归口管理部门，其主要职责包括：

1.负责编制并宣传与学校科研项目、科研经费相关的管理办法；

2.负责根据学术研究的特点、规律和发展方向，制定学校科研中长期发展规划；

3.负责协调并整合全校学术资源，推进重点研究基地、实体研究所和各院系科研机构的建设与发展；

4.负责协助相关部门，培养、选拔科研骨干人才；

5.负责根据学科发展和国家重大需求，组织各级科研项目的申报及管理等工作；

6.负责组织纵向项目及校级项目的论证或预算评审；

7.负责编制学校层面的科研预算方案，包括但不限于：预测下一年度高校科研项目情况、基本科研业务费情况等；

8.负责各级各类项目的立项审核、执行监控、中期检查及结项等；

9.负责审核项目内容、预算及人员调整等变更事项；

10.负责有计划地对科研项目开展、经费使用情况进行全过程的监督检查，并协助审计部门的审计工作；

11.负责全校科研成果统计，组织各级优秀成果奖的申报工作；

12.负责各级各类科研项目的资料整理、归档工作；

13.负责科研项目的业务和财务绩效评价工作，编制科研项目绩效评价报告；

14.负责公开、公示科研相关信息，接受全校师生监督；

15.负责执行学术委员会授权管理的其他科研项目相关事务。

（四）财务部门

财务部门负责科研经费的管理工作，包括预算和决算等。

（五）各学院（系、部）

各学院（系、部）为科研管理工作的具体实施部门，其主要职责包括：

1.根据学校科研工作整体安排，制订本部门科研发展计划；

2.根据科研部门相关通知，组织本部门教师申报各级各类科研项目及成果奖；

3.管理和监督其所在部门及教师承担的科研项目经费，对其使用的真实性、合规性负责。

（六）审计部门

审计部门为科研工作管理与科研经费使用监督部门，其主要职责是：

1.检查科研管理工作相关基础材料，及时发现问题并索取证明材料；

2.纠正科研管理过程中的违规违纪问题，及时向学校领导机构反馈及建议；

3.提出改进学校科研管理、提高科研经费使用效益的建议和措施。

三、科研项目管理

（一）科研项目管理规范

1.纵向科研项目

（1）纵向科研项目的申报

科研部门收到各级主管部门的申报文件后，在全校范围内发布项目申报通知。项目负责人撰写申报书，编制经费预算，并将申报材料报送至所在部门。

各学院（系、部）科研负责人及科研秘书对申报材料进行初审并汇总，统一报送至科研部门。

科研部门根据项目主管部门的文件要求，对全校申报材料进行资格审查与汇总。对于有申报限额的科研项目，科研部门组织学术委员会专家评审组对符合申报条件的项目进行评审，科研部门汇总评审结果同时将申报名单报主管校领导或校长办公会审批；对于无申报限额的科研项目，科研部门将符合申报条件的材料整理后上报主管部门。

（2）纵向科研项目的中期检查与结题

纵向科研项目立项后，科研部门发布校内新闻公布立项结果，下拨资金，对立项项目进行管理，督促项目负责人按计划开展研究工作。按照主管部门的通知，组织项目负责人进行中期检查与结题，并做好结题成果的审核与认定、结题材料的登记与报送工作。

2.横向科研项目

横向科研项目，包括学校教师与企事业单位、学术团队、社会团体、国内外高校、研究机构等签订的委托研究、合作研究、技术咨询、技术开发等项目。

横向科研项目由学校教师与委托或合作方自行商议合同内容，并由科研部门申请学校合同审批流程，经财务部门、审计部门、法律顾问、校领导等分别审批同意后，由科研部门持合同至办公室加盖学校合同专用章。

横向科研项目按照合同约定时间管理，合同期满后即为结题。

3.校级科研项目

（1）校级科研项目的申报

每年由科研部门定期在公告通知上发布申报通知，申报人撰写申报书，编制经费预算，并将申报材料报送至所在部门。

各学院（系、部）科研负责人及科研秘书对申报材料进行初审并汇总，统一报送至科研部门。

科研部门根据文件要求，对全校申报材料进行资格审查与汇总，并组织学术委员会项目评审组专家对符合条件的申报项目进行评审，科研部门将评审结果上报主管校领导或校长办公会决定立项名单。会后根据校长办公会的审议结果发布立项名单。

（2）校级科研项目的中期检查与结题

校级科研项目立项后，科研部门发布公告通知，公布立项结果，下拨科研经费，对立项项目进行管理，督促按计划开展研究工作。根据项目研究期限组织项目负责人进行中期检查与结题，并做好结题成果的审核与认定、结题材料的登记与结题证书的发放工作。

4.科研成果认定与奖励

学校应定期开展科研成果的认定与奖励工作。科研部门根据工作安排发布校级科研奖励通知。所有人以院系为单位按通知要求报送成果原件。

科研部门根据学校相关规定，对科研成果进行逐一认定，确定奖励等级。如遇特殊情况根据奖励文件难以认定等级的成果，提请学术委员会专家评审组认定。

科研部门将确定后的拟奖励名单上报校长办公会审议，通过后发布奖励结果，在表彰大会上进行表彰。奖金由财务部门统一扣税后发放至工资卡内。

（二）科研项目管理流程及说明

1.纵向科研项目管理流程及说明

纵向科研项目管理流程如图13-1所示。

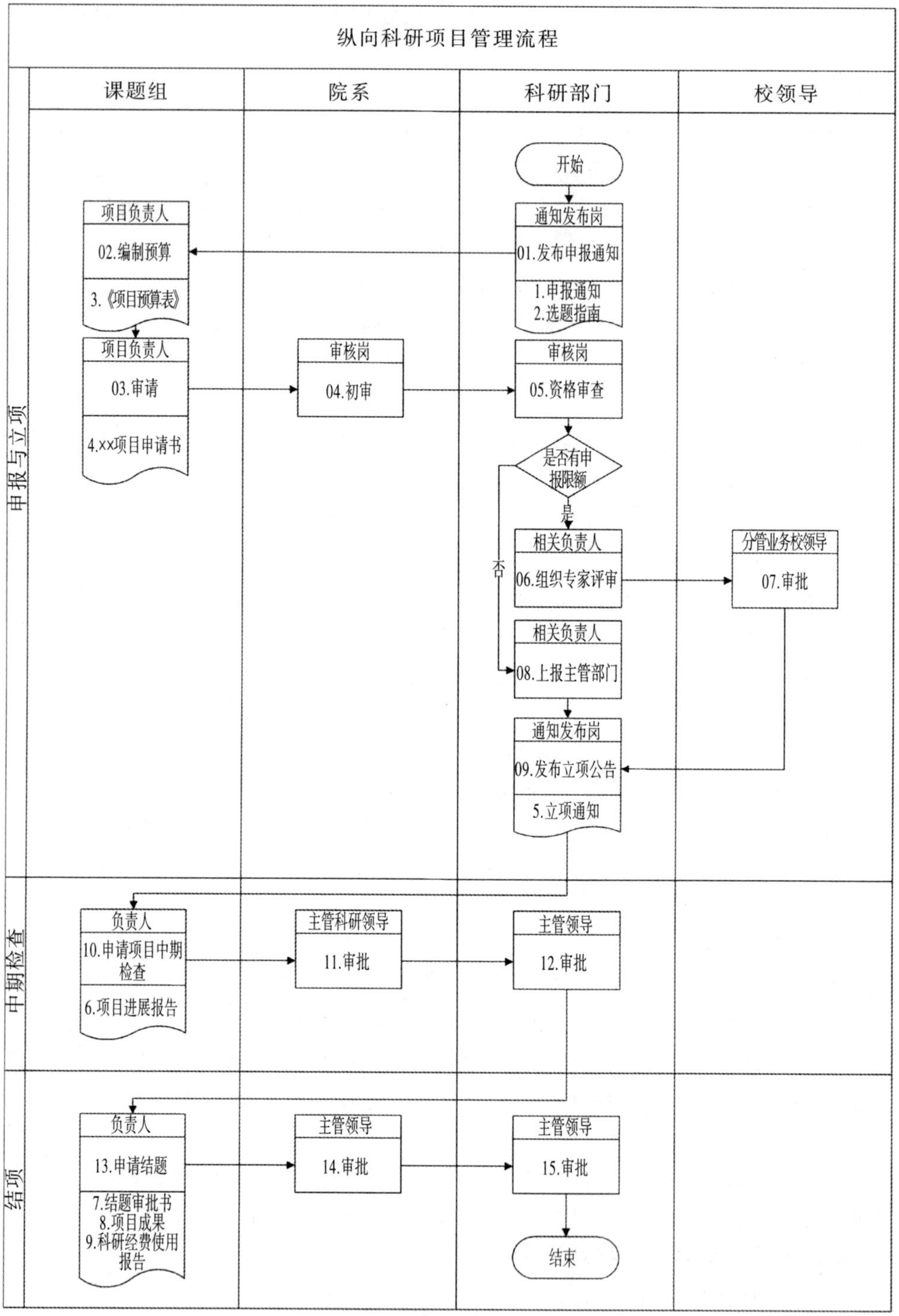

图 13-1 纵向科研项目管理流程

管控节点说明见表13-1。

表13-1　**管控节点说明**

管控节点	节点说明	输出文档
01	科研部门向各院系发布年度纵向科研项目选题指南和申报通知	申报通知、选题指南
02	课题组负责人编写课题预算	《项目预算表》
03	课题组负责人提交项目申请	××项目申请书
04	院系对申报的材料进行初审	
05	科研部门对申报者进行汇总、资格审查	
	科研项目是否有限额申报	
06	立项单位对上报的课题进行评审，对于有申报限额的科研项目，如国家社科基金项目、省高等学校创新人才、创新团队项目等，科研部门组织学术委员会专家评审组对符合申报条件的项目进行评审	
07	科研部门汇总评审结果，同时将申报名单报分管业务校领导或校长办公会审批	
08	对于无申报限额的科研项目，科研部门将符合申报条件的材料整理后上报主管部门	
09	科研部门发布拟立项通知，公示人选项目	立项通知
10	课题组负责人申请项目中期检查	项目进展报告
11	院系主管科研领导进行审批	
12	科研部门主管领导进行审批	
13	课题组负责人申请结题	结题审批书、项目成果、科研经费使用报告
14	院系主管领导进行审批	
15	科研部门主管领导进行审批	

2.横向科研项目管理流程及说明

横向科研项目管理流程如图13-2所示。

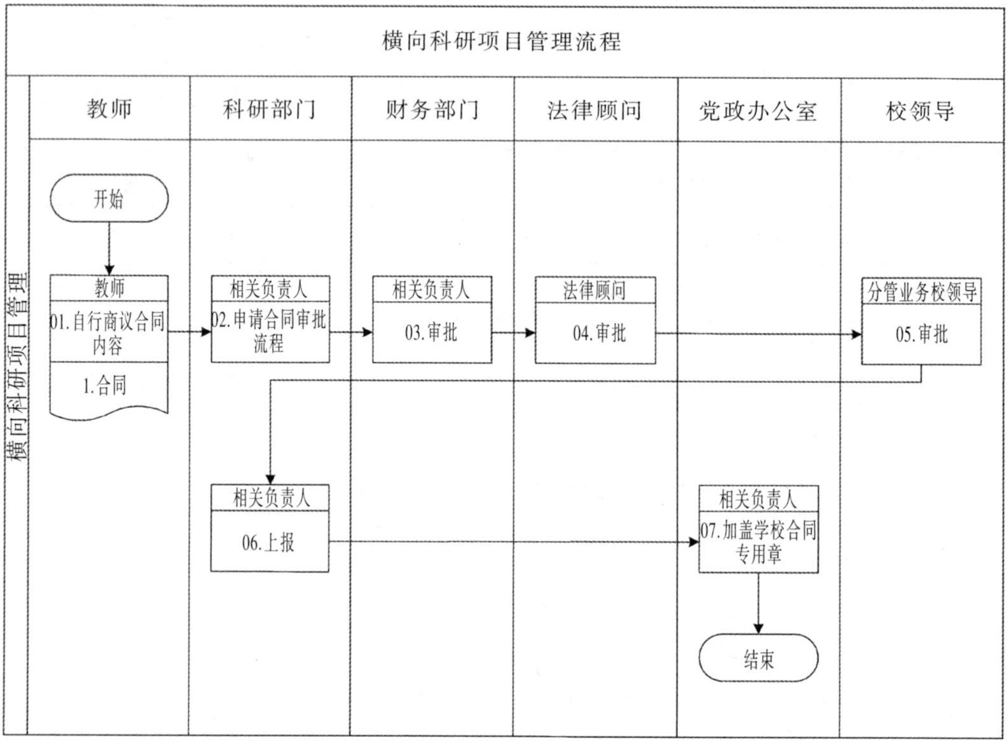

图13-2 横向科研项目管理流程

管控节点说明见表13-2。

表13-2 **管控节点说明**

管控节点	节点说明	输出文档
01	横向科研项目由学校教师与委托或合作方自行商议合同内容	合同
02	由科研部门申请学校合同审批流程	
03	财务部门相关负责人审批	
04	法律顾问审批	
05	分管业务校领导审批	
06	科研部门相关负责人持合同上报	
07	党政办公室相关负责人加盖学校合同专用章	

3.校级科研项目管理流程及说明

校级科研项目管理流程如图13-3所示。

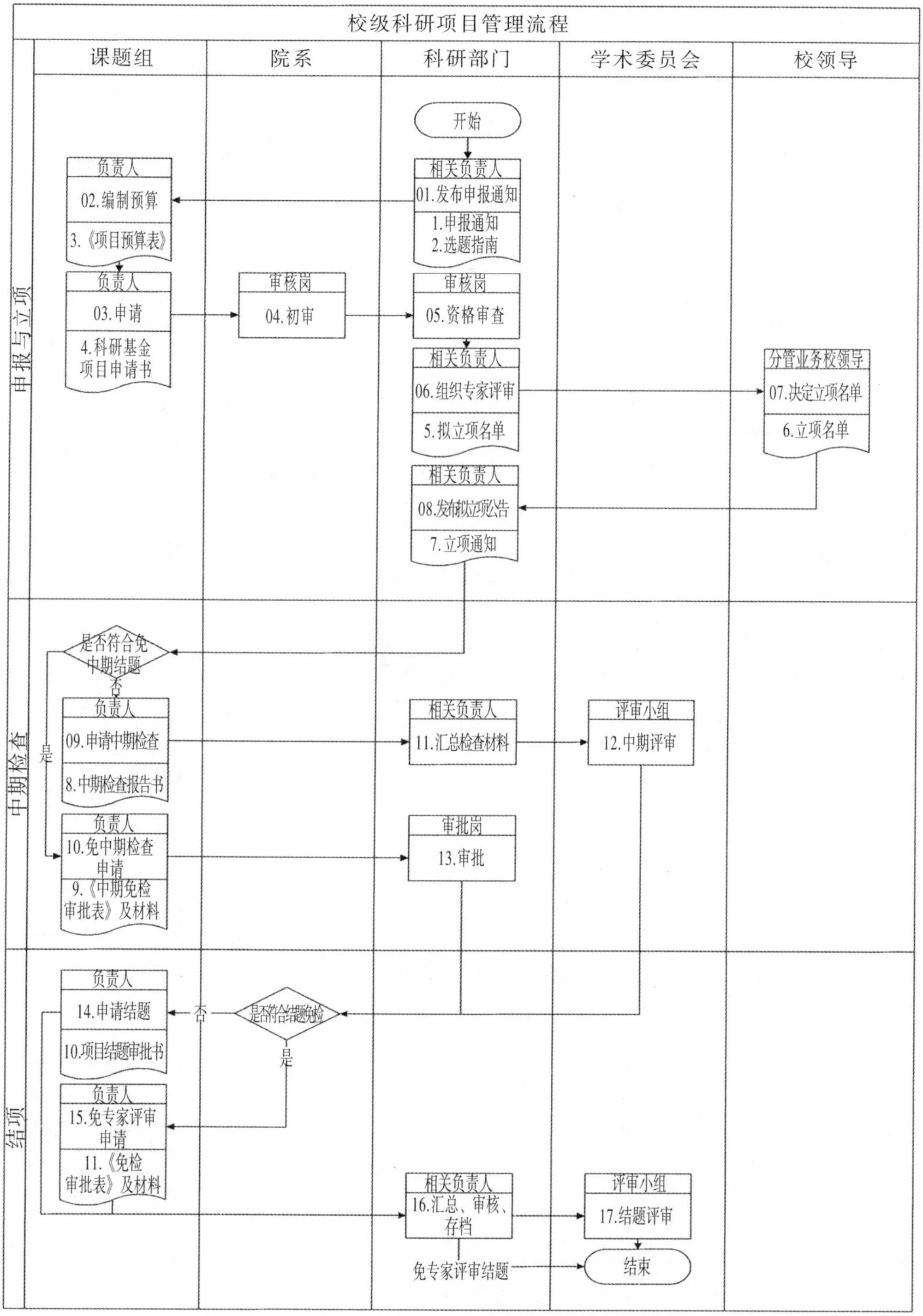

图 13-3　校级科研项目管理流程

管控节点说明见表13-3。

表13-3 管控节点说明

管控节点	节点说明	输出文档
01	科研部门向各院系发布年度校级科研项目选题指南和申报通知	申报通知、选题指南
02	课题组负责人编制预算	《项目预算表》
03	课题组负责人提交项目申请	科研基金项目申请书
04	院系对申报的材料进行初审	
05	科研部门对申报者进行汇总、资格审查	
06	科研部门组织学术委员会项目评审组专家对符合条件的申报项目进行评审	拟立项名单
07	科研部门将评审结果上报分管业务校领导或校长办公会决定立项名单	立项名单
08	科研部门发布拟立项通知，公示入选项目	立项通知
09	课题组负责人申请项目中期检查	中期检查报告书
10	课题组负责人提交免中期检查申请及材料	《中期免检审批表》及材料
11	科研部门对需要进行中期检查的项目进行材料汇总	
12	学术委员会组成的评审小组进行中期评审	
13	对于申请免中期检查的项目，审批是否符合免中期检查要求	
14	课题组负责人申请结题	项目结题审批书
15	课题组负责人提出结题免专家评审申请	《免检审批表》及材料
16	科研部门负责人进行汇总、审核、存档	
17	学术委员会评审小组对项目结题进行评审	

4.科研成果认定与奖励管理流程及说明

科研成果认定与奖励管理流程如图13-4所示。

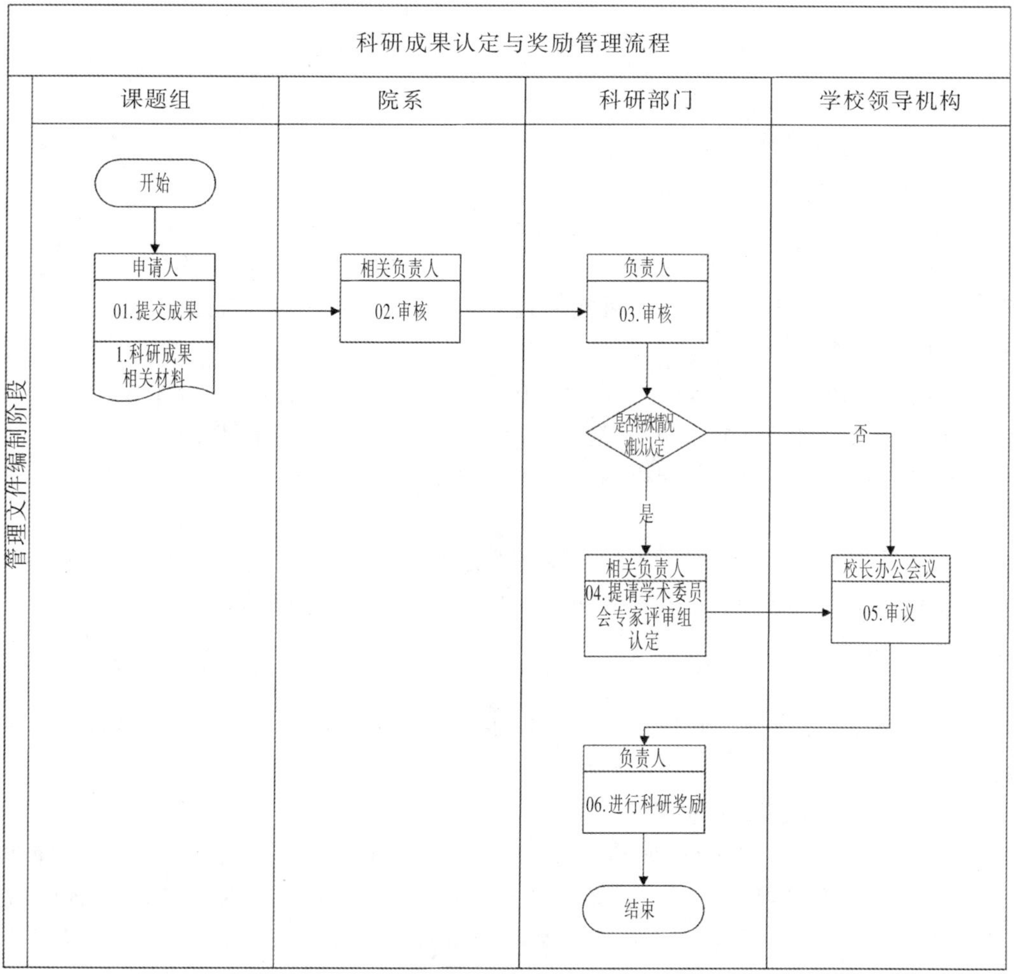

图 13-4　科研成果认定与奖励管理流程

管控节点说明见表 13-4。

表 13-4　**管控节点说明**

管控节点	节点说明	输出文档
01	课题组申请人提交科研成果至院系	科研成果相关材料
02	院系相关负责人审核成果	
03	科研部门负责人审核认定科研成果等级	
	判断是否有特殊情况根据奖励文件难以认定等级的成果，若是，进入 04；若否，进入 05	
04	如遇特殊情况根据奖励文件难以认定等级的成果，提请学术委员会专家评审组认定	
05	科研部门将确定后的拟奖励名单上报校长办公会议审议	
06	进行科研奖励	

四、科研项目资金管理

（一）科研项目资金管理规范

1.科研项目资金分类

纵向项目经费：指由上级科研主管部门及其他具有科研管理规划职能的部门（主要包括国家及省哲学社会科学规划办、国家自然科学基金委、教育部、省教育厅、省科技厅、省社科联、市社科联等有关部门）批准下达的项目资助经费，经费来源为中央或地方财政资金。

横向项目经费：指各级政府部门、企事业单位、学术团体、社会团体委托研究和协作研究项目经费；国内民间基金或个人资助研究的项目经费；境外（含港澳台）的研究基金及高校、研究机构、企业等委托研究和合作研究的国际合作项目经费，经费来源为社会资金。

专项经费：指上级主管部门专门划拨的科研机构建设经费、专项项目经费等，经费来源为中央或地方财政资金。科研机构建设经费根据主管部门要求由各科研机构按照相关规定使用，用于项目资助的专项经费按纵向项目经费管理。

校级项目经费：指学校预算安排的科研项目资助、配套经费，经费来源为学校资金。

2.科研项目资金管理与使用

学校科研项目资金管理实行“统一领导、分级管理、责任到人”的管理体制，明确项目负责人、科研部门、财务部门、审计部门、资产部门、各学院（系、部）等部门的职责和权限，确保科研项目资金使用权、管理权和监督权的有效行使。

财务部门根据到账情况，核实资金来源，通知科研部门认领。科研部门确认后提交立项申请。财务部门设立各项目的财务账号并按立项申请划拨款项。

项目负责人根据项目预算支出项目资金，提交报销单及各类原始凭证并签字。财务部门审核各类原始凭证是否符合财务制度的规定，如无误，支付项目资金。

（二）科研项目资金管理流程及说明

科研项目资金管理流程如图13-5所示。

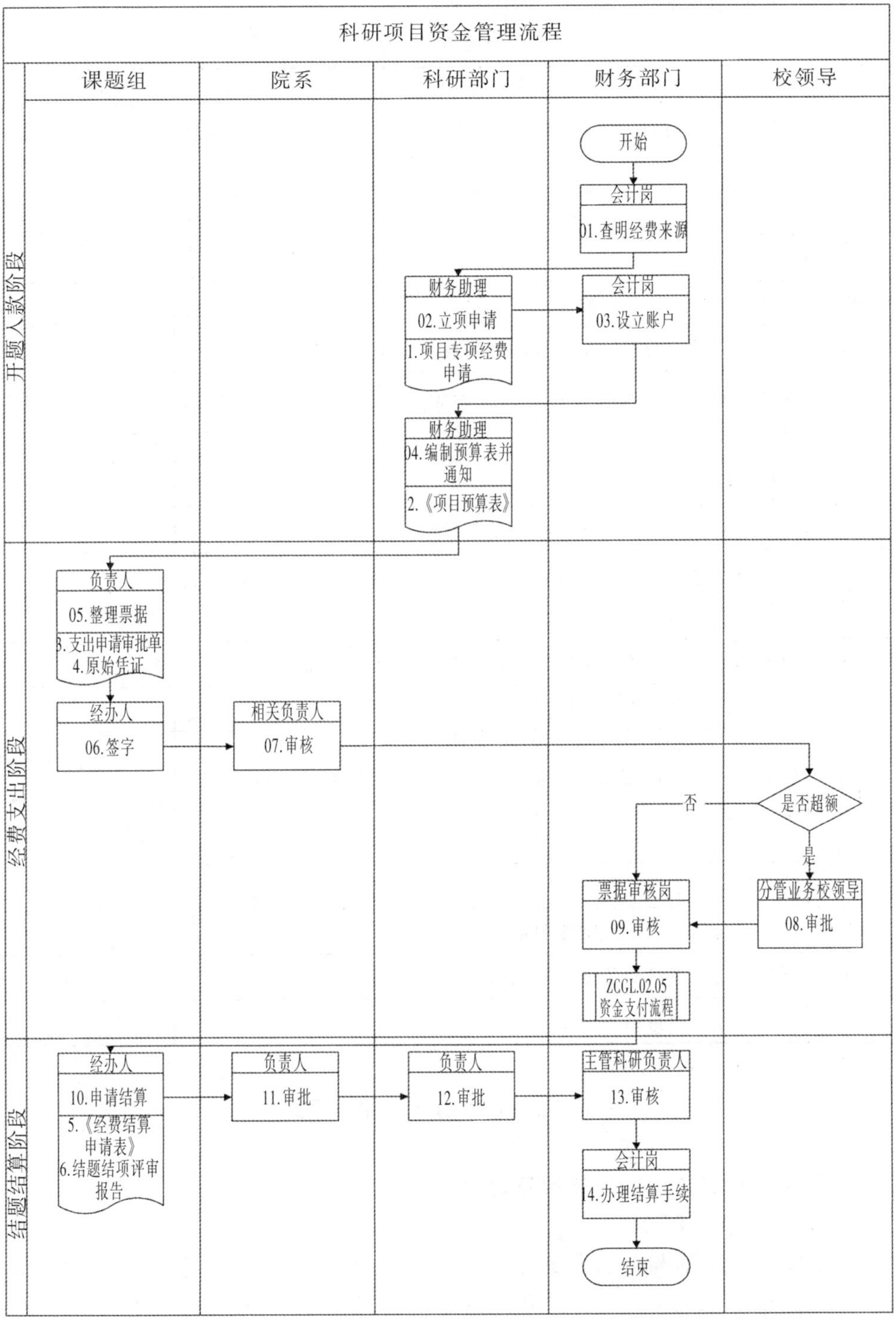

图 13-5　科研项目资金管理流程

管控节点说明见表13-5。

表13-5 **管控节点说明**

管控节点	节点说明	输出文档
01	财务部门会计岗根据到账情况，核实经费来源，并通知科研部门	
02	科研部门进行立项申请	项目专项经费申请
03	财务部门会计岗设立财务账户并划拨款项	
04	科研部门财务助理编制项目预算报表并通知项目负责人	《项目预算表》
05	课题组负责人提交支出申请表，附相关支出原始凭证等材料，整理票据	支出申请审批单、原始凭证
06	课题组经办人签字	
07	院系相关负责人审核支出申请相关材料	
08	若超出学校财务规定支出额度，需经分管业务校领导审批，执行大额审批制度	
09	财务部门票据审核岗审核相关材料是否符合财务制度	
	办理报销，进入资金支付流程	
10	课题组经办人申请结算并提供项目委托方签署验收意见的结题结项评审报告等相关材料	《经费结算申请表》、结题结项评审报告
11	院系负责人审批结账申请	
12	科研部门负责人审批结账申请	
13	财务部门主管科研负责人审核结账申请	
14	会计员办理项目结算手续	

五、其他科研工作管理

（一）基本科研工作管理流程及说明

1.制定科研管理制度

科研部门在起草与修订管理制度前要进行充分调研和征求意见，调研其他高校，广泛征求校领导、各学院（系、部）负责人、不同群体教师的意见与建议。

管理制度由主管科研的校领导审核通过后，报校长办公会审批。

根据校长办公会审议情况修改管理制度并正式发布实施。

2.申报科研成果奖

科研部门收到各级奖项主管部门的申报文件后，在全校范围内发布项目申报通知。所有人撰写申报书并将申报材料报送至所在部门。

各学院（系、部）科研负责人及科研秘书对申报材料进行初审并汇总，统一报送至科研部门。

科研部门根据项目主管部门的文件要求，对全校申报材料进行资格审查与汇总，将符合申报要求的材料上报至主管部门。

获奖后科研部门在校内发布通知，做好成果存档工作。

3.筹建科研机构

校级科研机构成立由科研部门牵头，联合学科发展规划部门、研究生处、人事部门、国际合作与交流部门等，根据学校学科建设与科研工作长期发展规划，确定拟设立科研机构的研究方向及机构名称，在校内遴选科研机构筹建负责人，由党委常委会（党委会）审定。

由机构筹建负责人提交可行性论证报告并遴选成员。论证报告应包括以下内容：

（1）拟成立机构名称、成立宗旨；

（2）该机构目前已具备的条件和优势，包括研究人员情况、研究方向、研究条件等；

（3）发展规划、建设目标及经费预算；

（4）内部机构设置等。

科研部门备案并报学术委员会审定，通过后由科研部门发文公布。科研机构一个建设周期为三年，建设期满后由科研部门进行评估，根据评估结果确定是否继续支持该机构建设。

4.召开学术委员会会议

各职能部门及学院（系、部）将审议申请报送至学术委员会秘书处。

秘书处组织学术委员会委员开会或通过邮件、微信群审议议题，会议应有2/3以上委员出席方可举行，以邮件、微信群方式进行的审议工作应有2/3以上委员参与。学术委员会审议或投票情况由秘书处做好记录。

将学术委员会审议的结果反馈给议题申报部门并存档。

5.开展学术讲座

学术讲座由申报单位在单位系统中提出讲座申请，在线填写申请表，由单位负责人、科研部门负责人审批。

如有涉外人士讲座，讲座内容较为敏感，讲座规模较大，应经国际合作与交流部门负责人、分管业务校领导、党委宣传部门负责人审批，若有异议，应经分管意识形态校领导审批；若仍有异议，应经学校党委书记审批。

经审批同意召开的学术讲座，由科研部门进行讲座宣传，申请摄像，组织讲座，保留相关资料并存档。

6.整理科研数据

科研部门使用科研管理系统登记、审核、整理科研数据。

教师发表或出版学术成果后，随时登记在科研管理系统中。所在部门科研秘书作为部门初审，检查成果原件，在科研管理系统中审核。

所在部门审核无误后，以院系为单位或教师单独持成果原件至科研部门审核。科研部门审核后教师无法再修改该条科研数据，以备统计。

7.报送咨政报告

科研部门在全校范围内征集咨政报告与专家建议。

学校各学院（系、部）、科研机构、教师本人均可以撰写咨政报告并上报至科研部门。

科研部门整理汇总后提交至上级管理部门。

咨政报告获得上级领导批示后，科研部门负责存档。

（二）其他科研工作管理流程及说明

1.科研管理制度制定流程及说明

科研管理制度制定流程如图13-6所示。

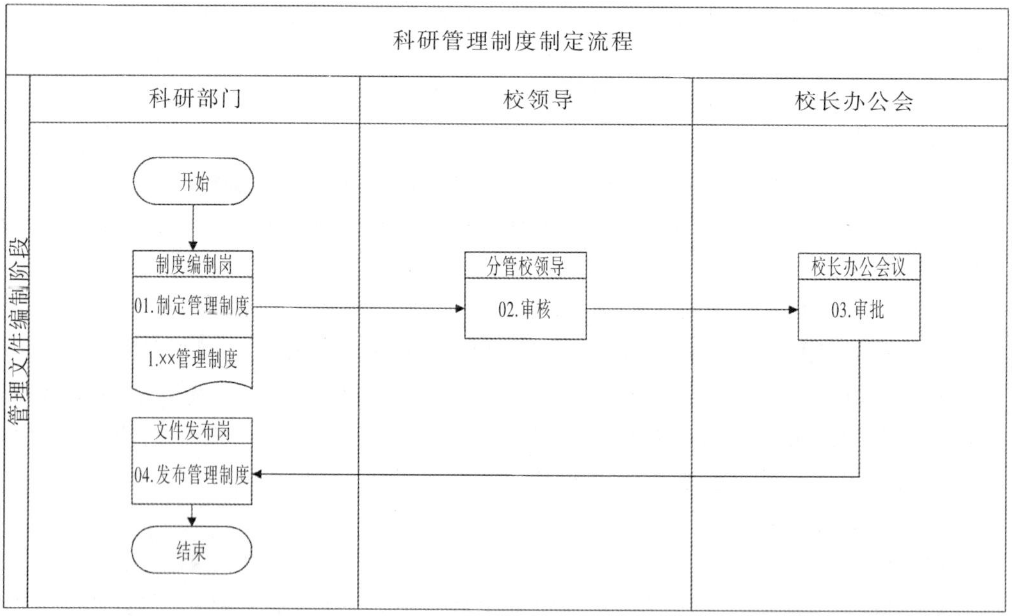

图13-6 科研管理制度制定流程

管控节点说明见表13-6。

表13-6　**管控节点说明**

管控节点	节点说明	输出文档
01	科研部门制度编制负责人研究制定、完善科研工作管理相关规章制度	××管理制度
02	分管科研校领导审核	
03	校长办公会议审批	
04	科研部门文件发布岗发布相关制度文件	

2.科研奖项申报管理流程及说明

科研奖项申报管理流程如图13-7所示。

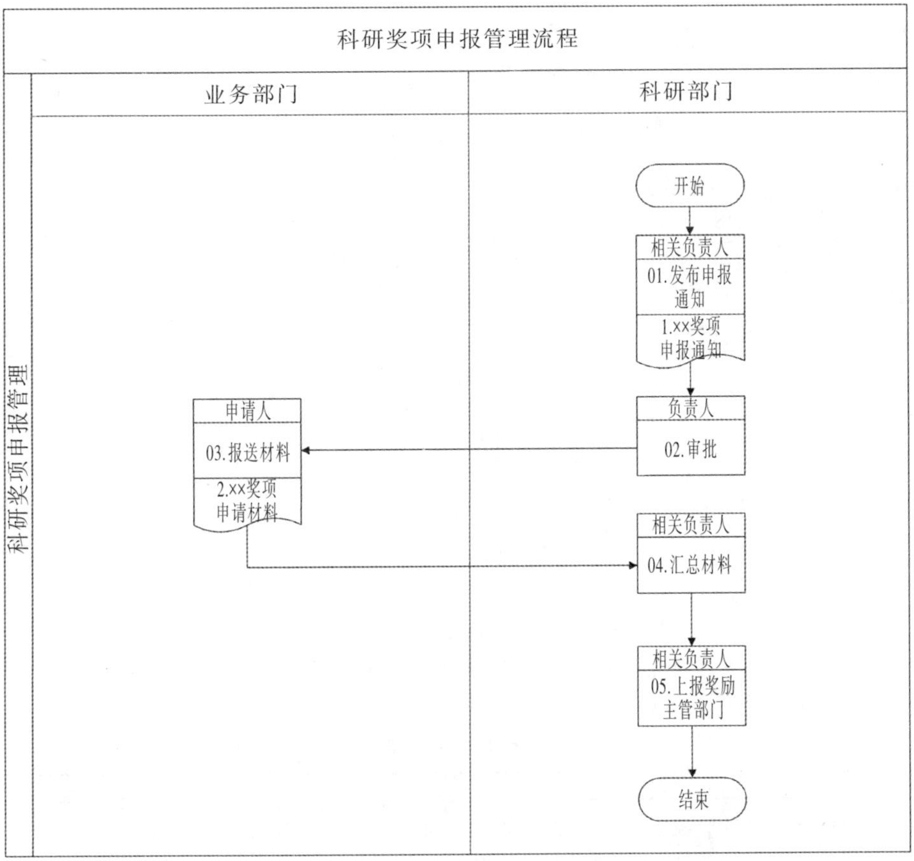

图13-7　科研奖项申报管理流程

管控节点说明见表13-7。

表13-7　**管控节点说明**

管控节点	节点说明	输出文档
01	科研部门通知相关负责人发布奖项申报通知	××奖项申报通知
02	科研部门负责人进行审批	
03	业务部门收集、报送材料	××奖项申请材料
04	科研部门材料汇总岗汇总上交的材料后向主管部门报送	
05	将符合申报要求的材料上报至奖励主管部门	

3.筹建科研机构管理流程及说明

筹建科研机构管理流程如图13-8所示。

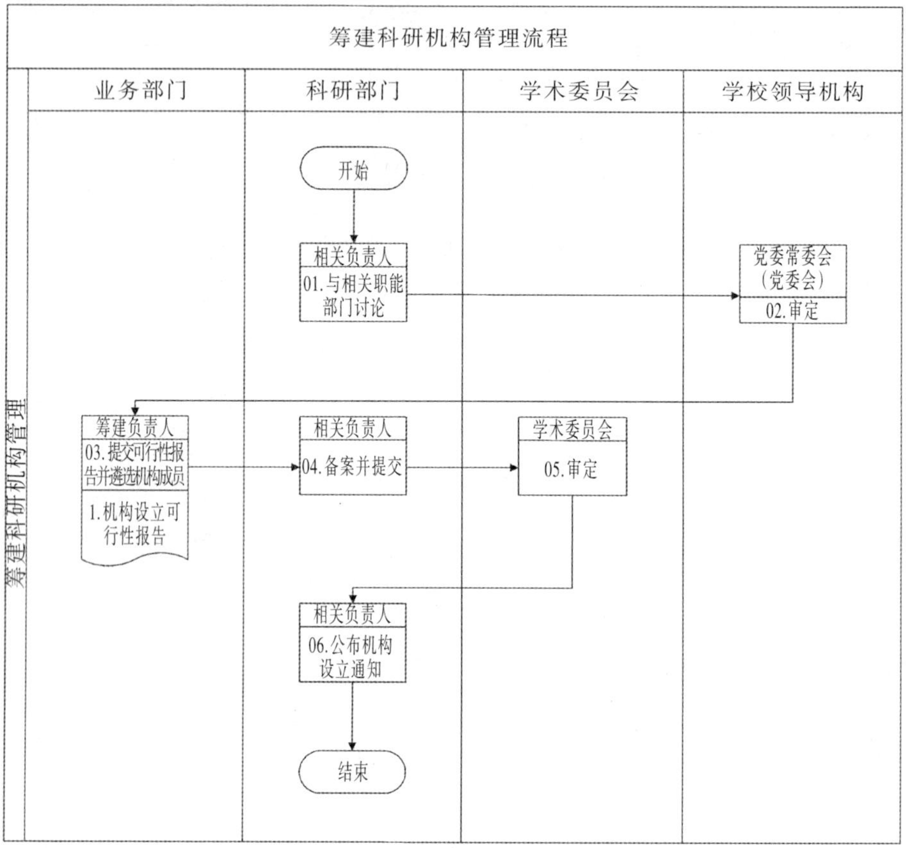

图13-8 筹建科研机构管理流程

管控节点说明见表13-8。

表13-8 **管控节点说明**

管控节点	节点说明	输出文档
01	校级科研机构成立由科研部门牵头，联合学科发展规划部门、研究生处、人事部门、国际合作与交流部门等，根据学校学科建设与科研工作中长期发展规划，确定拟设立科研机构的研究方向及机构名称，在校内遴选科研机构筹建负责人	
02	党委常委会（党委会）审定	
03	筹建负责人提交可行性报告并遴选机构成员	机构设立可行性报告
04	科研部门相关负责人备案并提交至学术委员会	
05	学术委员会审定	
06	科研部门在校内公布机构设立通知	

4.开展学术讲座管理流程及说明

开展学术讲座管理流程如图 13-9 所示。

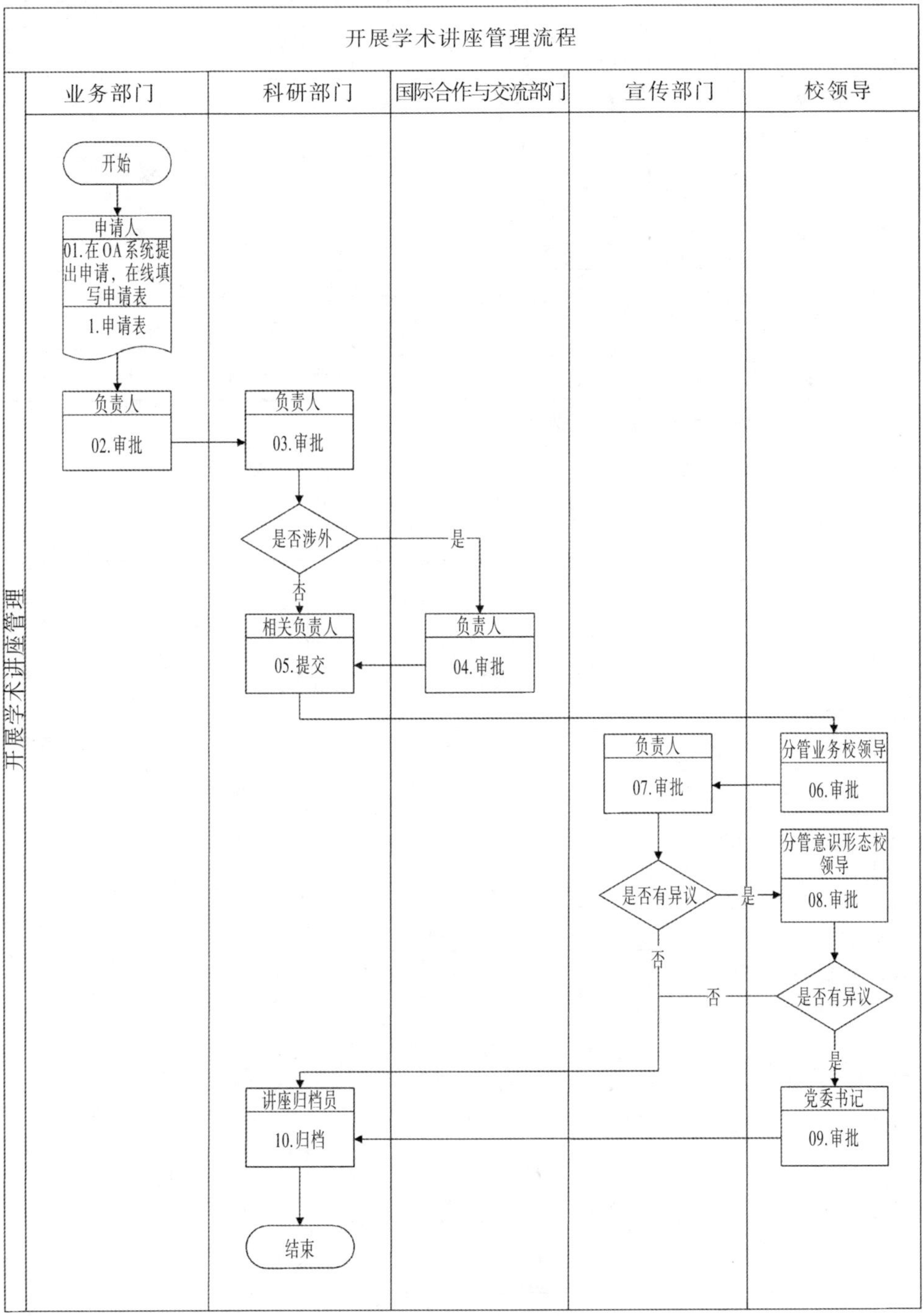

图 13-9　开展学术讲座管理流程

管控节点说明见表13-9。

表13-9 管控节点说明

管控节点	节点说明	输出文档
01	业务部门在OA系统中提出讲座申请，在线填写申请表	申请表
02	业务部门负责人审批	
03	科研部门负责人审批	
	判断讲座是否涉外，若是，进入04；若否，进入05	
04	若涉外，由国际合作与交流部门审批	
05	国际合作与交流部门负责人审批后，由科研部门相关负责人提交至分管业务校领导	
06	分管业务校领导审批	
07	党委宣传部门负责人审批	
	判断是否有异议，若是，进入08；若否，进入10	
08	若有异议，上报分管意识形态校领导审批	
	是否仍有异议，若是，进入09；若否，进入10	
09	若仍有异议，上报学校党委书记审批	
10	科研部门讲座归档员归档	

5.报送咨政报告管理流程及说明

报送咨政报告管理流程如图13-10所示。

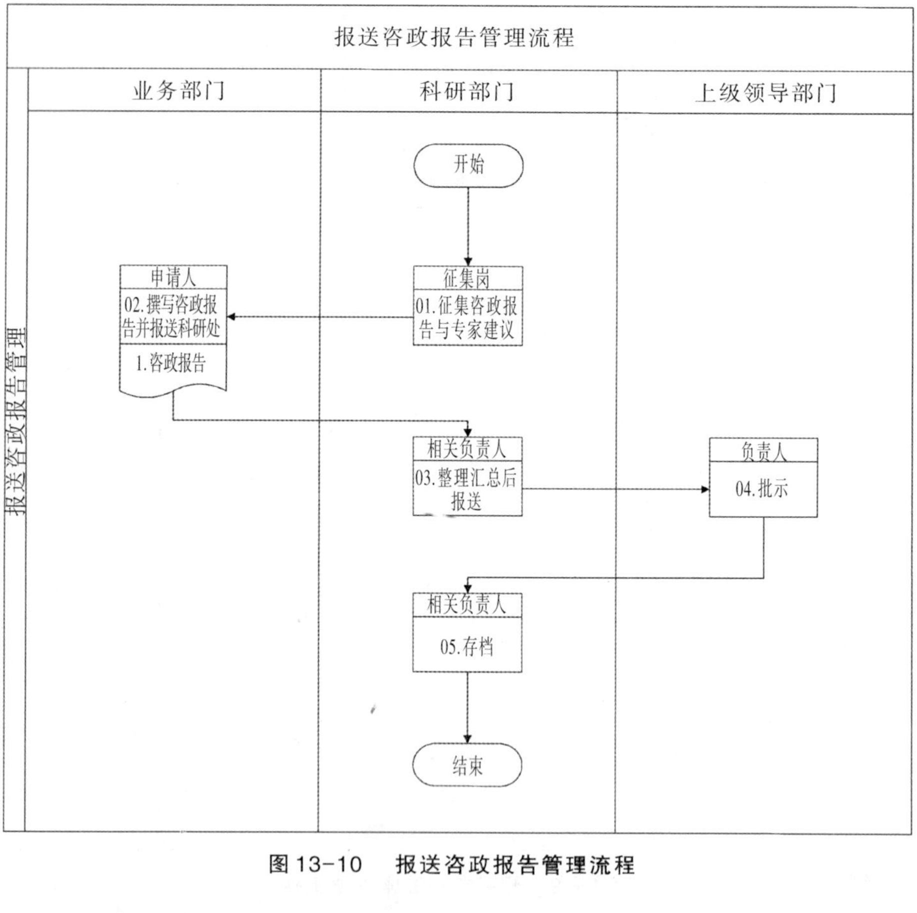

图13-10 报送咨政报告管理流程

管控节点说明见表13-10。

表13-10 **管控节点说明**

管控节点	节点说明	输出文档
01	科研部门负责人在全校范围内征集咨政报告与专家建议	
02	学校各学院（系、部）、科研机构、教师本人均可以撰写咨政报告并上报至科研部门	咨政报告
03	科研部门整理汇总后提交至大连市科协、大连市社科联等部门	
04	上级领导部门批示	
05	科研部门负责存档	

六、科研管理工作的监督

科研管理工作的监督，由审计部门按照国家与学校的要求，定期和不定期对科研管理制度、科研项目申报、科研项目资金的使用等工作进行检查或专项审计。

第十四部分

招生管理内部控制

为加强和改进高校本科生、硕士研究生和博士研究生的招生管理工作，规范招生程序，提高选拔质量，维护考生的合法权益，保证高校招生录取工作顺利进行，根据《普通高等学校学生管理规定》（教育部第41号令）、《国家教育考试违规处理办法》、《教育部关于实行高等学校招生工作责任制及责任追究暂行办法》和《教育部关于深入实施高校招生阳光工程的意见》等有关规定制定本指南。

一、招生管理概述

招生工作，指招收普通高等教育本科生、硕士研究生和博士研究生的管理工作。

招生工作的基本原则是：遵循规律，体现特色；公平竞争，择优录取；公正选拔，全面衡量；公开透明，接受监督。

招生工作主要包含招生来源计划编制、招生宣传、招生录取管理、新生报到统计、入学资格初审复审、档案转接等。

二、招生管理机构设置和职责分工

（一）本科生招生机构设置和职责分工

1.高校成立由校长任组长，分管本科招生工作的副校长任副组长，相关部门负责人为成员的招生工作领导小组，全面负责学院招生工作的领导、组织、协调、监督等工作；对学校《招生章程》、招生计划、分专业招生计划、《招生简章》等事项进行审定；召开招生工作会议，听取招生工作情况汇报。

2.招生录取期间，高校成立由校长任组长，分管本科招生工作的副校长任副组长，归口管理及相关职能部门负责人为成员的招生录取工作领导小组。召开招生录取工作领导小组会议，明确招生录取的原则和方针，做好录取准备工作。

（二）研究生招生机构设置和职责分工

1.高校研究生招生工作领导小组（以下简称“领导小组”）是高校研究生招生工作的议事协调机构，负责高校研究生招生工作。领导小组中党委书记、校长为组长、主管副校长为副组长，成员由研究生管理部门和各院系负责人组成，相关人员如有岗位或职务变动，小组成员相应调整。高校研究生招生工作领导小组成员同时兼任研究生招生保密工作领导小组和推免工作领导小组成员。研究生招生工作领导小组办公室设在研究生管理部门，办公室主任由研究生管理部门负责人兼任。

2.高校成立由研究生招生工作领导小组成员兼任的推免工作领导小组，推免工作领导小组办公室设在研究生管理部门，全面负责推免生的推荐工作。主要职责为：安排高校当年的推免工作；制定高校推免生推荐工作办法；根据教育部当年下达的推免生计划分配推免生名额；组织、部署有关院系与招生管理部门开展推免生申报、审核、遴选等工作；审定拟推荐学生名单。

（1）领导小组职责范围：审议高校研究生招生工作规章制度；审议高校研究生招生计划制订情况；审议研究生招生宣传工作等有关事项。

（2）领导小组议事规则：领导小组采取会议方式审议、审批有关事项。根据议题情况和紧急程度，随时召开工作会议；领导小组召开会议时，由组长负责主持会议，如组长因其他工作或原因不能参加，由组长委托副组长主持会议；领导小组成员对所议事项发表意见，由组长（或主持会议副组长）综合意见作出民主决定。

3.研究生招生办公室为高校研究生招生机构，主要负责制定高校研究生招生制度、编制招生计划、组织研究生招生考试命题、考试、评卷、招生宣传等工作。

4.各院系成立以书记、院长（主任）为组长、副组长的院系研究生招生工作领导小组，负责制定本院系的招生工作细则和具体实施办法，落实研究生招生考试命题、考试、评卷、招生宣传等工作。

三、本科生招生管理

（一）本科生招生管理规范

1.招生章程

《××大学招生章程》是高校依据《中华人民共和国教育法》、《中华人民共和国高等教育法》和教育部相关规定，结合本校实际情况，制定出的向社会公布的法规性文件，是高校本科招生宣传和招生录取的依据，也是各级招考部门对高校进行招生监督的依据。

2.招生来源计划

按照辽宁省教育厅下达的高校本科生招生计划数，招生管理部门根据各专业招生规模制订跨地区各专业招生来源计划，招生工作领导小组审定各院系制订的分专业招生规模和招生来源计划，招生来源计划须经校长办公会议讨论通过。招生管理部门负责在“全国普通高校招生来源计划网上管理系统”中上报招生来源计划，经辽宁省教育厅审核通过后生效。招生来源计划将在招生录取时执行。

3.招生宣传

招生管理部门负责制订本科招生宣传计划和招生宣传费用预算，按照高校采购管理规定选定供应商，制作宣传用品。招生管理部门负责招生宣传人员（教工和学生）的招募和培训工作。

4.招生录取

招生录取工作人员按照各地区工作日程和要求进行模拟交互，确定调档比例。招生录取工作人员负责对投档考生进行阅档和分配专业，核对无误后提交各地区招办进行审核。招生管理部门负责及时向社会公布录取结果，并邮寄录取通知书，收集各地区录取名册，根据各地区招生录取收费文件及时汇缴录取费。

5.招生工作规范与监督

招生办公室负责制定相应实施办法，明确制订招生计划、招生简章、招生方案的方法与步骤等。有关单位和部门应制定、完善并落实招生工作相关制度：

（1）事先告知制度。招生办公室提前将招生相关事项和要求通知相关领导、招生管理部门、院系等方面。

（2）资格认定制度。招生办公室对涉及招生工作的相关人员进行资格审查，监察人员监督到位。

（3）全程监察制度。招生工作的全过程由高校招生工作监察小组（纪检监察部门）参与、实施监督。

（4）报告制度。在考试、录取期间，遇有重大或疑难问题，应及时向相关部门、领导报告；有关处理结果，应及时向相关部门、领导汇报。

（5）集体决策制度。在考试、录取期间，凡涉及各种特殊情况的处理，必须按规定提交集体讨论决定。

（6）回避制度。凡有直系亲属参加本次招生考试的人员必须回避，凡与考生有利害关系可能会影响公平公正的相关人员必须主动提出回避。

（7）保密制度。招生工作相关人员应严格遵守《国家教育考试考务安全保密工作规定》，凡参加考试命题、面试复试、招生录取等重要环节工作的人员，应签订保密承诺书。

（8）教育培训制度。各招生办公室负责对相关人员进行业务培训和纪律教育，凡未参加招生相关业务培训和纪律教育的人员，一律不得参加招生宣传、咨询、考试和录取等相关工作。

（9）工作备案制度。根据考试、录取工作流程和时间节点，各招生办公室、监察处和相关单位应按职责及时做好有关信息和文书资料的收集、备份、归类、建档工作，重大问题和特殊情况的处理应有文字记录，做到过程有记载，问题可查究。

（10）责任追究制度。凡因不履行或不正确履行职责造成严重影响的，将追究责任，处理结果予以通报。

纪检监察部门负责制定招生监察工作实施办法，明确招生监察工作的组织、内容、方法与重点环节，依法依纪开展监督保障工作。

（二）本科生招生管理流程及说明

1.本科生招生来源计划编制流程如图14-1所示。

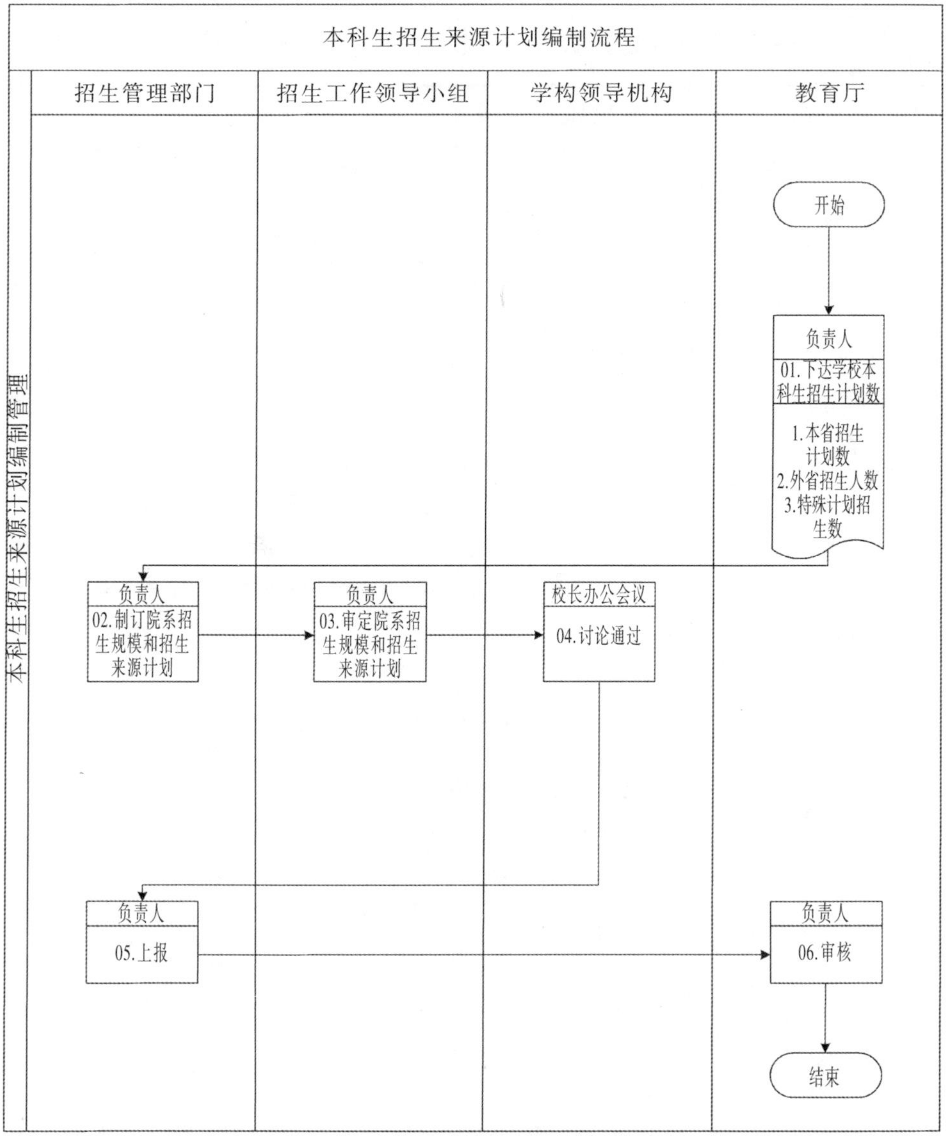

图14-1　本科生招生来源计划编制流程

管控节点说明见表14-1。

表14-1 **管控节点说明**

管控节点	节点说明	输出文档
01	辽宁省教育厅下达高校本科生招生计划数	本省招生计划数、外省招生人数、特殊计划招生数
02	招生管理部门制订跨地区各专业招生来源计划，并根据就业等情况制定各院系招生规模，报招生工作领导小组讨论	
03	招生工作领导小组审定院系招生规模及招生来源计划，报校长办公会议	
04	校长办公会议讨论通过	
05	招生管理部门负责在“全国普通高校招生来源计划网上管理系统”中上报	
06	辽宁省教育厅进行审核通过后计划生效。招生来源计划将在招生录取时执行	

2.本科生招生宣传管理流程如图14-2所示。

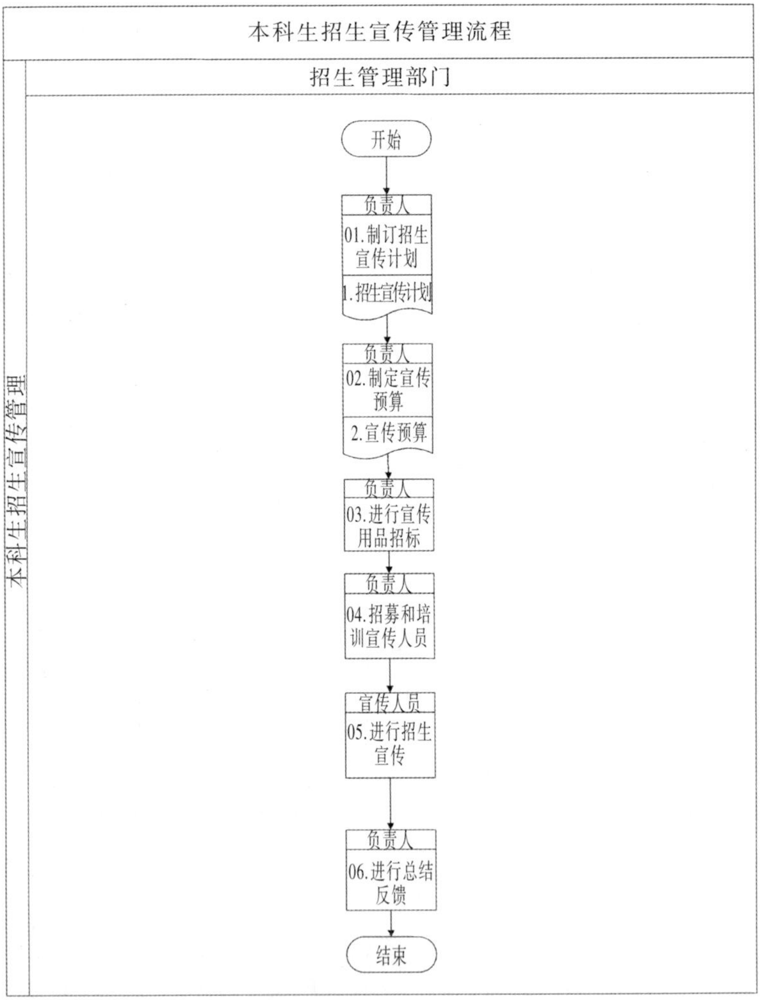

图14-2 本科生招生宣传管理流程

管控节点说明见表14-2。

表14-2　**管控节点说明**

管控节点	节点说明	输出文档
01	招生管理部门制订招生宣传计划并做好准备工作	招生宣传计划
02	招生管理部门制定招生宣传费用预算	宣传预算
03	按照高校采购管理规定选定供应商，制作宣传用品	
04	进行招生宣传人员（教工和学生）的招募和培训工作	
05	通过现场宣讲、纸质和网络媒体、微信平台、喜马拉雅网络电台、QQ和贴吧等方式进行招生宣传，为考生和家长提供咨询答疑服务	
06	招生宣传结束后进行总结，对招生宣传策划进行反馈	

3.本科招生录取管理流程如图14-3所示。

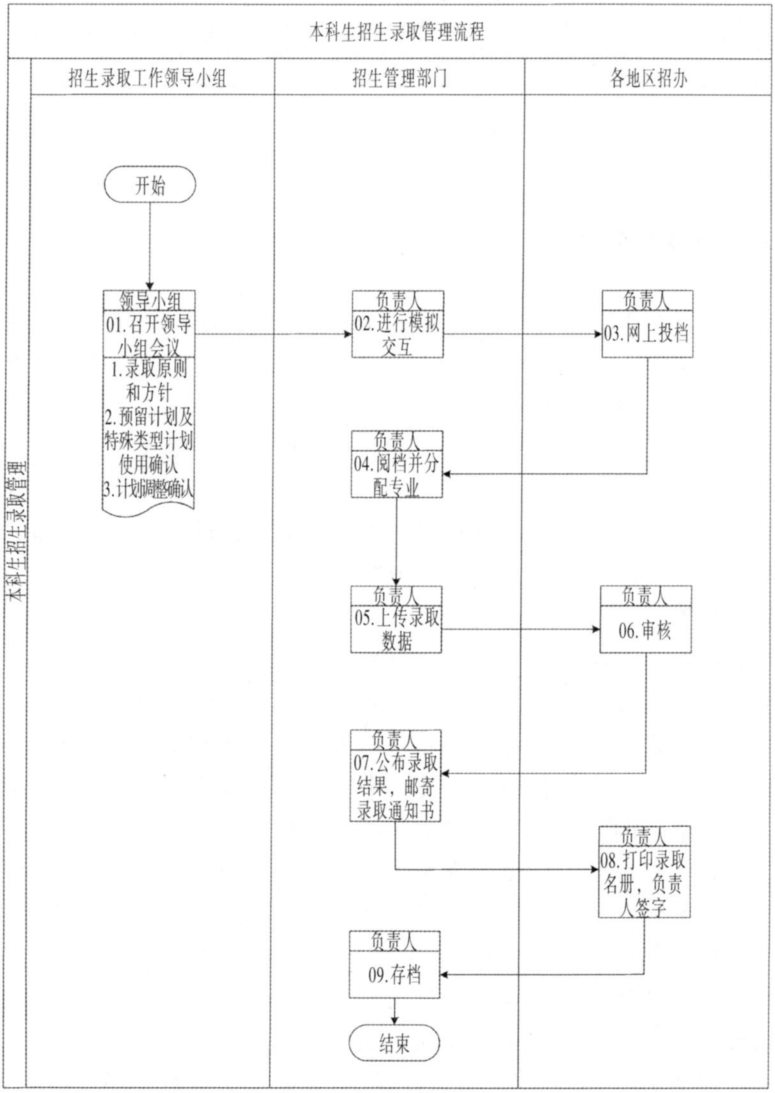

图14-3　本科生招生录取管理流程

管控节点说明见表14-3。

表14-3 管控节点说明

管控节点	节点说明	输出文档
01	召开本科招生录取工作领导小组会议，确定招生录取的原则和方针，预留计划及特殊类型计划使用确认，计划调整确认	录取原则和方针、预留计划及特殊类型计划使用确认、计划调整确认
02	招生管理部门按照各地区工作日程和要求进行模拟交互，确定调档比例	
03	各地区招办进行网上投档	
04	招生管理部门负责阅档并分配专业	
05	招生管理部门上传录取数据	
06	各地区招办进行审核，准确无误后则网上录取工作结束	
07	招生管理部门及时向社会公布录取结果，并邮寄录取通知书	
08	各地招办打印录取名册，负责人签字，邮寄至招生管理部门	
09	招生管理部门存档	

四、研究生招生管理

（一）研究生招生管理规范

1.公开招考

研究生招生办公室根据高校学科发展规划，编制当年的招生简章，经高校招生领导小组审定后，上报辽宁省招生考试办公室备案，并在高校研究生招生网页发布，同时上传中国研招网对社会公开。

研究生招生办公室通过现场办公、电话、网络等途径落实考生的报名咨询与报名指导工作。

研究生招生办公室根据当年教育部印发的研究生招生工作管理规定及高校研究生招生章程中关于研究生报考的基本要求及专业水平要求，审核考生的准考资格。

2.命题与审题工作

命题人员和审题人员由各学科（专业）副教授（含）以上职称教师或相当职称担任。有亲属报考高校硕士研究生的人员不得参加其亲属所报考专业各科试题的命题和审题工作。凡亲属中有报考同类专业的考生，命题和审题人员及研究生管理部门接触试题的工作人员须执行回避制度，本人应事先提出回避申请，不得隐瞒。

参加命题和审题的人员必须严格遵守招生考试保密工作的有关规定，签署保密协议书。命题人员和审题人员由研究生招生工作人员草拟，经研究生管理部门处长审核后上报主管研究生教育的校长，经研究生招生工作领导小组审定后，确定命题人员和审题人员名单。由研究生招生工作人员单线向命题人员和审题人员布置命题任务与审题任务。命题人员和审题人员的姓名对外保密。

命题人员和审题人员不得参与任何形式的考研辅导活动，不得参与任何与考研内容有关的咨询活动，不得参与任何与考研有关的复习资料编写、出版等活动，不得以任何方式向任何人泄露试题的内容和命题工作情况。命题人员根据招生考试大纲进行命题，命题完成后不得保留试题副本以及与试题有关的草稿纸（含电子文本）等材料，以防止泄题。命题人员完成命题工作后，将试题密封按约定时间交给研究生管理部门负责接收试题的工作人员，负责接收试题的工作人员将密封好的试题按规定程序立即存入保密室的保密柜。

3.试卷印制

高校自命题的试卷在研究生管理部门指定的印刷室印制，由研究生管理部门组织专人监印，高校纪检监察部门负责监察全过程。参加考试的人员及其亲属，不得参与试卷的印制工作。

试卷印制、封装过程中严禁无关人员进入工作间。

研究生入学考试印制试卷遵循“安全、保密”的原则。在纪检监察部门的监督下启封试卷袋，根据各科目的考试人数印制试卷，试卷经研究生管理部门两名工作人员签名验收后存入保密柜。

印制完毕的每科考试科目的试卷和试题底版必须及时撤离机器，试卷印制过程中的废卷、胶印版全部放入保密柜，考试结束后由研究生招生工作人员统一销毁。

4.试卷保管

研究生管理部门指定两名工作人员负责试卷的保管工作。试卷保密室铁门及保密柜的钥匙，由研究生管理部门指定两名工作人员分别掌管，开启时须两人同时在场。

试卷在考前属国家机密文件，只能由研究生管理部门工作人员在规定时间内进行封装。装有试卷的试卷袋，由考生本人在考场打开，在此之前，任何人无权以任何理由启封。任何人不准在考前私自复印试卷、答案。

考试结束后，试卷装订密封，及时入库。评阅、登分后的试卷，保存三年，到期后由研究生招生工作人员按秘密材料处理办法销毁。

5.评卷

试卷回收后，由研究生管理部门组织招生工作人员清点、密封。研究生招生办公室负责制订评卷方案、评卷时间、地点，集中评卷。评卷方案经研究生管理部门负责人审核后上报分管校领导，经审定后执行。

各院系根据评卷方案成立评卷工作小组，评卷工作小组由各院系主管领导、命题和审题人员组成。硕士研究生招生考试评卷教师应为考试科目所属学科讲师或讲师以上职称教师。博士研究生招生考试评卷教师应为考试科目所属学科副教授或副教授以上职称教师。参与研究生招生考试评卷、统分的教师需品行端正，办事公允，在当年的研究生招生中无亲属报考本校。

评卷当日，各院系评卷工作小组负责人到研究生招生考试评卷办公室领取试卷，评卷工作小组评卷前进行抽样试评，评卷教师在评卷时对照试题的标准答案，制定统一的评分标准，再进行统一评卷，评卷过程保持公平、公正。

评卷教师和评卷工作人员在高校规定的评卷地点评卷，不得泄露评卷情况，不得私自将试卷带离评卷现场。

评卷负责人员要严格遵守阅卷、评卷程序规则，评卷后各院系评卷工作小组负责人将试卷送还研究生招生考试评卷办公室。

考试成绩处理阶段的一切信息属于机密，考生的个人信息未经许可，任何工作人员不得泄露或提前对外公开。

任何工作人员都不得擅自改动考生的考试成绩。

6.复试

复试工作由高校研究生招生工作领导小组全权统筹，由研究生管理部门具体负责组织安排，各院系具体落实复试考试考务工作。

复试实行主考负责制，设主考一人，副主考若干人。主考由研究生招生工作领导小组办公室主任担任。研究生招生办公室负责确定复试方案、评卷时间、地点。复试方案经研究生管理部门负责人审核后上报主管研究生教育的校长，经主管校长审定后执行。

复试考务人员和监考人员由各院系选聘政治思想好、作风正派、责任心和纪律性强、身体健康、当年无亲属报考本校研究生的正式在职人员担任，每个考场监考人员不少于2名。

各院系根据复试方案组成以学科（专业）为单位的面试小组，面试小组一般由5位副教授（含）以上职称教师组成。面试小组设立组长一名，组长对本组面试工作各环节负责。设立秘书一名，负责复试记录和协助安排相关事宜。

各院系面试小组负责制定面试的具体流程、评分规则和评分标准。如面试由几个小组同时进行，面试小组组长和成员在面试前由研究生招生工作人员在纪检监察部门的监督下抽签分组。面试后，面试小组组长及面试秘书将面试成绩及相关评分材料交至研究生招生办公室。

7.推免工作

推免工作由高校研究生推免工作领导小组统一领导，由研究生管理部门具体负责组织安排，各院系具体落实推免工作。

研究生招生办公室负责制订推免工作方案，推免工作方案经研究生管理部门负责人审核后上报分管研究生教育的副校长，经分管副校长审定后提请校长办公会议审议，审议通过后执行。

各院系根据推免工作方案成立推免工作小组，成员由本单位行政、党务负责人及教授、专家等5~7人组成，负责本院系的推免生遴选工作。主要职责为：按照高校推免生工作方案总体原则及具体要求，制定本单位的推免生遴选细则，根据本单位推荐名额选拔推免生。推荐学生名单经院系公示后报送研究生办公室。

教务管理部门全面负责核实推免生的学习成绩。主要职责为：根据各单位上报的拟推荐推免生名单，核实学生成绩及排名。

（二）研究生招生管理流程及说明

1.硕士研究生公开招考管理流程如图14-4所示。

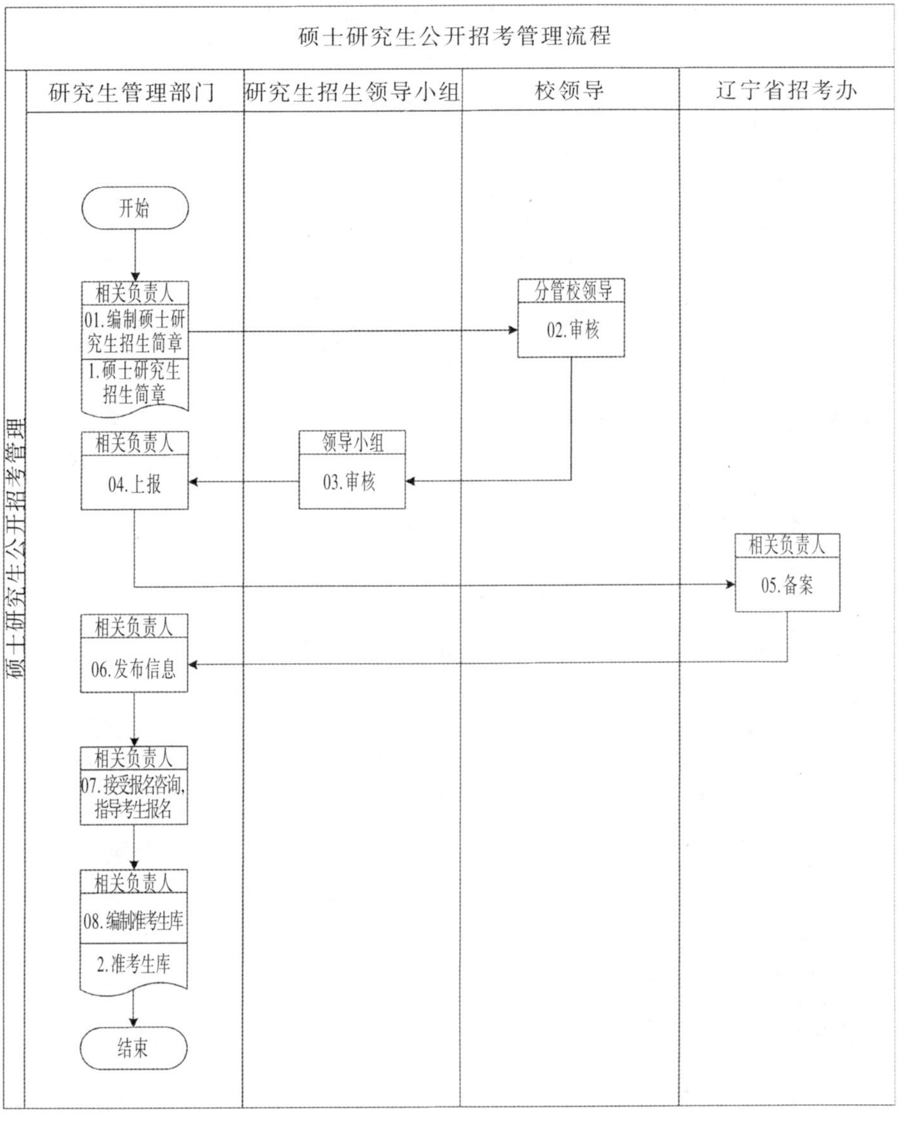

图 14-4　硕士研究生公开招考管理流程

管控节点说明见表 14-4。

表 14-4　**管控节点说明**

管控节点	节点说明	输出文档
01	根据高校学科发展规划，编制硕士研究生招生简章	硕士研究生招生简章
02	分管校领导审核	
03	高校研究生招生领导小组审核	
04	审核通过后上报辽宁省招考办备案	
05	辽宁省招考办备案	
06	备案后在高校网站和中国研究生招生信息网发布信息	
07	接受报名咨询、指导考生报名	
08	审核考生报名信息，编制准考生库	准考生库

2.硕士研究生招生管理流程统考（统考）如图14-5所示。

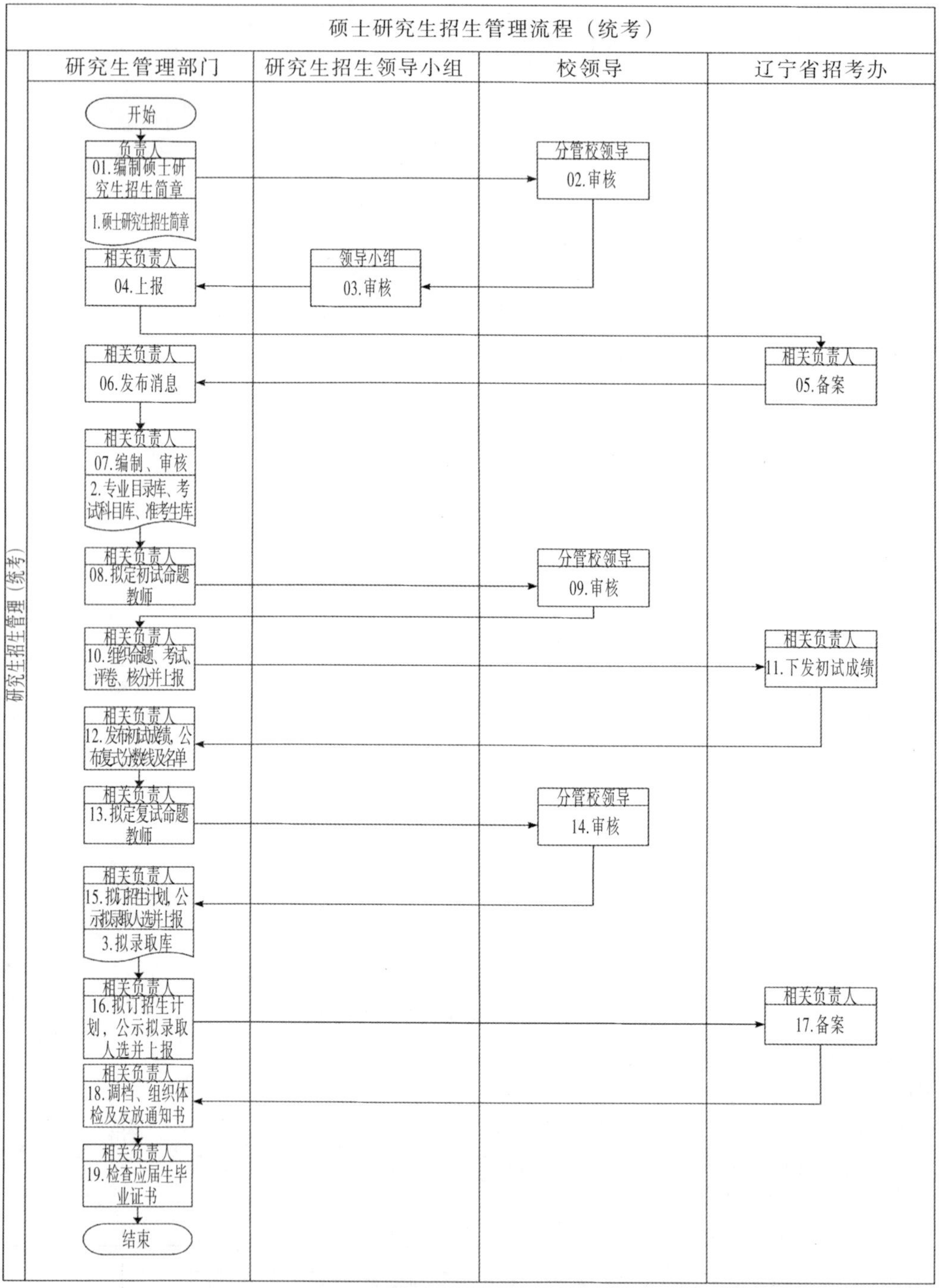

图14-5 硕士研究生招生管理流程统考（统考）

管控节点说明见表14-5。

表14-5　**管控节点说明**

管控节点	节点说明	输出文档
01	研究生招生办公室根据高校学科专业发展规划，编制硕士研究生招生简章	硕士研究生招生简章
02	分管校领导审核	
03	研究生招生领导小组审核	
04	审核通过后上报辽宁省招考办备案	
05	辽宁省招考办备案	
06	备案后在高校网站和中国研究生招生信息网发布信息	
07	根据研究生招生专业目录编制招生专业目录库、考试科目库，上报辽宁省招考办，上传中国研究生招生信息网；根据研究生招生考试报考条件的规定，审核报名考生考试资格，编制准考生库并上报辽宁省招考办，上传到中国研究生招生信息网	专业目录库、考试科目库、准考生库
08	拟定初试命题教师	
09	分管校领导审核	
10	单线联系初试命题教师命题，回收初试试题原稿，印制初试试题，试题封装，邮寄、押送试题，考试结束后回收试题与答题纸，拆封试题与答题纸、密封答题纸，组织评卷、核分、录分数，自命题分数上报辽宁省招考办	
11	辽宁省招考办下发初试成绩	
12	在高校网页发布初试成绩。教育部公开当年复试分数线，根据教育部当年复试分数线，结合高校各专业拟招生计划及各专业考生过国家线人数划定各专业的高校复试分数线。在高校网页公布高校复试分数线及复试名单	
13	拟定复试命题教师	
14	复试命题教师上报分管校领导审核	
15	单线联系复试命题教师命题，回收复试试题原稿，印制复试试题，复试试题封装，组织遴选复试考务人员、面试考官，安排复试考试（听力考试、专业笔试、综合面试、加试）、听力考试、专业笔试，加试结束后回收试题与答题纸；综合面试结束后回收面试评分表、面试汇总表、面试摄像文件，密封听力考试、专业笔试、加试答题纸，组织评卷、核分、录分数	拟录取库
16	教育部下达当年招生计划，根据教育部下达的招生计划、各学科专业发展规划、各专业一志愿合格生源情况、复试情况拟订各专业招生计划。根据各专业招生计划及复试分数从高分到低分依次确定拟录取人选，合格生源不足的专业进行调剂或计划调整。拟录取人选在高校网页公示	
17	拟录取人选上报辽宁省招考办、中国研招网审核、备案	
18	拟录取考生调档（定向生签署定向培养协议）、组织体检、发放录取通知书	
19	检查录取考生（应届毕业生）的毕业证书	

3.硕士研究生招生管理流程（推免）如图14-6所示。

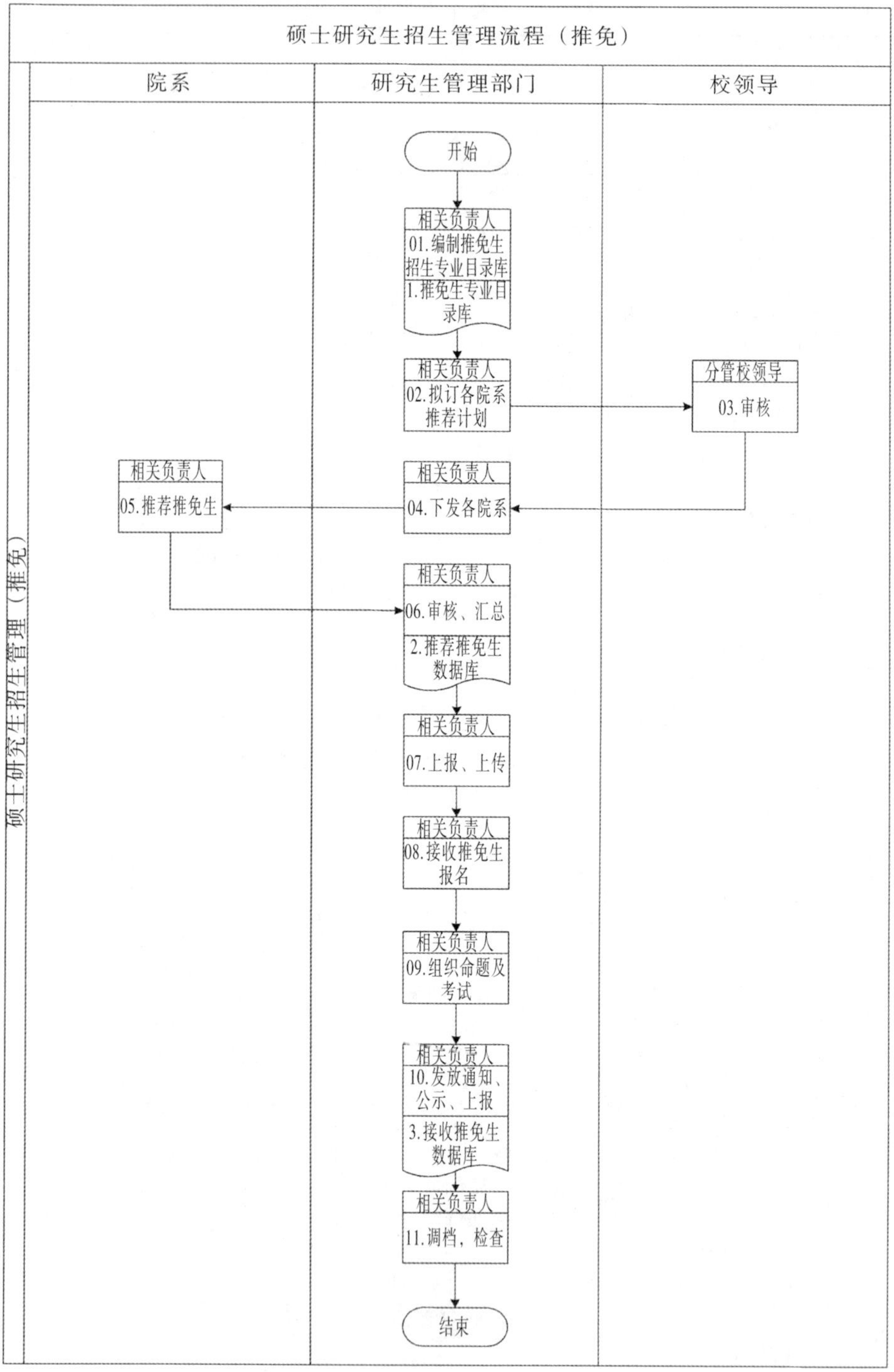

图14-6 硕士研究生招生管理流程（推免）

管控节点说明见表 14-6。

表 14-6　**管控节点说明**

管控节点	节点说明	输出文档
01	根据硕士研究生招生专业目录编制推免生招生专业目录库，上报辽宁省招考办，上传中国研究生招生信息网	推免生专业目录库
02	根据教育部下达的推荐计划，拟订各院系推荐计划	
03	各院系推荐计划上报分管校领导审核	
04	审核通过后下发各院系	
05	各院系推荐推免生	
06	审核、汇总全校拟推荐推免生信息，拟推荐推免生信息公示	推荐推免生数据库
07	推荐推免生数据库上报辽宁省招考办、上传到中国研究生招生信息网	
08	接收推免生报名	
09	拟定接收推免生复试命题教师，推免生复试命题教师上报分管校领导审核，单线联系命题教师命题，回收接收推免生复试试题；印制、封装接收推免生复试试题，遴选推免生复试考务人员、面试考官，安排接收推免生复试，复试结束后回收面试评分表、面试汇总表、面试视频	
10	向通过接收推免复试的考生发送拟录取通知，拟录取推免生公示，拟录取推免生信息上报辽宁省招考办、上传到中国研究生招生信息网	接收推免生数据库
11	拟录取推免生调档（定向生签署定向培养协议）、组织体检、发放录取通知书，检查录取推免生的毕业证书	

4. 博士研究生招生管理流程如图 14-7 所示。

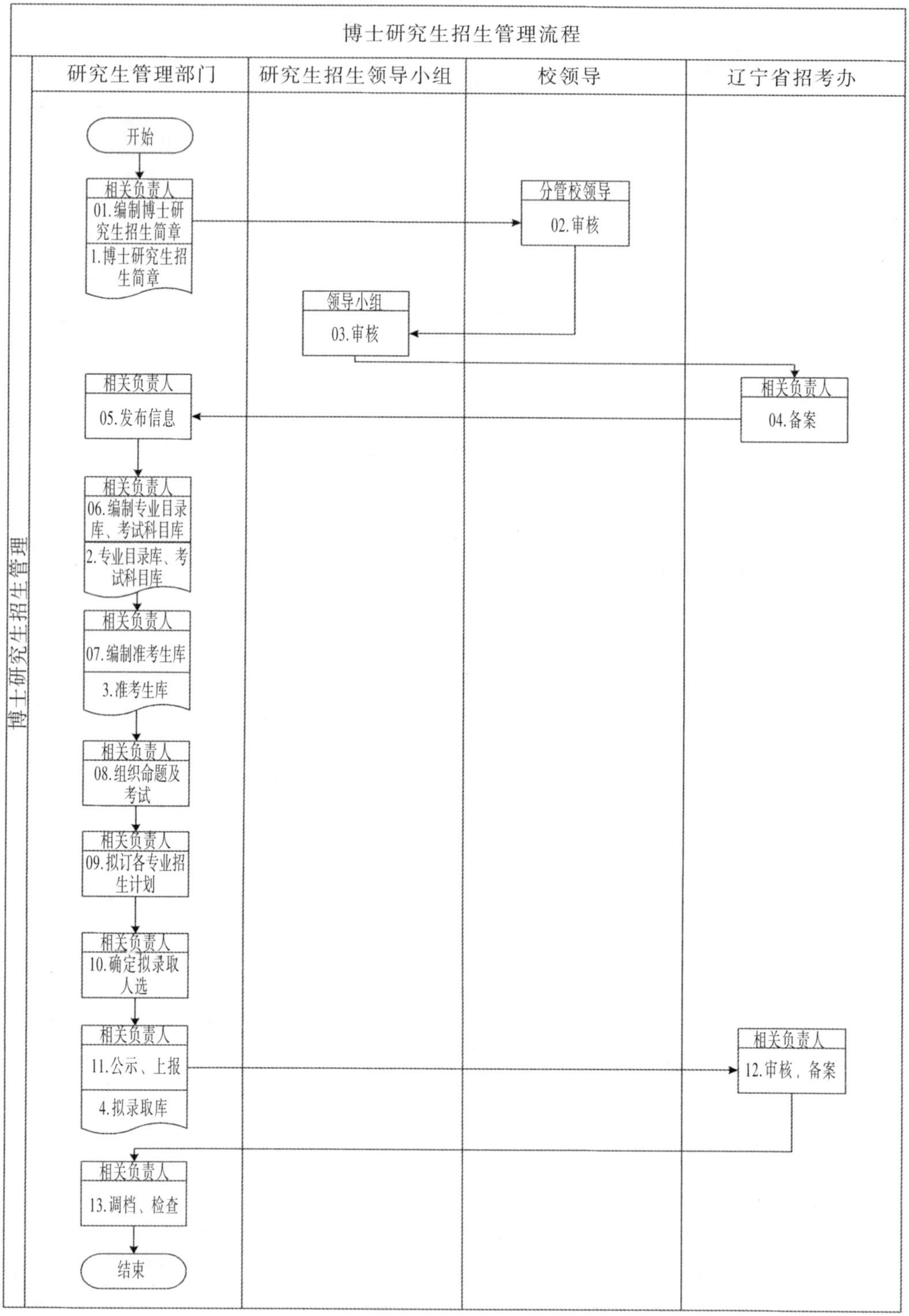

图 14-7 博士研究生招生管理流程

管控节点说明见表14-7。

表14-7　管控节点说明

管控节点	节点说明	输出文档
01	根据高校学科发展规划，编制博士研究生招生简章	博士研究生招生简章
02	分管校领导审核	
03	高校研究生招生领导小组审核	
04	审核通过后上报辽宁省招考办备案	
05	备案后在高校网站和中国研究生招生信息网发布信息	
06	根据博士研究生招生专业目录编制招生专业目录库、考试科目库，上报辽宁省招考办、上传到中国研究生招生信息网	专业目录库、考试科目库
07	根据博士研究生招生考试报考条件的规定，审核报名考生考试资格，编制准考生库并上报辽宁省招考办、上传到中国研究生招生信息网	准考生库
08	拟定博士考试命题（笔试、面试）教师，命题教师上报分管校领导审核，单线联系命题教师命题，回收试题原稿，印制、封装试题；组织遴选博士考试考务人员、面试考官，安排博士考试（专业笔试、综合面试），专业笔试结束后回收试题与答题纸；综合面试结束后回收面试评分表、面试汇总表、面试摄像文件，密封答题纸，组织专业笔试评卷、核分、录分数	
09	根据教育部下达的招生计划及各学科专业发展规划拟订各专业招生计划	
10	根据各专业招生计划及复试分数从高分到低分依次确定拟录取人选，合格生源不足的专业进行计划调整	
11	拟录取人选在高校网页公示并上报	拟录取库
12	辽宁省招考办和中国研招网审核、备案	
13	拟录取考生调档（定向生签署定向培养协议）、发放录取通知书，检查录取考生（应届毕业生）的毕业证书	

5.复试管理流程如图14-8所示。

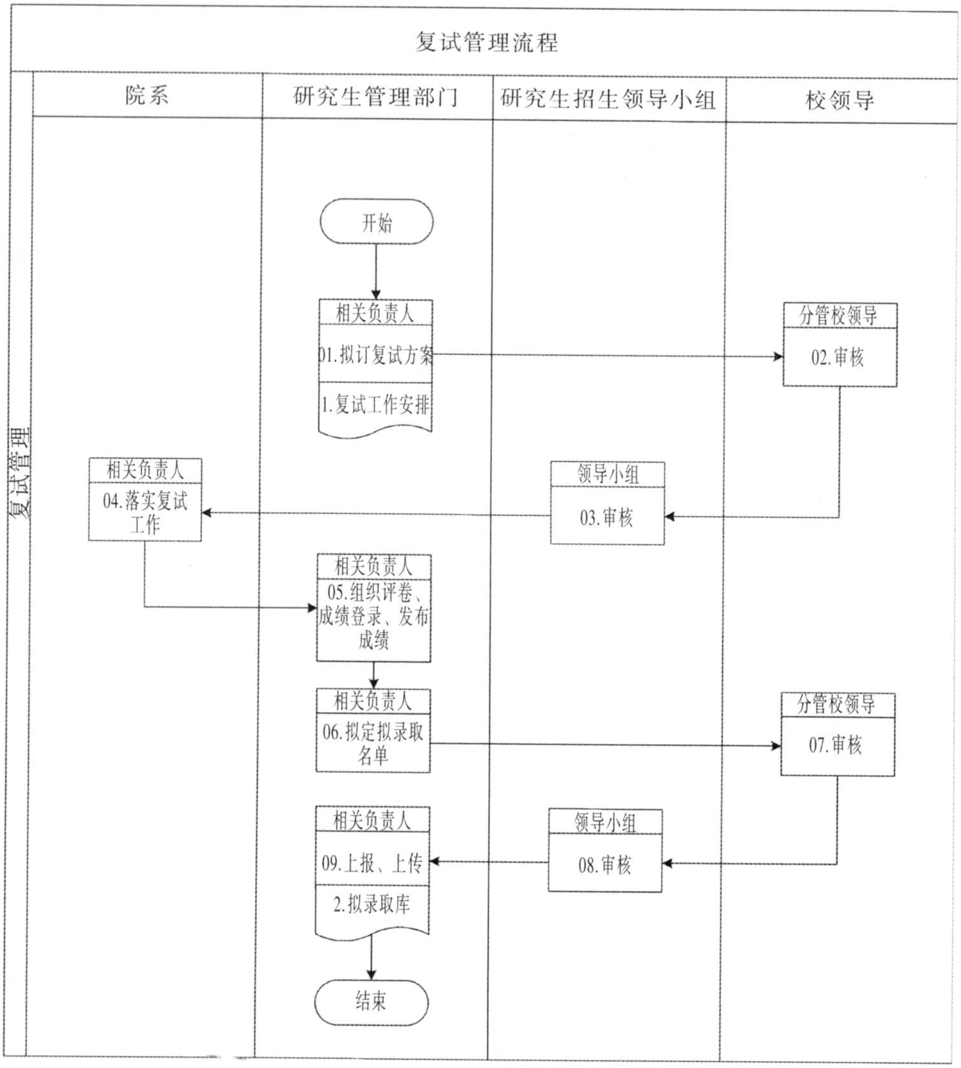

图 14-8 复试管理流程

管控节点说明见表 14-8。

表 14-8 **管控节点说明**

管控节点	节点说明	输出文档
01	研究生管理部门拟订复试方案	复试工作安排
02	分管校领导审核	
03	高校研究生招生领导小组审核	
04	各院系落实复试工作	
05	研究生管理部门组织评卷、成绩登录、发布成绩	
06	研究生管理部门拟定拟录取名单	
07	分管校领导审核	
08	高校研究生招生领导小组审核	
09	拟录取名单上报省招办备案、上传到中国研招网审核	拟录取库

第十五部分

学生管理内部控制

为加强高校学生管理工作，建立健全学生管理制度，维护高校正常的教育教学秩序和生活秩序，保障学生合法权益，依据教育法、高等教育法等有关法律、法规和教育部《普通高等学校学生管理规定》（教育部令第41号）制定本指南。

一、学生管理概述

学生管理主要包括学籍管理、资助管理和奖励与处分管理。

实施学生管理，高校应尊重和保护学生的合法权利，教育和引导学生承担应尽的义务与责任，鼓励和支持学生实行自我管理、自我服务、自我教育、自我监督。

二、学生管理组织架构及职责分工

（一）学生资助工作领导小组

学生资助工作领导小组（以下简称“领导小组”）是高校资助工作的议事协调机构，负责高校学生资助的各项工作。领导小组由校领导和相关部门负责人组成。相关人员如有岗位或职务变动，小组成员相应调整。领导小组办公室设在学生管理部门，办公室主任由学生管理部门负责人兼任。

1.领导小组职责范围：

（1）审议高校资助工作规章制度；

（2）审议高校资助专项经费预决算；

（3）审议高校各类奖助学金评定情况；

（4）审批高校家庭经济困难学生认定情况；

（5）审批高校勤工助学岗位设置方案；

（6）审批其他与学生资助工作有关的事项。

2.领导小组议事规则：

（1）领导小组采取会议方式审议、审批有关事项；

（2）根据议题情况和紧急程度，随时召开工作会议；

（3）领导小组召开会议时，由组长负责主持会议，如组长因其他工作或原因不能参加，由组长委托副组长主持会议；

（4）领导小组成员对所议事项发表意见，由组长（或主持会议的副组长）综合意见作出民主决定。

学生资助工作实行高校和院系二级管理。各院系资助工作领导小组由党总支书记、院长（系主任）任组长，副书记、副院长（副主任）、团委书记、辅导员任成员。职责范围和议事规则参照学生资助工作领导小组执行。

（二）学生申诉处理委员会

学生申诉处理委员会专门负责受理学生对处理或处分决定不服提起的申诉。学生申诉处理委员会由分管校领导和归口管理及职能部门负责人、教师代表和本科生代表、研究生代表、法律专家等组成。学生申诉处理委员会下设办公室，负责日常工作。

（三）学生工作委员会

学生工作委员会（下称学工委）在校党委和各行政部门的领导下，统一领导和协调全校学生思想政治教育与管理工作，切实提高学生工作的规范化水平。学工委由分管学生工作的校领导和相关职能部门负责人及各院系主管学生工作的正（副）书记组成。办公室设在学生管理部门，主任由学生管理部门负责人兼任。主要工作职责如下：

1.统一规划和部署全校学生思想政治和管理工作；

2.掌握学生思想动态，指导各基层部门开展学生教育管理工作；

3.制定或修订学生管理工作等规章制度，依法对学生实行管理；

4.负责全校学生先进集体、先进个人、各类奖学金的评定工作；

5.讨论和决定对违纪学生给予处分，对违纪学生提出处理意见，报校长办公会议审议；

6.研究辅导员队伍建设，负责政治辅导员的选拔、培训和考核；

7.研究学生素质教育及校园文化建设中的重大事宜；

8.指导、督促和检查基层单位做好学生工作，研究、解决学生工作中出现的重大问题。

三、本科生管理

（一）本科学生学籍管理

1.本科学生学籍管理规范

（1）本科新生入学资格初步审查

高校在本科新生报到时对本科新生入学资格进行初步审查，由招生管理部门负责组织实施。初步审查合格的本科新生可办理入学手续。如审查发现本科新生的录取通知书、考生信息等证明材料与本人实际情况不符，或者有其他违反国家招生考试规定情形的，取消入学资格。

本科新生因故不能按期入学的，应当向高校请假。未请假或者请假逾期的，除因不可抗力等正当事由外，视为放弃入学资格。

本科新生可以按照高校有关规定申请保留入学资格，保留入学资格期间不具有学籍。本科新生应征参加中国人民解放军（含中国人民武装警察部队），高校保留其入学资格至退役后2年。

本科新生保留入学资格期满前应向高校申请入学，经高校审查合格后，办理入学手续。审查不合格的，取消入学资格；逾期不办理入学手续且未有因不可抗力延迟等正当理由的，视为放弃入学资格。

（2）本科新生入学资格复查

本科新生入学后，高校在规定时间内按照国家招生规定进行复查。复查主要内容包括：

A.招生管理部门负责组织实施审核入学手续及程序等是否合乎国家招生规定。

B.招生管理部门负责组织实施审核学生所获得的录取资格是否真实、合乎相关规定。

C.招生管理部门负责组织实施审核学生本人及身份证明与录取通知、考生档案等是否一致。

D.后勤管理部门（校医院）负责组织实施审核学生身心健康状况是否符合报考专业或者专业类别体检要求，能否保证在校正常学习、生活。

E.招生管理部门负责，艺术学院和体育学院组织实施审核艺术、体育等特殊类型录取学生的专业水平是否符合录取要求。

（3）本科生注册管理

每学年第一学期注册流程：

A.学生在注册前应按高校有关规定交纳学费。

B.财务管理部门在开学第一周确认学生交费情况，并向学生所在院系和学籍管理部门提交学生学费交费情况确认表。

C.在校生在高校规定期限内持本人学生证到所在院系办理学生证注册手续或暂

缓注册手续。暂缓注册学生还应提供申请暂缓注册证明材料。

D.院系为已交费学生在学生证加盖当前学期注册章，并由学生和注册工作人员在注册确认单上签字确认。

E.各院系根据注册单汇总生成院系学生注册汇总表，将注册确认单和院系学生注册汇总表报送学籍管理部门。如有暂缓注册学生，还应报送学生暂缓注册相关证明材料。

F.学籍管理部门根据各院系提交的材料和财务管理部门提供的学生交费确认表进行审核，审核通过的学生进行学籍电子注册。

每学年第二学期注册流程按照B、C、D流程办理注册或暂缓注册手续。

（4）本科生跳级学籍异动管理

学业成绩特别优秀的学生，如本人申请跳级，进行考核后，经高校批准，允许跳级。跳级考试中各科成绩如实记入对应课程成绩单。

（5）本科生学业预警、留级、降级学籍异动管理

除毕业学期外，学生一学期未取得合格成绩的主要课程门数第一次累计达到留级、降级标准，应在下一学期学业预警，不进行留级、降级处理。若学生希望进行留级、降级处理，可向所在院系书面提出个人申请，经批准后进行留级、降级处理。

学业预警期为一学期。学业预警学期期末考试若有一门主要课程不及格，进行留级、降级处理。

有过学业预警经历的学生，再次达到留级、降级标准的，进行留级、降级处理。

实行学分制的高校只做未取得学分的课程重修，不做上述学籍异动。

（6）本科生转专业学籍异动

A.公布计划。各转入院系在第二学期规定时间内，向教务管理部门报送各专业拟接收转入学生人数及考核录取办法、接收条件等。经教务管理部门审核，报主管校领导批准后，由教务管理部门统一公布。

B.学生申请。拟转专业学生可在第三学期第一教学周内，根据高校公布的计划，填写《本科学生转专业申请审批表》（一式四份），报学生所在院系。

C.资格审查。转出院系对申请转出学生的材料进行审核，确认材料无误后，填写《本科学生转专业申请审批表》转出院系意见，并进行归类整理，在院系备案。教务管理部门审批后，统一将拟转专业学生申请材料送至转入院系，经转入院系复核后，由各转入院系公布各专业参加考核学生名单及各专业考核安排。

D.转专业考核。转入院系根据考核办法对拟转专业学生组织实施考核。原则上应在第三学期的第二教学周组织考核。教务管理部门根据全校各专业发展情况和学生实际情况对拟转专业学生申请材料进行复核，高校有权决定学生可转入新专业的范围。

E.高校审批。各转入院系按考核成绩，在择优录取的原则下，根据各转入专业

的计划转入人数，确定转专业学生名单，填写《本科学生转专业申请审批表》转入院系意见后报教务管理部门审核。所有转专业考核、审核结果由高校在全校范围内公示。公示期结束后，报校长办公会议审批。

F.学籍管理部门在学籍系统中进行学籍异动操作。

（7）本科生转学学籍异动管理流程

①转出程序。

学生本人如实填写《普通高等学校学生转学申请（确认）表》（一式五份），向所在院系提出书面申请。申请时要同时提供以下材料：

A.转学理由相关的证明材料（如患病转学的，需提供二级甲等以上医院医疗证明等）；

B.盖有省级招生部门印章的普通高校录取新生名册复印件，并加盖招生管理部门公章；

C.学生在高校已学课程成绩单，并加盖高校教务管理部门公章；

D.学生在校期间表现鉴定书，并加盖高校学生管理部门公章；

E.拟转入高校提供的拟转入高校当年相同生源地省级招生部门录取最低分学生的“录取新生名册”复印件一份，并加盖招生管理部门公章。

经院系初审，报教务管理部门复审后，提交校长办公会议审批。

对获准转出学生的相关信息（主要包括学生所在院系、专业、年级、姓名、拟转入高校和专业名称、入学年份、录取分数、转学理由等）通过高校网站进行5个工作日的公示。

经公示无异议的，由高校正式发文，可以转出。高校在正式发文后，由校长在申请（确认）表上签署转出高校意见并加盖高校公章，学生持申请（确认）表到相关部门办理转学手续。

学籍管理部门在学籍系统中进行学籍异动操作。

②转入程序。

拟转入学生本人须向高校学籍管理部门提交下列材料，申请转学，包括：

A.已签署转出高校意见并加盖转出高校公章的高等学校学生转学申请（确认）表（一式五份）；

B.转出高校校长办公会议关于同意学生转学的决定，并加盖高校公章；

C.转学理由相关的证明材料（如患病转学的，需提供二级甲等以上医院医疗证明等）；

D.转出高校盖有省级招生部门印章的普通高校录取新生名册复印件，并加盖高校招生管理部门公章；

E.学生所在高校已学课程成绩单，并加盖转出高校教学管理部门公章；

F.学生在转出高校在校期间表现鉴定书，并加盖转出高校学生工作部门公章；

G.高校提供的高校当年相同生源地省级招生部门录取最低分学生的“录取新生名册”复印件一份，并加盖高校招生管理部门公章；

H.拟转入高校提供高校招生委员会或招生监督部门同意学生转入的证明，并加盖高校招生委员会或招生监督部门公章；

I.高校教务管理部门接受学生书面申请，符合高校培养要求且高校有教学能力的，经高校教务管理部门、转入院系审核同意，提交校长办公会议审批；

J.学籍管理部门在学籍系统中进行学籍异动操作。

对获准转学学生相关信息（主要包括学生姓名、转出高校和专业名称、入学年份、录取分数、转学理由、拟转入专业等）通过高校网站进行5个工作日的公示。

经公示无异议的，由高校正式发文，可以转入。高校在正式发文后，由校长在申请（确认）表上签署转入高校意见并加盖高校公章。

自省内其他高校转入的，转学学生持申请（确认）表及相关材料到相关部门办理转学手续。

（8）本科生办理休学流程

休学一般由学生本人提出申请，经学籍管理部门审批并发给休学证明后方可休学。高校认定学生应当休学的，由学籍管理部门发给学生休学通知。

休学的学生应在规定期限内办理休学手续离校。学生休学期间，高校为其保留学籍，但不享受在校学习学生的待遇。因病休学学生的医疗费按国家及当地的有关规定处理。

休学期限原则上以1年为期。休学期满后仍不能复学者，可继续申请休学，但累计不得超过2年。学期中办理休学的，该学期按休学计算，但已考核课程成绩和学分有效。休学时间计入在校学习年限。

（9）本科生办理复学流程

本科生办理复学流程业务应遵照以下规范要求：

A.学生休学期满前，应当在高校规定的期限内持有关证明材料，向所在院系提出申请。经高校复查合格，方可复学。逾期不办理复学手续的，进行退学处理。

B.休学学生复学，应于开学前向所在院系提交书面复学申请，报学籍管理部门批准，方可办理复学手续。

因病休学申请复学时，要附医院开具的“可以正常学习”的诊断证明。伪造诊断证明或复查不合格者不得复学。

（10）本科生办理退学流程

学生自愿申请退学的，高校给予办理退学手续。其他予以退学学生，提交校长办公会议或者校长授权的专门会议研究决定。对退学的学生，由高校出具退学决定并直接送交学生本人，学生拒绝签收的，可以通过留置方式送达；已离校的，可以采取邮寄方式送达，或利用高校网站、新闻媒体等以公告方式送达。

学生对退学处理有异议的，在接到高校退学决定之日起10日内，按高校有关规定，向学生申诉处理委员会提出书面申诉。学生对复查决定有异议的，在接到高校复查决定书之日起15日内，可以向高校所在地省级教育行政部门提出书面申诉。

自退学决定或者复查决定书送达之日起，学生在申诉期内未提出申诉的视为放弃申诉，高校或者省级教育行政部门不再受理其提出的申诉。退学决定或复查决定书未告知学生申诉期限的，申诉期限自学生知道或者应当知道处理决定之日起计算，但最长不得超过6个月。

退学学生在接到高校退学决定或复查决定书一周内办理退学手续离校，档案由高校退回其家庭所在地，户口应当按照国家相关规定迁回原户籍地或者家庭户籍所在地。退学学生由高校有关部门注销其在校各种关系。

2.本科生学籍管理流程及说明

（1）本科新生入学资格初步审查管理流程如图15-1所示。

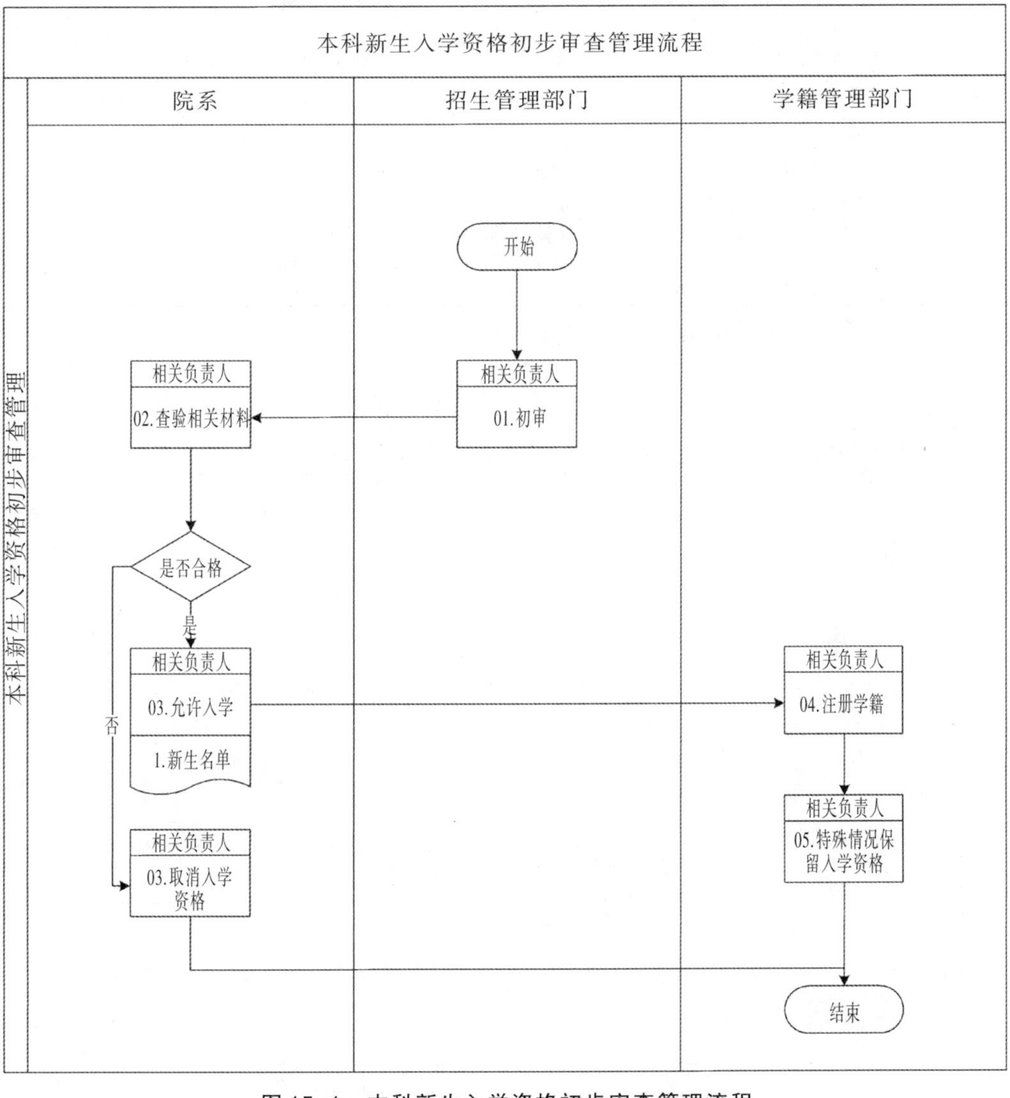

图15-1　本科新生入学资格初步审查管理流程

管控节点说明见表15-1。

表15-1 **管控节点说明**

管控节点	节点说明	输出文档
01	高校在本科新生报到时对本科新生入学资格进行初步审查，由招生管理部门负责组织实施	
02	各院系要逐一查验录取通知书、身份证、高考准考证等相关材料，并与录取照片逐一核对，若发现不相符现象，要认真核查。 准考证件有遗失者，要进行登记并及时与高校招生管理部门联系，作为重点核查对象；对不能明确认定者，应暂缓办理报到手续，待查实核正后办理	
03	初步审查合格的本科新生可办理入学手续。 审查发现本科新生的录取通知书、考生信息等证明材料与本人实际情况不符，或者有其他违反国家招生考试规定情形的，取消入学资格	新生名单
04	院系将初步审查合格的本科新生名单报学籍管理部门，由学籍管理部门予以注册学籍	
05	本科新生可以按照高校有关规定申请保留入学资格，保留入学资格期间不具有学籍。 本科新生应征参加中国人民解放军（含中国人民武装警察部队），高校保留其入学资格至退役后2年。 本科新生保留入学资格期满前应向高校申请入学，经高校审查合格后，办理入学手续。审查不合格的，取消入学资格；逾期不办理入学手续且未有因不可抗力延迟等正当理由的，视为放弃入学资格	

（2）本科新生入学资格复查管理流程如图15-2所示。

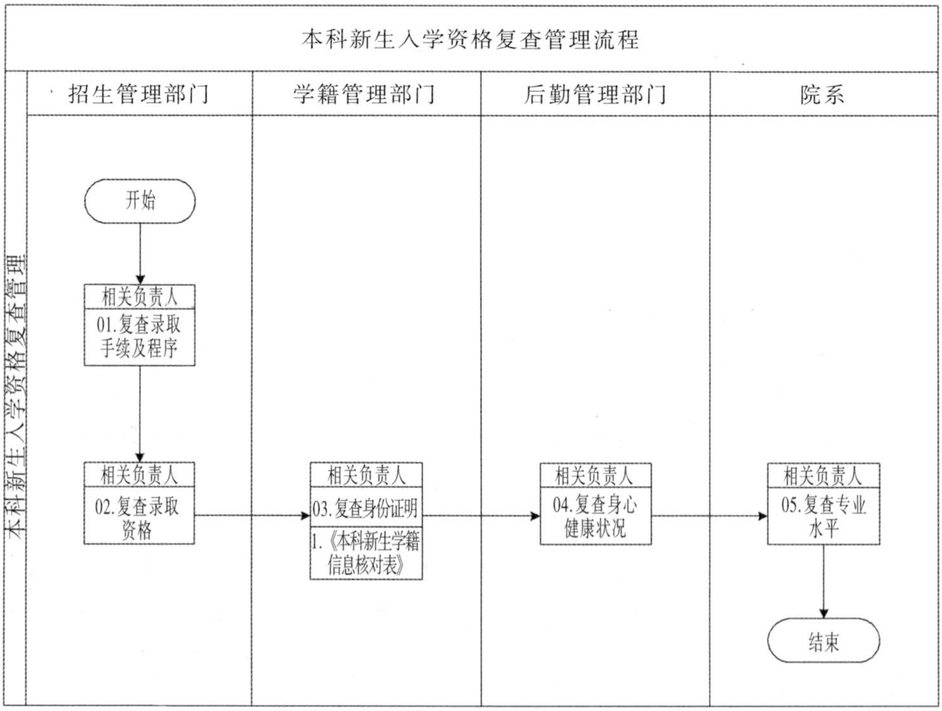

图15-2 本科新生入学资格复查管理流程

管控节点说明见表15-2。

表15-2 **管控节点说明**

管控节点	节点说明	输出文档
01	招生管理部门复查录取手续及程序等是否合乎国家招生规定	
02	招生管理部门复查新生所获得的录取资格是否真实、合乎相关规定	
03	学籍管理部门负责组织复查学生本人及身份证明与录取通知书、考生档案等是否一致，各院系配合。学籍管理部门下载学信网上的学生自然信息并生成《本科新生学籍信息核对表》，下发到各院系，由学生本人核对相关信息，无误后由本人签字确认	《本科新生学籍信息核对表》
04	后勤管理部门（校医院）复查新生身心健康状况是否符合报考专业或者专业类别体检要求，能否保证在校正常学习、生活，各院系要配合后勤管理部门（校医院）的工作。复查中发现患有严重疾病、不符合专业录取要求及体检舞弊的学生，要如实写出复查报告，提出延期入学、转专业、休学、退学建议，报送领导小组办公室	
05	招生管理部门负责，艺术学院和体育学院组织测试艺术、体育等特殊类型录取学生的专业水平是否符合录取要求，并对复测成绩负责。艺术类专业本科新生参加所在院系组织的专业科目测试，相关院系要确保所有艺术类专业本科新生按时参加考试，对无故旷考的学生由学生管理部门依据校规校纪严肃处理	

（3）本科生注册管理流程如图15-3所示。

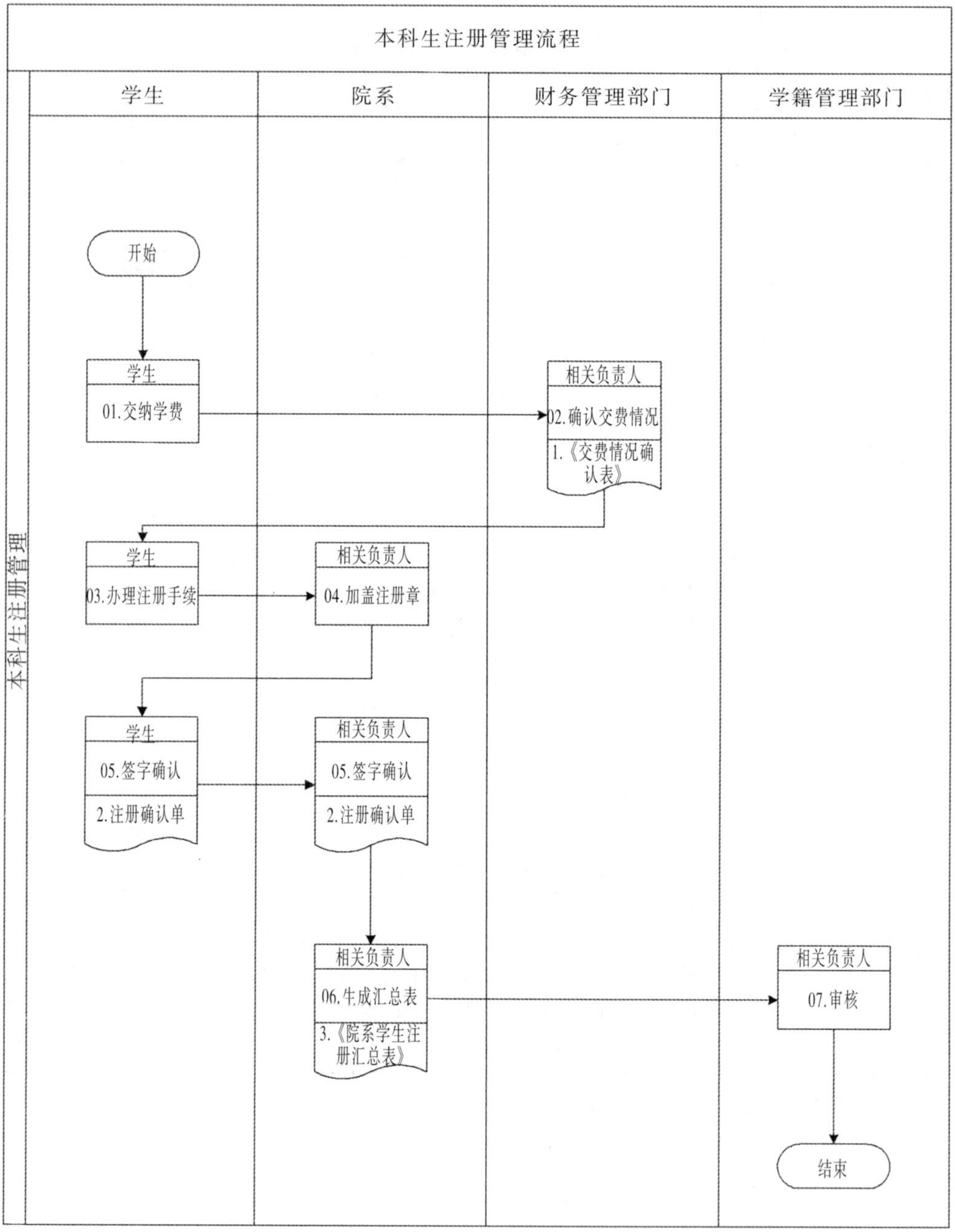

图 15-3 本科生注册管理流程

管控节点说明见表 15-3。

表 15-3　**管控节点说明**

管控节点	节点说明	输出文档
01	学生在注册前应按高校有关规定交纳学费	
02	财务管理部门在开学第一周确认学生交费情况，并向学生所在院系和学籍管理部门提交交费情况确认表	《交费情况确认表》
03	本科生在高校规定期限内持本人学生证到所在院系办理学生证注册手续或暂缓注册手续。暂缓注册学生还应提供同意暂缓注册证明材料	
04	院系为已交费学生在学生证上加盖当前学期注册章	
05	由学生和注册工作人员在注册确认单上签字确认	注册确认单
06	各院系根据注册确认单汇总生成《院系学生注册汇总表》，将注册确认单和注册汇总表在每学期第四周报送学籍管理部门。如有暂缓注册学生，还应报送学生暂缓注册相关证明材料	《院系学生注册汇总表》
07	学籍管理部门根据各院系提交的材料和财务管理部门提供的学生交费确认表进行审核，审核通过的学生给予学籍电子注册，注册完成。每学年第二学期按照 02、03、04 步骤办理注册或暂缓注册手续。暂缓注册学生应在暂缓注册期满前按照具体流程办理注册手续	

（4）本科生跳级学籍异动管理流程如图 15-4 所示。

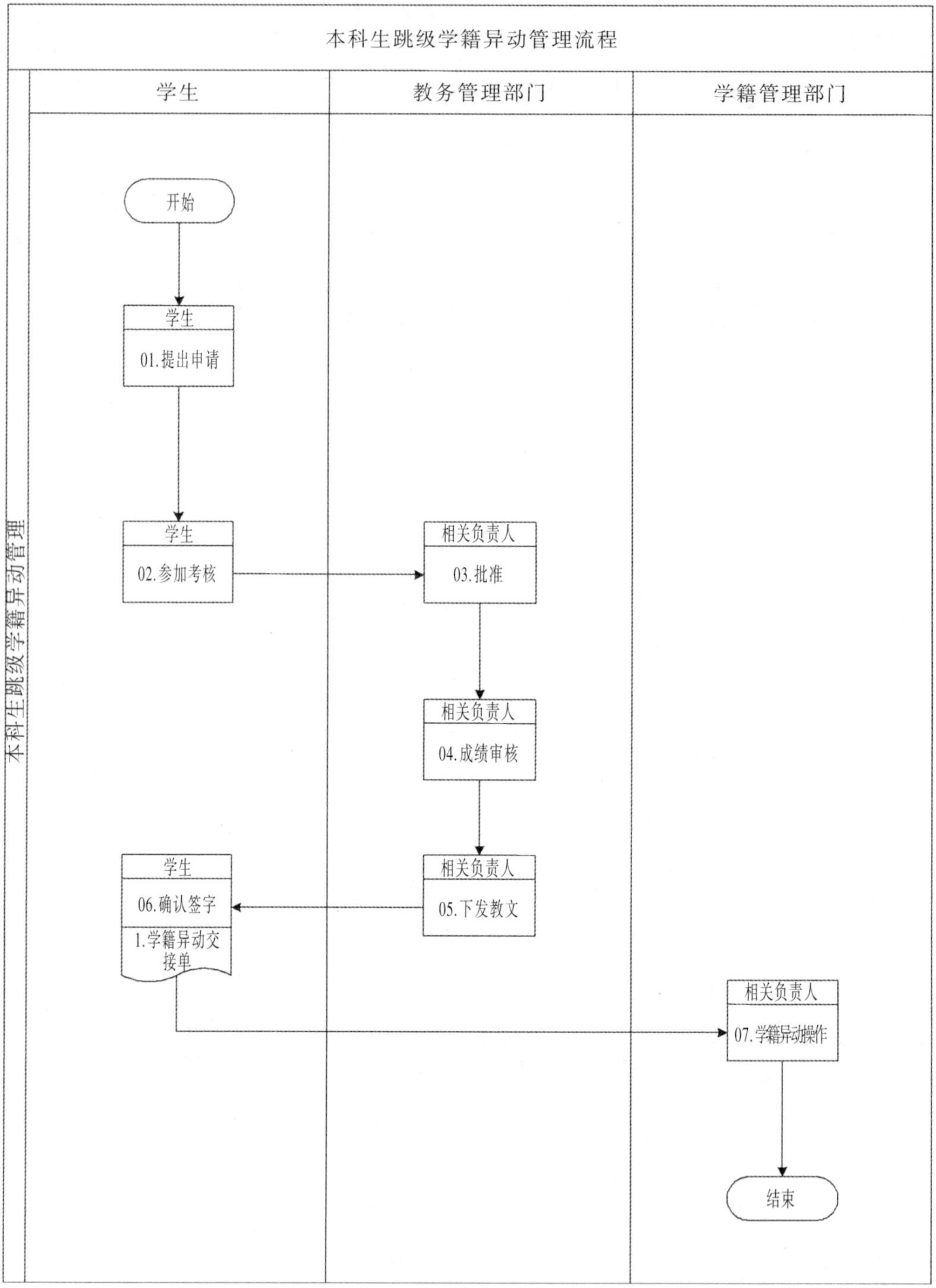

图 15-4 本科生跳级学籍异动管理流程

管控节点说明见表15-4。

表 15-4　　**管控节点说明**

管控节点	节点说明	输出文档
01	学业成绩特别优秀的学生，本人申请跳级	
02	学生参加相关考核	
03	经高校教务管理部门批准，允许跳级	
04	高校教务管理部门进行成绩审核	
05	高校教务管理部门将教文下发到各相关院系	
06	学生本人签字确认，完成学籍异动交接单并上交学籍管理部门	学籍异动交接单
07	学籍管理部门相关负责人根据相关文件精神及院系相关申请报告，在学籍系统中进行学籍异动操作，同时处理学信网信息	

（5）本科生学业预警、留级、降级学籍异动管理流程如图 15-5 所示。

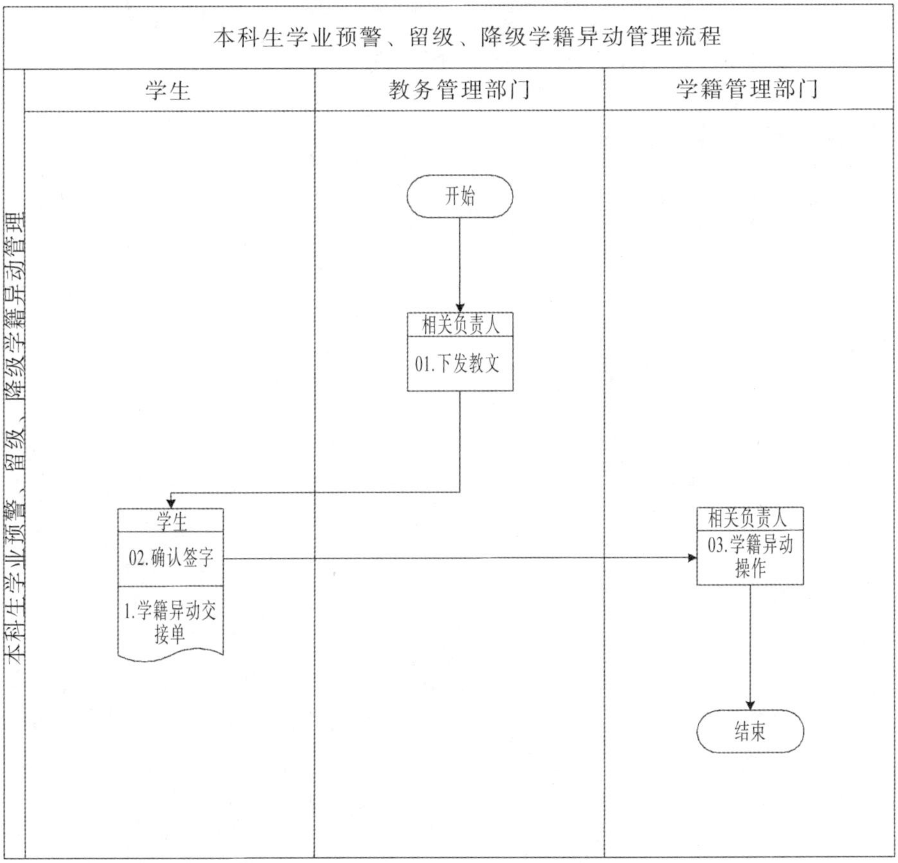

图 15-5　本科生学业预警、留级、降级学籍异动管理流程

管控节点说明见表 15-5。

表 15-5　　**管控节点说明**

管控节点	节点说明	输出文档
01	教务管理部门将教发文下发给各相关院系	
02	学生本人签字确认，完成学籍异动交接单并上交学籍管理部门	学籍异动交接单
03	根据相关文件精神及院系相关申请报告，学籍管理部门在学籍系统中进行学籍异动操作，同时处理学信网信息	

（6）本科生转专业学籍异动管理流程如图15-6所示。

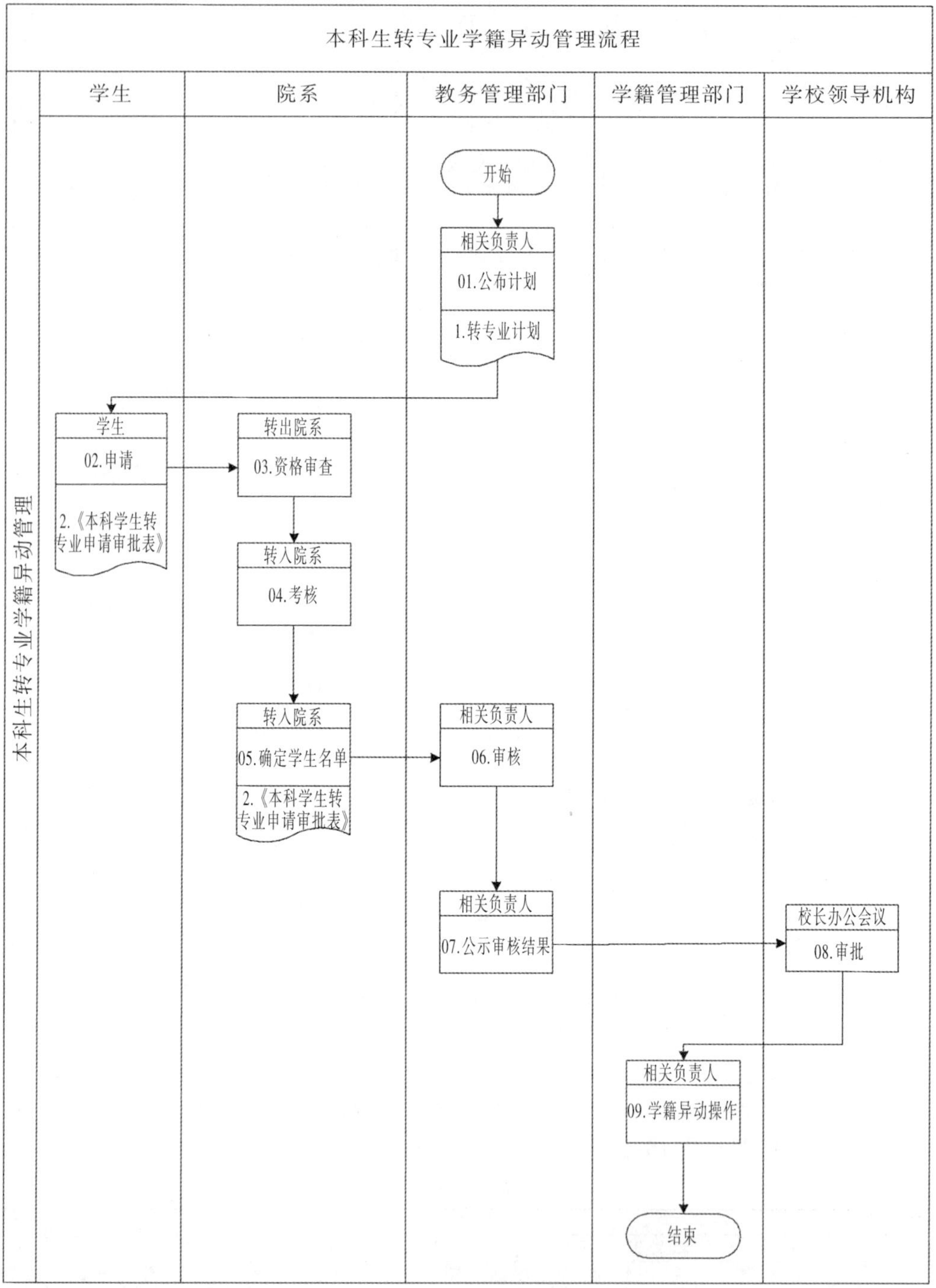

图15-6 本科生转专业学籍异动管理流程

管控节点说明见表15-6。

表15-6　**管控节点说明**

管控节点	节点说明	输出文档
01	教务管理部门审核院系拟接收转专业计划，报分管校领导批准后，由教务管理部门统一公布	转专业计划
02	拟转专业学生可在第三学期第一教学周内，根据高校公布的计划，填写《本科学生转专业申请审批表》（一式四份）报学生所在院系	《本科学生转专业申请审批表》
03	转出院系对申请转出学生的材料进行审查，确认材料无误后，填写《本科学生转专业申请审批表》转出院系意见	
04	转入院系根据考核办法对拟转专业学生组织实施考核	
05	各转入院系按考核成绩，在择优录取的原则下，根据各转入专业的计划转入人数，确定转专业学生名单，填写《本科学生转专业申请审批表》转入院系意见	《本科学生转专业申请审批表》
06	教务管理部门审核	
07	所有转专业考核、审核结果由高校在全校范围内公示5个工作日	
08	公示期结束后，报校长办公会议审批	
09	学籍管理员在学籍系统中进行学籍异动操作，同时处理学信网信息	

（7）本科生转学学籍异动管理流程如图15-7、图15-8所示。

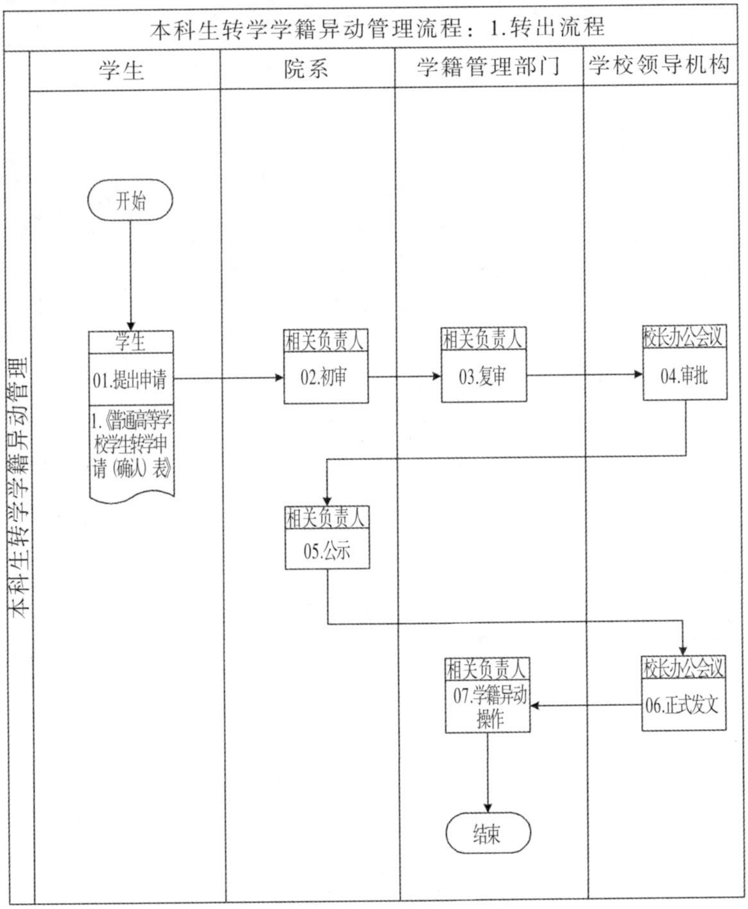

图15-7　本科生转学学籍异动管理流程（转出流程）

管控节点说明见表15-7。

表15-7 管控节点说明

管控节点	节点说明	输出文档
01	学生本人如实填写《普通高等学校学生转学申请（确认）表》（一式五份），向所在院系提出书面申请	《普通高等学校学生转学申请（确认）表》
02	相关院系进行初审	
03	学籍管理部门进行复审	
04	校长办公会议进行审批	
05	获准转出学生的相关信息（主要包括：学生所在院系、专业、年级、姓名、拟转入高校和专业名称、入学年份、录取分数、转学理由等）通过高校网站进行5个工作日的公示	
06	经公示无异议的，由高校正式发文，可以转出	
07	在学籍系统中进行学籍异动操作，同时处理学信网信息	

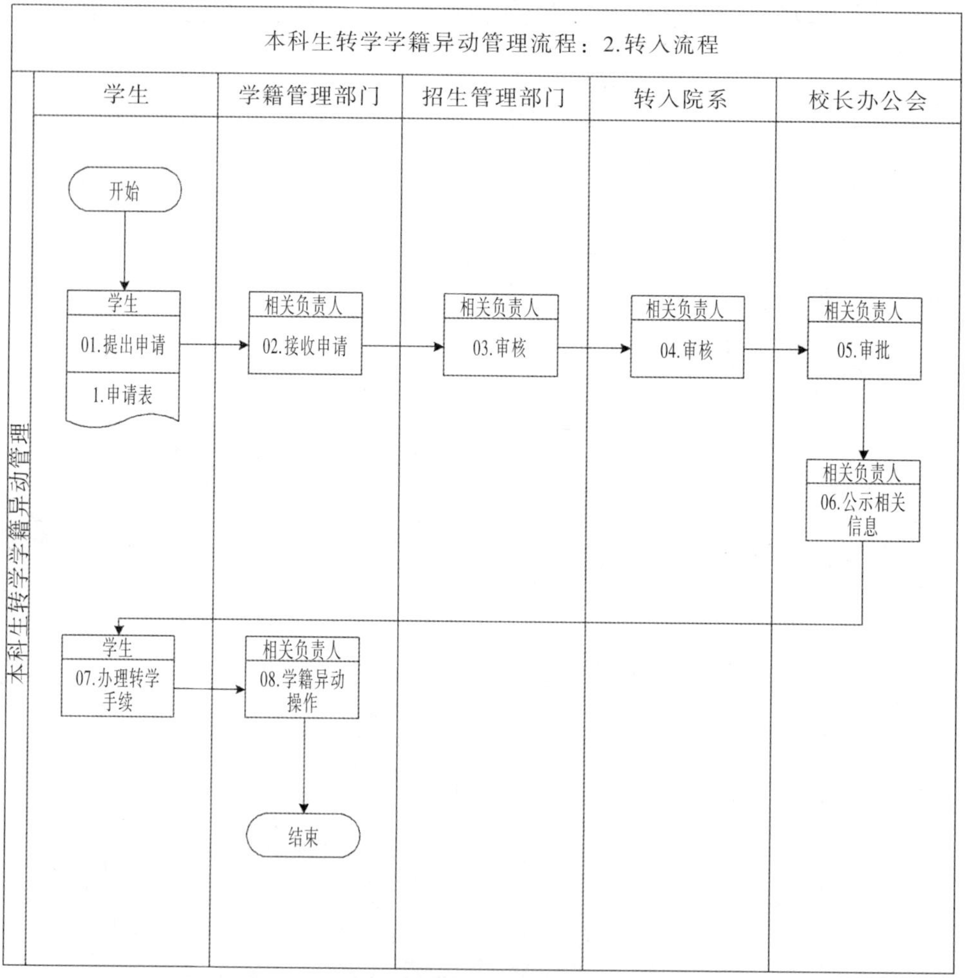

图15-8 本科生转学学籍异动管理流程（转入流程）

管控节点说明见表15-8。

表15-8　**管控节点说明**

管控节点	节点说明	输出文档
01	拟转入学生本人须向学籍管理部门申请转学	申请表
02	学籍管理部门接受学生书面申请，审核是否符合高校培养要求且高校是否有教学能力	
03	招生管理部门进行审核	
04	转入院系进行审核	
05	校长办公会进行审批	
06	获准转学学生的相关信息（主要包括：学生姓名、转出高校和专业名称、入学年份、录取分数、转学理由、拟转入专业等）通过高校网站进行5个工作日的公示。经公示无异议的，由高校正式发文，可以转入	
07	自省内其他高校转入的，转学学生持申请（确认）表及相关材料到相关部门办理转学手续。自省外高校转入的，由转出地省级教育行政部门、辽宁省教育厅，按转学条件确认后办理转学手续	
08	在学籍系统中进行学籍异动操作，同时处理学信网信息	

（8）本科生办理休学管理流程如图15-9所示。

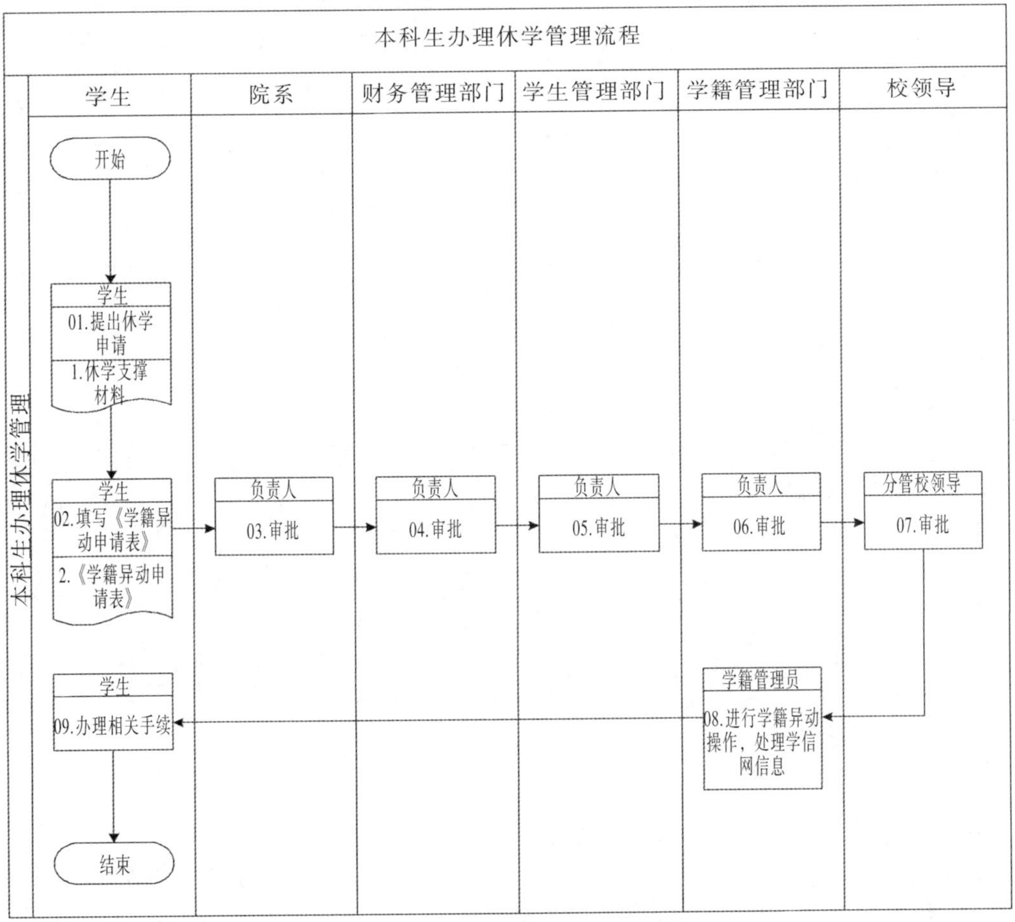

图15-9　本科生办理休学管理流程

管控节点说明见表15-9。

表15-9 **管控节点说明**

管控节点	节点说明	输出文档
01	学生本人向所属院系提出休学申请，并附休学支撑材料	休学支撑材料
02	学生在所属院系领取《学籍异动申请表》，填写（需学生本人及法定监护人签字确认）后提交所属院系	《学籍异动申请表》
03	所属院系审批	
04	财务管理部门审批	
05	学生管理部门审批	
06	学籍管理部门审批	
07	分管校领导审批（由学籍管理部门的学籍管理员负责申请审批）	
08	学籍管理部门的学籍管理员在系统中进行学籍异动操作，同时处理学信网信息	
09	学生持审批后的《学籍异动申请表》到相关部门办理离校手续	

（9）本科生办理复学流程如图15-10所示。

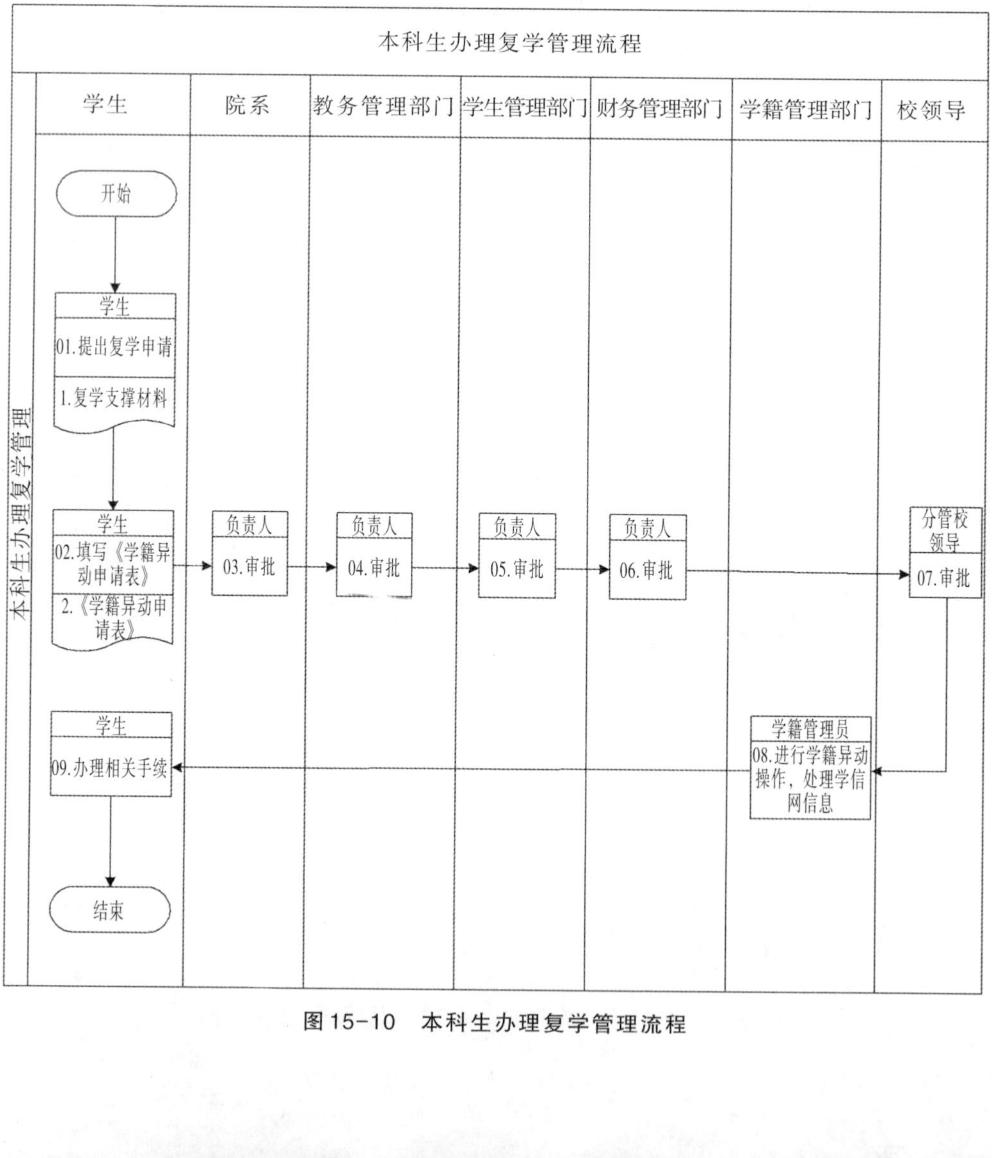

图15-10 本科生办理复学管理流程

管控节点说明见表15-10。

表15-10　**管控节点说明**

管控节点	节点说明	输出文档
01	学生本人向所属院系提出复学申请，并附复学支撑材料	复学支撑材料
02	学生在所属院系领取《学籍异动申请表》，填写（需学生本人及法定监护人签字确认）后提交所属院系	《学籍异动申请表》
03	所属院系审批	
04	教务管理部门审批	
05	学生管理部门审批	
06	财务管理部门审批	
07	分管校领导审批（由教务管理部门学籍管理员负责申请审批）	
08	学籍管理员在学籍系统中进行学籍异动操作，同时处理学信网信息	
09	学生持审批后的《学籍异动申请表》到相关部门办理入学手续	

（10）本科生申请退学管理流程如图15-11所示。

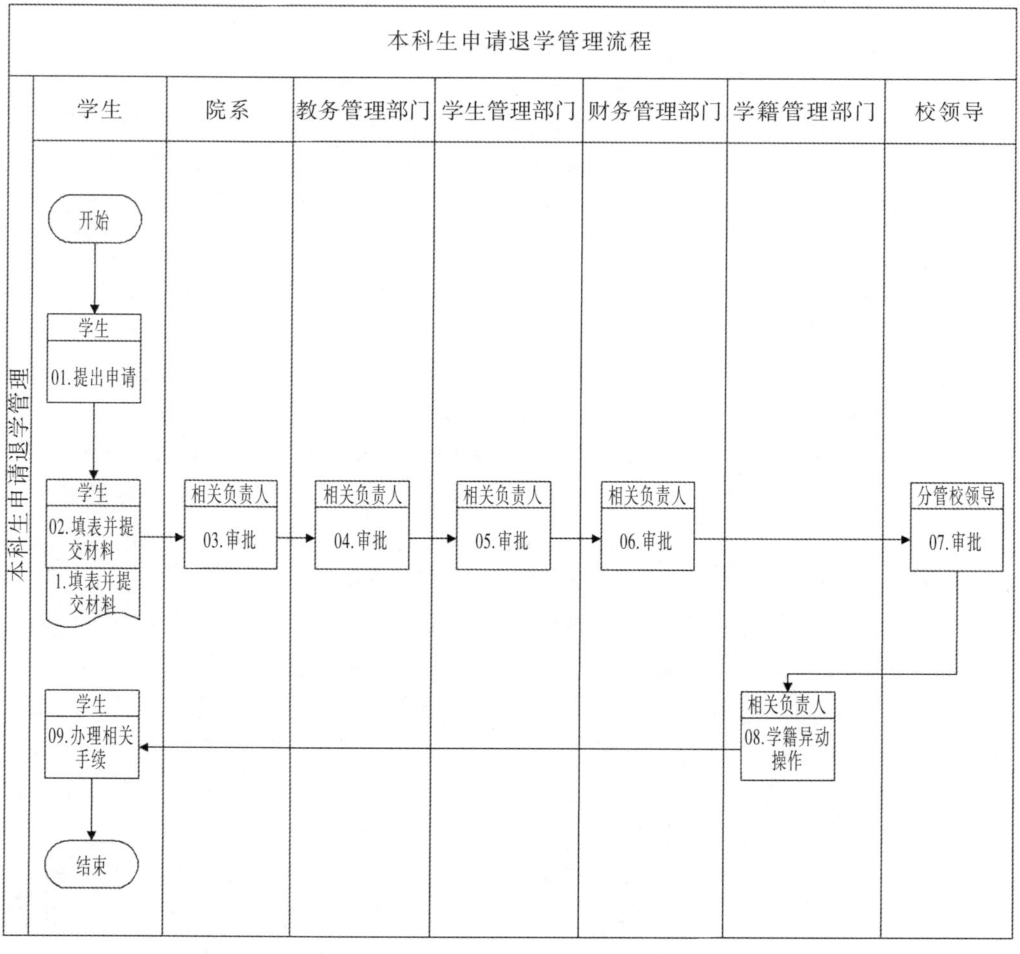

图15-11　本科生申请退学管理流程

管控节点说明见表15-11。

表15-11 管控节点说明

管控节点	节点说明	输出文档
01	学生本人提出申请	
02	学生本人填写《学籍异动申请表》，并附离校通知单、学生家长身份证复印件及《家长知情书》	填表并提交材料
03	学生所在院系审批	
04	教务管理部门审批	
05	学生管理部门审批	
06	财务管理部门审批	
07	分管校领导审批	
08	相关负责人在学籍系统中进行学籍异动操作，同时处理学信网信息	
09	学生持审批后的《学籍异动申请表》及《高校通知单》到相关部门办理离校手续	

（二）本科生资助管理

1.本科生奖助管理规范

（1）家庭经济困难学生认定

需要申请认定家庭经济困难的新生及在校学生要如实填写《高等学校学生及家庭情况调查表》。学生持《高等学校学生及家庭情况调查表》到家庭所在地乡、镇或街道民政部门加盖公章，以证明其家庭经济状况。每年9月，学生申请家庭经济困难认定，填写《高等学校家庭经济困难学生认定申请表》。

班级评议小组根据学生提交的《高等学校家庭经济困难学生认定申请表》和《高等学校学生及家庭情况调查表》，以学生家庭人均收入对照大连市居民最低生活保障标准，并结合学生日常消费行为，以及影响其家庭经济状况的有关因素，认真进行评议，确定本班级相应等级家庭经济困难学生资格。

年级认定小组根据学生提交的《高等学校家庭经济困难学生认定申请表》和《高等学校学生及家庭情况调查表》，以学生家庭人均收入对照大连市居民最低生活保障标准，并结合学生日常消费行为，以及影响其家庭经济状况的有关因素，认真进行评议，确定本年级相应等级家庭经济困难学生资格。

院系资助工作领导小组认真审核认定评议小组申报的初步评议结果。审核通过后，将家庭经济困难学生名单及等级以适当方式、在适当范围内公示5个工作日。

如师生有异议，可通过有效方式向本院系资助工作领导小组提出质疑。院系资助工作领导小组在接到异议材料的3个工作日内予以答复。如对院系资助工作领导小组的答复仍有异议，可通过有效方式向高校学生资助中心提请复议。高校学生资助中心在接到复议申请的3个工作日内予以答复。

高校学生资助中心负责汇总各院系审核通过的家庭经济困难学生名单，报至学生资助工作领导小组。学生资助工作领导小组对家庭经济困难学生名单进行审批。各院系建立家庭经济困难学生信息档案，上报省学生资助管理中心。

（2）勤工助学管理

需设立勤工助学岗位的用工单位填写《勤工助学岗位申请表》，向学生资助工作领导小组办公室提出申请。学生资助工作领导小组对勤工助学岗位申请进行审批。学生资助工作领导小组办公室结合高校实际和用工单位申报情况，统筹设置校内勤工助学岗位。

各用工单位发布聘任信息，将勤工助学岗位的名称、人数、职责、劳动时间、条件等情况通过网络、海报等形式进行公布。符合条件的学生向用工单位提出申请，并填写《学生勤工助学岗位申请表》。

用工单位根据岗位需求，结合学生实际情况进行考核录用，录用名单确定后，相关资料须报学生资助工作领导小组办公室。学生资助工作领导小组办公室对录用名单进行备案。

用工单位对录用学生进行必要的岗位培训及安全教育。

用工单位可根据实际情况确定合理的试用期，试用合格者正式上岗。各用工单位每月对勤工助学学生的工作情况进行考核，填写《勤工助学学生工作情况考核表》。勤工助学酬劳由用工单位根据考核结果进行核算，每月结算一次，并填写《勤工助学补助领取表》，用工单位负责人审核无误后签字。

学生资助工作领导小组办公室汇总各用工单位《勤工助学补助领取表》，学生资助工作领导小组进行审批。

（3）孤儿资助管理

各院系资助工作领导小组具体负责本院系孤儿大学生的认定工作，形成《院（系）孤儿大学生认定报告》，并将认定结果报至学生资助工作领导小组办公室。

学生资助工作领导小组办公室汇总并核准各院系孤儿大学生的认定情况，报学生资助工作领导小组，学生资助工作领导小组审批。经过审批后，免除孤儿大学生在校期间的全部学费和住宿费。

学生资助工作领导小组办公室会同院系资助工作领导小组不定期对全校受资助孤儿大学生的学习、生活进行走访，实行全过程帮扶。

（4）新疆籍少数民族贫困学生资助金管理

学生根据资助金的基本申请条件及家庭经济困难学生认定流程，向院系提出申请。各院系进行审核并确定拟受助名单。各院系对拟受助名单进行审核，无异议后上报学生管理部门。

每年11月底前，学生管理部门根据新疆维吾尔自治区下拨经费具体额度及院系认定受助学生等级，制订《××××年度新疆籍少数民族贫困学生资助金等级及金额方案》。

学生管理部门审核无异议后确定最终受助名单，并发放资助金。学生管理部门将本校当年新疆籍少数民族贫困生资助金的落实情况报至新疆维吾尔自治区教育厅备案。

（5）应征入伍服义务兵役学生资助管理

应征报名的学生登录大学生征兵报名系统，在赴部队前按要求在线填写、打印

《高校学生应征入伍学费补偿国家助学贷款代偿申请表》（一式两份），并提交至学生管理部门。

学生管理部门对《高校学生应征入伍学费补偿国家助学贷款代偿申请表》进行初审。初审合格后由高校财务管理部门对其交纳的学费和国家助学贷款金额进行审核并盖章。学生管理部门在《高校学生应征入伍学费补偿国家助学贷款代偿申请表》上加盖相关公章。学生管理部门留存一份申请表，另一份返还给学生。

学生将加盖县级征兵办公章的《高校学生应征入伍学费补偿国家助学贷款代偿申请表》原件和《应征入伍通知书》复印件交至学生管理部门。

退役复学的学生在复学当年向学生管理部门提出学费减免申请，填写打印的《高校学生退役复学学费减免申请表》。财务管理部门负责对退役复学学生的学费减免金额进行审核并盖章。

退役复学的学生向学生管理部门提交加盖县级征兵办公章的《高校学生退役复学学费减免申请表》和《退出现役证书》复印件。

学生管理部门在收到学生申请材料后，对各项内容进行复核。符合条件的，学生管理部门及时向学生进行学费补偿或国家助学贷款代偿及学费减免。

学生管理部门将省资助中心审批结果通知财务管理部门及学生（或委托人）。财务管理部门进行资金发放，将补偿、代偿的资金发放到学生的账户中。

部队退回原就读高校并被取消受助资格的学生，已补偿的学费或代偿的国家助学贷款由学生原就读高校会同退役安置地县级人民政府征兵办公室收回。各县级教育行政部门和各高校应在收回资金后10日内，逐级汇总上缴全国学生资助管理中心。收回资金按规定作为下一年度学费补偿或国家助学贷款代偿经费。

（6）国家（省政府）奖学金、国家励志奖学金、国家助学金评选

省财政厅、教育厅统筹下达高校国家（省政府）奖学金资助名额、国家励志奖学金资助名额及国家助学金资助名额。学生管理部门负责国家（省政府）奖学金、国家励志奖学金及国家助学金资助名额分配并下达至各院系。

学生根据规定的奖学金、助学金的基本申请条件及其他有关规定，向所在院（系）提出申请，填写并递交《普通本科高校、高等职业高校国家××金申请表》。

各院（系）评审，提出本院（系）当年国家（省政府）奖学金、国家励志奖学金获奖建议名单和国家助学金资助初步名单及资助等级，公示无异议后报学生管理部门。

学生管理部门汇总各院系当年国家（省政府）奖学金、国家励志奖学金获奖建议名单和国家助学金资助初步名单及资助等级，提交至学生资助工作领导小组。学生资助工作领导小组审议通过后，报至省学生资助管理中心，省学生资助管理中心进行备案。

学生管理部门为获奖学生颁发奖励证书，并记入学生档案。

（7）本科学生校级奖学金评选

学生管理部门发布本科学生校级奖学金评选通知。各院系学生资助工作领导小

组依照管理办法组织评选，公示《××××学年度校综合奖学金名单》《××××学年度校单项奖学金名单》。各院系公示无异议后报至学生管理部门，学生管理部门汇总各院系校级奖学金获奖名单，并上报学生资助工作领导小组审批。

2. 本科生奖助管理流程及说明

（1）家庭经济困难学生认定管理流程如图15-12所示。

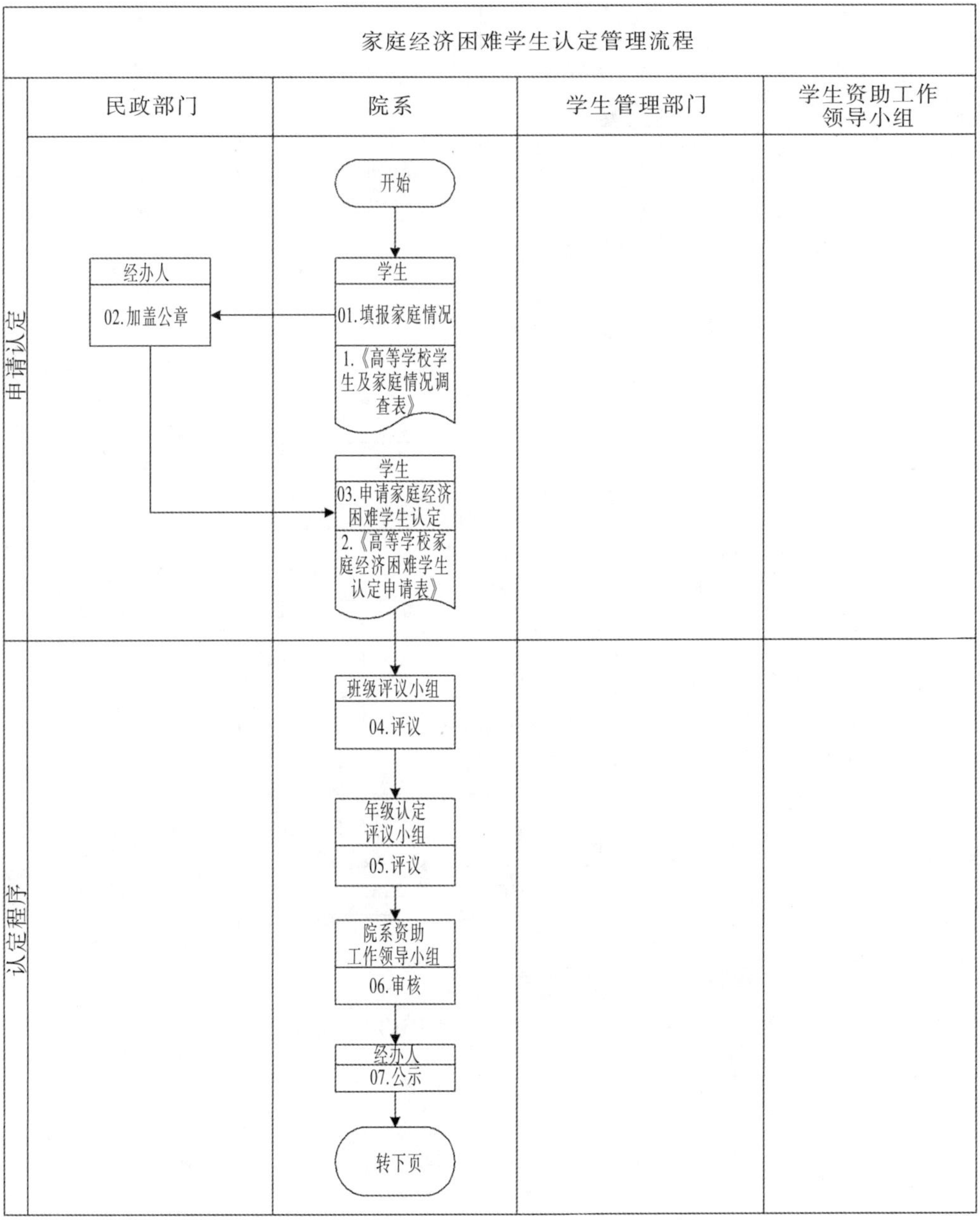

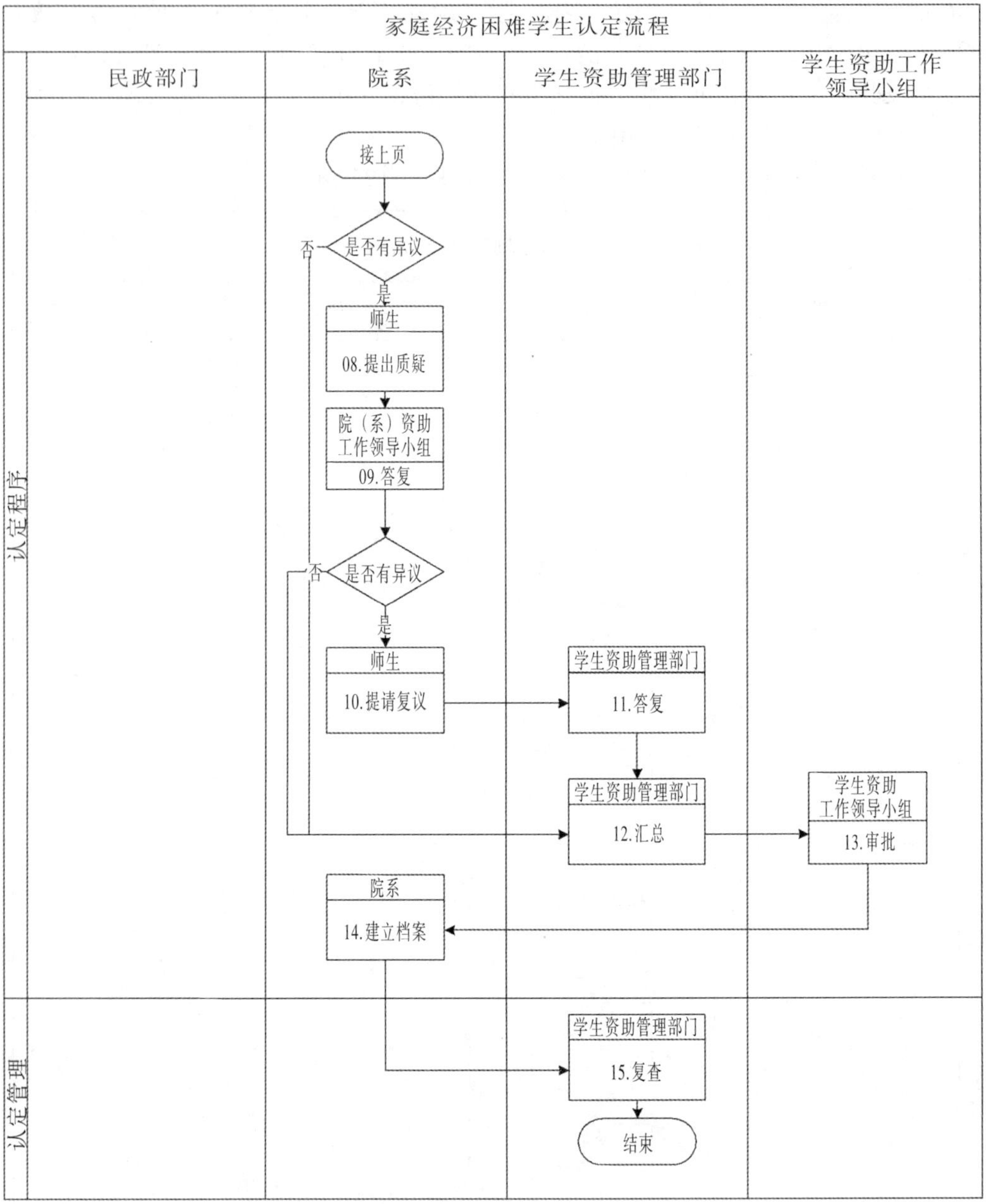

图15-12 家庭经济困难学生认定管理流程

管控节点说明见表15-12。

表 15-12　**管控节点说明**

管控节点	节点说明	输出文档
01	需要申请认定家庭经济困难新生及在校学生要如实填写《高等学校学生及家庭情况调查表》	《高等学校学生及家庭情况调查表》
02	学生持《高等学校学生及家庭情况调查表》到家庭所在地乡、镇或街道民政部门加盖公章，以证明其家庭经济状况	
03	申请家庭经济困难学生认定，填写《高等学校家庭经济困难学生认定申请表》	《高等学校家庭经济困难学生认定申请表》
04	班级评议小组根据学生提交的《高等学校家庭经济困难学生认定申请表》和《高等学校学生及家庭情况调查表》，以学生家庭人均收入对照大连市居民最低生活保障标准，并结合学生日常消费行为，以及影响其家庭经济状况的有关因素，认真进行评议，确定本班级相应等级家庭经济困难学生资格	
05	年级认定评议小组根据学生提交的《高等学校家庭经济困难学生认定申请表》和《高等学校学生及家庭情况调查表》，以学生家庭人均收入对照大连市居民最低生活保障标准，并结合学生日常消费行为，以及影响其家庭经济状况的有关因素，认真进行评议，确定本年级相应等级家庭经济困难学生资格	
06	院系资助工作领导小组认真审核认定评议小组申报的初步评议结果	
07	院系资助工作领导小组审核通过后，将家庭经济困难学生名单及等级，以适当方式、在适当范围内公示5个工作日	
08	如师生有异议，可通过有效方式向本院系资助工作领导小组提出质疑	
09	院系资助工作领导小组在接到异议材料的3个工作日内予以答复	
10	如对院系资助工作领导小组的答复仍有异议，可通过有效方式向学生管理部门——大学生资助中心提请复议	
11	学生资助管理部门在接到复议申请的3个工作日内予以答复	
12	学生资助管理部门负责汇总各院系审核通过的家庭经济困难学生名单，报至学生资助工作领导小组	
13	学生资助工作领导小组对家庭经济困难学生名单进行审批	
14	各院系建立家庭经济困难学生信息档案，上报省学生资助管理中心	
15	每年3月高校组织开展家庭经济困难学生复查工作	

（2）勤工助学管理流程如图15-13所示。

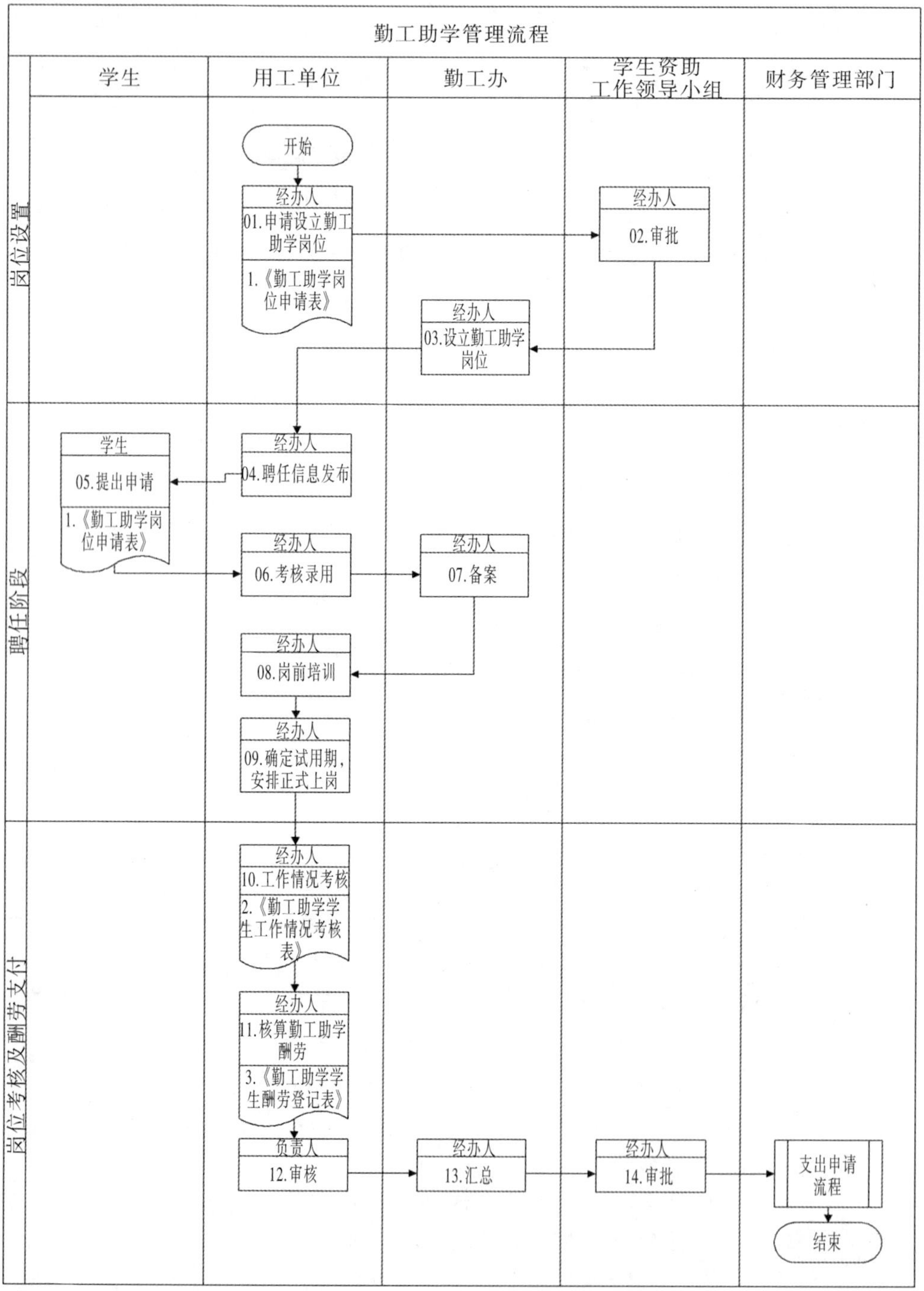

图15-13 勤工助学管理流程

管控节点说明见表15-13。

表15-13　管控节点说明

管控节点	节点说明	输出文档
01	需设立勤工助学岗位的用工单位向勤工办提出书面申请	《勤工助学岗位申请表》
02	学生资助工作领导小组对勤工助学岗位申请进行审批	
03	勤工办结合高校实际和用工单位申报情况，统筹设置校内勤工助学岗位	
04	各用工单位发布聘任信息，将勤工助学岗位的名称、人数、职责、劳动时间、条件等情况通过网络、海报等形式进行公布	
05	符合条件的学生向用工单位提出申请，并填写《勤工助学岗位申请表》	《勤工助学岗位申请表》
06	用工单位根据岗位需求，结合学生实际情况进行考核录用，录用名单确定后，相关资料须报勤工办	
07	勤工办对录用名单进行备案	
08	用工单位对录用学生进行必要的岗位培训及安全教育	
09	用工单位可根据实际情况确定合理的试用期，试用合格者正式上岗	
10	用工单位每月对勤工助学学生的工作情况进行考核	《勤工助学学生工作情况考核表》
11	勤工助学酬劳由用工单位根据考核结果进行核算，每月结算一次	《勤工助学学生酬劳登记表》
12	用工单位负责人审核签字	
13	勤工办汇总各用工单位《勤工助学学生酬劳登记表》	
14	学生资助工作领导小组审批	
	转入支出申请流程	

（3）孤儿大学生资助管理流程如图15-14所示。

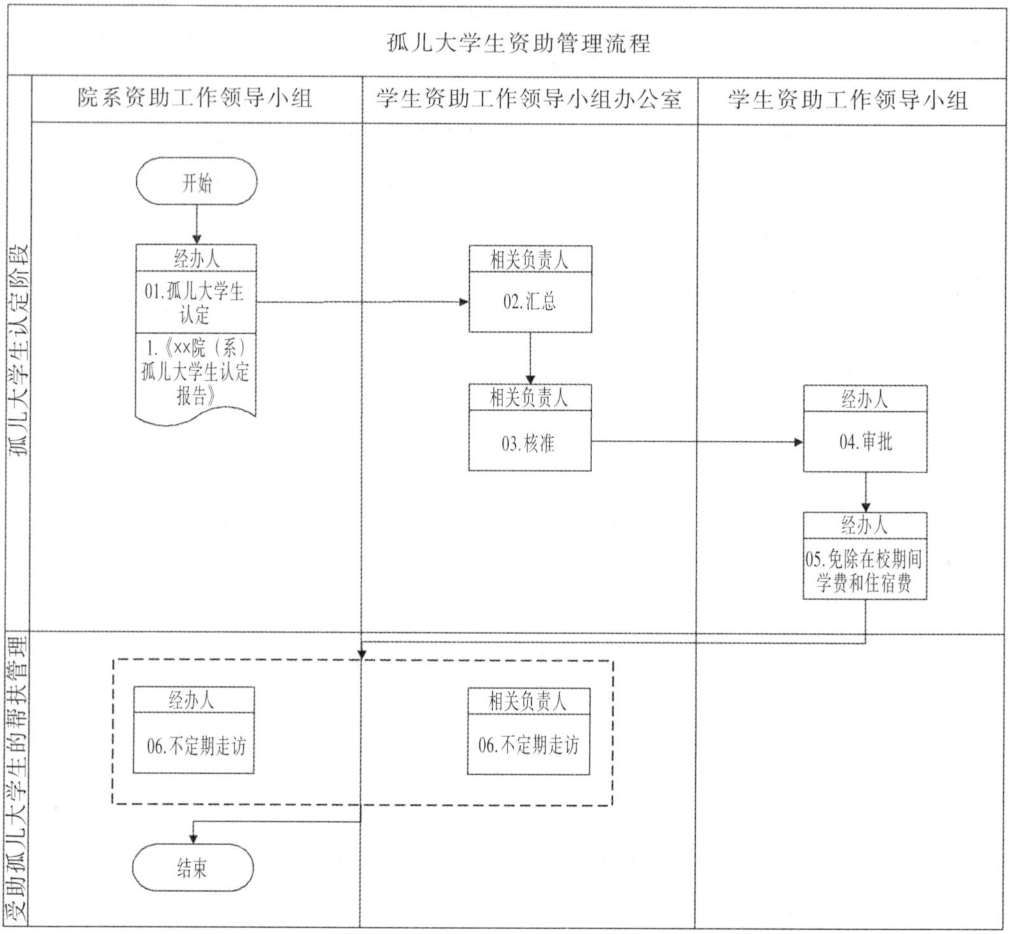

图15-14 孤儿大学生资助管理流程

管控节点说明见表15-14。

表15-14 **管控节点说明**

管控节点	节点说明	输出文档
01	院系资助工作领导小组具体负责本院系孤儿大学生认定工作，并将认定结果报至学生资助工作领导小组办公室	《××院（系）孤儿大学生认定报告》
02	学生资助工作领导小组办公室汇总各院系孤儿大学生认定情况	
03	学生资助工作领导小组办公室核准各院系孤儿大学生认定情况，报学生资助工作领导小组	
04	学生资助工作领导小组审批	
05	经过审批后，免除孤儿大学生在校期间的全部学费和住宿费	
06	学生资助工作领导小组办公室会同院系资助工作领导小组不定期对全校受资助孤儿大学生的学习、生活进行走访	

(4) 新疆籍少数民族贫困学生资助金管理流程如图15-15所示。

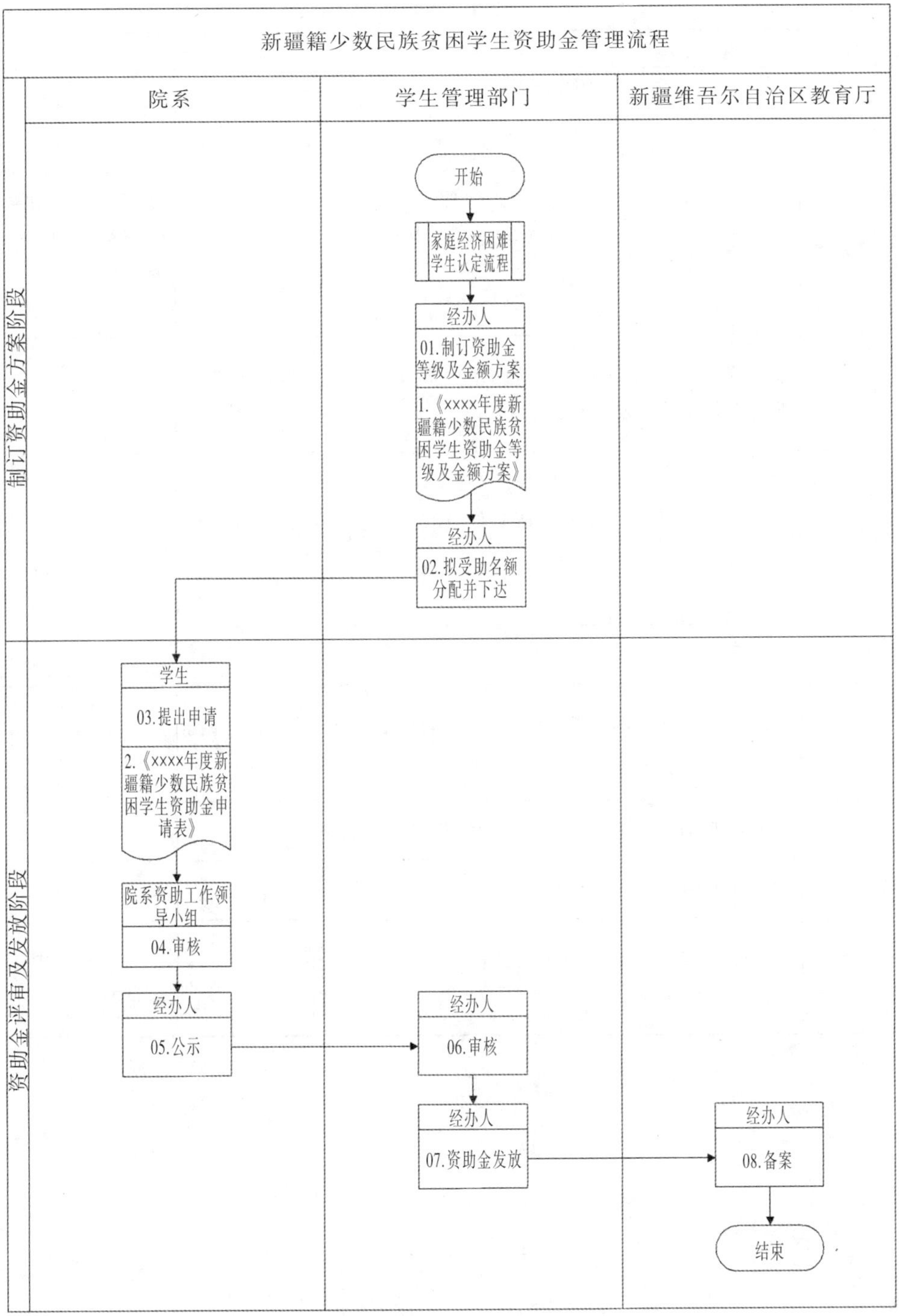

图15-15 新疆籍少数民族贫困学生资助金管理流程

管控节点说明见表15-15。

表15-15 **管控节点说明**

管控节点	节点说明	输出文档
	上接家庭经济困难学生认定流程	
01	每年11月底前，学生管理部门根据新疆维吾尔自治区下拨经费具体额度，制订资助金等级及金额方案	《××××年度新疆籍少数民族贫困学生资助金等级及金额方案》
02	学生管理部门根据各院系新疆籍少数民族学生数量进行拟受助名额分配并下发至相关院系	
03	学生根据资助金的基本申请条件及其他有关规定，向院系提出申请	《××××年度新疆籍少数民族贫困学生资助金申请表》
04	各院系进行审核并确定拟获奖名单	
05	各院系对拟获奖名单进行审核，无异议后上报学生管理部门进行公示	
06	学生管理部门审核，无异议后确定最终受助名单	
07	学生管理部门发放资助金	
08	学生管理部门将本校当年新疆籍少数民族贫困生资助金的落实情况报至新疆维吾尔自治区教育厅备案	

（5）应征入伍服义务兵役学生资助管理流程如图15-16所示。

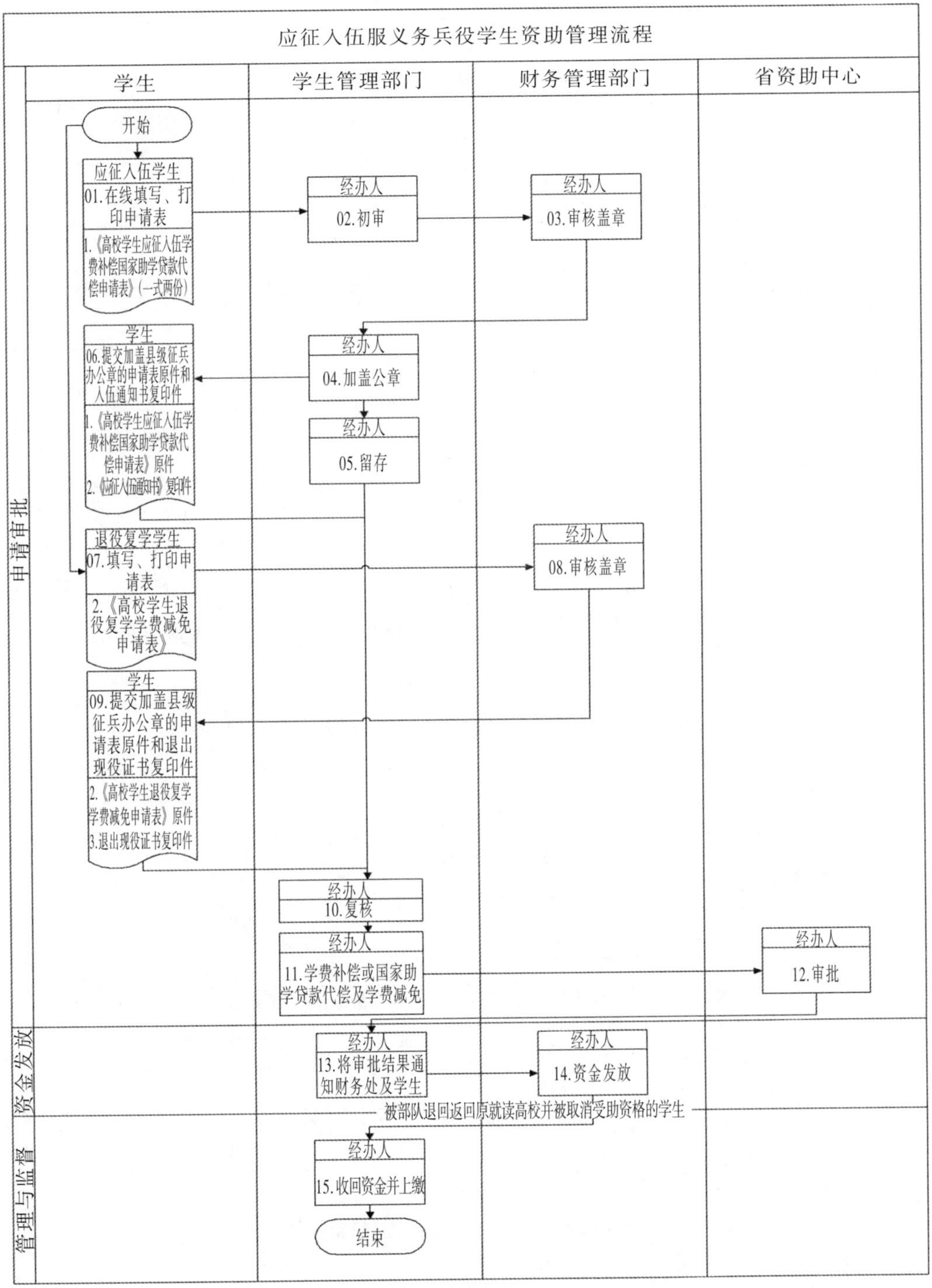

图15-16　应征入伍服义务兵役学生资助管理流程

管控节点说明见表15-16。

表15-16 管控节点说明

管控节点	节点说明	输出文档
01	应征报名的学生登录大学生征兵报名系统，在赴部队前按要求在线填写、打印《高校学生应征入伍学费补偿国家助学贷款代偿申请表》（一式两份），并提交至学生管理部门	《高校学生应征入伍学费补偿国家助学贷款代偿申请表》
02	学生管理部门对《高校学生应征入伍学费补偿国家助学贷款代偿申请表》进行初审	
03	初审合格后由高校财务管理部门对其交纳的学费和国家助学贷款金额审核盖章	
04	学生管理部门在《高校学生应征入伍学费补偿国家助学贷款代偿申请表》上加盖相关公章	
05	学生管理部门留存一份《高校学生应征入伍学费补偿国家助学贷款代偿申请表》，另一份返还给学生	
06	学生将加盖县级征兵办公章的《高校学生应征入伍学费补偿国家助学贷款代偿申请表》原件和《应征入伍通知书》复印件交至学生管理部门	《高校学生应征入伍学费补偿国家助学贷款代偿申请表》原件、《应征入伍通知书》复印件
07	退役复学的学生在复学当年向学生管理部门提出学费减免申请，填写打印《高校学生退役复学学费减免申请表》	《高校学生退役复学学费减免申请表》
08	财务管理部门负责对退役复学学生的学费减免金额进行审核盖章	
09	退役复学的学生向学生管理部门提交加盖县级征兵办公章的《高校学生退役复学学费减免申请表》原件和退出现役证书复印件	《高校学生退役复学学费减免申请表》原件、退出现役证书复印件
10	学生管理部门在收到学生申请材料后，对各项内容进行复核	
11	符合条件的，学生管理部门及时向学生进行学费补偿或国家助学贷款代偿及学费减免	
12	省资助中心审批	
13	学生管理部门将省资助中心审批结果通知财务管理部门及学生（或委托人）	
14	财务管理部门进行资金发放，将补偿、代偿的资金发放到学生的账户中	
15	被部队退回返回原就读高校并被取消受助资格的学生，已补偿的学费或代偿的国家助学贷款由学生原就读高校会同退役安置地县级人民政府征兵办公室收回。各县级教育行政部门和各高校应在收回资金后十日内，逐级汇总上缴全国学生资助管理中心。收回资金按规定作为下一年度学费补偿或国家助学贷款代偿经费	

（6）国家（省政府）奖学金、国家励志奖学金、国家助学金管理流程如图15-17所示。

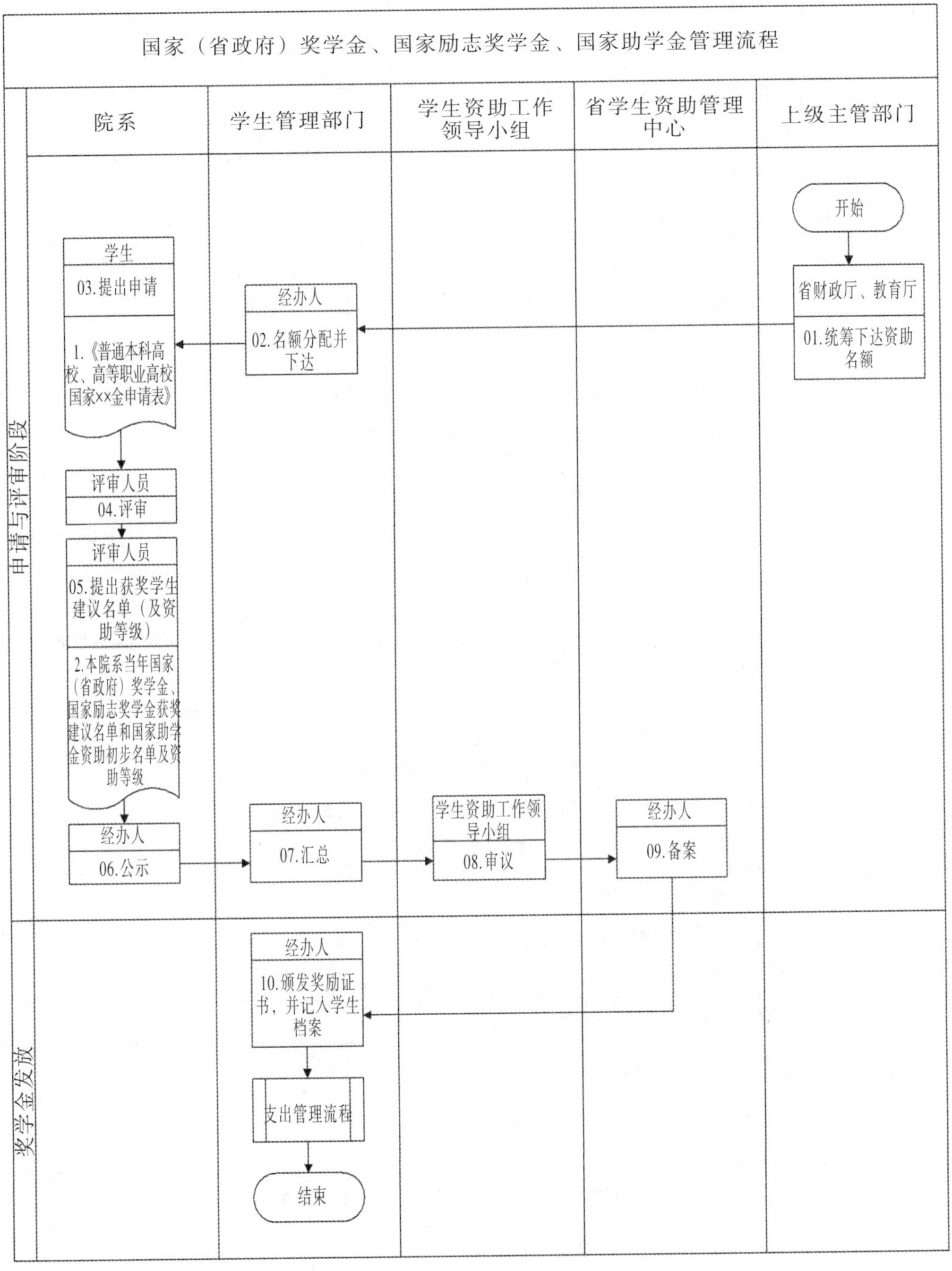

图15-17　国家（省政府）奖学金、国家励志奖学金、国家助学金管理流程

管控节点说明见表15-17。

表15-17 管控节点说明

管控节点	节点说明	输出文档
01	省财政厅、教育厅统筹下达高校国家（省政府）奖学金资助名额、国家励志奖学金资助名额及国家助学金资助名额	
02	学生管理部门负责国家（省政府）奖学金、国家励志奖学金及国家助学金资助名额分配并下达至各院系	
03	学生根据规定的奖学金、助学金的基本申请条件及其他有关规定，向所在院系提出申请，填写并递交《普通本科高校、高等职业高校国家××金申请表》	《普通本科高校、高等职业高校国家××金申请表》
04	各院系评审，提出本院系当年国家（省政府）奖学金、国家励志奖学金获奖建议名单和国家助学金资助初步名单及资助等级	
05	各院系将本院系当年国家（省政府）奖学金、国家励志奖学金获奖建议名单和国家助学金资助初步名单及资助等级在本院系内公示，公示无异议后报学生管理部门	本院系当年国家（省政府）奖学金、国家励志奖学金获奖建议名单和国家助学金资助初步名单及资助等级
06	学生管理部门汇总各院系当年国家（省政府）奖学金、国家励志奖学金获奖建议名单和国家助学金资助初步名单及资助等级，提交至学生资助工作领导小组	
07	学生管理部门进行汇总	
08	学生资助工作领导小组审议。审议通过后，报至省学生资助管理中心	
09	省学生资助管理中心备案	
10	学生管理部门为获奖学生颁发奖励证书，并记入学生档案	
	转入支出管理流程	

（7）本科学生校级奖学金评选管理流程如图15-18所示。

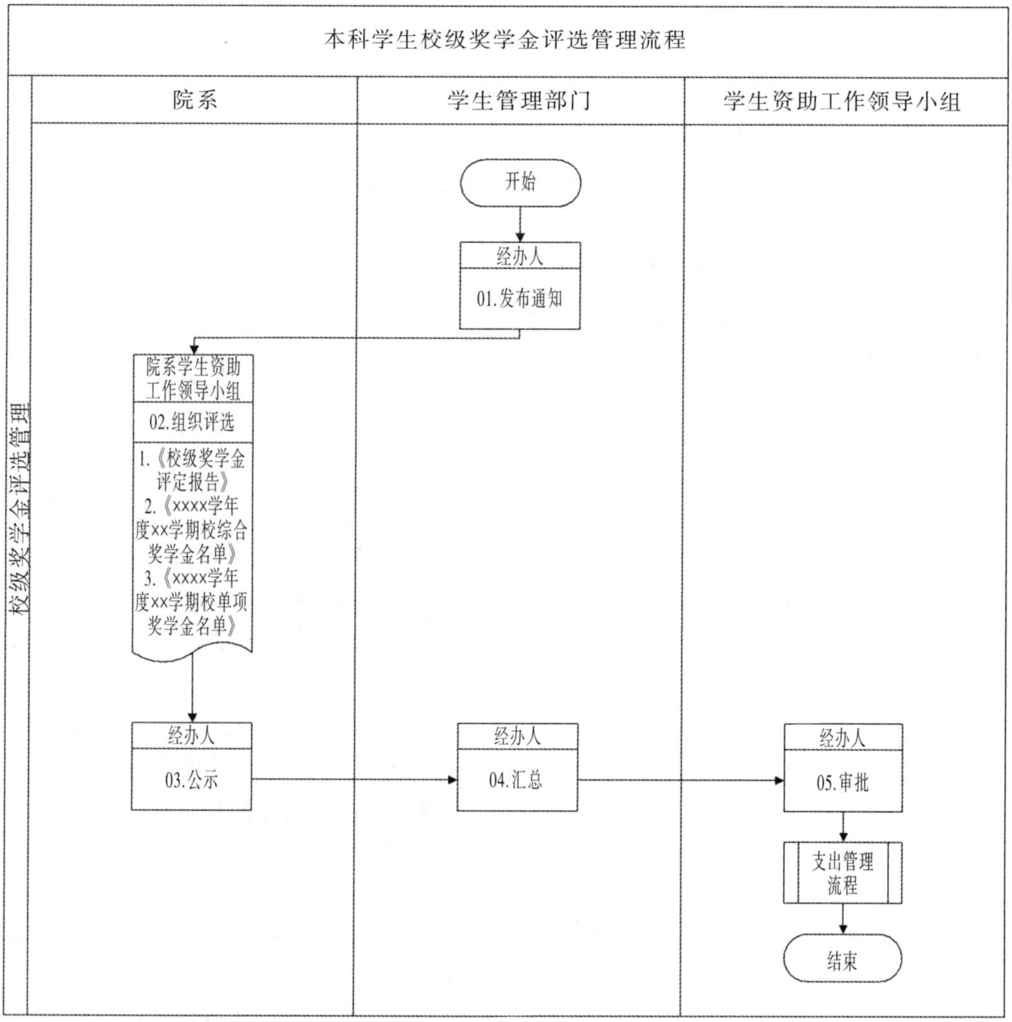

图 15-18　本科学生校级奖学金评选管理流程

管控节点说明见表 15-18。

表 15-18　**管控节点说明**

管控节点	节点说明	输出文档
01	学生管理部门发布本科学生校级奖学金评选通知	
02	各院系学生资助工作领导小组依照管理办法，组织评选	《校级奖学金评定报告》《××××学年度××学期校综合奖学金名单》《××××学年度××学期校单项奖学金名单》
03	各院系公示，公示无异议后报至学生管理部门	
04	学生管理部门汇总各院系校级奖学金获奖名单	
05	学生资助工作领导小组审批	
	转入支出管理流程	

（三）本科生奖励与处分管理

1.奖励与处分管理规范

（1）本科学生先进集体和先进个人评选

班级、年级或院系根据学生管理部门下发的通知提名本科学生先进集体和先进个人候选名单。院系审核后确定候选个人和候选集体，并形成书面材料。各院系将候选名单公示一周。

学生管理部门会同各院系对候选个人名单进行初审，确定各类候选个人和候选集体名单，报送高校学生工作委员会审批。学生管理部门颁发荣誉证书，并将事迹材料记入学生档案。

（2）学生违纪处分管理

在对学生作出处分决定之前，院系提出处理意见，高校应向学生出具《学生违纪拟处分告知书》，告知学生给予何种处分，告知作出决定的事实、理由及依据。学生以书面形式陈述和申辩。

给予学生处分时，由学生所在院系填写《学生违纪处分审批表》（一式两份），并附有学生违纪的事实经过、证明材料、违纪学生的书面陈述和申辩材料、笔录以及其他相关证据等报至高校。本科生材料由学生管理部门进行审核，研究生材料由研究生管理部门审核。对学生作出取消入学资格、取消学籍、退学、开除学籍或者其他涉及学生重大利益的处分决定的，应当由学院提出处理意见，经学生管理部门或者研究生管理部门审核后，报至主管校长，提交校长办公会或者校长授权的专门会议审议决定处分结果。按学生违纪处分批准权限，决定给予学生处分，由学院出具《学生违纪处分决定书》并送发有关部门和学生本人。

根据处分审批权限由学生管理部门填写《学生违纪处分送达通知书》（一式三份），送达受处分学生，由受处分学生在《学生违纪处分送达通知书》的送达回执上签字。

对处分决定有异议的，转入学生申诉处理流程。学生对复查决定仍有异议的，在接到高校复查决定书之日起15日内，可以向辽宁省教育厅提出书面申诉。

受处分学生所在院系具体负责处分解除工作，于处分截止前15~30日内向学生管理部门提交《学生管理部门处分解除审批表》，由学生管理部门审批。

（3）学生申诉处理

学生对高校作出的取消入学资格、取消学籍、退学或者警告、严重警告、记过、留校察看、开除学籍等涉及学生利益的处理或者处分决定有异议的，可向学生申诉处理委员会提出书面申诉。

学生申诉处理委员会对申诉材料进行审查。申诉材料齐备的，接到书面申诉申请之日视为提起申诉之日，予以受理；申诉材料不齐备的，要求申诉人在申诉期限届满之日前将申诉材料补充齐备，若申述人申诉材料无法补充齐备且未告知学生申诉处理委员会还有补充材料的，申诉期限届满之日视为提起申诉之日，予以受理，已提供的材料作为其申诉的最终材料。

学生申诉处理委员会在受理学生申诉后，将申诉申请表复印件送达对申诉人作出处理或处分决定的部门。作出处理或处分决定的部门自收到申诉申请表复印件之日起3个工作日内向学生申诉处理委员会作出书面答复，答复内容包括作出处理决定的事实、依据和其他相关材料等。

学生申诉处理委员会在收到双方书面材料后召开申诉复查会议，并作出申诉复查决定，由学生申诉处理委员会办公室于规定的期限届满前告知申诉人。

（4）学生管理部门处分解除

除开除学籍处分外，处分期限从《学生违纪处分决定书》下达之日起计算。

受处分学生所在院系具体负责处分解除工作，并于处分截止前15~30日内向学生管理部门提交《学生解除处分审批表》并附受处分学生在处分期内的现实表现情况。经学生管理部门和研究生管理部门审核、审批通过后，由学生管理部门下达《学生管理部门处分解除决定书》，由学生签字确认。

2.本科生奖励与处分管理流程及说明

（1）本科学生先进集体和先进个人评选管理流程如图15-19所示。

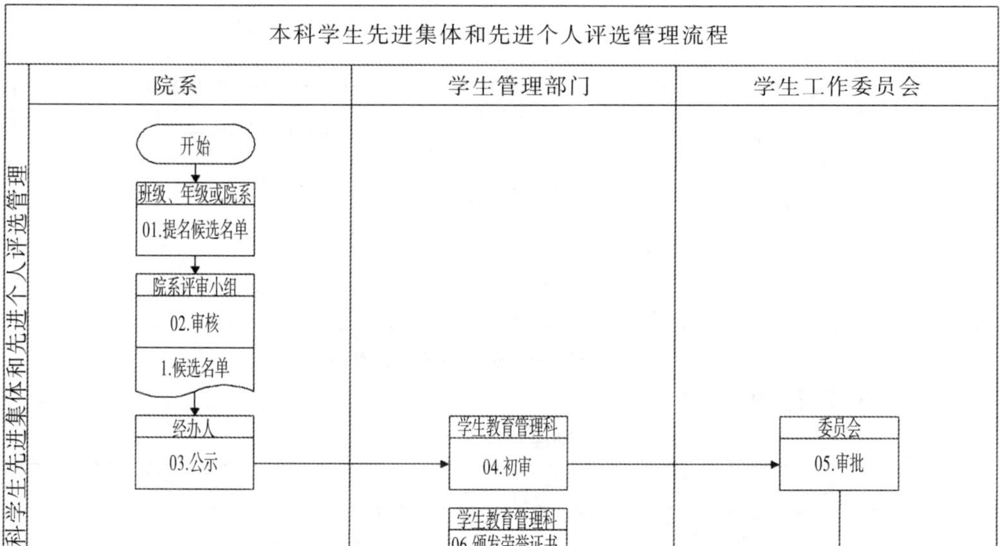

图15-19　本科学生先进集体和先进个人评选管理流程

管控节点说明见表15-19。

表 15-19　**管控节点说明**

管控节点	节点说明	输出文档
01	班级、年级或院系提名本科学生先进集体和先进个人候选名单	
02	院系审核，确定候选个人和候选集体，并形成书面材料	候选名单
03	各院系将候选名单公示一周	
04	学生管理部门会同各院系对候选名单进行初审，确定各类候选个人和候选集体名单，报送高校学生工作委员会	
05	高校学生工作委员会审批	
06	学生管理部门颁发荣誉证书，并将事迹材料记入学生档案	

（2）优秀毕业生评选管理流程如图 15-20 所示。

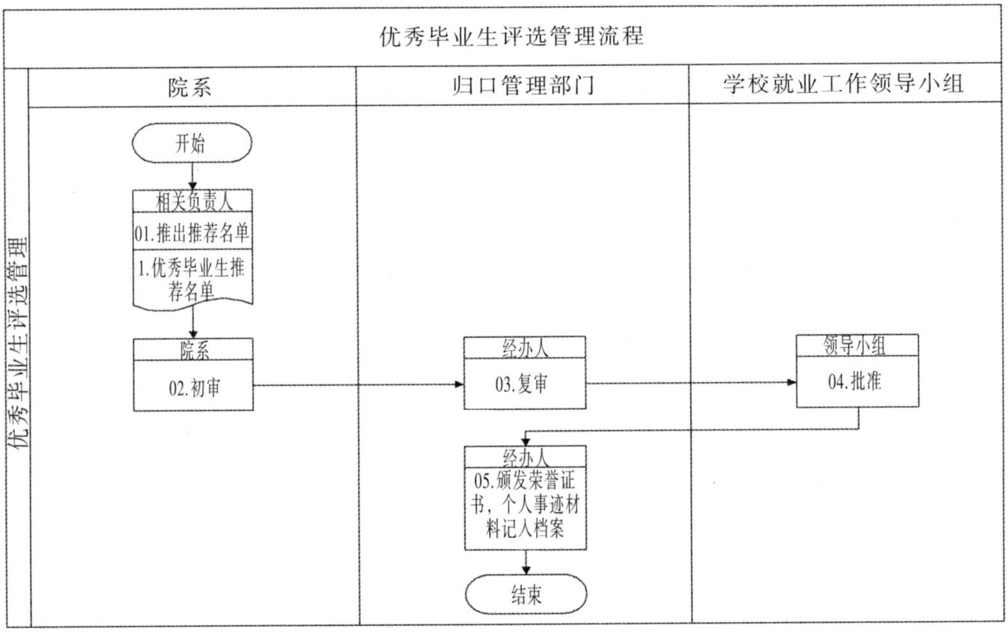

图 15-20　优秀毕业生评选管理流程

管控节点说明见表 15-20。

表 15-20　**管控节点说明**

管控节点	节点说明	输出文档
01	高校组织院系坚持公开、公正、民主、择优的原则，按照评选条件，采用量化考核与学生评议相结合的办法，以学生在校期间综合素质考核总成绩为基本依据，并采用综合素质考核总成绩排名、学生评议和院系评审三结合的办法产生优秀毕业生推荐名单，并公示征求意见	优秀毕业生推荐名单
02	优秀毕业生推荐名单经院系就业工作领导小组初审	
03	归口管理部门复审	
04	学校就业工作领导小组批准	
05	归口管理部门颁发荣誉证书，并将个人事迹材料记入学生档案。各级优秀毕业生证书分别由辽宁省教育厅、中共大连市委高校工委和高校颁发	

（3）学生违纪处分管理流程如图15-21所示。

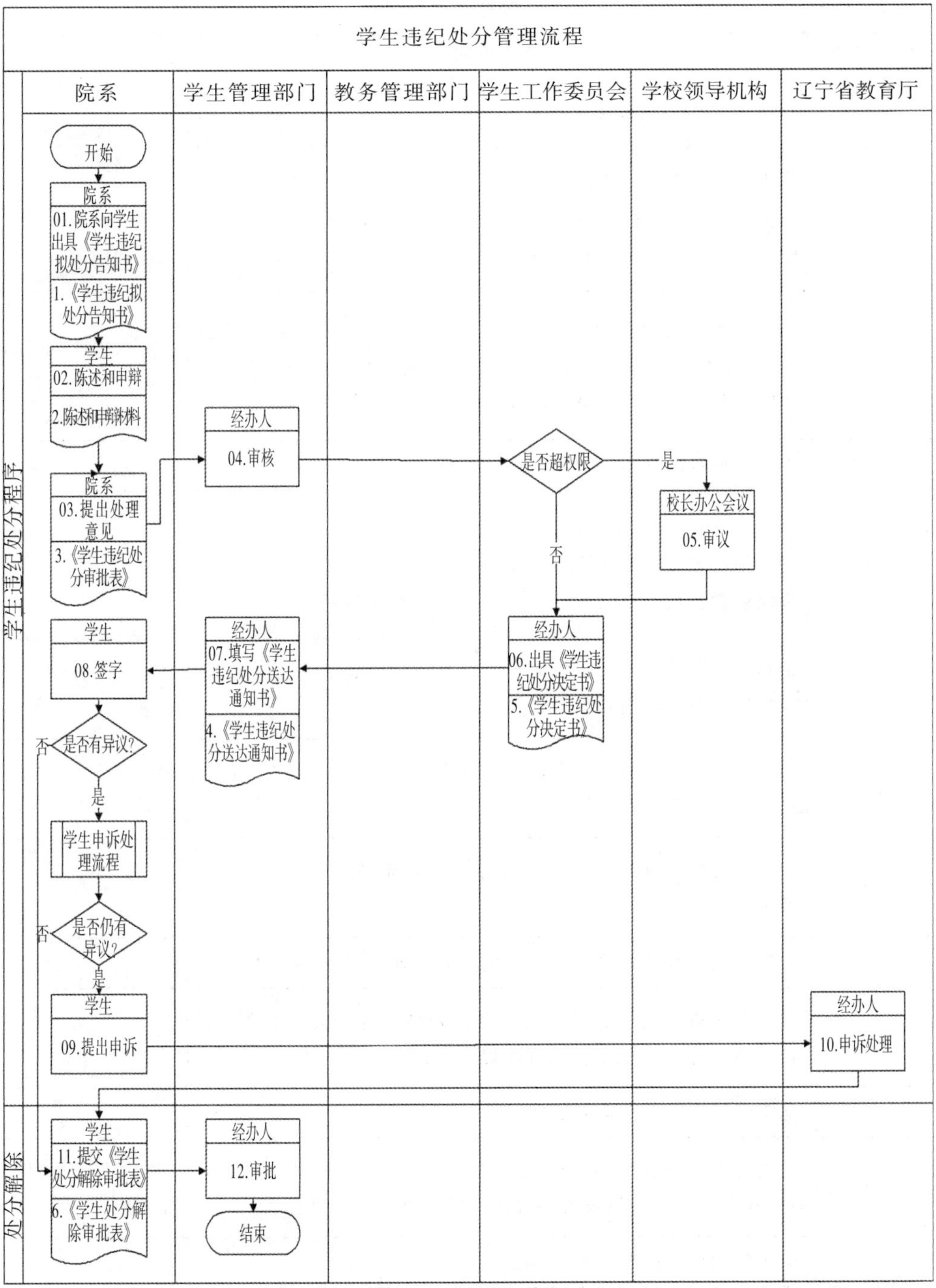

图15-21 学生违纪处分管理流程

管控节点说明见表15-21。

表15-21 管控节点说明

管控节点	节点说明	输出文档
01	在对学生作出处分决定之前，院系提出处理意见，向学生出具《学生违纪拟处分告知书》，告知学生作出何种处分，告知作出决定的事实、理由及依据	《学生违纪拟处分告知书》
02	学生以书面形式陈述和申辩	陈述和申辩材料
03	给予学生处分时，由学生所在院系填写《学生违纪处分审批表》，并附有学生违纪的事实经过、证明材料、违纪学生的书面陈述和申辩材料、笔录以及其他相关证据等报至高校	《学生违纪处分审批表》
04	本科生材料由学生管理部门进行审核	
05	如对学生作出取消入学资格、取消学籍、退学、开除学籍或者其他涉及学生重大利益的处理或者处分决定的，校长办公会议或者校长授权的专门会议审议决定处分结果	
06	未超过权限的，学生工作委员会出具《学生违纪处分决定书》并送发到有关部门和学生本人	《学生违纪处分决定书》
07	学生管理部门填写《学生违纪处分送达通知书》（一式三份），送达受处分学生	《学生违纪处分送达通知书》
08	由受处分学生在《学生违纪处分送达通知书》的送达回执上签字	
	对处分决定有异议的，转入学生申诉处理流程	
09	学生对复查决定仍有异议的，在接到高校复查决定书之日起15日内，可以向辽宁省教育厅提出书面申诉	
10	辽宁省教育厅进行申诉处理	
11	受处分学生所在院系具体负责处分解除工作，于处分截止前15~30日内向学生管理部门提交《学生处分解除审批表》	《学生处分解除审批表》
12	学生管理部门进行审批	

（4）本科生申诉处理流程及说明如图15-22所示。

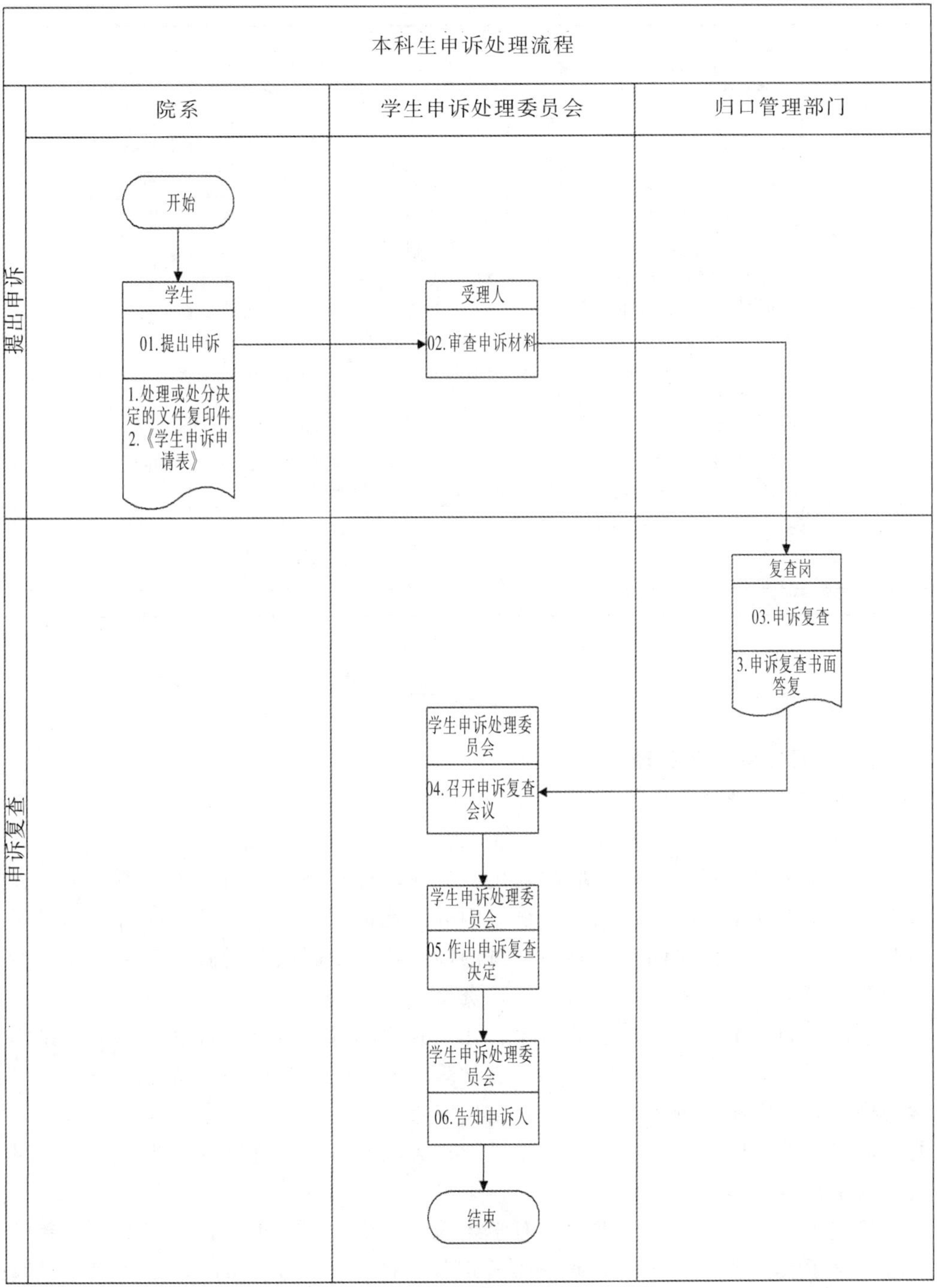

图15-22　本科生申诉处理流程及说明

管控节点说明见表15-22。

表15-22 管控节点说明

管控节点	节点说明	输出文档
01	学生对高校作出的取消入学资格、取消学籍、退学或者警告、严重警告、记过、留校察看、开除学籍等涉及学生利益的处理或者处分决定有异议的，可向学生申诉处理委员会提出书面申诉	处理或处分决定的文件复印件、《学生申诉申请表》
02	学生申诉处理委员会对申诉材料进行审查。申诉材料齐备的，接到书面申诉申请之日视为提起申诉之日，予以受理；申诉材料不齐备的，要求申诉人在申诉期限届满之日前将申诉材料补充齐备，若申述人申诉材料无法补充齐备且未告知学生申诉处理委员会还有补充材料的，申诉期限届满之日视为提起申诉之日，予以受理，已提供的材料作为其申诉的最终材料。学生申诉处理委员会在受理学生申诉后，将申诉申请表复印件送达对申诉人作出处理或处分决定的部门	
03	作出处理或处分决定的部门自收到申诉申请表复印件之日起3个工作日内向学生申诉处理委员会作出书面答复，答复内容包括作出处理决定的事实、依据和其他相关材料等	申诉复查书面答复
04	学生申诉处理委员会在收到双方书面材料后召开申诉复查会议	
05	学生申诉处理委员会作出申诉复查决定	
06	学生申诉处理委员会告知申诉人	

四、研究生管理

（一）研究生学籍管理

1.研究生学籍管理规范

（1）入学与注册

按国家招生规定，正式录取的新生，凭录取通知书，按高校入学须知上的有关要求和规定的期限到校办理入学手续。因故不能按期入学者，应当向研究生管理部门及院系请假，请假时间一般不得超过两周。未经请假或者请假逾期者，除因不可抗力等正当事由外，视为自动放弃入学资格。

因故（病）不能按时入学的新生，在报到日前可向研究生管理部门申请保留入学资格一年。保留入学资格期间不具有学籍，不享受在校研究生待遇。新生保留入学资格期满前应向高校申请入学，经高校审查合格后，办理入学手续。审查不合格的，取消入学资格；逾期不办理入学手续且无因不可抗力延迟等正当理由的，视为放弃入学资格。

研究生管理部门在新生报到时对学生入学资格进行初步审查，审查合格者准予办理入学手续。新生入学后，研究生管理部门在3个月内按照国家招生规定对新生入学资格进行复查，初步审查及复查合格者，予以注册学籍。初步审查及复查发现新生的个人信息、录取通知书与本人实际情况不符，或者有其他违反国家招生考试规定情形的，由研究生管理部门根据实际情况予以处理，直至取消入学资格。

凡属弄虚作假、徇私舞弊取得学籍者，无论何时发现，一经查实，将取消其入学资格或学籍。情节严重的，移交有关部门调查处理。

每学期开学，研究生应当在高校规定的时间内返校并办理注册手续。不能如期注册者，应当履行暂缓注册手续。除有不可抗力的因素外，均要事先向研究生管理部门及院系请假。未请假或者请假未经批准逾期两周以上（含两周）不注册者，视为自动放弃学籍，按退学处理。无故未按高校规定交纳学费、住宿费等费用或者其他不符合注册条件者，不予注册。

（2）学习年限

A.研究生基本修业年限（学制）：学术型硕士研究生学制3年，专业型硕士研究生学制2~3年，脱产学习的博士研究生学制3年，不脱产学习的博士研究生学制4年。

B.最长学习年限：3年制硕士研究生为5年（含休学和保留学籍）、2年制硕士研究生为4年（含休学和保留学籍）、博士研究生为8年（含休学和保留学籍）。（注：此处提到的“年”为从研究生入学到学位授予的“学年”）

C.研究生在基本修业年限内未完成学业的，可申请延期毕业但不得超过最长学习年限，每次申请期限为六个月或一年

D.研究生在达到最长学习年限时，要以毕业、结业、肄业和退学等处理形式之一终止学籍，并办理离校手续。

（3）休学与复学

研究生有下列情况之一者，应办理休学：

A.因病经二级甲等以上医院诊断，不宜在校继续学习者；

B.在一学期内请假超过本学期学时三分之一以上者；

C.因特殊原因，本人申请或高校认为必须休学者。

研究生休学一般由学生本人提出申请，经导师同意，培养单位主管领导审核，报研究生管理部门审批后方可休学。高校认定学生必须休学的，由研究生管理部门发给学生休学通知。

休学研究生应当办理休学手续离校，休学期限原则上以1年为期。休学期满后仍不能复学者，可继续申请休学，但累计不得超过2年。休学期间，高校保留其学籍，学生不享受在校学习学生待遇。学期中办理休学的，该学期按休学计算，但已考核课程成绩和学分有效。休学时间计入在校学习年限。

研究生应征参加中国人民解放军（含中国人民武装警察部队），其学籍按国家有关规定办理。

研究生复学须在休学期满前一周提出书面申请并附相关证明材料，经导师、培养单位同意，研究生管理部门批准，方可复学。

因病休学申请复学时，须附医院开具的“可以正常学习”的诊断证明。伪造诊

断证明或复查不合格者不得复学。

逾期不办理复学手续的，进行退学处理。

研究生休学期间有违法乱纪行为，情节严重的，取消复学资格，给予退学或其他相应处理。

（4）转专业与转学

研究生一般应在所录取的专业完成学业，确实因特殊情况需转专业者，可按照高校研究生转专业实施细则的规定由本人提出申请，经培养单位、接收单位、研究生管理部门审核，报高校审批。

高校根据社会对人才需求情况的发展变化，经学生同意，必要时可以适当调整研究生所学专业。

研究生因患病或者有特殊困难、特别需要，无法继续在本校学习或者不适应本校学习要求的，可以申请转学。有下列情形之一，不得转学：

A.入学未满一学期或者毕业前一年的；

B.招生时确定为定向就业招生录取的；

C.由低学历层次转为高学历层次的；

D.拟转入高校专业的录取控制标准高于本校专业的；

E.无正当转学理由的。

研究生因高校培养条件改变等非本人原因需要转学的，高校出具证明，由辽宁省教育行政部门协调转学到同层次高校。研究生转学由学生本人提出申请，说明理由，经本校和拟转入高校同意，由转入高校负责审核转学条件及相关证明。研究生转学还应当经拟转入专业导师同意。

跨省转学的，由辽宁省教育行政部门商转入地省级教育行政部门，按转学条件确认后办理转学手续。须转户口的由转入地省级教育行政部门将有关文件抄送高校所在地的公安机关。

（5）退学

研究生有下列情形之一者，应予退学：

A.学业成绩未达到高校要求或者在高校规定年限内（含休学和保留学籍）未完成学业者；

B.休学、保留学籍期满，在高校规定期限内未提出复学申请或者申请复学经复查不合格者；

C.根据高校指定医院诊断，患有疾病或者意外伤残无法继续在校学习者；

D.未经批准连续两周未参加高校规定的教学活动的；

E.超过高校规定期限未注册而又未履行暂缓注册手续的；

F.高校规定的不能完成学业、应予退学的其他情形。

研究生退学，由研究生培养单位呈报退学审批表，经研究生管理部门上报高校审批。研究生本人申请退学的，经高校审核同意后，办理退学手续。其他退学学生，提交校长办公会议或者校长授权的专门会议研究决定。

对退学的学生，由高校出具退学决定并直接送达学生本人，学生拒绝签收的，可通过留置方式送达；已离校的，可以采取邮寄方式送达；难于联系的，可以利用高校网站、新闻媒体等以公告方式送达。

学生对退学处理有异议的，在接到高校退学决定之日起10日内，按高校有关规定，向高校学生申诉处理委员会提出书面申诉。学生对复查决定有异议的，在接到高校复查决定书之日起15日内，可以向辽宁省教育行政部门提出书面申诉。自退学决定或者复查决定书送达之日起，学生在申诉期内未提出申诉的视为放弃申诉，高校或者省级教育行政部门不再受理其提出的申诉。退学决定或复查决定书未告知学生申诉期限的，申诉期限自学生知道或者应当知道处理决定之日起计算，但最长不得超过6个月。

退学的研究生，不得申请复学，应在接到高校退学决定或复查决定书一周内办理退学手续离校。退学的研究生，按已有毕业学历和相关就业政策可以就业的，高校可协助办理相关手续。没有聘用单位的，档案退回其家庭户籍所在地。定向或委托培养的研究生，退回原单位，户口按照国家相关规定迁回原户籍地或者家庭户籍所在地。退学的研究生由高校有关部门注销其在校各种关系。学生因退学等情况中止学业，其在校学习期间所修课程及已获得学分，记入学生成绩学籍档案。学生若重新参加入学考试，符合录取条件，再次入学的，其已获得成绩及学分，根据再次入学后的专业人才培养方案，由高校进行审核，按以下规定认定课程成绩及学分：

A.若已修课程内容与再次入学后课程内容相同，记入对应课程成绩及学分。

B.若已修课程内容与再次入学后课程内容不同，均认定为选修课。

（6）毕业、结业与肄业

研究生在高校规定的最长学习年限内，完成培养方案中规定的全部学习内容，考核成绩合格，通过毕业答辩，经研究生管理部门审核，报高校批准，准予毕业，由高校颁发毕业证书。

研究生在高校规定的学习年限内，修完教育教学计划规定内容，成绩合格，达到高校毕业要求的，高校准予毕业，并在研究生离校前发给毕业证书。

符合学位授予条件的，学位授予单位颁发学位证书。

研究生提前完成教育教学计划规定内容的，获得毕业要求的学分，可以申请提前毕业。

研究生在高校规定的最长学习年限内，修完教育教学计划规定内容，但未达到高校毕业要求的，高校准予结业，发给结业证书。对结业研究生，高校不再提供重修或者补写毕业论文、答辩等机会，也不再颁发毕业证书、学位证书。

研究生在高校规定的修业年限内，修完教育教学计划规定内容，未达到高校毕业要求，但研究生申请延期毕业，经学院同意，高校批准可提供重修或者补写毕业论文、答辩等机会，合格后颁发的毕业证书、学位证书、毕业时间、获得学位时间按发证日期填写。

对退学研究生，高校发给写实性学习证明。

研究生管理部门严格按照招生时确定的办学类型和学习形式，填写并颁发学历证书和学位证书。

研究生管理部门严格执行高等教育学籍学历电子注册管理制度，每年将颁发的毕（结）业证书信息报辽宁省教育行政部门备案，并由省级教育行政部门报国务院教育行政部门备案。

对违反国家招生规定入学者，高校不发给学历证书、学位证书；对已发的学历证书、学位证书，高校应当予以追回并报教育行政部门宣布证书无效。

毕业、结业、肄业证书和学位证书遗失或者损坏，不能补发证书。经本人申请，高校核实后应当出具相应的证明书。证明书与原证书具有同等效力。

2.研究生学籍管理流程及说明

（1）研究生休学管理流程如图15-23所示。

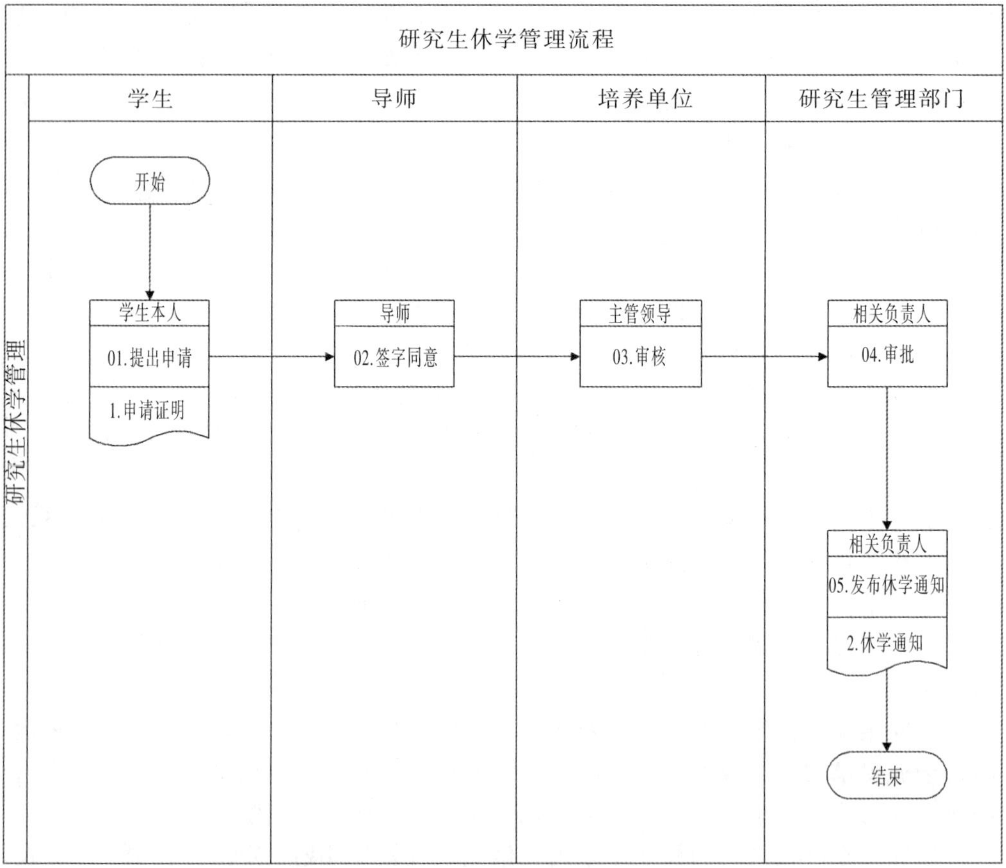

图15-23　研究生休学管理流程

管控节点说明见表15-23。

表15-23　**管控节点说明**

管控节点	节点说明	输出文档
01	由学生本人提出申请	申请证明
02	导师同意后签字	
03	培养单位主管领导审核	
04	研究生管理部门审批	
05	高校认定学生必须休学的，由研究生管理部门发给学生休学通知	休学通知

（2）研究生转学管理流程如图15-24所示。

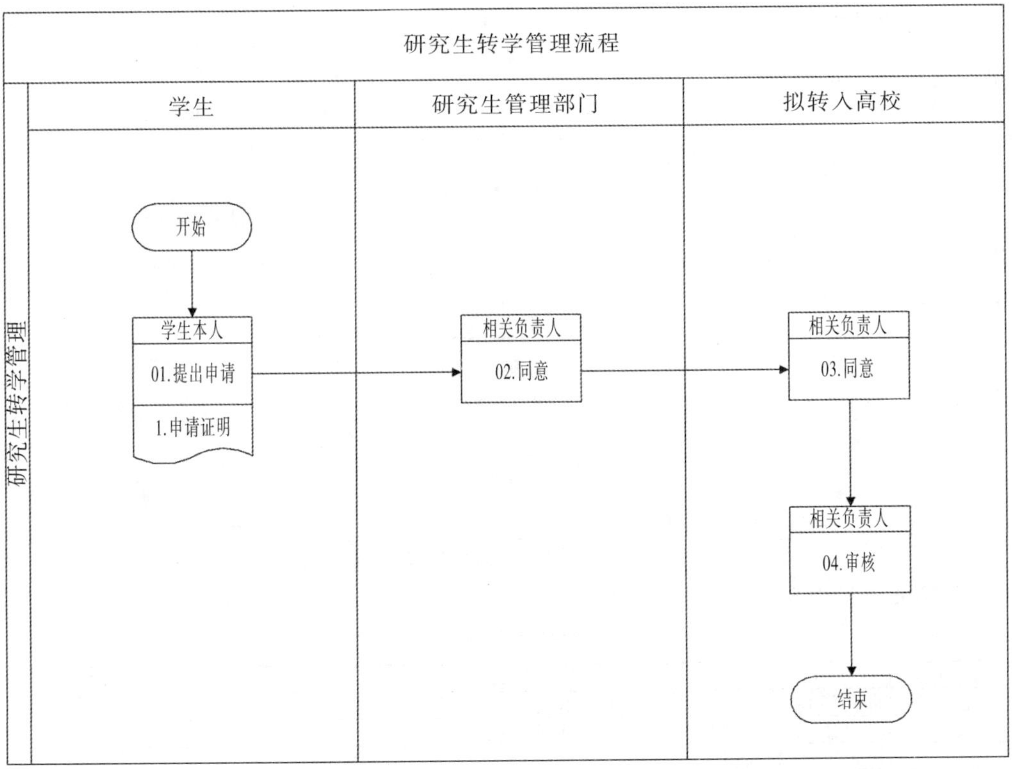

图15-24　研究生转学管理流程

管控节点说明见表15-24。

表 15-24 **管控节点说明**

管控节点	节点说明	输出文档
01	研究生转学由学生本人提出申请，说明理由	申请证明
02	研究生管理部门同意	
03	拟转入高校同意	
04	拟转入高校负责审核转学条件及相关证明	

（3）研究生退学管理流程见表 15-25。

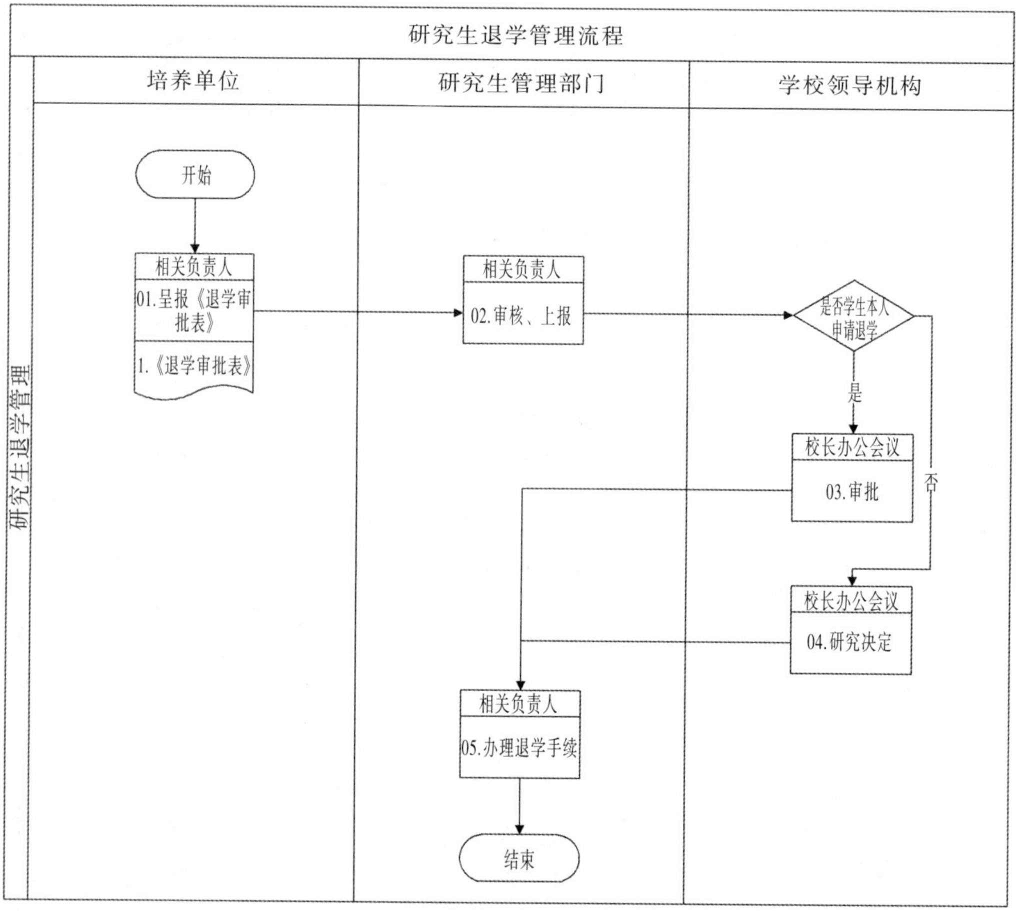

表 15-25 研究生退学管理流程

管控节点说明见表 15-25。

表 15-25 **管控节点说明**

管控节点	节点说明	输出文档
01	研究生退学，由研究生培养单位呈报《退学审批表》	《退学审批表》
02	研究生管理部门审核同意后，上报高校	
	是否学生本人申请退学	
03	学生本人申请退学，校长办公会议审批	
04	其他退学学生，提交校长办公会议或者校长授权的专门会议研究决定	
05	办理退学手续	

（二）研究生奖助工作管理

1.研究生奖助工作管理规范

（1）国家奖学金、学业奖学金评选

省财政厅、教育厅统筹下达高校国家奖学金资助名额。国家奖学金指标根据国家下达给高校的总名额，按照各学院（系）参评对象人数，由研究生管理部门按比例下达至各培养单位，并向基础学科和重点学科适当倾斜。

高校成立研究生奖学金评审领导小组办公室，负责高校研究生奖学金评定具体制度的制定、全校研究生奖学金评定的组织、各等级指标分配、各培养单位奖学金评定细则审核、初评复核、申诉受理，以及与研究生奖学金有关的日常管理工作。

各研究生培养单位成立研究生奖学金评定工作小组，负责制定、修订本单位研究生奖学金评定细则，以及本单位研究生奖学金的初评、汇总、报审和复议等工作。

学生根据规定的奖学金的基本申请条件及其他有关规定，向所在院系提出申请，填写并递交《国家奖学金/学业奖学金申请表》。院系公示无异议后，报送研究生管理部门。

研究生管理部门汇总校评环节和各院系当年国家奖学金、学业奖学金拟获奖名单，提交至高校研究生奖学金评定工作小组。高校学生资助工作领导小组审议通过并全校公示无异议后，报至省学生资助管理中心，省学生资助管理中心进行备案。

（2）研究生国家助学金

研究生国家助学金用于补助研究生基本生活支出。国家助学金标准为博士研究生13 000元/生/年，硕士研究生6 000元/生/年。

国家助学金发放对象为具有中华人民共和国国籍的全日制（定向委培及有固定收入除外）研究生。

研究生管理部门每年分10次按月通过银行转账发放。每月发放后，将领取国家助学金研究生名单报至省学生资助管理中心，省学生资助管理中心进行备案。

（3）勤工助学管理

研究生管理部门——培养管理办公室结合高校实际和用工单位申报情况，统筹设置校内研究生勤工助学岗位。研究生管理部门——培养管理办公室对研究生勤工助学岗位申请进行审批。各用工单位发布聘任信息，将勤工助学岗位的名称、人数、职责、劳动时间、条件等情况通过网络、海报等形式进行公布。符合条件的学生向用工单位提出申请，并填写《研究生勤工助学岗位申请表》。

用工单位根据岗位需求，结合学生实际情况进行考核录用，录用名单确定后，相关资料须报勤工办。勤工办对录用名单进行备案。用工单位对录用学生进行必要的岗位培训及安全教育。用工单位可根据实际情况确定合理的试用期，试用合格者正式上岗。各用工单位每月对勤工助学学生的工作情况进行考核，勤工助学酬劳由用工单位根据考核结果进行核算，每月通过银行转账发放一次。

2.研究生奖助工作管理流程及说明

（1）国家奖学金、学业奖学金评选管理流程如图15-26所示。

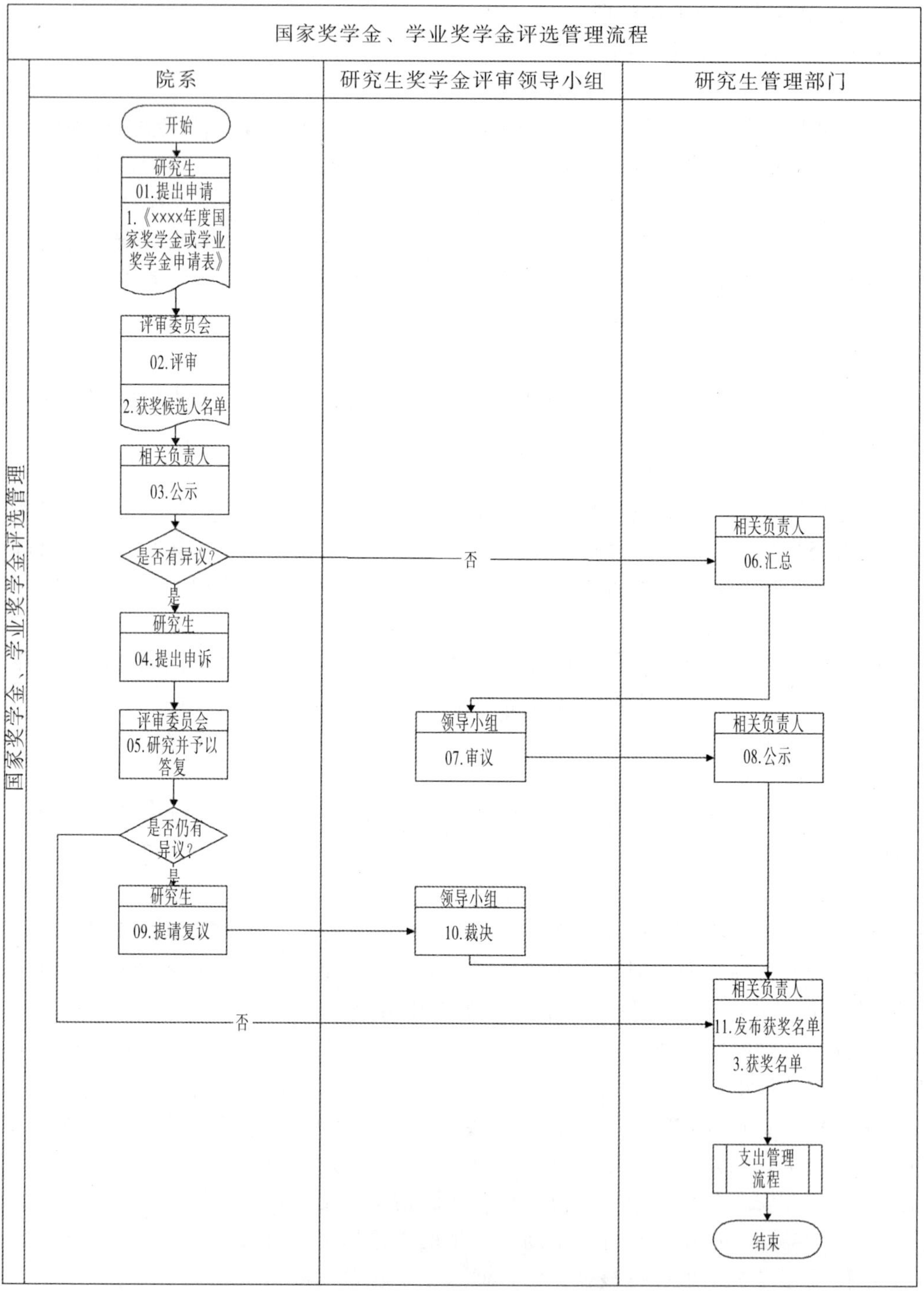

图 15-26　国家奖学金、学业奖学金评选管理流程

管控节点说明见表 15-26。

表15-26　**管控节点说明**

管控节点	节点说明	输出文档
01	符合条件的研究生本人提出申请并如实填写相关表格，向所在培养单位提出申请	《××××年度国家奖学金或学业奖学金申请表》
02	院系研究生奖学金评审委员会按高校要求组织评审，通过公开答辩或专家投票方式评选出获奖候选人	获奖候选人名单
03	国家奖学金培养单位初评结果在本单位范围内进行不少于5个工作日的公示（学业奖不少于3个工作日），公示无异议后报研究生管理部门	
04	对评定结果有异议的研究生，可首先在培养单位公示阶段向所在培养单位评审委员会提出申诉	
05	各培养单位研究生奖学金评审委员会及时研究并予以答复	
06	研究生管理部门汇总各培养单位初评结果	
07	研究生奖学金评审领导小组审议各培养单位评审结果	
08	评审领导小组审议后，研究生管理部门在全校范围内进行不少于5个工作日的公示（学业奖不少于2个工作日）	
09	如研究生对培养单位作出的答复仍存在异议，可在公示阶段向研究生奖学金评审领导小组提请复议	
10	研究生奖学金评审领导小组进行裁决	
11	研究生管理部门发布获奖名单	获奖名单
	转入支出管理流程	

（2）研究生特困补助管理流程如图15-27所示。

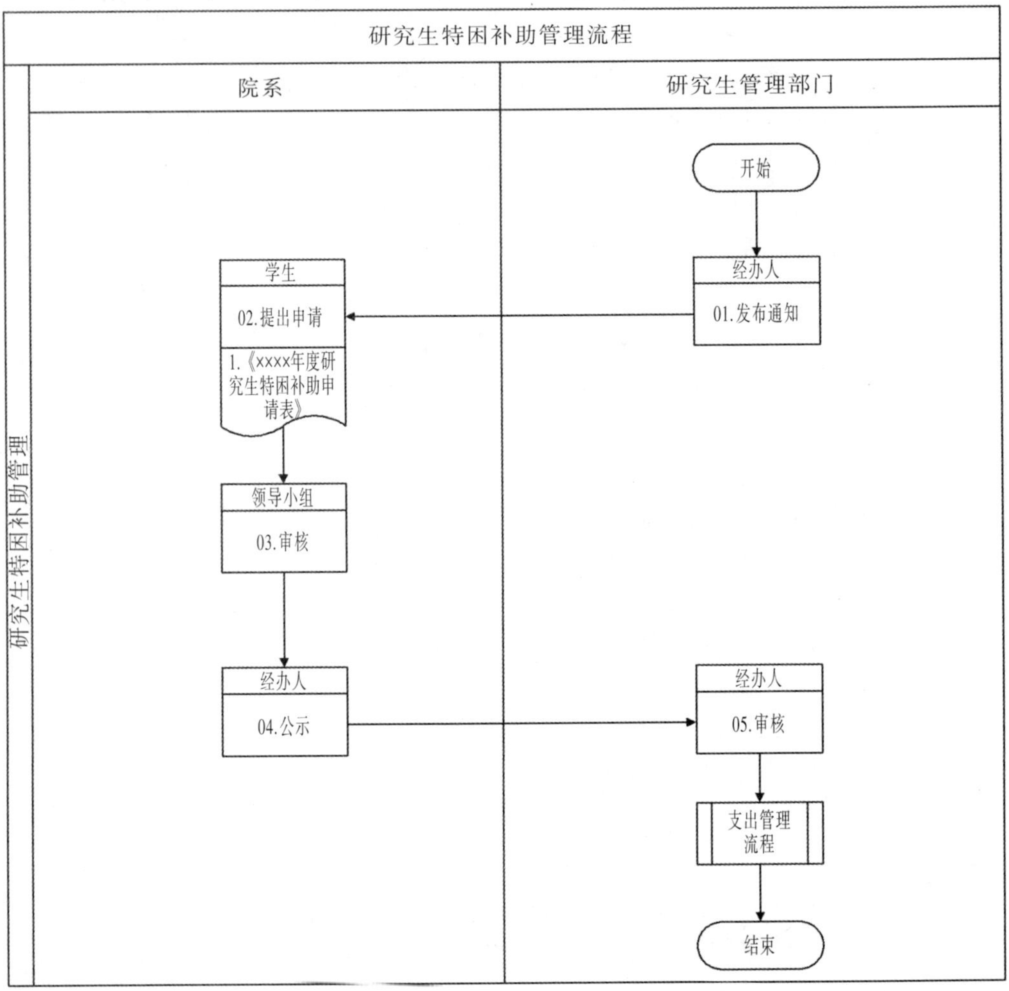

图15-27 研究生特困补助管理流程

管控节点说明见表15-27。

表15-27 **管控节点说明**

管控节点	节点说明	输出文档
01	研究生管理部门发布特困补助申请通知	
02	符合条件的学生本人提交《××××年度研究生特困补助申请表》	《××××年度研究生特困补助申请表》
03	各院系学生资助工作领导小组进行审核	
04	各院系公示。公示无异议后报至研究生管理部门	
05	研究生管理部门审核岗审核	
	转入支出管理流程	

（3）勤工助学管理流程如图15-28所示。

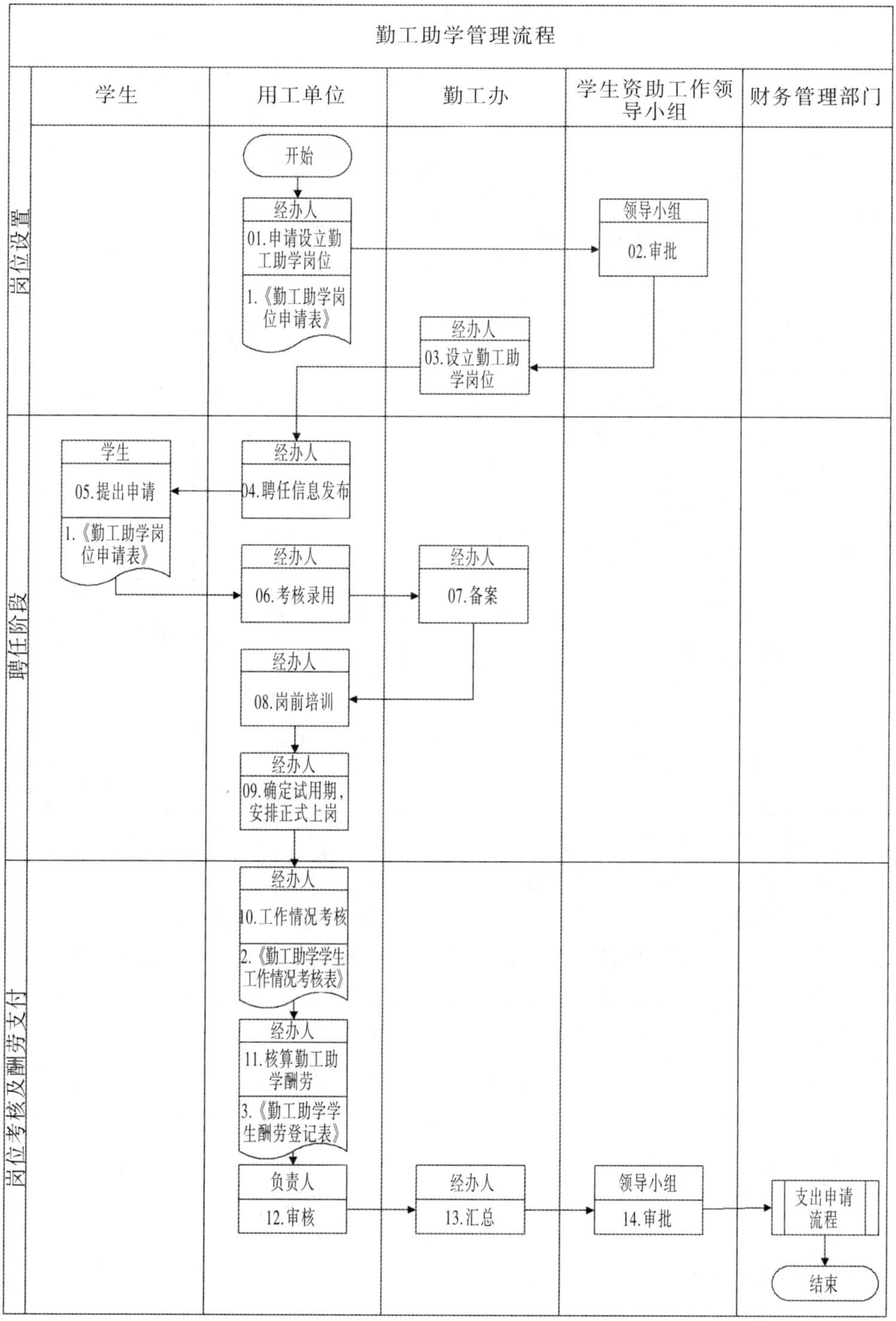

图15-28　勤工助学管理流程

管控节点说明见表15-28。

表15-28 **管控节点说明**

管控节点	节点说明	输出文档
01	需设立勤工助学岗位的用工单位向高校学生资助工作领导小组提出书面申请	《勤工助学岗位申请表》
02	高校学生资助工作领导小组对勤工助学岗位申请进行审批	
03	高校学生资助工作领导小组办公室结合高校实际和用工单位申报情况，统筹设置校内勤工助学岗位	
04	各用工单位发布聘任信息，将勤工助学岗位的名称、人数、职责、劳动时间、条件等情况通过网络、海报等形式进行公布	
05	符合条件的学生向用工单位提出申请，并填写《学生勤工助学岗位申请表》	《学生勤工助学岗位申请表》
06	用工单位根据岗位需求，结合学生实际情况进行考核录用，录用名单确定后，相关资料须报高校勤工办	
07	勤工办对录用名单进行备案	
08	用工单位对录用学生进行必要的岗位培训及安全教育	
09	用工单位可根据实际情况确定合理的试用期，试用合格者正式上岗	
10	各用工单位每月对勤工助学学生的工作情况进行考核	《勤工助学学生工作情况考核表》
11	勤工助学酬劳由用工单位根据考核结果进行核算，每月结算一次	《勤工助学学生酬劳登记表》
12	用工单位负责人审核签字	
13	勤工办汇总各用工单位的《勤工助学学生酬劳登记表》	
14	高校学生资助工作领导小组审批	
	转入支出申请流程	

（三）研究生奖励与处分管理

1.研究生奖励与处分管理规范

高校应当对在德、智、体、美等方面全面发展或者在思想品德、学业成绩、科技创造、锻炼身体及社会服务等方面表现突出的研究生，给予表彰和奖励。

对研究生的表彰和奖励可以采取授予荣誉称号、颁发奖学金等多种形式，给予相应的精神鼓励或者物质奖励。

对有违法、违规、违纪行为的研究生，高校应当给予批评教育或者纪律处分。高校给予学生的纪律处分，应当与学生违法、违规、违纪行为的性质和过错的严重程度相适应。

纪律处分的种类分为：

（1）警告；

（2）严重警告；

（3）记过；

（4）留校察看；

（5）开除学籍。

研究生有下列情形之一，高校可以给予开除学籍处分：

（1）违反宪法，反对四项基本原则、破坏安定团结、扰乱社会秩序的；

（2）触犯国家法律，构成刑事犯罪的；

（3）违反治安管理规定受到处罚，性质恶劣的；

（4）由他人代替考试、替他人参加考试、组织作弊、使用通信设备作弊及有其他严重作弊行为的；

（5）篡改、伪造学术研究数据或剽窃、抄袭他人研究成果，情节严重的；由他人代替、替他人撰写论文或参与买卖学术论文等严重学术不端行为的；

（6）违反《普通高等学校学生管理规定》中相关规定和高校其他规定，严重影响高校教育教学秩序、生活秩序以及公共场所管理秩序的；

（7）侵害其他个人、组织合法权益，造成严重后果的；

（8）屡次违反高校规定受到纪律处分，经教育不改的；

（9）一学期无故旷课累计50学时以上，情节严重、影响恶劣的；

（10）研究生休学期间有违法乱纪行为，情节严重的或因病休学申请复学时伪造医院诊断证明者。

高校对研究生的处分，应当做到程序正当、证据充分、依据明确、定性准确、处分适当。高校在对研究生作出处分决定之前，应当听取学生或者其代理人的陈述和申辩。

高校对研究生作出处分应当出具处分决定书并送交学生本人。处分决定书应当包括处分和处分事实、理由及依据，并告知学生可以提出申诉及申诉的期限。高校应成立学生申诉处理委员会，受理研究生对取消入学资格、退学处理或者违规、违纪处分的申诉。研究生对处分决定有异议的，在接到高校处分决定书之日起10个工作日内，可以向高校学生申诉处理委员会提出书面申诉。

学生申诉处理委员会对研究生提出的申诉进行复查，并在接到书面申诉之日起15个工作日内，得出复查结论并告知申诉人。需要改变原处分决定的，由学生申诉处理委员会提交高校重新研究决定。研究生对复查决定有异议的，在接到高校复查决定书之日起15个工作日内，可以向辽宁省教育行政部门提出书面申诉。从处分决定或者复查决定送交之日起，研究生在申诉期内未提出申诉的，高校或者辽宁省教育行政部门不再受理其提出的申诉。

被开除学籍的研究生，由高校发给学习证明。研究生应在高校规定期限内离校，被开除学籍的学生按已有毕业学历和相关就业政策可以就业的，高校协助办理相关手续。没有聘用单位的，档案、户口退回其家庭户籍所在地。定向或委托培养的研究生，退回原单位，户口按照国家相关规定迁回原户籍地或者家庭户籍所在地。

2.研究生奖励与处分管理流程

（1）优秀硕士论文评选管理流程如图15-29所示。

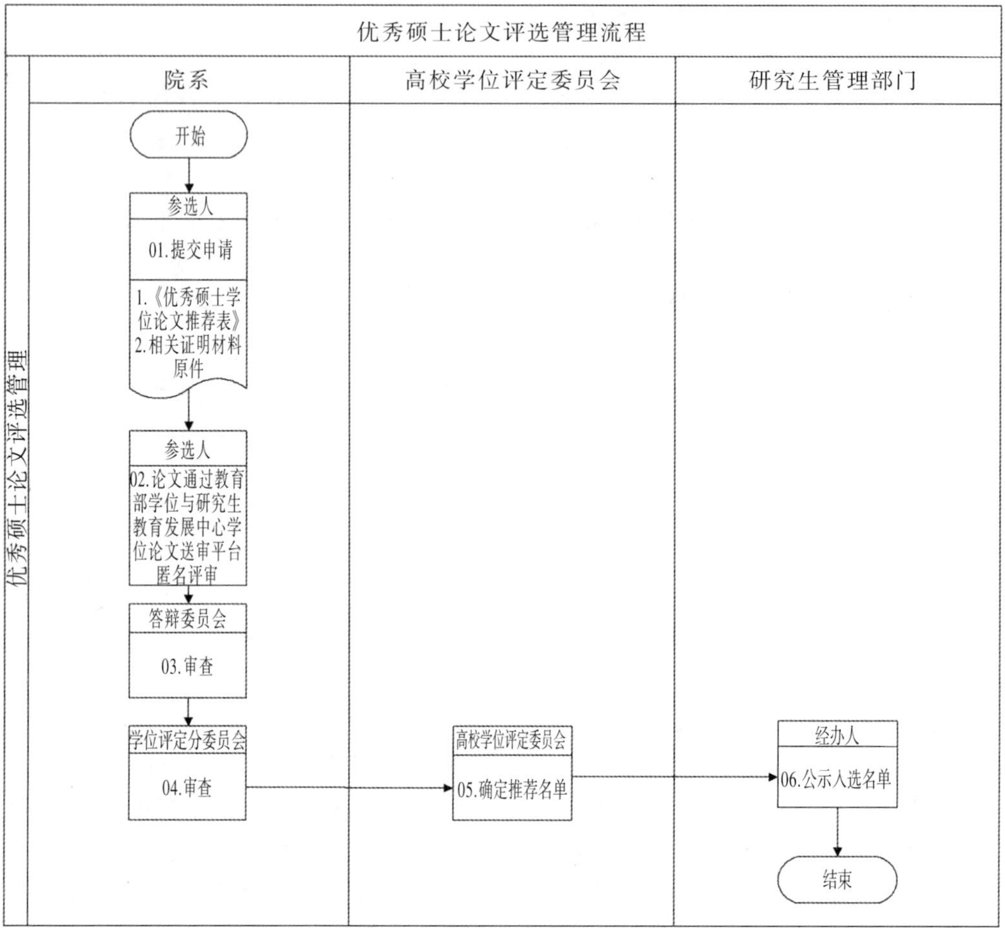

图 15-29 优秀硕士论文评选管理流程

管控节点说明见表 15-29。

表 15-29 **管控节点说明**

管控节点	节点说明	输出文档
01	参选人提交优秀论文评选申请并准备相关材料	《优秀硕士学位论文推荐表》、相关证明材料原件
02	论文通过教育部学位与研究生教育发展中心学位论文送审平台匿名评审	
03	答辩委员会审查	
04	学位评定分委员会审查	
05	高校学位评定委员会以无记名投票的方式确定优秀硕士论文推荐名单，排序推荐。排序情况只作为高校评审时的参考	
06	研究生管理部门公示入选名单	

（2）研究生违纪处分管理流程如图15-30所示。

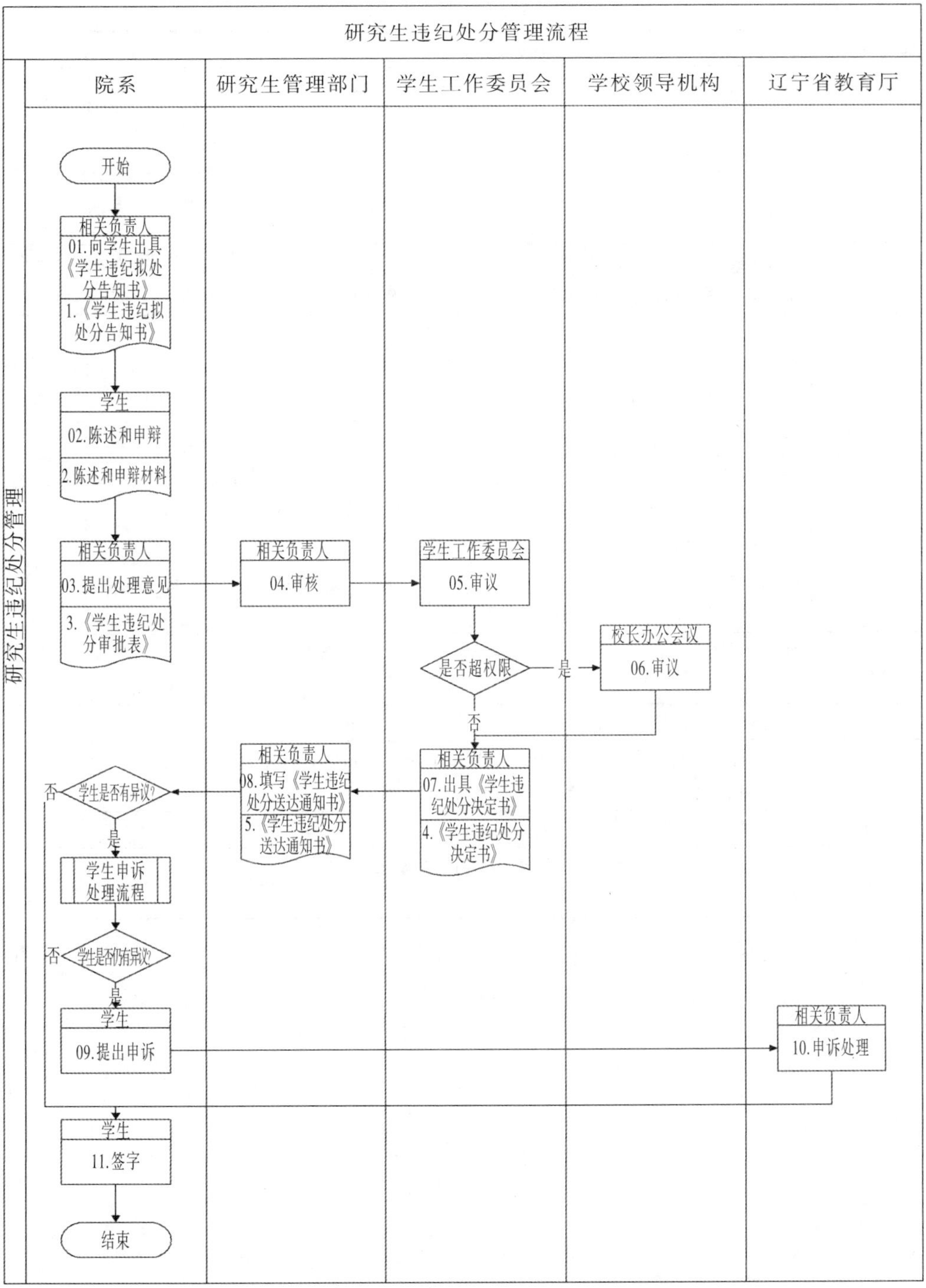

图15-30　研究生违纪处分管理流程

管控节点说明见表15-30。

表15-30 **管控节点说明**

管控节点	节点说明	输出文档
01	在对学生作出处分决定之前，高校向学生出具《学生违纪拟处分告知书》，告知学生作出何种处分，告知作出决定的事实、理由及依据	《学生违纪拟处分告知书》
02	学生以书面形式陈述和申辩	陈述和申辩材料
03	院系提出处理意见，并附有学生违纪的事实经过、证明材料、违纪学生的书面陈述和申辩材料、笔录以及其他相关证据等	《学生违纪处分审批表》
04	研究生材料由研究生管理部门审核，审核后报高校学生工作委员会	
05	高校学生工作委员会审议	
	判断是否超过权限	
06	超过权限，如对学生作出取消入学资格、取消学籍、退学、开除学籍或者其他涉及学生重大利益的处理或者处分决定，校长办公会议审议决定处分结果	
07	未超过权限，高校学生工作委员会出具《学生违纪处分决定书》并送发到有关部门和学生本人	《学生违纪处分决定书》
08	研究生管理部门填写《学生违纪处分送达通知书》（一式四份），送达受处分学生	《学生违纪处分送达通知书》
	对处分决定有异议的，转入研究生申诉处理流程	
09	学生对复查决定仍有异议的，在接到高校复查决定书之日起15日内，可以向辽宁省教育厅提出书面申诉	
10	辽宁省教育厅进行申诉处理	
11	由受处分学生在《学生违纪处分送达通知书》的送达回执上签字	

第十六部分

人事管理内部控制

为规范高校人事管理，深化人事制度改革，加强高校教职工队伍建设，优化队伍结构，合理利用校内人才资源，促进人才合理流动，调动广大教职工的工作积极性，保证高校正常的工作秩序，维护高校和教职工的合法权益，依据《事业单位人事管理条例》（国务院令第652号）、《关于印发〈事业单位工作人员考核暂行规定〉的通知》（人核培发〔1995〕153号）等国家和辽宁省有关政策和规定制定本指南。

一、人事管理概述

人事管理流程包含岗位聘用管理、教师评聘管理、教职工考核考勤管理和工资管理。

人事管理要坚持党管干部、党管人才原则，全面准确贯彻民主、公开、竞争、择优方针。

二、人事管理机构设置和职责分工

（一）党委常委会（党委会）和校长办公会议

党委常委会（党委会）和校长办公会议是人事管理工作的最高领导决策机构。

（二）人才工作领导小组

人才工作领导小组，负责全校人才引进和人才建设工作。其主要工作职责是：

1.对全校人才引进和人才队伍建设工作进行统筹协调和宏观管理。

2.围绕教学、科研工作及学科建设需要，提出师资队伍中长期建设规划。

3.审核年度人才引进计划，检查高端人才引进计划的落实情况。

4.审定人才引进培养与评价激励的措施办法以及规范管理的各项规章制度。

5.审定人才引进和培养工作需要的直接投入。

6.按照分类指导原则，定期听取有关部门对人才工作的汇报。

7.研究和处理人才工作中的重大问题。

（三）高校教师系列专业技术职务任职资格评审委员会

高校教师系列专业技术职务任职资格评审委员会（以下简称“评审委员会”）负责教师系列专业技术职务任职资格的评审工作。评审委员会一般由具有正高级专业技术资格的专家组成。具体评审工作在校长、主管校长主持下进行，由职称工作办公室（以下简称“职称办”）具体组织实施，职称办设在人事管理部门（党委教师工作部）。职称办的职责是：

1.组织制定和完善专业技术职务评审及聘任有关制度和办法。

2.组织开展专业技术职务评审工作。

3.审查专业技术人员申报资格。

4.组织教务管理部门、科研处审查专业技术职称评审的申报材料。

5.受理、解答专业技术职务评审工作中的咨询、申诉。

6.负责专业技术职务评审、聘任等方面的具体事务和日常管理工作。

高校教育管理研究系列、实验系列等有关职称评审委员会，可参照高校教师系列专业技术职务任职资格评审委员会设立。

（四）学科评议组

教师系列专业技术职务任职资格评审委员会下设若干学科评议组，负责该学科专业技术职务任职资格的评议工作。学科评议组由3位以上本学科（专业）的高级专家组成（根据当年申报人数确定）。学科评议组专家由副高级以上专家组成，具有正高级职务评议权的学科评议组，原则上由正高级专家组成。

三、人事业务管理

（一）岗位聘用管理

1.岗位聘用管理规范

（1）人才引进

A.人才引进的原则

a.人才引进与学科建设相协调的原则。高层次人才引进工作必须以高校学科建设总体规划为指导，优先保证省、校级重点学科和高校新建学科的需要，同时兼顾其他学科。

b.按需引进原则。人才引进必须本着按需引进，保证引进人才符合高校学科发展规划，满足高校教学科研需要。

c.坚持质量原则。引进人才工作必须坚持标准，严格程序，全面考核，确保质量。

B.人才引进对象

a.领军人物。

b.学科带头人。

c.学术骨干。

d.博士。

e.特聘教授。

C.人才引进程序

a.各院系根据本部门学科建设发展规划及人才队伍实际情况，制订相应的人才引进计划，每年申报一次，人事管理部门初审后报高校审批。

b.人事管理部门通过高校网站、省招聘网站、参加招聘会等多种渠道及时发布引进人才招聘信息，各院系应积极主动联络，同时鼓励教职工为高校举荐人才。

c.各院系负责组织专家对应聘者材料进行审查筛选，对符合条件的人员进行考核。考核通过后，报人事管理部门审核，人事管理部门审核后上报高校审批。

d.高校审批通过，在省招聘网站公示后，人事管理部门负责办理引进人才的相关手续。

D.引进的人才相关要求

a.高校与引进的高层次人才签订协议书，明确双方责任权利。

b.人才如在服务年限未满时要求自费出国留学或调离高校，须按合同服务年限比例退还高校引进人才住房补贴、剩余科研项目资助费，并按协议规定缴纳违约金。

c.高校每年对各教学科研单位人才引进工作进行总结，并纳入单位的考核评优。对于在工作中取得突出成绩、作出重要贡献的单位和个人，高校将给予专门的表彰和奖励。

（2）聘请名誉教授

A.聘请对象与条件

名誉教授是高等学校授予境外著名专家学者的荣誉性学术称号。聘请对象一般应是具备下列条件的境外著名专家学者：

a.具有博士学位或者教授职称。

b.学术造诣深、知名度高，曾在某一学科领域取得重大成就，获得国际学术界公认。

c.能够在推进高校学科建设、促进学术交流和国际合作等方面发挥重要作用。

B.聘请名誉教授的程序

a.提出人选。各部门按照教学、科研工作的实际需要和聘请条件提出拟聘人选，报人事管理部门，同时提供拟聘人选的相关资料。

b.专家评议。经报主管领导同意后，由拟聘单位请两位以上相同或相近学科专业的国内知名教授对拟聘名誉教授人选的学术水平、学术声望以及与高校可能的合作与贡献等进行评议，同行专家提出评议意见。

c聘任决定。根据专家评议意见，由校学术委员会集体评议通过后报请校长办公会议批准。

d.授予称号。聘请名誉教授应举行相应的仪式，仪式一般应在中国境内举行。

确需在国外授予的，一般应委托我驻外使（领）馆教育处（组）代授。

e.建立信息数据库。将所聘请名誉教授的有关材料（个人履历、同行专家评议意见等）建立信息数据库，并及时将名誉教授名单报上级教育主管部门。同时上网公布，以使社会知悉。

（3）聘请客座教授

A.聘请对象及条件

聘请对象一般应是具备下列条件的国内、外著名专家学者：

a.具有博士学位或者教授职称。

b.学术造诣深、知名度高，曾在某一学科领域取得重大成就，在国内、外具有较高的学术地位。

c.能够在推进高校学科建设、人才培养及促进学术交流和国际合作等方面发挥重要作用以及对高校的发展作出重大贡献。

B.聘请客座教授的程序

a.提出人选。各部门按照教学、科研工作的实际需要和聘请条件提出拟聘人选，报人事管理部门，同时提供拟聘人选的相关资料。

b.专家评议。由拟聘单位请两位以上相同或相近学科专业的知名教授对拟聘客座教授人选的学术水平、学术声望以及与高校可能的合作与贡献等进行评议，同行专家提出评议意见。

c.聘任决定。根据专家评议意见，由校学术委员会集体评议通过后报请校长办公会议批准。

d.颁发聘书。经审议批准后，由聘任院（系、部）举行客座教授授予仪式。

（4）公开招聘管理

公开招聘必须坚持公开、公平、公正原则，严格按照本办法进行。

A.人事管理部门制订公开招聘工作实施方案，编制招聘计划；

B.招聘计划上报人才工作领导小组审议，经高校党委常委会（党委会）通过后报送省相关部门审批，并统一在省人事考试网站及高校人才招聘网站发布，发布时间不少于5个工作日；

C.人事管理部门自主组织实施公开招聘的报名、资格审查、笔试、面试（技能测试）、体检和考察工作，确定拟聘人员；

D.拟聘人员名单统一在省人事考试网和拟聘单位官方网站公示，公示期为7个工作日；

E.根据省人社厅事业单位人事管理处和省教育厅人事处办理备案工作相关要求为公示无疑义人员办理备案手续。

2.岗位聘用管理流程及说明

（1）岗位聘用管理流程（如图16-1所示）及管控节点说明（见表16-1）

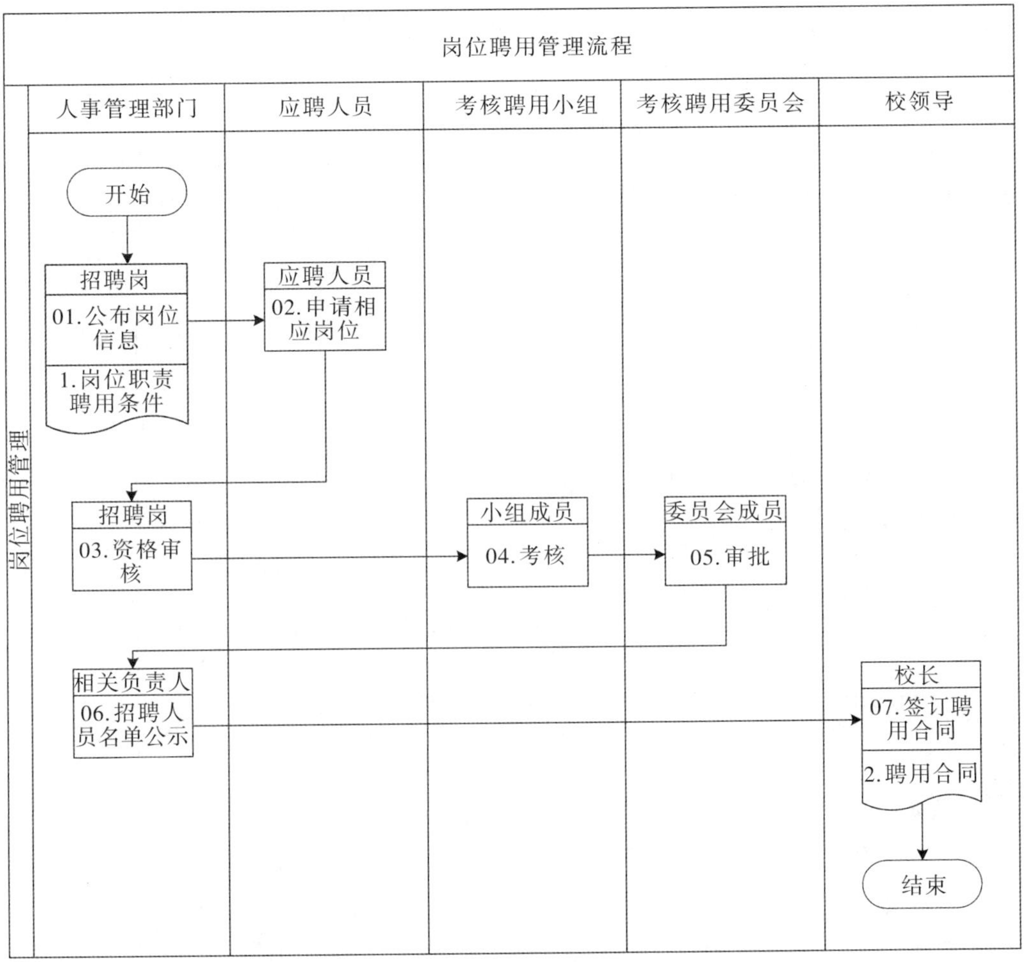

图16-1 岗位聘用管理流程

表16-1

管控节点说明

管控节点	节点说明	输出文档
01	人事管理部门根据聘用岗位的需要，公布岗位信息、聘用条件、岗位职责等聘用的有关事项	岗位职责聘用条件
02	应聘人员按照聘用的条件要求申请应聘相应的岗位	
03	人事管理部门对应聘人员的资格条件进行审查	
04	考核聘用小组对申请应聘人员进行考核，采取竞争上岗、双向选择等方式择优聘用上岗	
05	各类拟聘用人员报高校考核聘用委员会审批	
06	人事管理部门相关负责人进行聘用人员名单公示	
07	校长或其委托人与受聘人员签订聘用合同	聘用合同

（2）名誉教授、客座教授聘用管理流程（如图16-2所示）及管控节点说明（见表16-2）

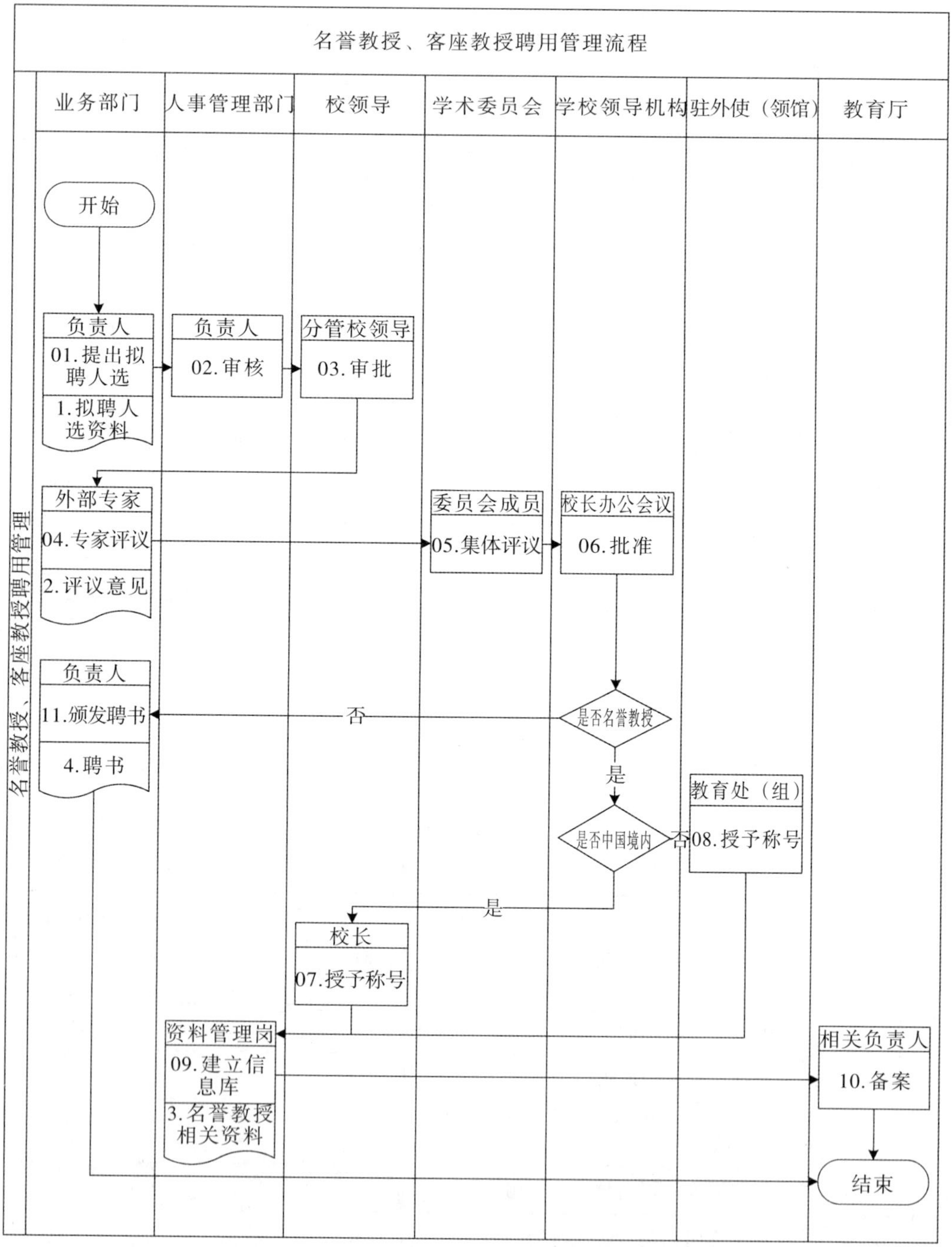

图16-2 名誉教授、客座教授聘用管理流程

表 16-2　**管控节点说明**

管控节点	节点说明	输出文档
01	各部门按照教学、科研工作的实际需要和聘请条件提出拟聘人选，报人事管理部门，同时提供拟聘人选的相关资料	拟聘人选资料
02	人事管理部门负责人审核	
03	分管校领导审批	
04	经报主管领导同意后，由拟聘单位请两位以上相同或相近学科专业的国内知名教授对拟聘名誉教授人选的学术水平、学术声望以及与高校可能的合作与贡献等进行评议，同行专家提出评议意见	评议意见
05	根据专家评议意见，由校学术委员会集体评议	
06	校学术委员会集体评议通过后报请校长办公会议批准	
	是否是名誉教授	
	名誉教授，是否在中国境内	
07	中国境内，由校长授予称号	
08	确需在国外授予的，一般应委托我驻外使（领）馆教育处（组）代授	
09	将所聘请名誉教授的有关材料（个人履历、同行专家评议意见等）建立信息数据库，同时上网公布，以使社会知悉	名誉教授相关资料
10	将名誉教授名单报上级教育主管部门	
11	客座教授，经审议批准后，由聘任院（系、部）举行客座教授授予仪式	聘书

（3）人才引进管理流程（如图16-3所示）及管控节点说明（见表16-3）

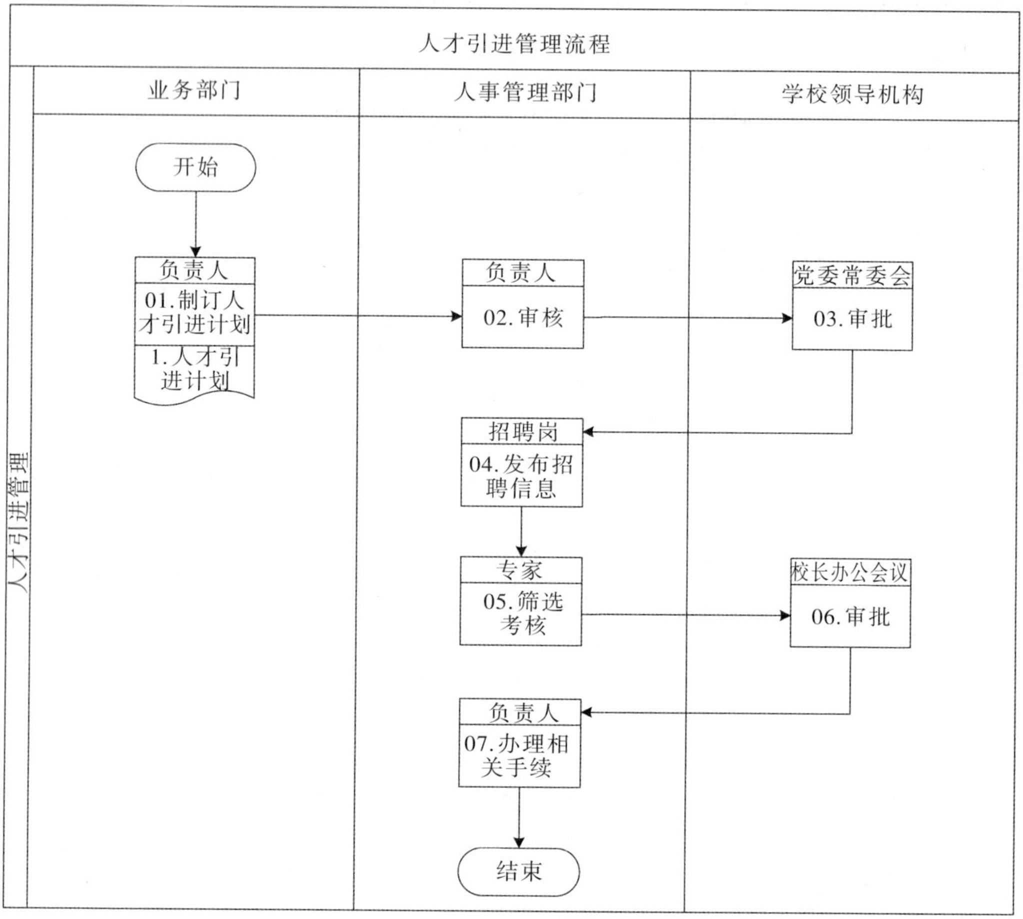

图16-3 人才引进管理流程

表16-3 管控节点说明

管控节点	节点说明	输出文档
01	各院系根据本部门学科建设发展规划及人才队伍实际情况，制订相应的人才引进计划，每年申报一次	人才引进计划
02	人事管理部门负责人初审	
03	党委常委会（党委会）审批	
04	人事管理部门通过高校网站、省招聘网站、参加招聘会等多种渠道及时发布引进人才招聘信息，各院系应积极主动联络，同时鼓励教职工为高校举荐人才	
05	人事管理部门负责组织专家对应聘者材料进行审查筛选，对符合条件的人员进行考核。考核通过后，人事管理部门上报高校审批	
06	校长办公会议审批	
07	高校审批通过后，人事管理部门负责办理引进人才的相关手续	

（4）公开招聘管理流程（如图16-4所示）及管控节点说明（见表16-4）

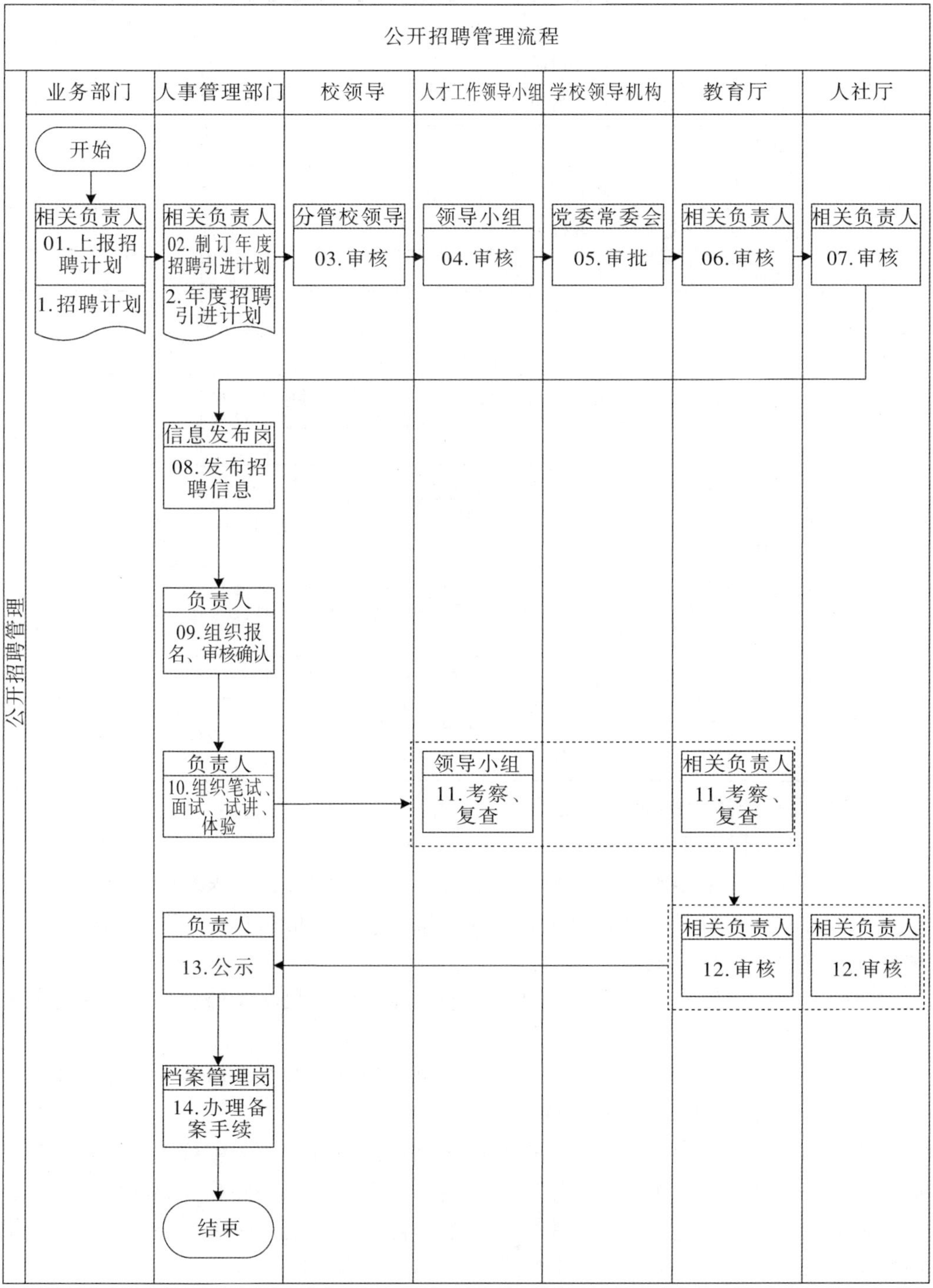

图16-4　公开招聘管理流程

表16-4 **管控节点说明**

管控节点	节点说明	输出文档
01	高校各用人需求单位上报招聘计划	招聘计划
02	人事管理部门制订年度招聘引进计划	年度招聘引进计划
03	分管校领导审核	
04	高校人才工作领导小组审核	
05	党委常委会（党委会）审批	
06	省教育厅审核	
07	省人社厅审核	
08	在高校人才招聘网站和省人事考试网发布信息	
09	组织应聘者报名，严格按照公告及岗位资格条件，对应聘者报名资格进行审查确认，由高校人事管理部门根据应聘者信息进行筛选	
10	人事管理部门组织相关专家对应聘者进行笔试、面试、试讲，对其科研、教学、学术水平和综合素质进行全面考察，根据应聘人员的总成绩从高到低的顺序，按招聘计划1∶1的比例确定参加体检人员，并组织体检	
11	由省教育厅会同高校对拟考察人员的思想政治表现、道德品质、业务能力、工作实绩等情况进行实地调查了解，并对被考察人员资格条件进行复查	
12	拟聘人员信息报请省教育厅、省人力资源和社会保障厅审核	
13	统一在省人事考试网和高校官方网站进行公示	
14	公示结束后，对公示无疑义人员办理备案手续	

（二）人事选拔评聘业务管理

1.人事选拔评聘业务管理规范

教师职务的评审要满足高校教育事业可持续发展需要，要求教师认真履行岗位职责，坚持教学和科研并重，提高教学和科研水平；严格执行各级职务的资格条件和标准，按程序评审，做到公平、公正、公开。

教师职称的申报条件由资格条件、师德师风条件、教学条件和科学研究与成果应用条件四个部分组成。

按照层层推荐、严把质量关的要求，评审工作可采取个人申请、公开述职、群众讲评、业绩成果展示等方式进行。

院系部年度职称评审方案经党政联席会议审议通过后，人事管理部门协同相关部门对申报人材料进行审核（人事管理部门负责审核资格条件和师德师风条件；教务管理部门、研究生管理部门负责审核教学条件；科研处负责审核科学研究与成果应用条件），对有争议的推荐材料提交校学术委员会审议。

各院系教授委员会负责对本单位专业技术人员的申报材料进行预审、推荐，尤其要对参评人员的政治思想品德、从师素质、教学工作量及教学效果、科研成果等严格把关。

高校各学科组对院系推荐人选审议后提出排名推荐意见，经高校职称评审委员会评审确定聘任人选后在校内公示，时间为5天。

实行评聘合一。经高校校长办公会议研究同意予以聘任。

所提供的论文、论著、教材、项目、奖励等成果是指与申报学科（专业）相同（相近、相关）的成果，且具有相对稳定的研究发展方向。各种教学科研成果奖、论文、项目等业绩成果以教务管理部门、科研处、研究生管理部门等部门的认定为准。

其他专业技术系列，按省有关规定执行。

2.专业技术人员职称评聘管理流程（如图16-5所示）及管控节点说明（见表16-5）

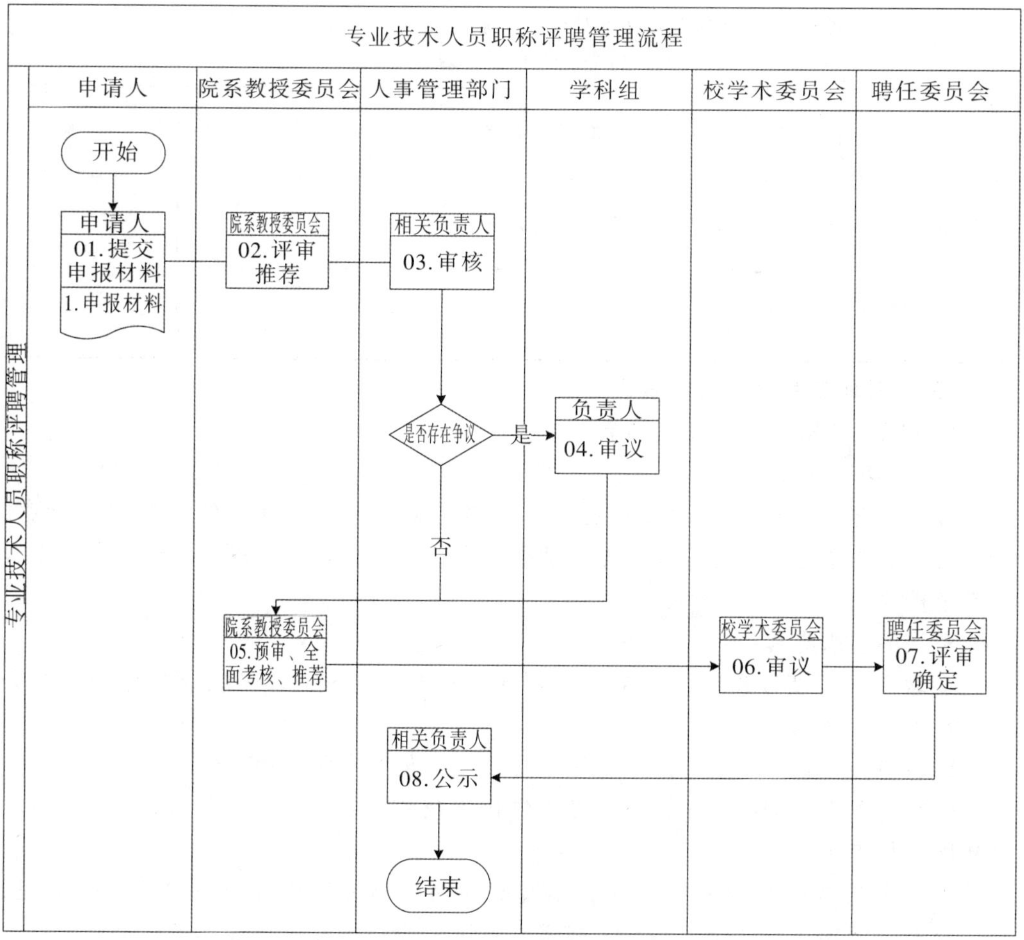

图16-5　专业技术人员职称评聘管理流程

表16-5 **管控节点说明**

管控节点	节点说明	输出文档
01	部门专业技术人员提交申报材料	申报材料
02	院系教授委员会初评后推荐人事管理部门协同相关部门对申报材料进行审核	
03	人事管理部门对申报材料进行审核并判断是否存在争议	
04	有争议的推荐材料提交校学科组审议	
05	各院系教授委员会负责对部门专业技术人员的申报材料进行预审，对参评人员进行全面考核、推荐	
06	校学术委员会对推荐材料进行审议	
07	高校聘任委员会评审确定聘任人选	
08	在校内公示审定结果	

（三）教职工考核、考勤管理

1.教职工考核、考勤管理规范

（1）年度考核管理

教职工考核以岗位职责及年度工作任务为依据，以工作业绩为重点，从德、能、勤、绩四个方面进行考核。考核结果分为优秀、良好、合格、基本合格、不合格五个档次。

考核的组织与程序：

A.教职工年度考核工作在主管校领导的领导下，成立校考核领导小组（办公室设在人事管理部门）。

B.各单位、各部门成立二级考核领导小组，负责本部门的考核。

C.职工本人根据岗位职责与年度工作任务及考核要求进行个人总结，并认真填写年度工作考核表。

D.各基层考核小组根据个人总结及平时考核情况进行评分，提出考核意见，报二级考核领导小组评议，然后形成考核意见，经高校考核领导小组审批后，存入个人档案。

（2）日常考勤管理

考勤对象为高校所有在编人员以及与高校形成一定劳动关系的工作人员。

考勤结果实行月报制度。各单位考勤工作实行主管领导负责制，考勤结果将作为工资发放和年度考核的依据。

（3）请假管理

A.事假管理

高校已实行寒暑假制度，教职工办理个人事务原则上应利用寒暑假、公休日和法定节假日。凡需占用工作时间办理个人事务的，须有正当理由，并由本人事先提出申请，高校逐级审批，经批准后方可休事假。

B.病假管理

教职工因病不能坚持正常工作，需要请假治疗或休息的，凭医保定点医院诊断书，经批准后可休病假。

C.探亲假管理

凡参加工作满一年的教职工，与配偶或父母不住在同一城市，且不能在公休假日团聚的，由所在单位主要负责人审批，经批准后方可休探亲假。

D.工伤假管理

教职工因工作遭受事故伤害或者患职业病需要暂停工作接受工伤治疗的，须凭定点医疗机构或三级甲等医院出具工伤休假证明书，经所在单位主要负责人签署意见转报人事管理部门批准后可休工伤假。

E.因公外出管理

教职工因公去校外（含国、境外）从事教学、科研、学术交流、开会、进修、学习等活动，连续达到一周以上的，应当履行审批手续，提交书面报告及有关函件，并说明外出的时间、地点、期限和具体任务，在批准的时间内视为工作时间。未办理审批手续的视为私自外出，外出期间发生的各种行为和事故均由教职工本人负责。

F.旷工认定及处理

各单位依据教职工表现认定旷工行为，并视情节轻重，结合旷工者对错误的认识程度给予批评教育。情节严重的，应以书面形式向人事管理部门报告并提出处理意见，高校人事管理部门将根据违纪事实作出相应的行政处分。

（4）工人考核管理

对经本人申请且符合申报条件的人员，由所在单位审核同意后，填写工人晋升技术等级申请表并报人事管理部门进行资格审查。

考核工作由省人力资源和社会保障厅统一组织。合格者由省人力资源和社会保障厅印发合格人员名单，并核发《职业资格证书》。

2.教职工考核、考勤管理流程及说明

（1）年度考核管理流程（如图16-6所示）及管控节点说明（见表16-6）

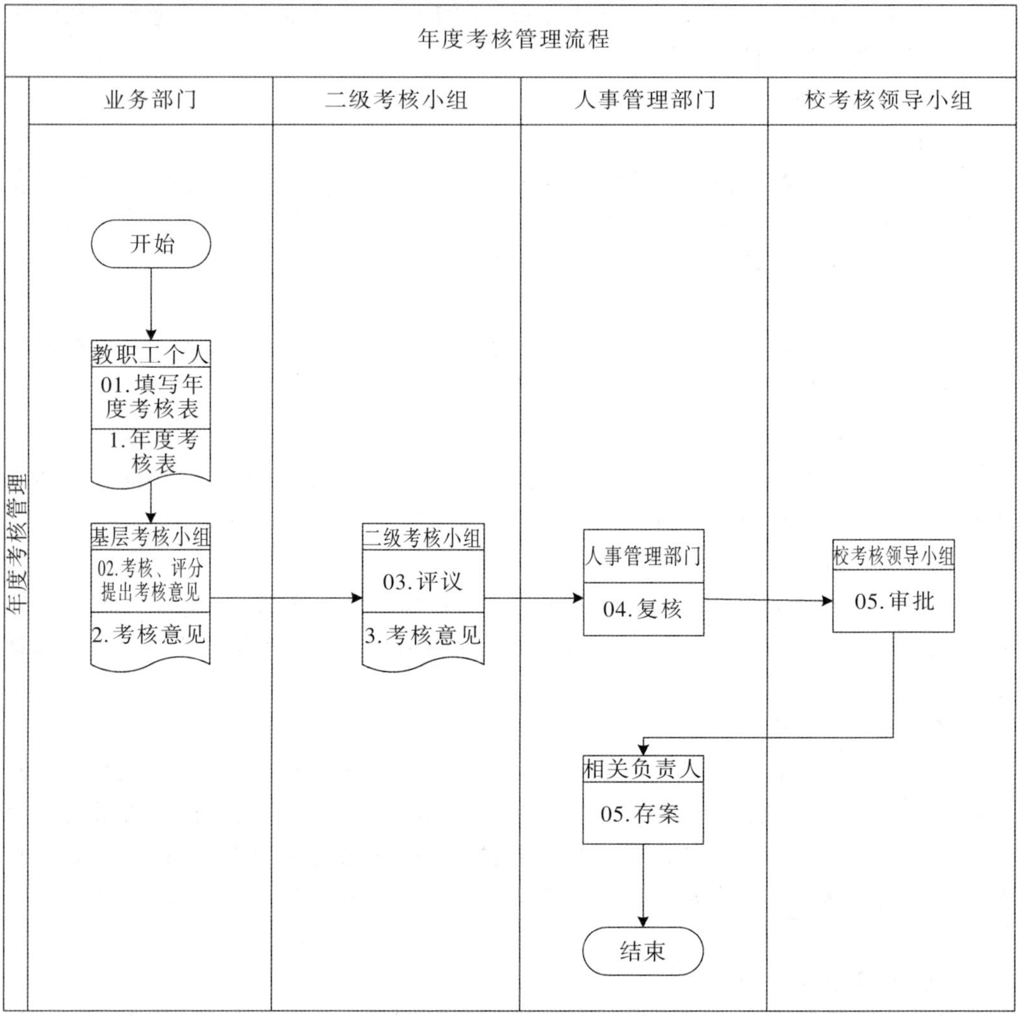

图16-6 年度考核管理流程

表16-6 **管控节点说明**

管控节点	节点说明	输出文档
01	个人填写年度考核表	年度考核表
02	各基层考核小组根据个人总结及平时考核情况进行评分，提出考核意见，报二级考核领导小组	考核意见
03	二级考核领导小组评议，形成考核意见，再由人事管理部门复核	考核意见
04	人事管理部门复核后，再由高校考核领导小组审批	
05	存入个人档案	

（2）日常考勤管理流程（如图16-7所示）及管控节点说明（见表16-7）

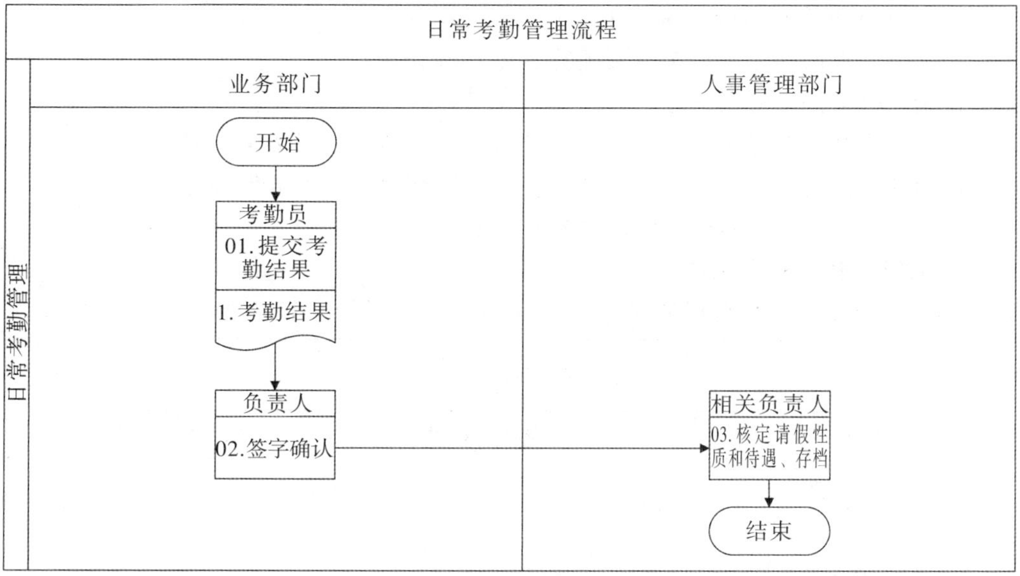

图16-7　日常考勤管理流程

表16-7　**管控节点说明**

管控节点	节点说明	输出文档
01	考勤结果实行月报制度，各单位考勤员每月×日前将考勤结果报送部门负责考勤领导	考勤结果
02	负责考勤领导签字确认	
03	人事管理部门劳资科相关负责人核定请假性质和待遇，通知财务管理部门处理请假相关待遇并存档	

（四）工资管理

1.工资管理规范

A.日常工资业务发放程序

a.每月各部门向人事管理部门报送考勤结果，由各部门考勤员对本部门人员进行考核并制作考勤表；

b.考勤表需报送部门负责考勤领导审核，审核无误后签字盖章报送人事管理部门劳资科；

c.劳资科审核汇总各部门考勤表；

d.根据各部门考勤情况核算调整变动人员工资明细（如病假、事假、产假、出国、进修、回校工作等），生成工资发放明细表；

e.工资发放明细表由劳资科长审核，审核无误后签字确认；

f.人事管理部门将工资发放明细表盖章后于每月×号前转交财务管理部门；

g.财务管理部门每月×号前将工资发放至个人账户。

B.绩效工资调整及政策性工资调整工作程序

a.如遇国家政策性工资调整或高校绩效工资调整，须经校长办公会议研究或党委常委会（党委会）研究同意后执行；

b.人事管理部门根据相关政策测算调整工资；

c.测算结果报主管校领导；

d.经主管校领导批示报校长办公会议或党委常委会（党委会）研究；

e.会议研究同意后，人事管理部门将发放明细表转交财务管理部门；

f.财务管理部门将调整工资发放至个人账户。

2.工资管理流程及说明

（1）日常工资发放管理流程（如图16-8所示）及管控节点说明（见表16-8）

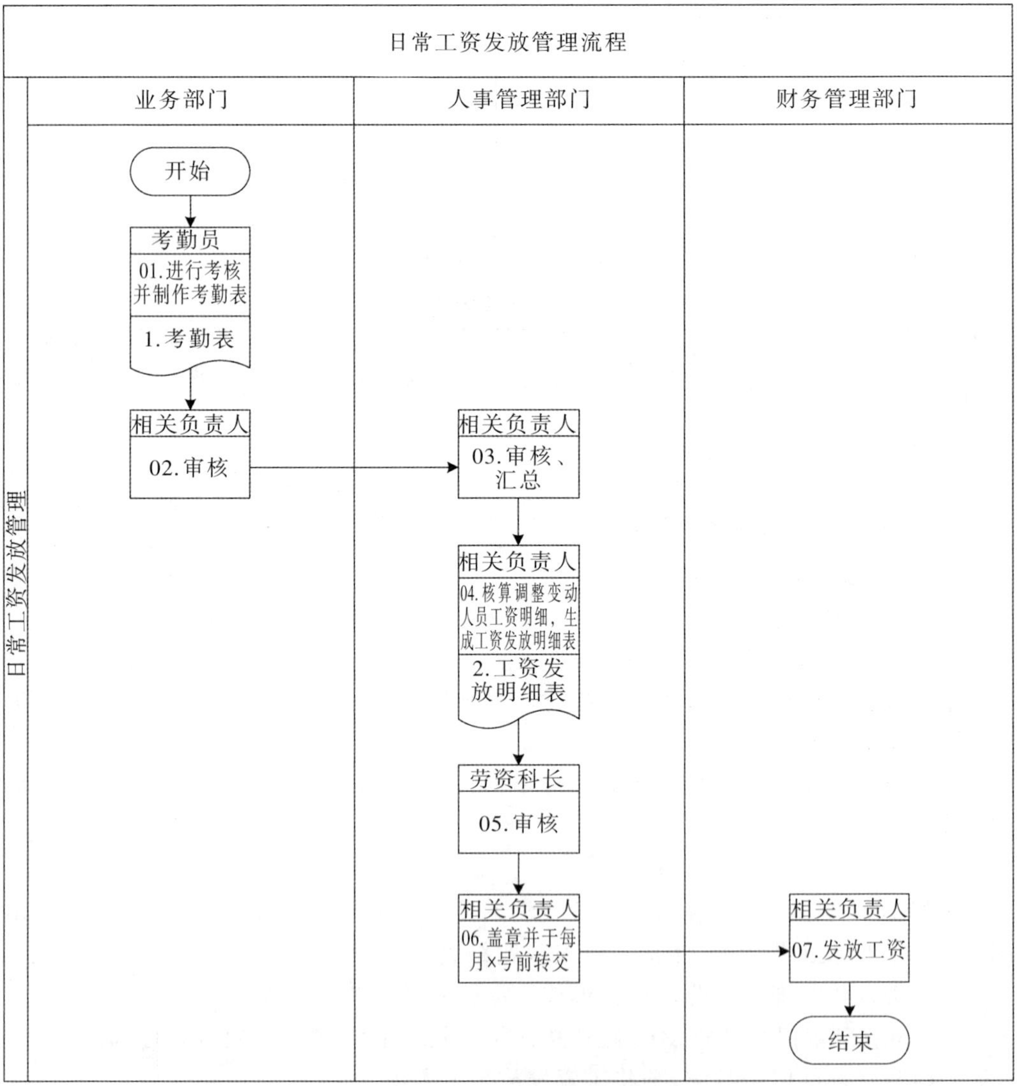

图16-8 日常工资发放管理流程

表16-8　**管控节点说明**

管控节点	节点说明	输出文档
01	每月各部门向人事管理部门报送考勤结果，由各部门考勤员对本部门人员进行考核并制作考勤表	考勤表
02	考勤表需报送部门负责考勤领导审核，审核无误后签字盖章报送人事管理部门劳资科	
03	劳资科审核汇总各部门考勤表	
04	根据各部门考勤情况核算调整变动人员工资明细（如病假、事假、产假、出国、进修、回校工作等）	工资发放明细表
05	工资发放明细表由劳资科长审核，审核无误后签字确认	
06	人事管理部门将工资发放明细表盖章后于每月×号前转交财务管理部门	
07	财务管理部门每月×号前将工资发放至个人账户。	

（2）绩效工资调整及政策性工资调整管理流程（如图16-9所示）及管控节点说明（见表16-9）

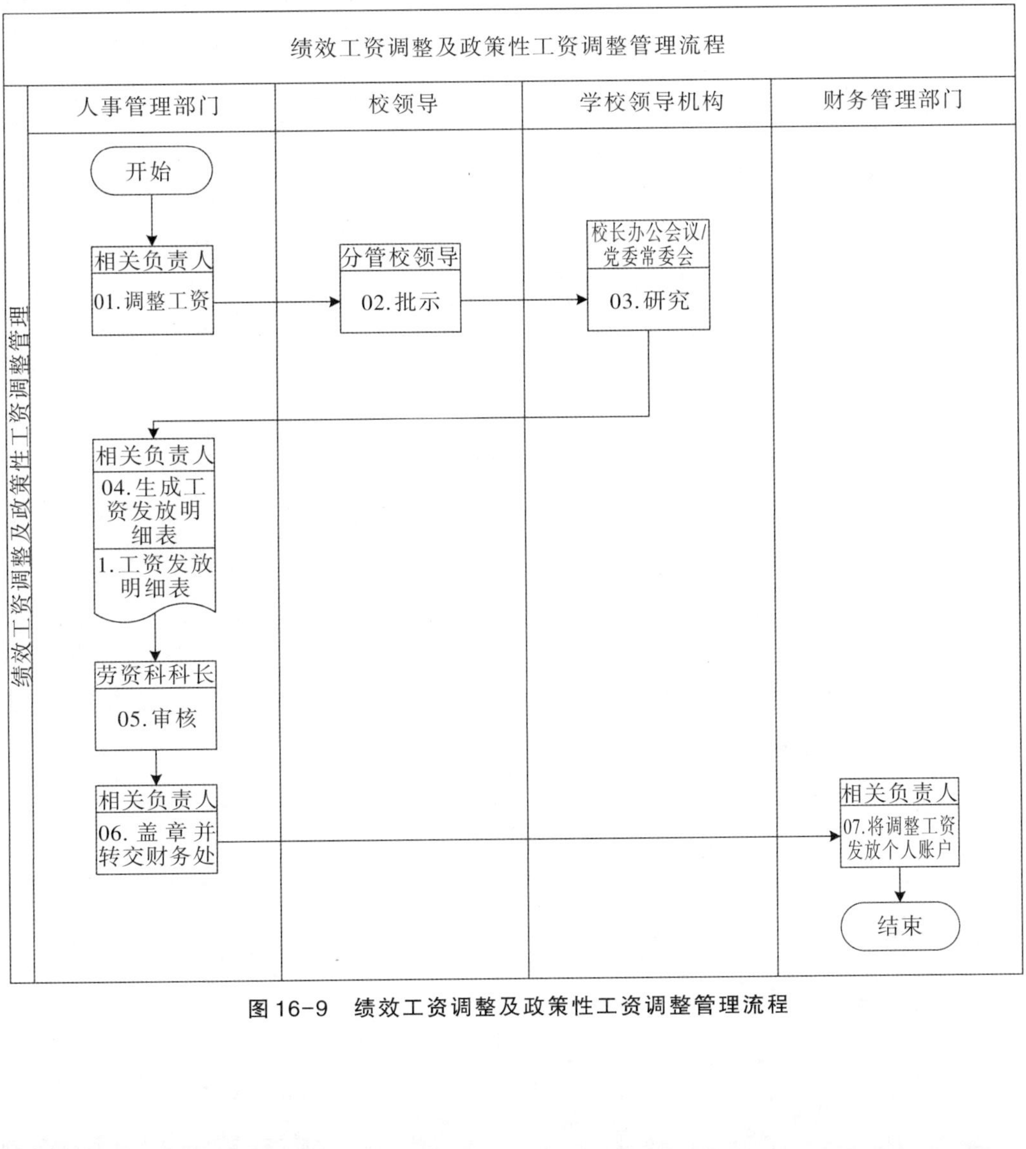

图16-9　绩效工资调整及政策性工资调整管理流程

表 16-9 **管控节点说明**

管控节点	节点说明	输出文档
01	人事管理部门根据相关政策测算调整工资	
02	测算结果报分管校领导批示	
03	经分管校领导批示报校长办公会议或党委常委会（党委会）研究	
04	会议研究同意后，人事管理部门劳资科根据会议研究内容，生成工资发放明细表	工资发放明细表
05	劳资科科长审核	
06	人事管理部门将工资发放明细表盖章并转交财务管理部门	
07	财务管理部门将调整后工资发放至个人账户	

第十七部分

教务管理内部控制

为规范高校教学管理，提高教学管理效率，根据《中华人民共和国高等教育法》、《高等学校本科教学质量与教学改革工程的意见》（教高〔2011〕6号）、《关于全面提高高等教育质量的若干意见》（教高〔2012〕4号）、《普通高等学校学生管理规定》（教育部第41号令）等法律和文件精神制定本指南。

一、教务管理概述

教务管理是高校教学管理的主要环节，是维护教学秩序的主要保障。

教务管理包含教材建设管理、本科毕业及学位管理、教学质量监控管理、综合业务管理。

二、教务管理机构设置和职责分工

1.高校学术委员会或教学指导委员会，负责本科人才培养方案的审定工作。

2.高校学位评定委员会，负责本科学生毕业资格及学位授予相关工作。

3.高校教学指导与质量监督委员会，负责全校本科教学督导和教学质量监控各项工作。

4.高校教材建设委员会，下设院系教材建设工作小组，负责全校教材建设管理工作。

三、教务管理

（一）教材建设管理

1.教材建设管理规范

（1）规划教材立项及资助申请

规划教材立项与审查原则如下：

A.院系和高校应该完善教材审查标准，规范教材审查程序，依照国家有关规定和课程标准严格审查教材。实行教材编审分离和盲审制度。

B.强化教材政治审查制度，重点对意识形态属性较强的内容进行专题审查。

C.立项教材须符合本单位专业发展需要，规划用于本单位教学实际的教材方可立项。

D.立项规划教材实行主编负责制，按照“文责自负”原则，主编负责全书的统稿和书稿质量。主编应具有丰富的教学经验、较高的学术造诣，副教授以上职称，讲授本门课程两届以上。

立项规划教材交稿后，高校组织专家进行审稿。审稿的专家一般为3人以上，且必须有校外专家。评审合格后，方可组织正式出版。出版立项教材的出版社由主编选择，主编应选择本领域级别较高的出版社，原则上应选择国家级出版社。教材出版必须通过出版社组织的审稿程序，以确保质量。

加强对教材的管理，采用项目负责人（第一主编）负责制。对项目的考核分为：立项一年后中期检查，两年后验收。

（2）教材选用

各教学单位报送选用教材及使用数量，填写《教材使用计划表》，经主管教学领导和教务管理部门批准后，统一由教学秘书提交电子版和纸质版给教材管理部门并存档。选用新教材的，须填写《教材选用审批表》，由教学单位提交院教材建设委员会和教务管理部门审核，审核通过后提交校教材建设委员会审批。

（3）教材领用

凡承担列入校正式教学计划所规定课程的任课教师，可凭由本院系主管教学领导、教研室主任和领用人签字的《教师授课用教材领用表》，每学期结束前两周，到教材管理部门领取教材。跨学期所授课程的教材，可一次性领取。教材费用每学期结算一次。

2.教材建设管理流程及说明

（1）规划教材立项及资助申请管理流程（如图17-1所示）及管控节点说明（见表17-1）

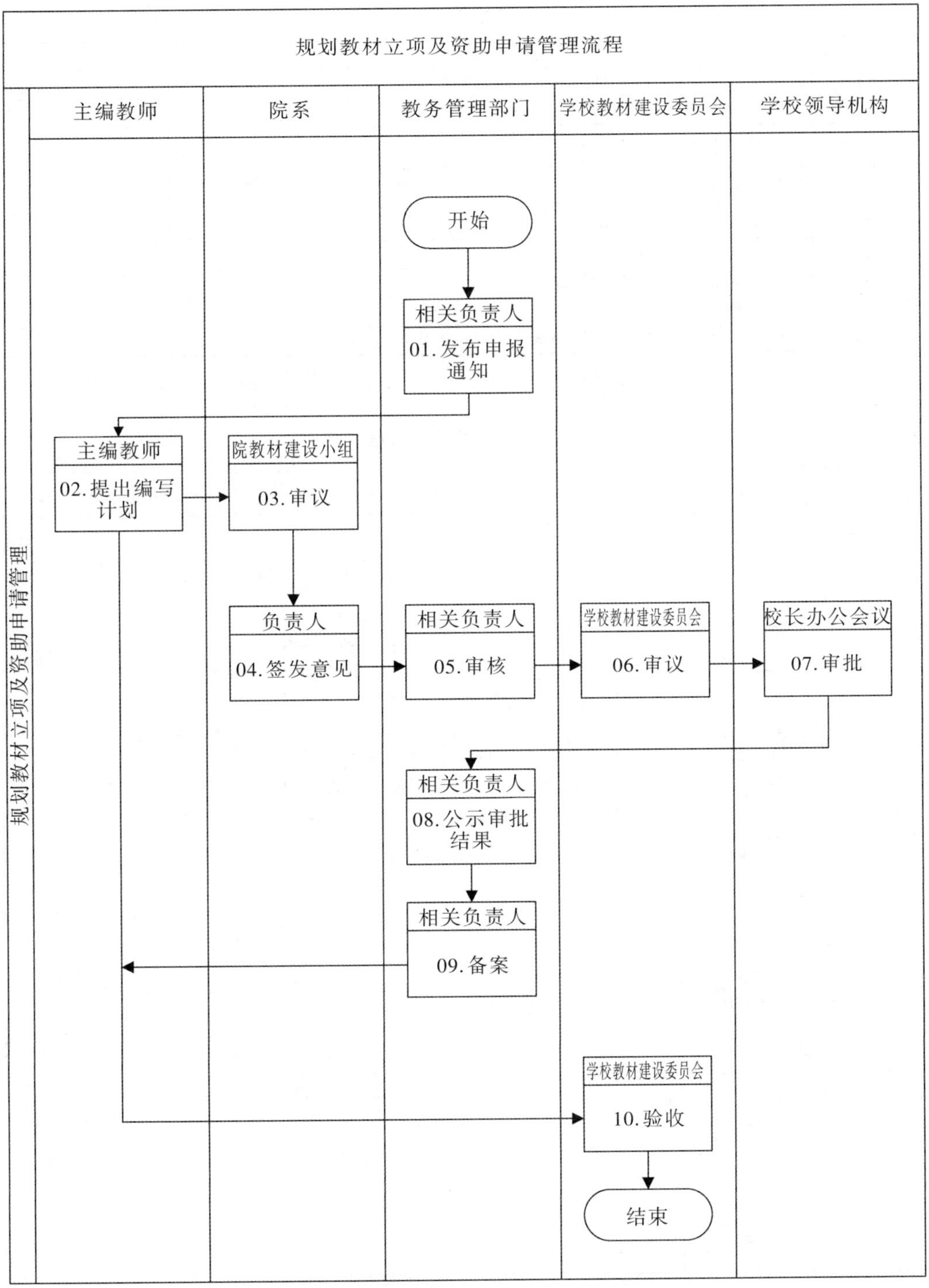

图 17-1　规划教材立项及资助申请管理流程

表 17-1 **管控节点说明**

管控节点	节点说明	输出文档
01	教务管理部门发布年度教材建设申报通知	
02	主编教材教师向所属院系提出教材编写出版计划	
03	院系教材建设小组审议，出具意见	
04	院系负责人签发意见，并加盖院系公章后报送教务管理部门	
05	教务管理部门相关负责人审核	
06	报送高校教材建设委员会审议，出具意见	
07	报送校长办公会议审批	
08	教务管理部门公示审批结果	
09	教务管理部门备案	
10	主编教师提交出版后的教材到校教材建设委员会验收	

（2）教材选用管理流程（如图 17-2 所示）及管控节点说明（见表 17-2）

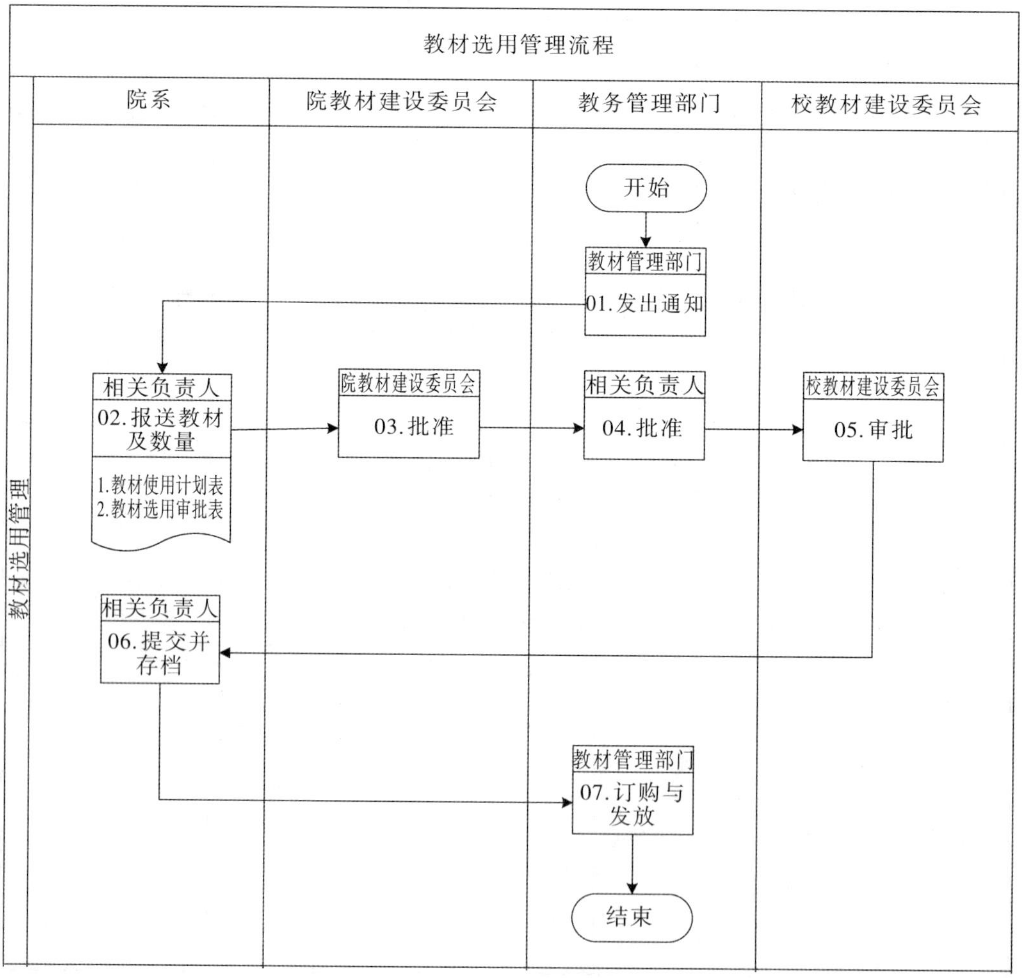

图 17-2 教材选用管理流程

表 17-2　**管控节点说明**

管控节点	节点说明	输出文档
01	每年的5月和11月由教材管理部门向各院系发出通知	
02	各院系报送选用教材及使用数量，填写教材使用计划表；新选用的教材，需附教材选用审批表	教材使用计划表 教材选用审批表
03	院教材建设委员会批准	
04	教务管理部门批准	
05	校教材建设委员会审批	
06	统一由院系相关负责人提交电子版和纸质版给教材管理部门并存档	
07	根据院系选定教材及出版社订购和以院系班级为单位组织发放	

（3）教材领用管理流程（如图 17-3 所示）及管控节点说明（见表 17-3）

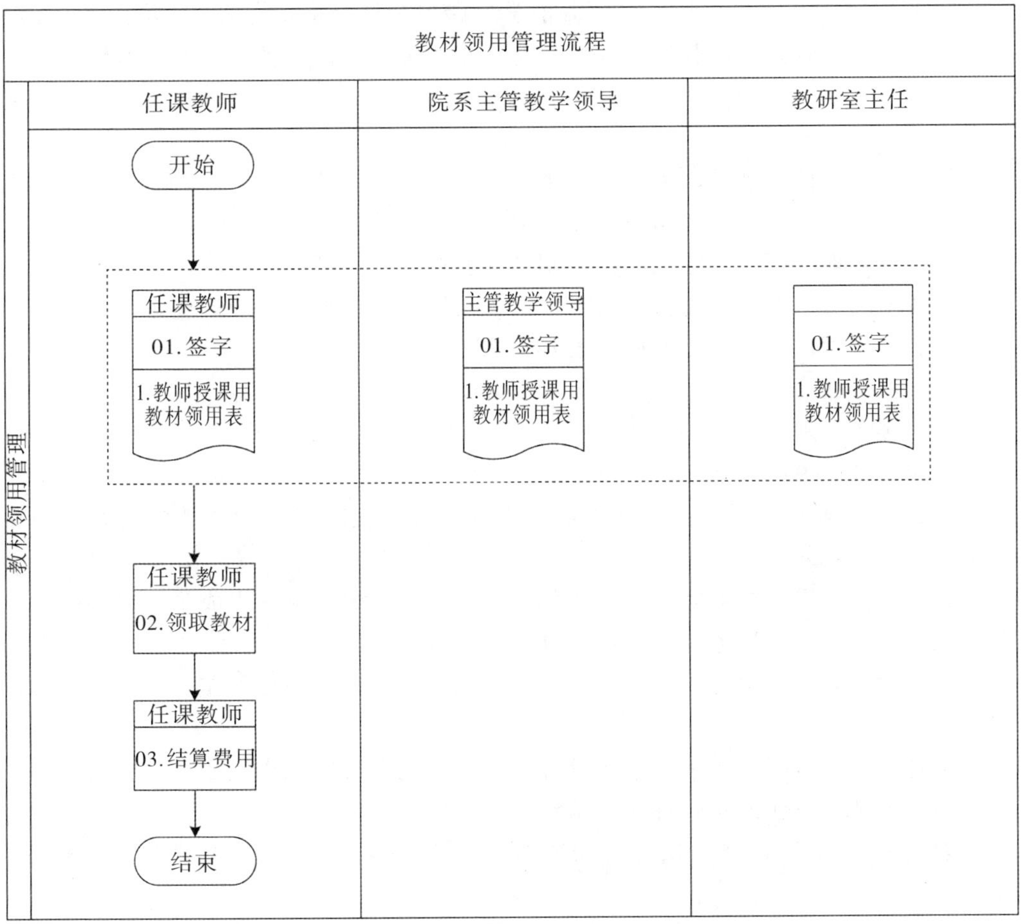

图 17-3　教材领用管理流程

表17-3 **管控节点说明**

管控节点	节点说明	输出文档
01	凡承担列入高校正式教学计划所规定课程的任课教师，可凭由本院系主管教学领导、教研室主任和领用人签字的教师授课用教材领用表，每学期结束前两周，到教材管理部门领取教材。跨学期所授课程的教材，可一次性领取	教师授课用教材领用表
02	领取教材	
03	教材费用每学期结算一次	

（二）课程考核及成绩管理

1.课程考核及成绩管理规范

（1）取消本科生课程考试资格

教师应根据学籍管理规定，在考试前两周做好学生考试资格的审查。需取消考试资格的学生，由任课教师填报《取消学生课程考核资格认定表》，报教师所在院系办公室。经分管教学院长（主任）审定后报教务管理部门备案，并于考试前一周内通知学生。

（2）期末考试

期末考试工作应遵照以下规范要求：

A.考试命题工作应当在每学期规定时间之前完成。

B.教务管理部门在规定时间内编制考试表初稿。

C.各学院对照考试表初稿及实际情况，与教务管理部门协同调整考试表。

D.教务管理部门在规定时间内发布期末考试表。

E.期末考试。

（3）缓考办理

办理缓考应遵照以下规范要求：

A.在上一学期末须缓考的学生通过教务系统提交缓考申请，教务管理部门负责批复及管理数据。

B.第一次补缓考结束后教务管理部门负责整理学生成绩并生成第二次补缓考数据，在规定时间内安排考场、印刷试卷、组织考务工作。

C.每学年的下半学期，针对毕业考试，需要组织毕业补考工作。具体业务流程同上。

D.每次补缓考工作结束后，统计计算监考、阅卷教师工作量。

（4）本科生创新创业教育学分认定

创新创业教育学分的认定标准按照“创新创业教育学分设置与认定标准”执行。

2. 课程考核及成绩管理流程及说明

（1）取消本科生课程考试资格管理流程（如图17-4所示）及管控节点说明（见表17-4）

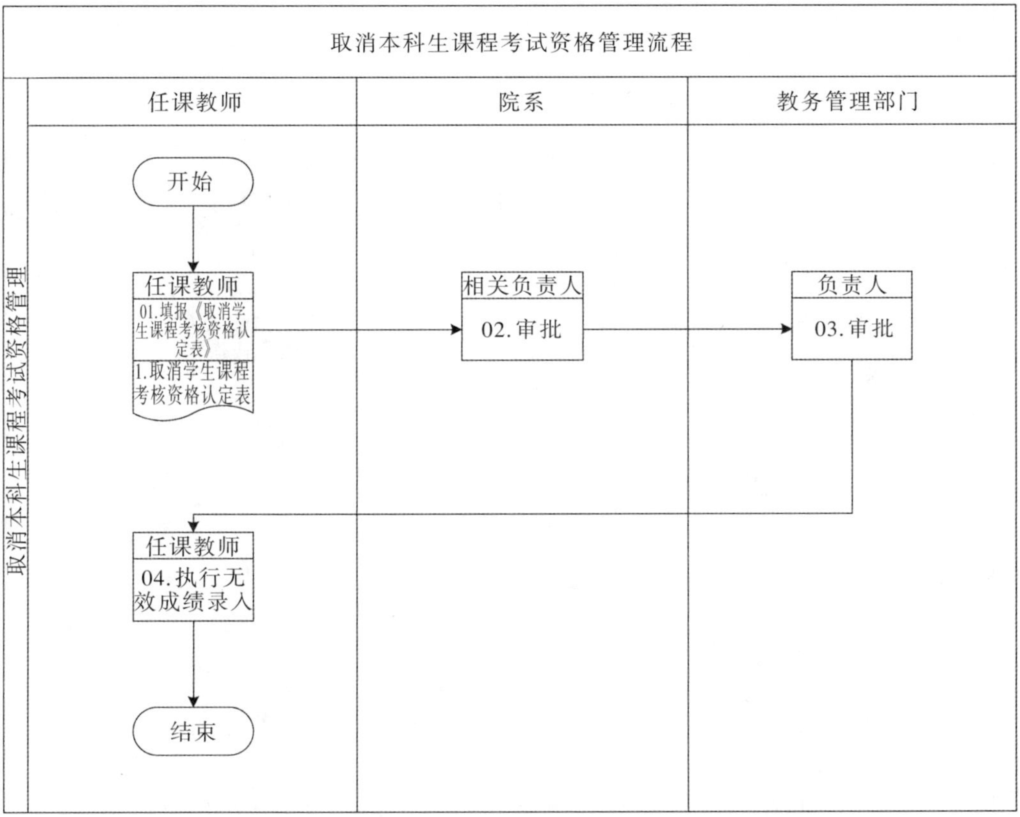

图17-4　取消本科生课程考试资格管理流程

表17-4　管控节点说明

管控节点	节点说明	输出文档
01	任课教师按要求填报取消学生课程考核资格认定表	取消学生课程考核资格认定表
02	报学生所属院系审批	
03	报教务管理部门审批	
04	审批通过后，任课教师在教务系统中执行无效成绩的录入	

（2）期末考试管理流程（如图17-5所示）及管控节点说明（见表17-5）

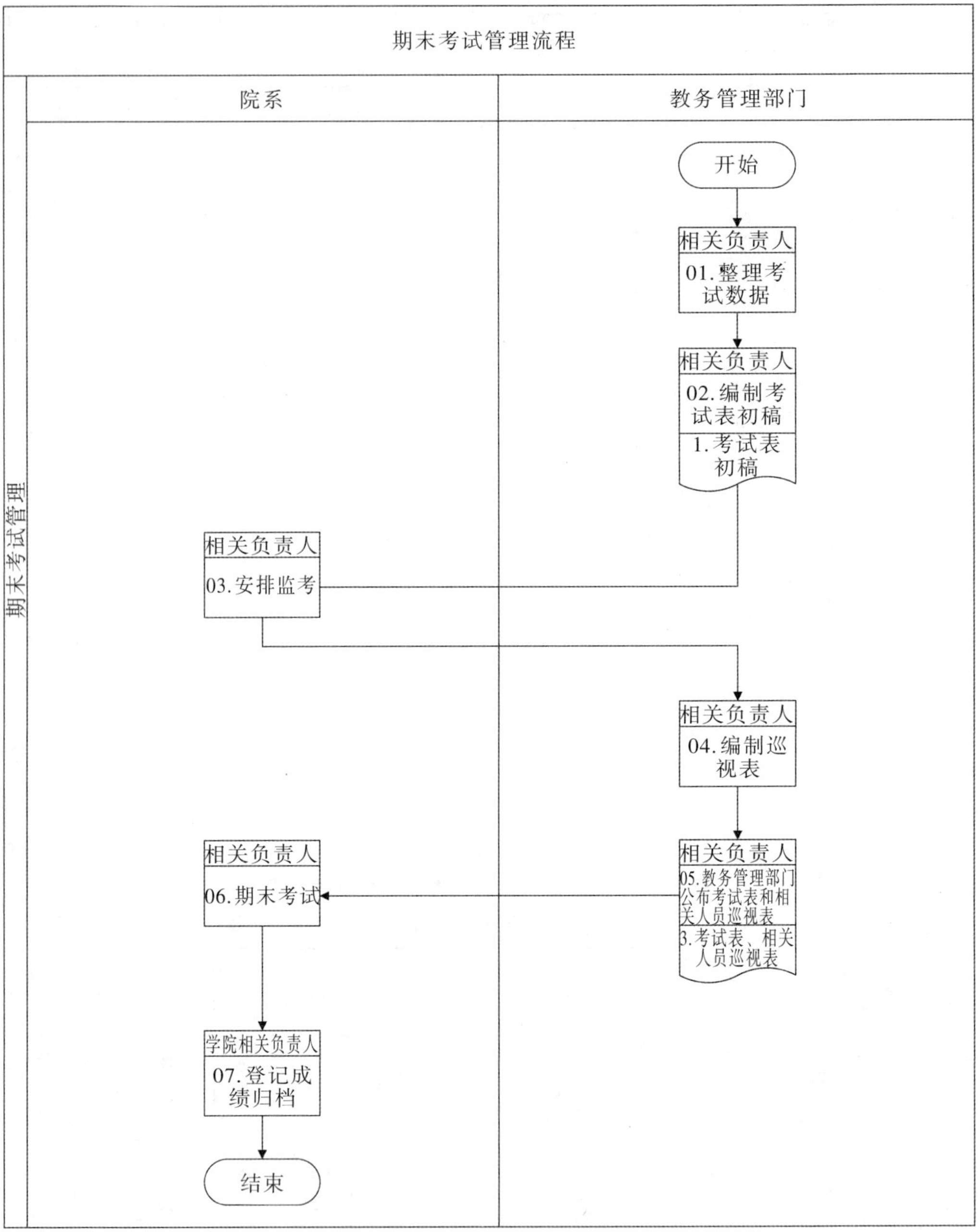

图17-5 期末考试管理流程

表 17-5　**管控节点说明**

管控节点	节点说明	输出文档
01	教务管理部门整理考试数据，包括公共课和各院系需进入考期的考试	
02	教务管理部门编制考试表初稿	考试表初稿
03	教务管理部门负责分配公共课监考，其余考试由开课各院、系负责（具体详见各学期下发的通知）	
04	教务管理部门编制校、教务管理部门领导巡视表、各院系领导巡视表	
05	教务管理部门公布考试表和相关人员巡视表	考试表、相关人员巡视表
06	期末考试	
07	各院系登记成绩并整理文件归档	

（3）缓考办理管理流程（如图 17-6 所示）及管控节点说明（见表 17-6）

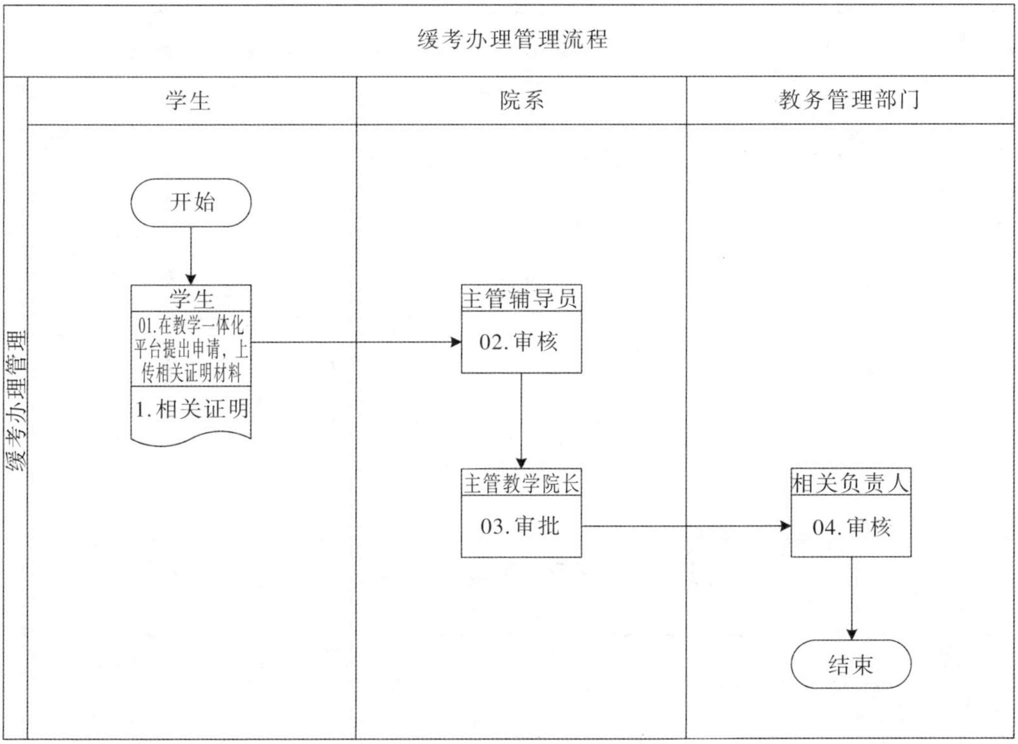

图 17-6　缓考办理管理流程

表 17-6　**管控节点说明**

管控节点	节点说明	输出文档
01	学生本人在教学一体化平台提出申请，因病不能参加考试的学生需上传病例证明；因事假或因公请假的学生需上传相关部门加盖公章的证明	相关证明
02	主管辅导员审核	
03	主管教学院长审批	
04	教务管理部门相关负责人审核	

（4）本科生学分认定管理流程（如图17-7所示）及管控节点说明（见表17-7）

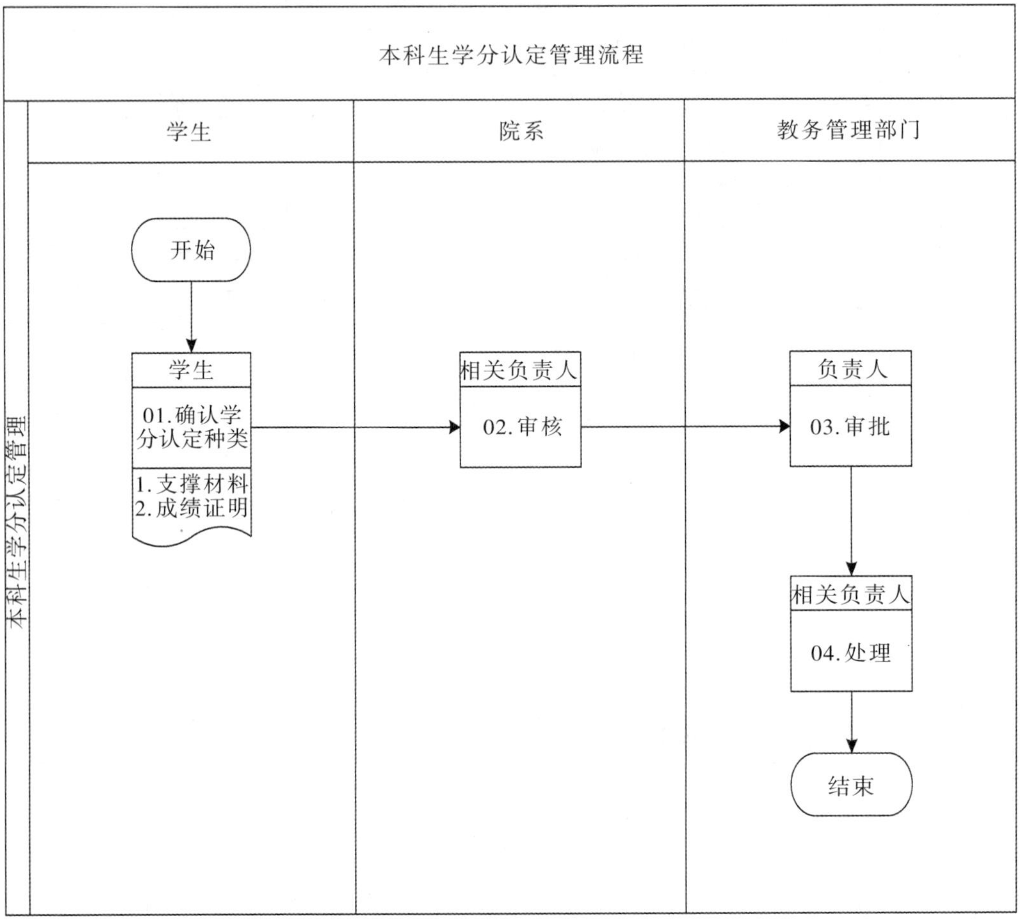

图17-7 本科生学分认定管理流程

表17-7 **管控节点说明**

管控节点	节点说明	输出文档
01	学生确认学分认定种类，向所属院系提交学分认定支撑材料或成绩证明	支撑材料 成绩证明
02	由学生所属院系根据学分认定方案进行审核	
03	可认定学分的支撑材料或成绩报教务管理部门审批	
04	教务管理部门审批通过后，为需记录成绩档案的学分增加相应认定课程成绩。对无法认定学分的支撑材料或成绩提出处理意见	

（三）本科毕业及学位管理

1.本科毕业及学位管理规范

（1）本科毕业资格审查

办理业务时应遵照以下规范要求：学生在高校规定最长学习年限内，修完高校人才培养方案规定内容，未达到高校毕业要求，但所获学分达到毕业要求的规定比例以上，准予结业，发给结业证书；所获学分未达到毕业要求的规定比例，发给肄业证书。结业生和肄业生应办理手续离校。

（2）结业生申请毕业资格审查

办理业务时应遵照以下规范要求：结业生未修得学分的课程，通过返校重修、补修（重考或补作），全部课程合格后按规定办理结业。审查合格的，发给毕业证书；符合学位授予条件的，颁发学位证书。合格后颁发的毕业证书、学位证书，毕业时间、获得学位时间按发证日期填写。

（3）毕业生图像信息采集等

毕业生图像信息采集、照片制作和分发等工作由教育行政部门委托的图像采集机构统一实施。此业务根据统一安排和要求，由相关职能部门负责组织实施，按以下要求操作：

A.各院系组织学生有序刷二代身份证，提前20分钟到场，按场地安排站成一排，有序地现场刷身份证进行采集拍照。不允许学生单去单照，一定要以院系为单位，如有迟到学生请排在本单位最后拍照，禁止迟到学生到别的院系进行插拍。

B.现场采集原则上必须携带本人二代身份证。如有学生忘带身份证，请学生自觉等到全校学生拍摄完毕后个别进行处理。

C.照相时学生不得穿毛领、吊带服装，不得佩戴耳环、项链、发卡等饰品，提前做好准备工作，以免耽误拍照时间。

D.现场照相的学生数据库以院系为单位于规定时间内上交，同时到教务管理部门交费。

E.因出国留学等不能回校照相的学生，按照规定的规格提交个人免冠电子版照片。

（4）肄业证明书的发放及管理

办理业务时应遵照以下规范要求：对退学学生，在校不足一年的，高校发给写实性学习证明；在校超过一年的，发给肄业证书。

（5）本科毕业生学士学位授予资格审查

具体流程如下：

A.毕业生根据高校规章制度向所在院系学位评定分委员会提出授予学士学位的申请，填写有关表格。

B.院系学位评定分委员会逐个审核本单位本科毕业生的政治思想表现、课程学习和毕业论文（毕业设计或其他毕业实践环节）的成绩和毕业鉴定等材料。

C.学位评定委员会办公室提出拟授予学士学位和拟不授予学士学位的毕业生名单。

D.学位评定委员会办公室对拟授予学士学位和拟不授予学士学位名单及其材料进行复查，提交校学位评定委员会审批。

E.校学位评定委员会召开全体会议对学位评定委员会办公室的复查结果进行审议和表决。表决采取无记名投票方式，经出席会议的2/3以上的成员（且应超过全体成员的半数）通过，决议方为有效。

F.教务管理部门根据校学位评定委员会全体会议通过的授予学士学位名单，颁发学士学位证书，并将授予学士学位名单报上级主管部门备案及校档案馆留存。结业生离校后，未修得学分的课程，可以在离校后申请返校重修、补修、补作、补考，须在结业离校一学期内完成课程学习和考核，全部课程合格后随下一年级毕业生申请毕业资格审查。审查合格的，发给毕业证书；符合学位授予条件的，颁发学位证书。

2.本科毕业及学位管理流程及说明

（1）本科生预毕业资格审查管理流程（如图17-8所示）及管控节点说明（见表17-8）

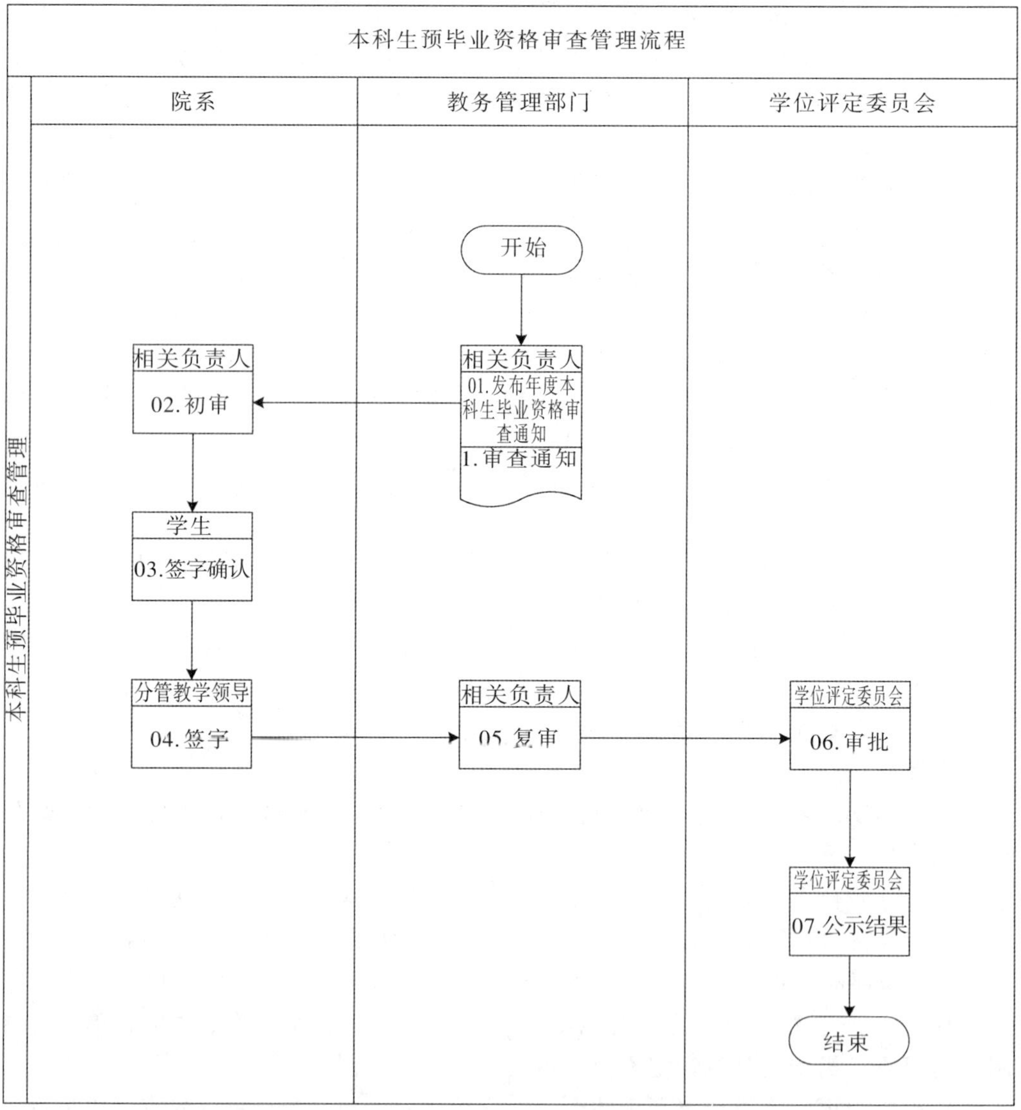

图17-8 本科生预毕业资格审查管理流程

表 17-8　**管控节点说明**

管控节点	节点说明	输出文档
01	教务管理部门发布年度本科生毕业资格审查通知	审查通知
02	各院系根据《本科生学籍管理细则》对应届毕业生以及往届结业生进行初审	
03	学生签字确认	
04	院系向教务管理部门报送初审结果（分管教学领导签字，加盖院系公章）	
05	教务管理部门复审	
06	教务管理部门向高校学位评定委员会提交复审结果，高校学位评定委员会审批	
07	高校学位评定委员会正式发文，公示审批结果	

（2）结业生申请毕业资格审查管理流程（如图 17-9 所示）及管控节点说明（见表 17-9）

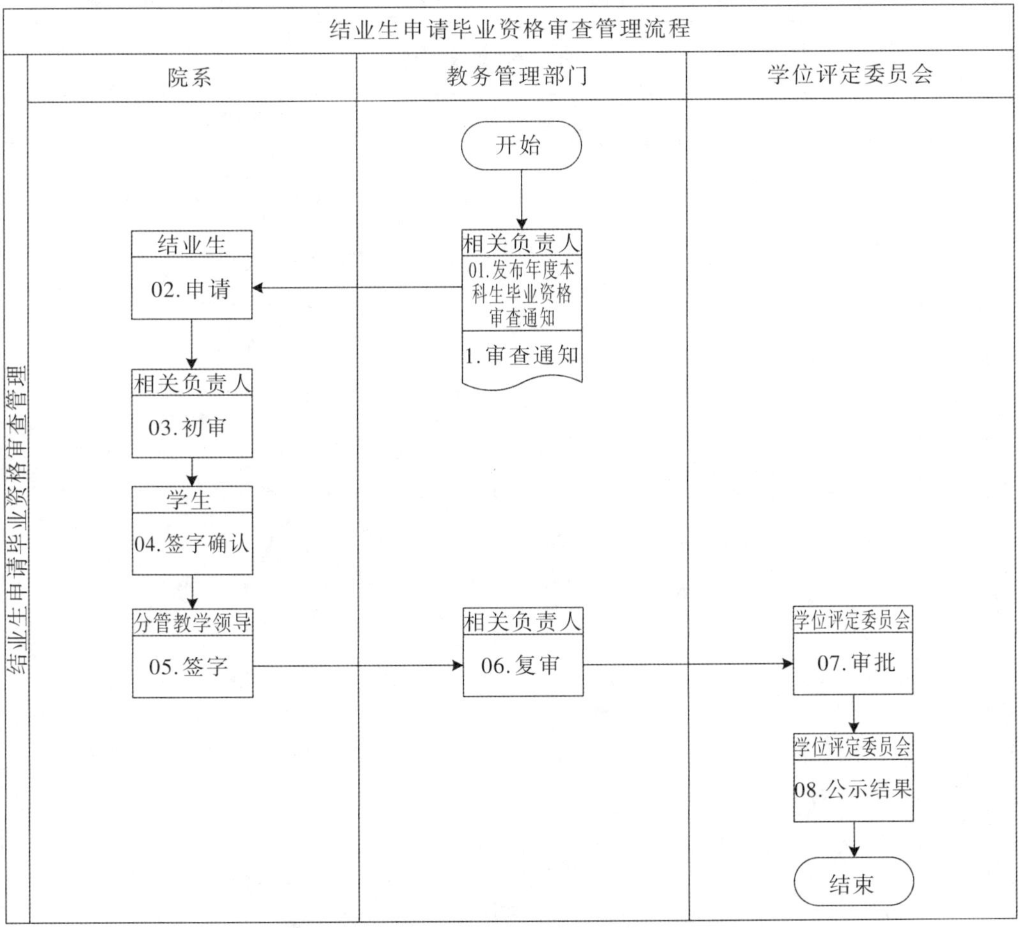

图 17-9　结业生申请毕业资格审查管理流程

表 17-9 **管控节点说明**

管控节点	节点说明	输出文档
01	教务管理部门发布年度本科生毕业资格审查通知	审查通知
02	符合条件的结业生向所属院系提出毕业资格审查申请	
03	各院系根据《本科生学籍管理细则》对结业生进行初审	
04	学生签字确认	
05	院系向教务管理部门报送初审结果（分管教学领导签字，加盖院系公章）	
06	教务管理部门复审	
07	教务管理部门向高校学位评定委员会提交复审结果，高校学位评定委员会审批	
08	高校学位评定委员会正式发文，公示审批结果	

（3）毕业生图像采集管理流程（如图 17-10所示）及管控节点说明（见表 17-10）

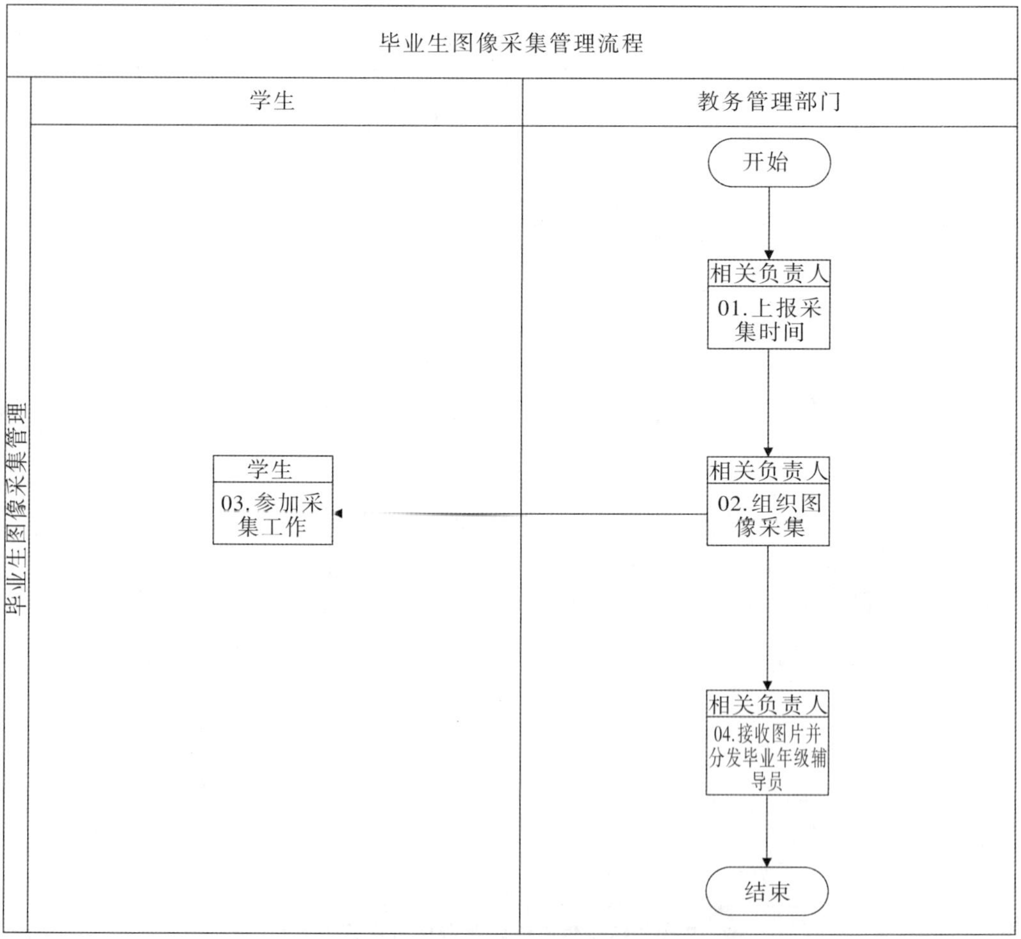

图 17-10　毕业生图像采集管理流程

表 17-10　**管控节点说明**

管控节点	节点说明	输出文档
01	将图像采集时间上报教育行政部门委托的图像采集机构	
02	组织学生进行图像采集	
03	学生按要求准时参加图像采集	
04	接收教育行政部门委托的图像采集机构邮寄的纸质版图片，分发给相关毕业年级辅导员	

（4）肄业证明书的发放及管理流程（如图 17-11 所示）及管控节点说明（见表 17-11）

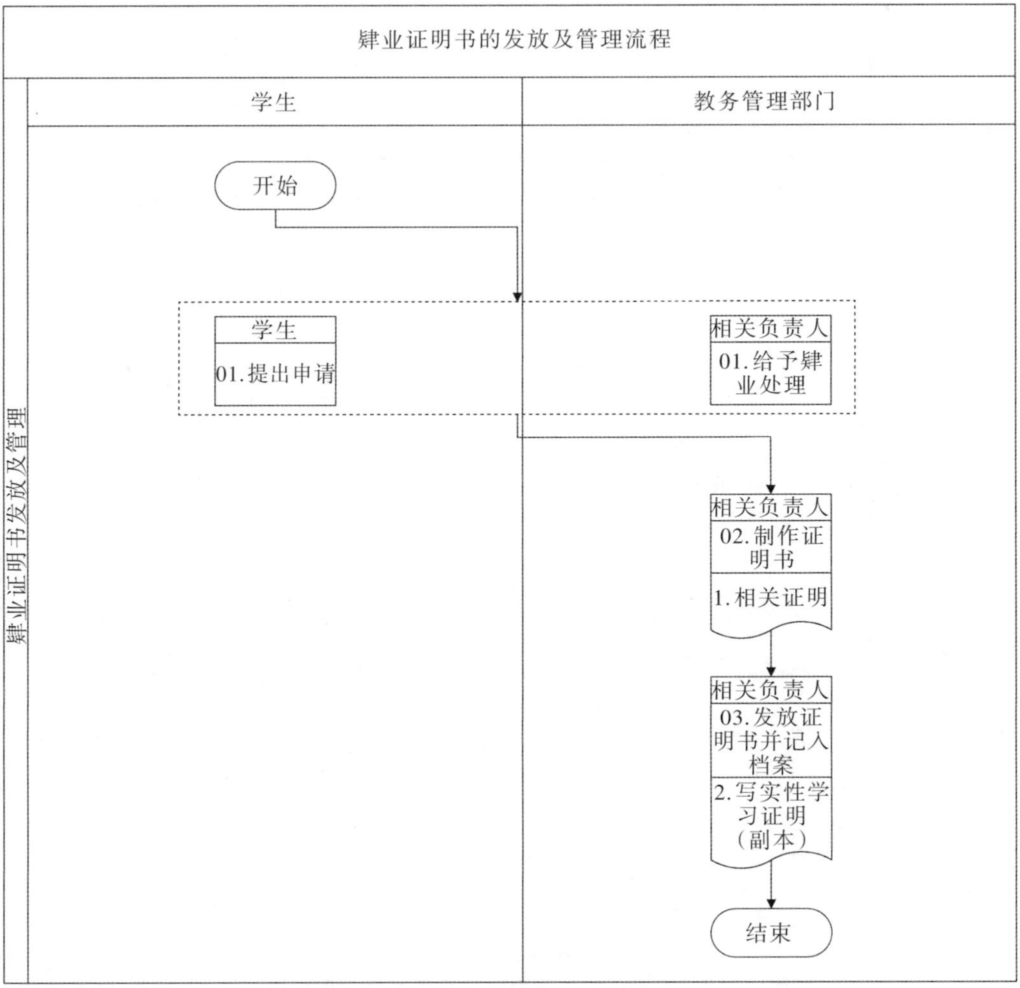

图 17-11　肄业证明书的发放及管理流程

表 17-11 **管控节点说明**

管控节点	节点说明	输出文档
01	学生申请肄业或高校给予学生肄业处理	
02	撰写“写实性学习证明”，制作肄业证明书	写实性学习证明 肄业证明书
03	肄业证明书经高校盖章后发放给肄业本科生，同时肄业信息及“写实性学习证明”（副本）记入高校学籍档案	写实性学习证明（副本）

（5）本科毕业生学士学位授予资格审查管理流程（如图 17-12 所示）及管控节点说明（见表 17-12）

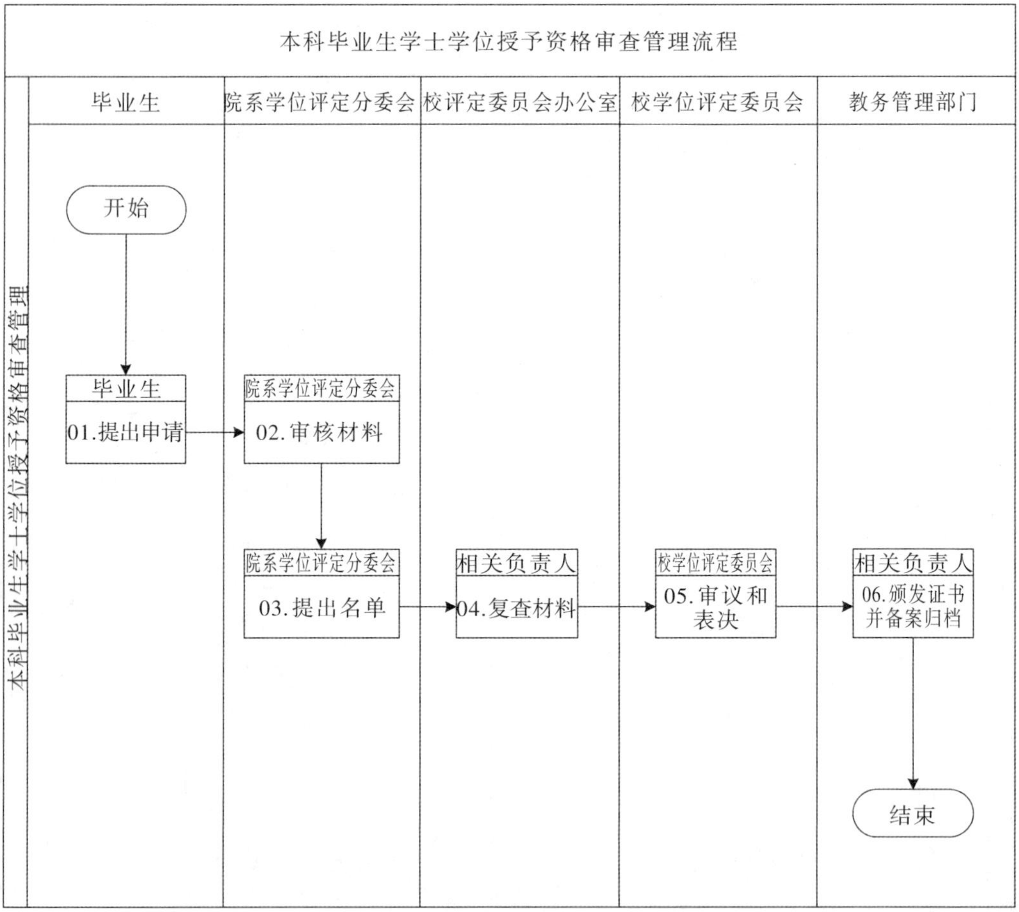

图 17-12 本科毕业生学士学位授予资格审查管理流程

表17-12　**管控节点说明**

管控节点	节点说明	输出文档
01	毕业生根据高校规章制度向所在院系学位评定分委员会提出授予学士学位的申请，填写有关表格	
02	院系学位评定分委员会逐个审核本单位本科毕业生的政治思想表现、课程学习和毕业论文（毕业设计或其他毕业实践环节）的成绩和毕业鉴定等材料	
03	向校学位评定委员会办公室提出拟授予学士学位和拟不授予学士学位的毕业生名单	
04	学位评定委员会办公室对拟授予学士学位和拟不授予学士学位名单及其材料进行复查，提交校学位评定委员会审批	
05	校学位评定委员会召开全体会议对学位评定委员会办公室的复查结果进行审议和表决。表决采取无记名投票方式，经出席会议的2/3以上的成员（且应超过全体成员的半数）通过，决议方为有效	
06	教务管理部门根据校学位评定委员会全体会议通过的授予学士学位名单，颁发学士学位证书，并将授予学士学位名单报上级主管部门备案及校档案馆留存。结业生离校后，未修得学分的课程，可以在离校后申请返校重修、补修、补作、补考，须在结业离校一学期内完成课程学习和考核，全部课程合格后随下一年级毕业生申请毕业资格审查。审查合格的，发给毕业证书；符合学位授予条件的，颁发学位证书	

（四）教学质量监控管理

1.教学质量监控规范

（1）教学指导与质量监督委员会委员（教质会）遴选

教学指导与质量监督委员会委员遴选原则：

A.教质会委员13～15人，其中包括一定比例的退休教师。

B.在职教师人选由各教学单位经教授会讨论后向教务管理部门推荐，退休教师人选（原则上不超过65周岁）由教务管理部门提名。

C.由教务管理部门遴选推荐委员名单，报校学术委员会审核批准后正式聘任。

（2）教学信息员选拔

在籍的本科生均可自愿报名，在各院系推荐的基础上，由教务管理部门统一考核确定，同时从教学信息员中选出2~3名同学，负责处理突发事件和日常业务。

各院系每班设信息员1名，各年级设信息员组长1名，负责协调与沟通工作。

（3）教学文档检查

教务管理部门组织相关人员对教学文档进行检查，将检查结果反馈给各单位。具体流程如下：

A.教务管理部门制定检查方案，发布文档检查通知。

B.各教学单位按照通知要求报送教学文档。

C.教务管理部门组织相关人员对教学文档进行检查，将检查结果反馈给各单位。

D.各单位进行集中整改，将整改情况上交到教务管理部门。

（4）教学秩序检查

教学秩序检查由教务管理部门制定检查方案，组织相关人员对教学秩序进行检查，将检查结果全校通报，各单位进行教学秩序整改。

（5）学生评教

教务管理部门制定评教指标体系，发布评教通知。学生通过教务系统对教师进行评教。由教务管理部门对评教数据进行统计、分析，根据数据情况对教师教学情况进行了解，并反馈给各教学单位。

（6）考试命题质量监控

教务管理部门组织相关人员进行检查，将检查结果反馈给各教学单位。各教学单位集中整改后再次将试卷提交审查。

A.教务管理部门制订方案，发布命题审查通知。

B.各教学单位报送与命题相关的文档（试卷审批表、试卷、标准答案）。

C.教务管理部门组织相关人员进行检查，将检查结果反馈给各教学单位。

D.各教学单位集中整改。

E.再次将整改后的试卷提交审查。

（7）教学事故级别认定及处理

教学事故级别认定及处理应遵照以下规范：

A.教学事故发生后，事故责任人应及时主动地向所在单位提交书面检查。所在单位经调查核实，以书面形式向教务管理部门报告。

B.对造成三级教学事故者，由所在学院（系、部）或部门进行批评教育。在一学期内，累计发生三级教学事故达两次，作二级教学事故处理。

C.对造成二级教学事故者，由教务管理部门在所在学院（系、部）或部门范围内予以相应处分，并将处理情况报人事管理部门备案并予以相应处罚。在一学期内，累计发生二级教学事故两次，作一级教学事故处理。

D.对造成一级教学事故者，由教务管理部门在全校范围内予以相应处分，并将处理情况报人事管理部门备案并予以相应处罚；对情节严重者，由有关部门予以相应的行政处分（警告、严重警告、记过、记大过直至调离岗位），本年度无权参加各类奖励和职称评审。

教学事故发生后，责任人和所在单位应及时如实上报；隐瞒不报的，将追究相关人员责任。

（8）学生考试违纪与作弊处理

学生考试违纪与作弊处理，应遵照以下规范：

A.立即令违规学生停止答题，收回试卷和答卷，并在答卷总分栏注明“违纪”“作弊”字样。

B.学生的考试证件和用于作弊的材料、工具等，应予暂扣。

C.监考教师如实填写《考场记录表》（内容包括：违规学生姓名、性别、系别班级及违规情节等），由考场全体监考人员或者考场巡视员签字确认。

D.考试结束后，监考人员立即将《考场记录表》原件和违规学生的试卷、答卷、作弊物证等报送学生所在院系。

E.学生所在院系根据学生表现提出基本处理意见，报送教务管理部门。

F.教务管理部门核实情况后，提出处理意见，将学生违纪、作弊情况报备学生管理部门，由学生管理部门依据相关规定给予纪律处分。

2.教学质量监控流程及说明

（1）教学指导与质量监督委员会委员遴选管理流程（如图17-13所示）及管控节点说明（见表17-13）

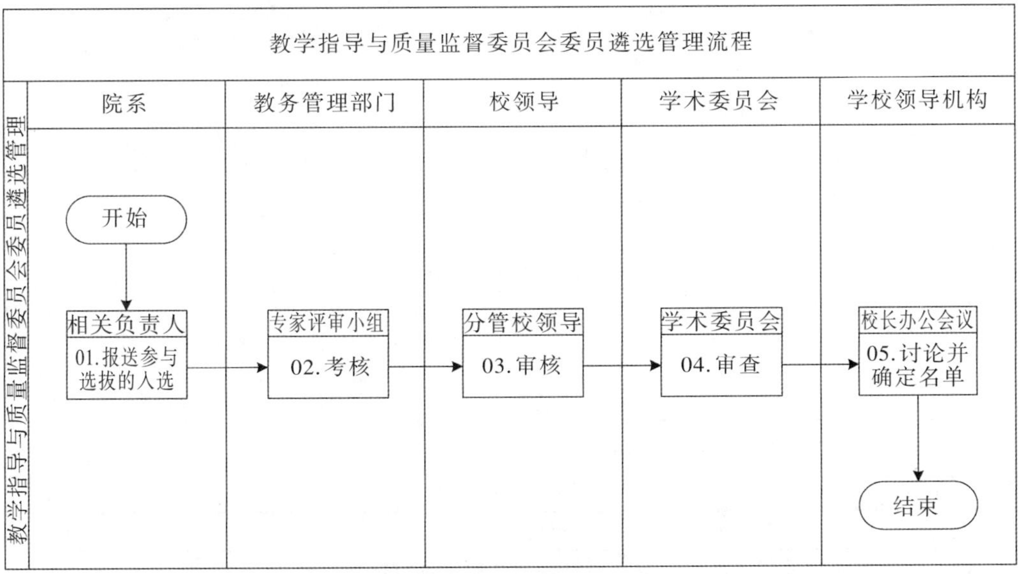

图17-13　教学指导与质量监督委员会委员遴选管理流程

表 17-13 **管控节点说明**

管控节点	节点说明	输出文档
01	各院系报送参与选拔的人选	
02	教务管理部门组织专家评审小组对参选人进行考核，遴选出委员名单	
03	报分管校领导审核	
04	报高校学术委员会审查	
05	经校长办公会议讨论确定委员名单，并由高校颁发聘书（每届聘期两年）	

（2）教学信息员选拔管理流程（如图17-14所示）及管控节点说明（见表17-14）

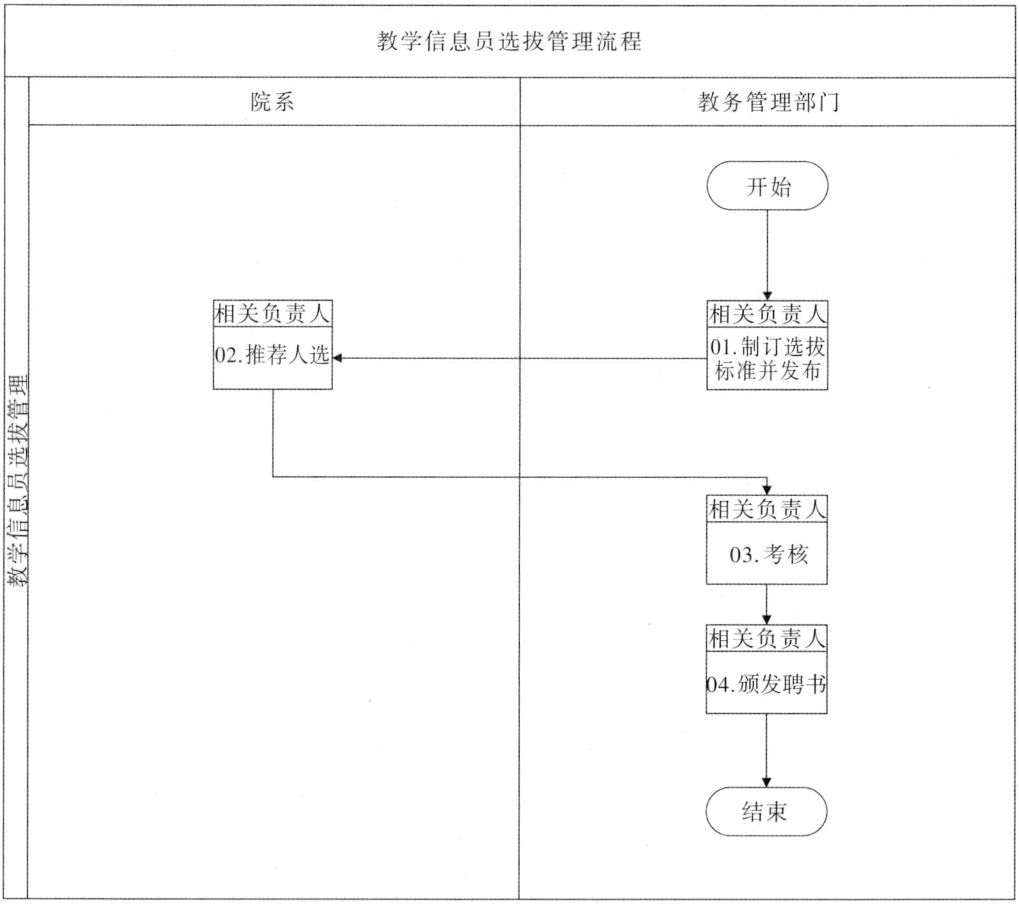

图 17-14 教学信息员选拔管理流程

表 17-14 **管控节点说明**

管控节点	节点说明	输出文档
01	教务管理部门依据教学信息员管理办法制定选拔标准并发布	
02	各院系推荐人选	
03	教务管理部门组织相关人员对推荐人选进行相关考核	
04	考核通过的人员由教务管理部门颁发教学信息员聘书	

（3）教学文档检查管理流程（如图17-15所示）及管控节点说明（见表17-15）

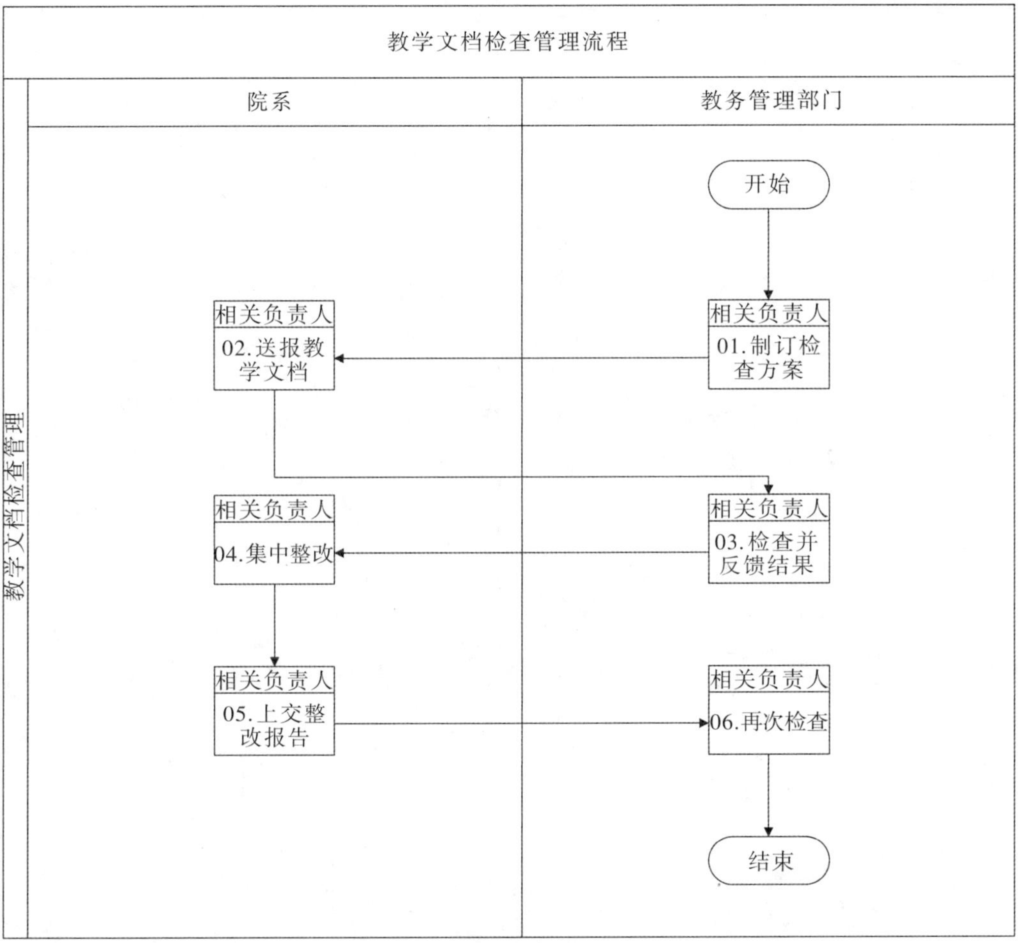

图17-15　教学文档检查管理流程

表17-15　管控节点说明

管控节点	节点说明	输出文档
01	教务管理部门制订检查方案	
02	各院系报送教学文档	
03	教务管理部门组织相关人员进行检查，将检查结果反馈给各院系	
04	各院系集中整改	
05	各院系将整改报告上交至教务管理部门	
06	教务管理部门对整改情况进行再次检查	

（4）教学秩序检查管理流程（如图17-16所示）及管控节点说明（见表17-16）

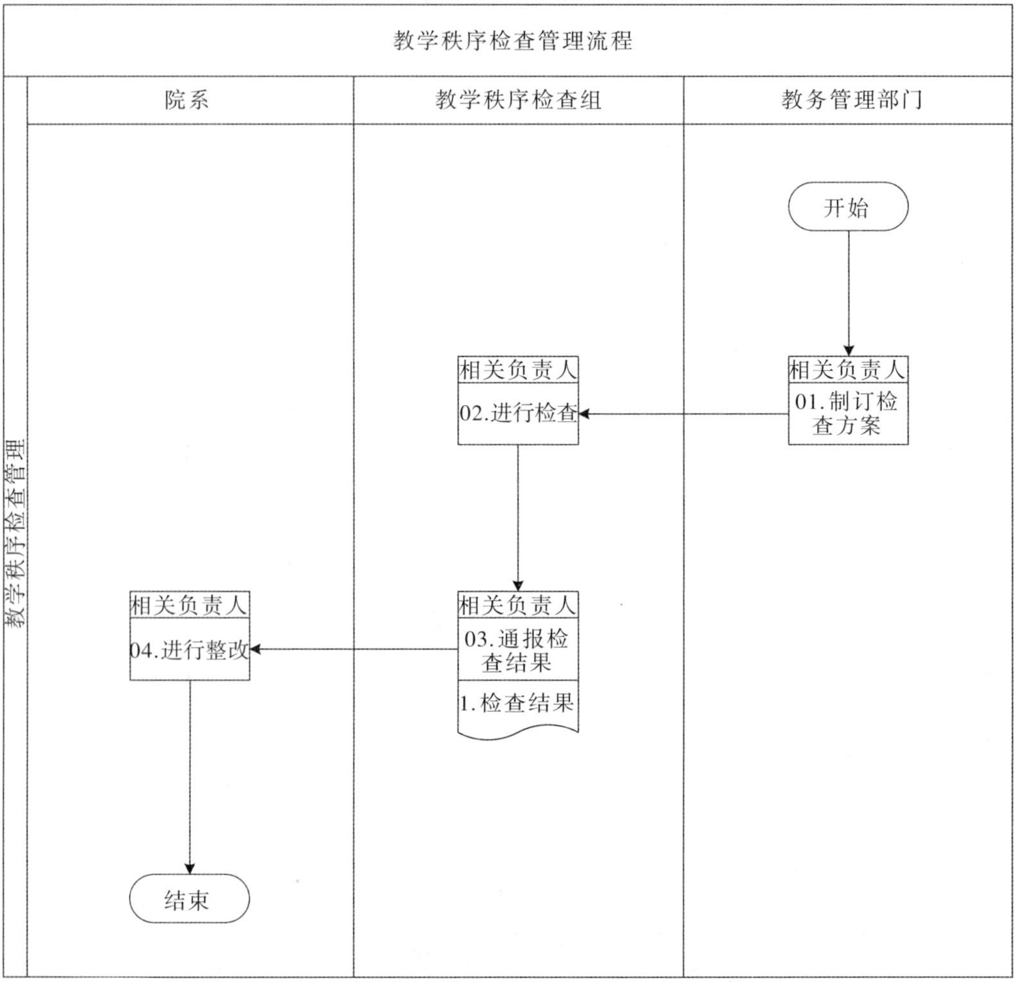

图17-16 教学秩序检查管理流程

表17-16 管控节点说明

管控节点	节点说明	输出文档
01	教务管理部门制订检查方案	
02	教学秩序检查组对教学秩序进行检查	
03	将检查结果予以全校通报	检查结果
04	各院系进行教学秩序整改	

（5）学生评教管理流程（如图17-17所示）及管控节点说明（见表17-17）

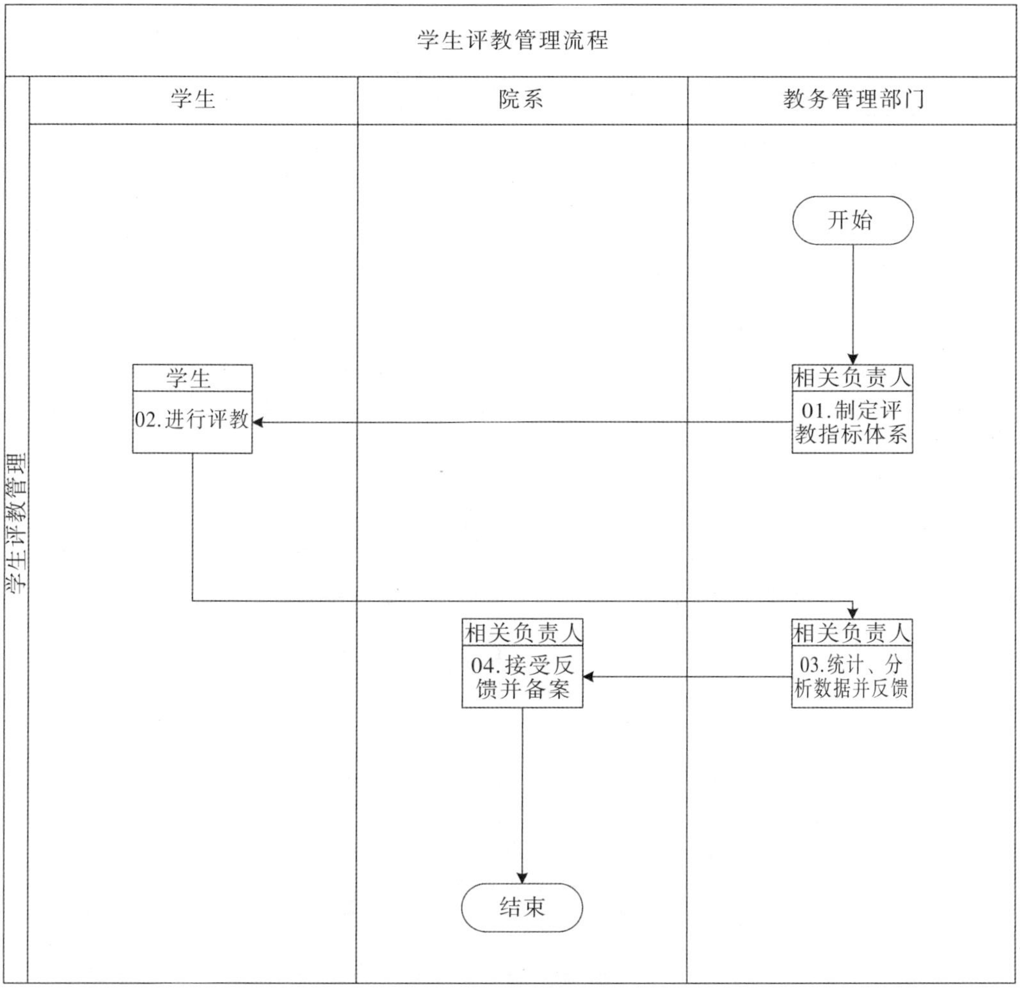

图17-17　学生评教管理流程

表17-17　**管控节点说明**

管控节点	节点说明	输出文档
01	教务管理部门制定评教指标体系	
02	学生通过教务系统对教师进行评教	
03	教务管理部门对评教数据进行统计、分析，根据数据情况对教师教学情况进行了解，并反馈给各院系	
04	接受反馈，进行备案	

（6）考试命题质量监控管理流程（如图17-18所示）及管控节点说明（见表17-18）

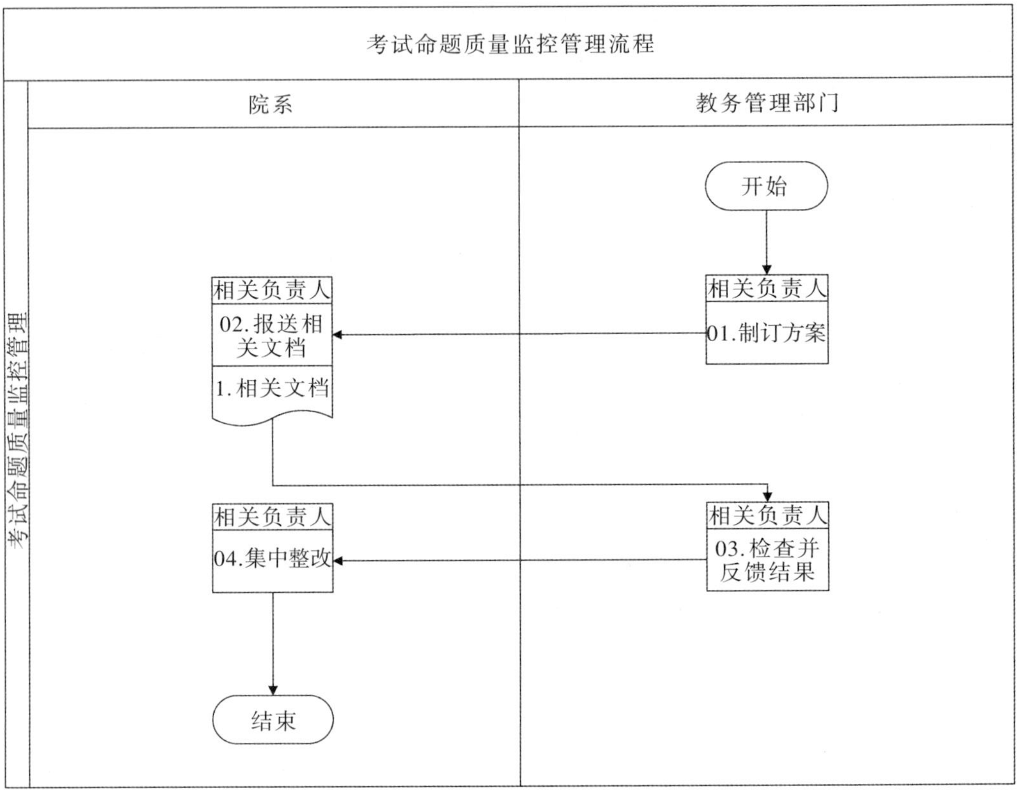

图17-18 考试命题质量监控管理流程

表17-18 管控节点说明

管控节点	节点说明	输出文档
01	教务管理部门制订方案	
02	各院系报送与命题相关的文档	试卷审批表、试卷、标准答案
03	教务管理部门组织相关人员进行检查，将检查结果反馈给各院系	
04	各院系集中整改	

（7）教学事故级别认定及处理管理流程（如图 17-19 所示）及管控节点说明（见表 17-19）

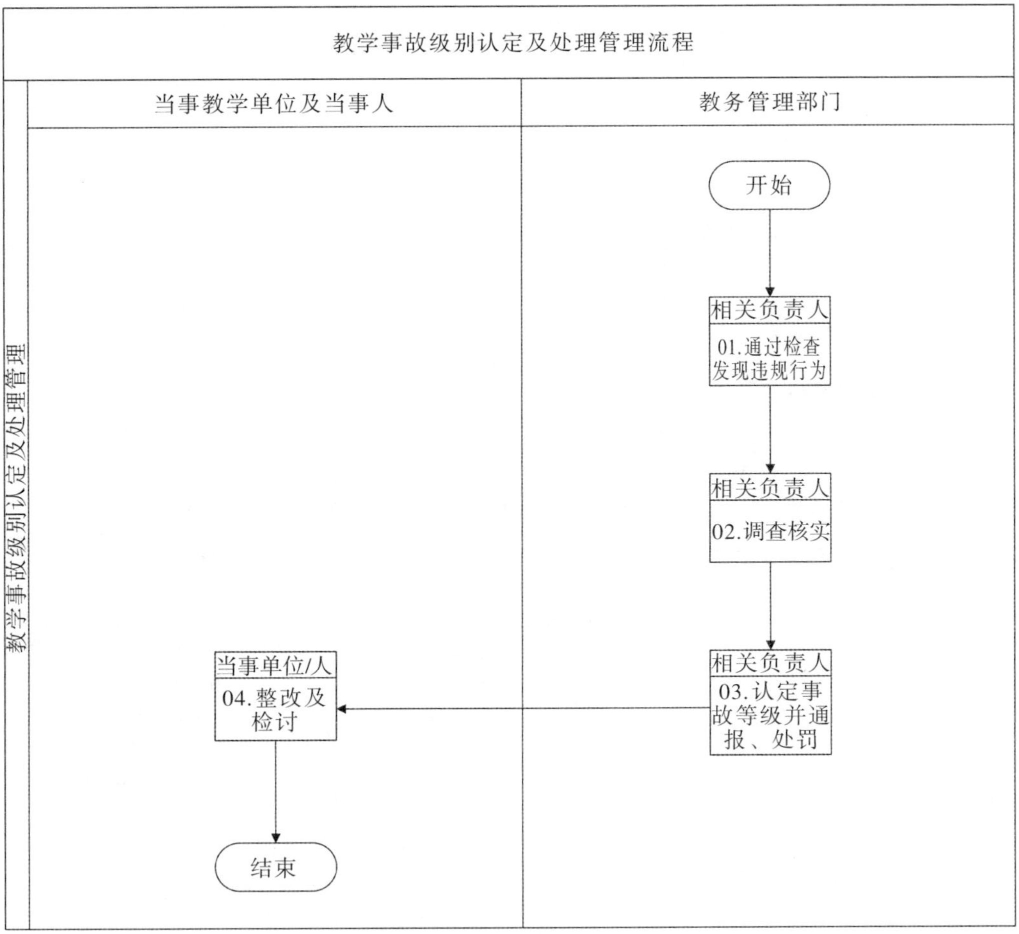

图 17-19　教学事故级别认定及处理管理流程

表 17-19　**管控节点说明**

管控节点	节点说明	输出文档
01	通过教务管理部门教学秩序检查、教学督导检查、院系检查、学生监督等形式，发现教师（含辅导教师和教辅人员）及教学管理人员工作失职或故意违反高校教学管理有关规章制度而扰乱正常教学秩序的行为	
02	教务管理部门对当事院系、当事人进行调查核实	
03	依据《教学事故等级划分及处理规定》，对教学事故进行等级认定并予以通报，同时抄送其他相关部门，依照文件规定予以相应处罚	
04	当事院系、当事人整改及检讨	

（8）学生考试违纪与作弊处理管理流程（如图17-20所示）及管控节点说明（见表17-20）

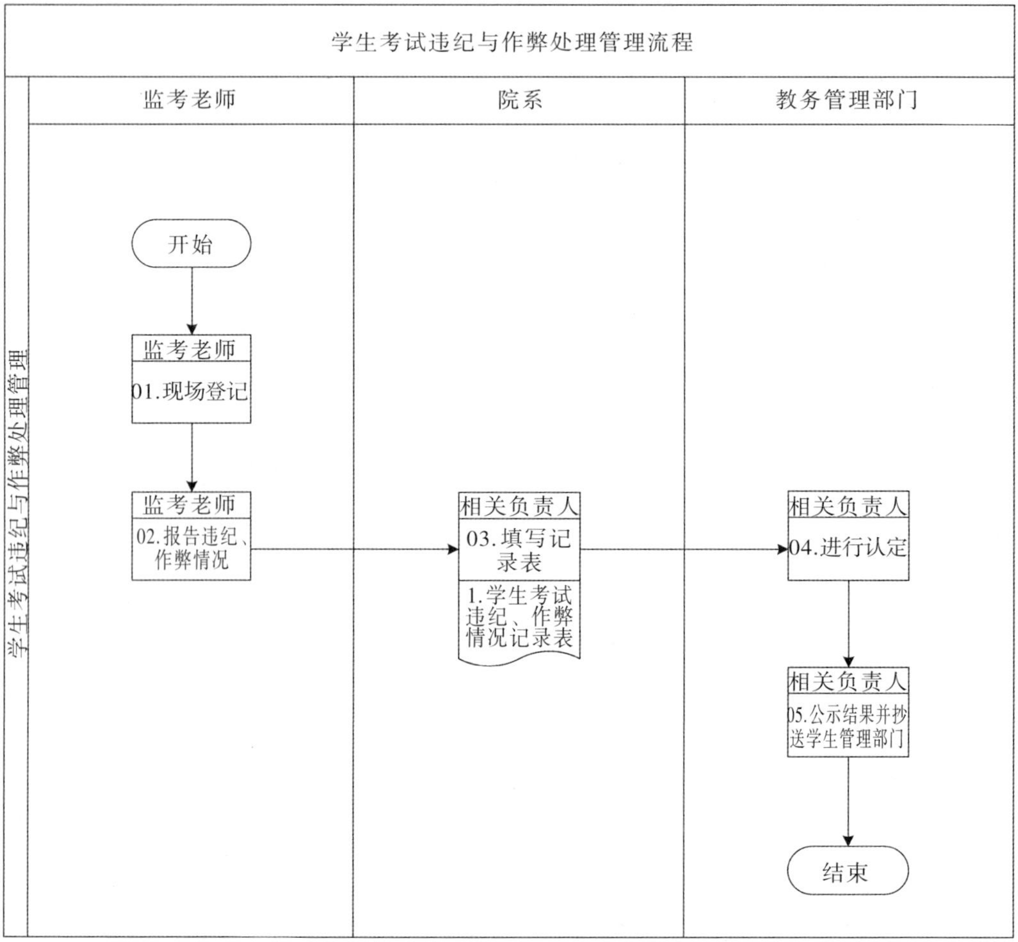

图17-20 学生考试违纪与作弊处理管理流程

表17-20 **管控节点说明**

管控节点	节点说明	输出文档
01	依据学生考试违纪与作弊界定及处理的规定，考试中发现学生违纪、作弊行为后，由监考教师在考场记录表上进行现场登记	
02	考试结束后由监考教师向院系报告学生违纪、作弊情况	
03	院系填写学生考试违纪、作弊情况记录表，此表在发生学生违纪、作弊后24小时内上交教务管理部门	学生考试违纪、作弊情况记录表
04	教务管理部门根据违纪、作弊的相关报告及证据进行违纪、作弊的事实认定	
05	将认定结果予以公示并抄送至学生管理部门	

第十八部分

高校教育基金会管理内部控制

为加强高校教育基金会（以下简称基金会）管理，规范财务行为，维护捐赠人、受益人和基金会的合法权益，根据《中华人民共和国慈善法》《高等教育法》《中华人民共和国公益事业捐赠法》《基金会管理条例》和教育部、财政部、民政部《关于加强中央部门所属高校教育基金会财务管理的若干意见》及有关法律规定，结合高校基金会实际情况制定本指南。

一、高校基金会管理概述

基金会是指高校经批准筹集资金成立，并在各级民政部门登记备案的法人团体。

基金会管理的目标是以从事公益事业为目的，围绕高校办学目标并与章程保持一致开展活动，通过筹集、投资等方式为高校办学活动提供经费支持。

基金会依照章程从事公益活动，应当遵循公开、透明的原则。

基金会管理流程包含资金筹集管理、投资管理、捐赠资金使用管理、年检管理、基金会免税资格办理、基金会信息公开与监督、基金会成立与注销、基金会章程设立与修改。

二、高校基金会管理机构设置和职责分工

（一）发起高校

发起高校是基金会的管理和监督部门。其主要职责是：

1.筹办成立基金会；

2.提名基金会理事长、副理事长、秘书长，并推荐理事和监事名单；

3.听取基金会的工作汇报，将担任基金会理事、监事及在基金会任职的学校在职人员，纳入绩效考评范围；

4.负责基金会的党建工作；

5.监督基金会依法按章运行。

（二）理事会

理事会是基金会的最高决策机构，依照章程规定行使下列职权：

1.审批基金会章程；

2.选举、罢免高校提名的理事长、副理事长、秘书及推荐的理事、监事；

3.审定重大业务活动计划，包括资金的募集、管理和使用计划；

4.年度收支预算及决算审定；

5.审定内部管理制度；

6.设立办事机构、分支机构、代表机构；

7.决定由秘书长提名的副秘书长和各机构主要负责人的聘任；

8.听取、审议秘书长的工作报告，检查秘书长的工作；

9.决定基金会的分立、合并或终止；

10.决定其他重大事项。

理事会每年至少召开两次会议。理事会会议由理事长负责召集和主持。有1/3理事提议，必须召开理事会会议。如理事长不能召集，可提议由副理事长为召集人，召集和主持理事会会议。召开理事会会议，理事长或召集人需提前5日通知全体理事、监事。

（三）监事会

基金会设监事会，监事会依照章程规定的程序检查基金会财务和会计资料，监督理事会遵守法律和章程的情况。监事列席理事会会议，有权向理事会提出质询和建议，并应当向登记管理机关、业务主管单位以及税务、会计主管部门反映情况。

监事应当遵守有关法律法规和基金会章程，忠实履行职责。

（四）基金会秘书长

基金会秘书长在理事长领导下开展工作，秘书长行使下列职权：

1.开展日常工作，组织实施理事会决议；

2.组织实施基金会年度公益活动计划；

3.提出资金的筹集、管理和使用计划；

4.起草基金会的内部管理规章制度；

5.协调各机构开展工作；

6.提议聘任或解聘副秘书长以及财务负责人，由理事会决定；

7.提议聘任或解聘各机构主要负责人；

8.提议各机构专职工作人员聘用；

9.章程和理事会赋予的其他职权。

（五）基金会应建立“三重一大”决策机制

基金会的重大决策、重大事项、重要人事任免及大额资金支付业务等，应实行集体决策审批或联签制度；严格执行不相容职务的分离制度，确保可行性研究与决策审批、决策审批与执行、执行与监督检查的分离，有效控制各类风险。

（六）财务机构和人员

基金会应单独设置财务机构和人员。

财务机构的职责包括：

1.执行国家统一的会计制度，依法进行会计核算，建立健全会计监督制度，并接受政府有关部门的监督管理。

2.起草基金会各项财务制度及编报年度预决算报表。

三、资金筹集

（一）资金筹集管理规范

基金会募捐方式。其包括面向社会公众的公开募捐和面向特定对象的定向募捐。

1.公开募捐

基金会开展公开募捐，应当取得公开募捐资格。依法登记满两年的基金会，提出公开募捐资格申请，报省教育厅批复同意，可以向其登记的民政部门申请公开募捐资格。获得批准后可以开展公开募捐活动。

（1）开展公开募捐，应当制订募捐方案。募捐方案包括募捐目的、起止时间和地域、活动负责人姓名和办公地址、接受捐赠方式、银行账户、受益人、募得款物用途、募捐成本、剩余财产的处理等。

（2）募捐方案应当在开展募捐活动前报慈善组织登记的民政部门备案。

（3）开展公开募捐，应当在募捐活动现场或者募捐活动载体的显著位置，公布募捐组织名称、公开募捐资格证书、募捐方案、联系方式、募捐信息查询方法等。

（4）不具有公开募捐资格的组织或者个人基于慈善目的，可以与具有公开募捐资格的慈善组织合作，由该慈善组织开展公开募捐并管理募得款物。

2.定向募捐

基金会自登记之日起可以开展定向募捐。基金会开展定向募捐，应当在发起人、理事会成员和会员等特定对象的范围内进行，并向募捐对象说明募捐目的、募得款物用途等事项。

（1）基金会应当根据基金会战略目标和发展规划制订筹资方案，经理事会审核同意后实施。接受的捐赠收入必须确保其公益性，严格区分交换交易收入和捐赠收入。严禁将属于高校的教学科研等事业收入转为基金会捐赠收入。

（2）基金会获得的各类收入应当及时足额地纳入账户核算。基金会接受现金捐赠，收款人和开票人应当由两人以上分别承担，所收取的现金应及时入账；取得的非现金资产，应配备专人进行登记和管理，做到账实相符、账表相符。

（3）基金会接受捐赠过程中，如果涉及高校建筑、设施、场所的冠名事项以及高校内部机构冠名事项，应当获得高校批准。

（二）资金筹集管理流程及说明

1.公开募捐管理流程（如图18-1所示）及管控节点说明（见表18-1）

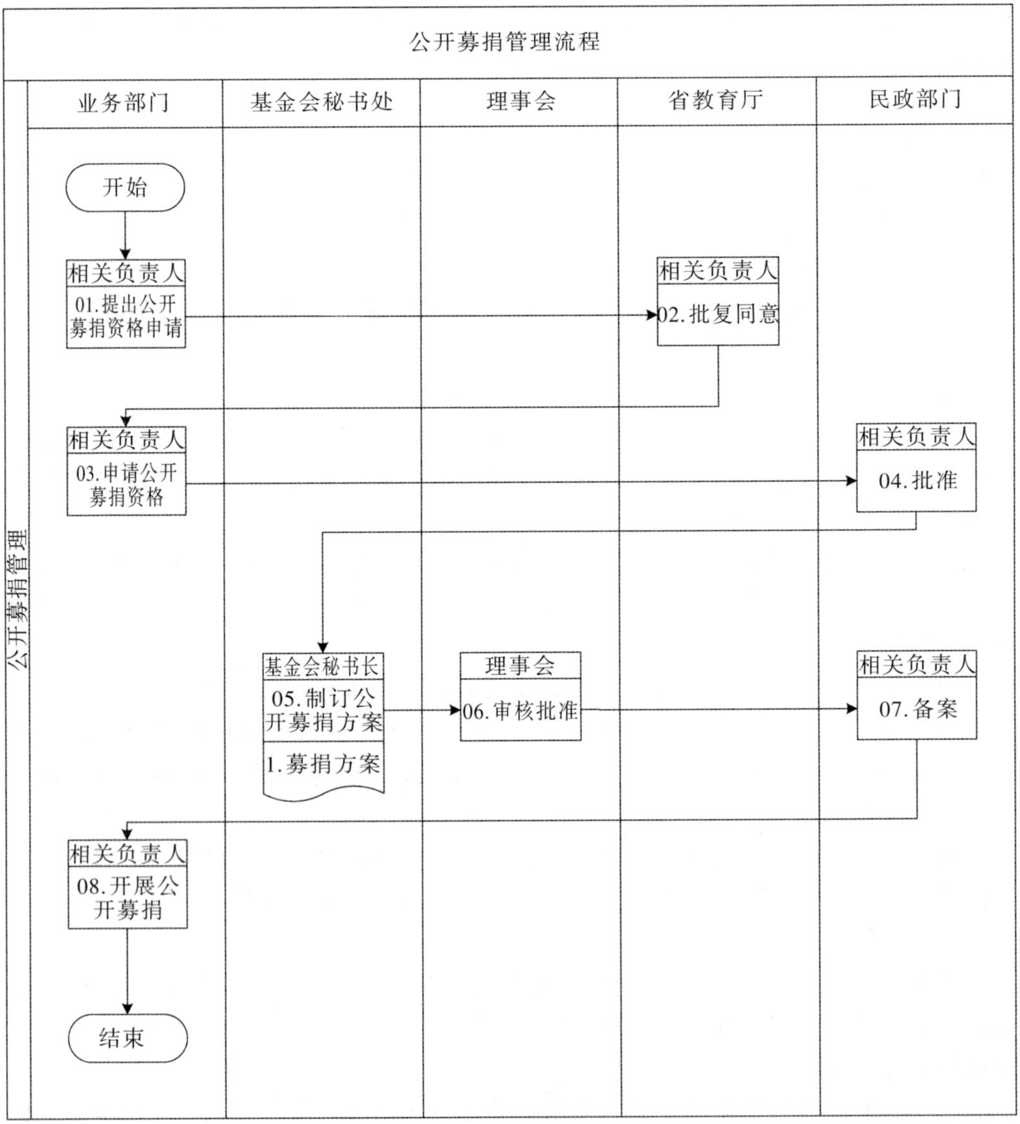

图18-1 公开募捐管理流程

表18-1　**管控节点说明**

管控节点	节点说明	输出文档
01	基金会开展公开募捐，应当取得公开募捐资格。依法登记满两年的基金会，提出公开募捐资格申请，报省教育厅	
02	省教育厅批复同意	
03	基金会向其登记的民政部门申请公开募捐资格	
04	民政部门批准	
05	基金会秘书长制订募捐方案。募捐方案包括募捐目的、起止时间和地域、活动负责人姓名和办公地址、接受捐赠方式、银行账户、受益人、募得款物用途、募捐成本、剩余财产的处理等	募捐方案
06	理事会审核批准	
07	募捐方案应当在开展募捐活动前报慈善组织登记的民政部门备案	
08	开展公开募捐，应当在募捐活动现场或者募捐活动载体的显著位置，公布募捐组织名称、公开募捐资格证书、募捐方案、联系方式、募捐信息查询方法等	

2.定向募捐管理流程（如图18-2所示）及管控节点说明（见表18-2）

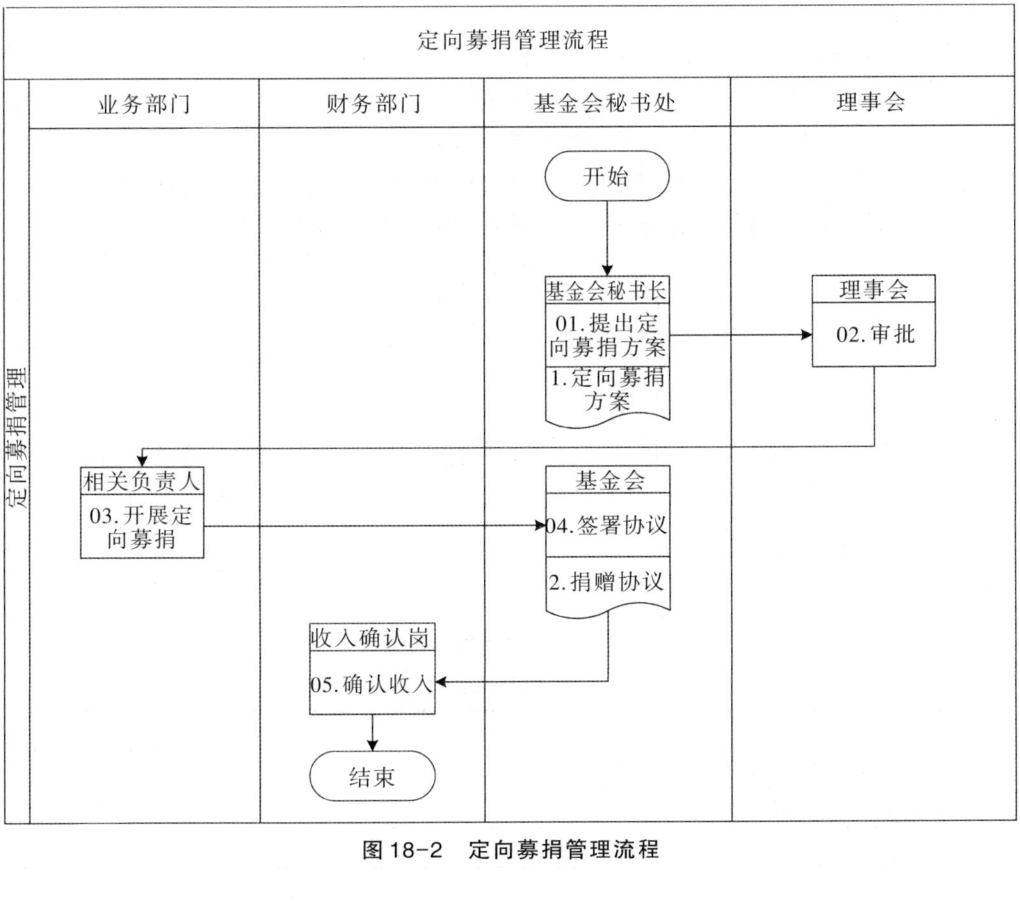

图18-2　定向募捐管理流程

表 18-2 **管控节点说明**

管控节点	节点说明	输出文档
01	基金会自登记之日起可以开展定向募捐。基金会秘书长提出定向募捐方案	定向募捐方案
02	理事会审批通过	
03	开展定向募捐，在发起人、理事会成员和会员等特定对象的范围内进行，并向募捐对象说明募捐目的、募得款物用途等事项	
04	基金会签署捐赠协议	捐赠协议
05	财务部门收入确认岗确认捐赠收入	

四、投资管理

（一）投资管理规范

基金会应当建立规范的投资决策议事规则。投资计划由基金会秘书处提出方案，报理事长审核同意后，经过理事会全体会议审议通过后实施。投资结果必须向理事会汇报，投资责任由理事会承担。

基金会应当建立健全重大投资项目审批制度，关注投资风险，合理确定投资规模和投资结构。

基金会应指定专人对投资项目进行跟踪管理，关注被投资方的财务状况、经营成果以及投资合同的履行情况，发现异常情况应及时报告并妥善处理。

基金会进行委托投资的，应当委托银行或者其他金融机构进行。基金会的资金不得投向期货、期权等衍生金融工具，不得提供任何形式的经济担保或财产担保。

（二）投资管理流程（如图 18-3 所示）及管控节点说明（见表 18-3）

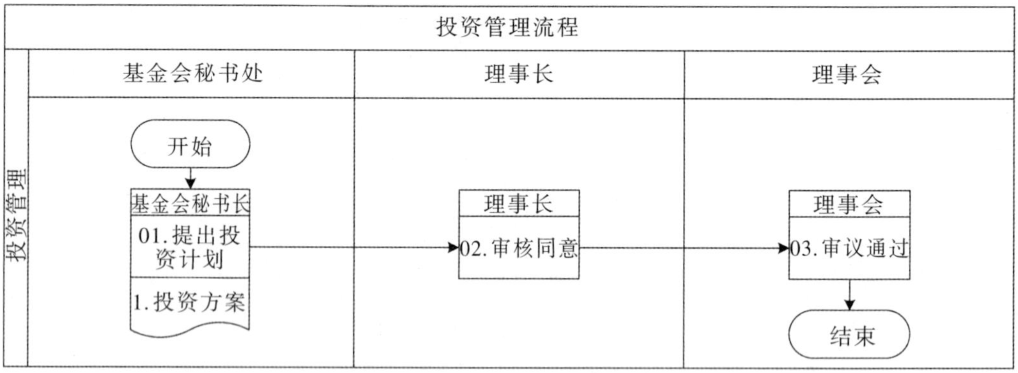

图 18-3 投资管理流程

表 18-3 **管控节点说明**

管控节点	节点说明	输出文档
01	投资计划由基金会秘书长提出方案	投资方案
02	理事长审核同意	
03	理事会全体会议审议通过后实施	

五、捐赠资金的使用

（一）捐赠资金使用规范

基金会应当将接受的捐赠资产用于资助符合其宗旨和业务范围的活动和事业。基金会大额捐款收入应与捐赠人签订协议，并按照协议约定使用捐赠资金。如需改变用途，应当征得捐赠人书面同意。

捐赠协议和募捐公告中约定可从捐赠收入中列支工作人员工资福利和行政办公支出的，按照约定列支；没有约定的，不得列支。基金会工作人员工资福利和行政办公支出应当符合《基金会管理条例》要求，累计不得超过当年总支出的10%。

基金会用于公益事业的支出应当按照有关规定使用。公募基金会每年用于从事章程规定的公益事业支出，不得低于上一年总收入的70%；非公募基金会每年用于从事章程规定的公益事业支出，不得低于上一年基金余额的8%。被认定为慈善组织的基金会，年度慈善活动支出和年度管理费用按照民政部、财政部、国家税务总局2016年10月11日颁布实施的《关于慈善组织开展慈善活动年度支出和管理费用的规定》标准执行。基金会工作人员在高校有薪金收入的，不得再从基金会取得收入。

基金会应建立各类支出分级分项审批制度。日常开支由基金会秘书长审批；大额度资金使用（在规定额度内），由理事长审批；超过理事长审批额度由理事会审议通过后执行。

（二）捐赠资金使用管理流程（如图18-4所示）及管控节点说明（见表18-4）

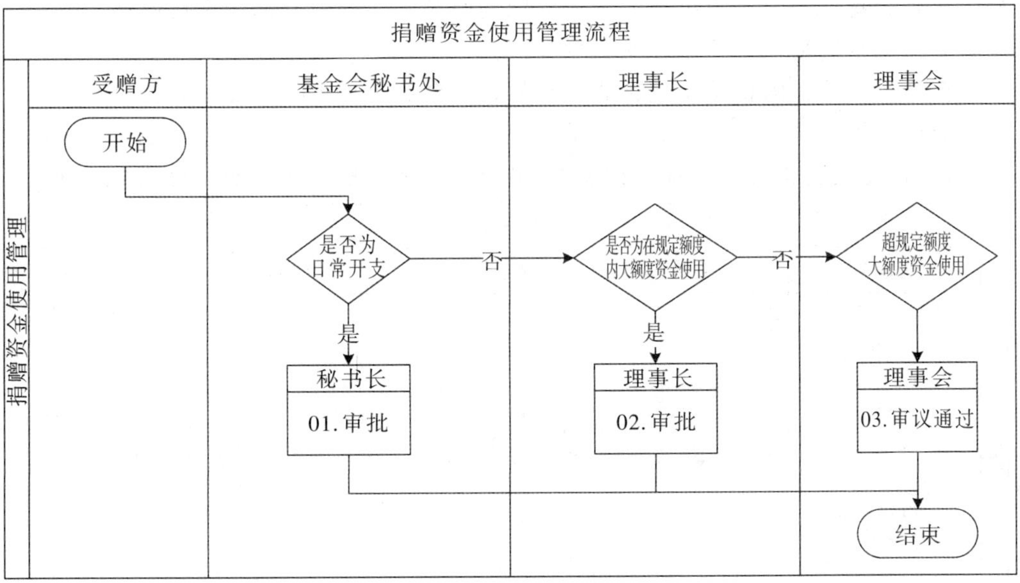

图18-4　捐赠资金使用管理流程

表 18-4　**管控节点说明**

管控节点	节点说明	输出文档
	判断是否为日常开支	报销单 资金使用申请表
01	日常开支由基金会秘书长审批	
	非日常开支判断是否为规定额度内大额度资金使用	
02	在规定额度内由理事长审批	
03	超过理事长审批额度由理事会审议通过后执行	

六、资产管理

基金会的资产及其他收入受法律保护，任何单位和个人不得私分、侵占、挪用。

基金会应当根据章程规定的宗旨和公益活动的业务范围使用其资产；捐赠协议明确了具体使用方式的捐赠，根据捐赠协议的约定使用。

接受捐赠的物资无法用于符合其宗旨的用途时，基金会可以依法拍卖或者变卖，所得收入用于捐赠目的。

基金会应当按照合法、安全、有效的原则实现基金的保值、增值。

七、免税资格手续办理

（一）免税资格办理规范

相关的免税资格手续。基金会办理免税资格手续需满足相关条件后，提出申请报告，到教育主管部门审批，通过后分别到税务部门、财政部门和民政部门办理手续，获得免税资格后，依法享受免税政策。

捐赠人、受益人依法享受税收优惠的，基金会为捐赠人、受益人提供相关证明办理免税资格手续。

（二）免税资格办理流程（如图 18-5 所示）及管控节点说明（见表 18-5）

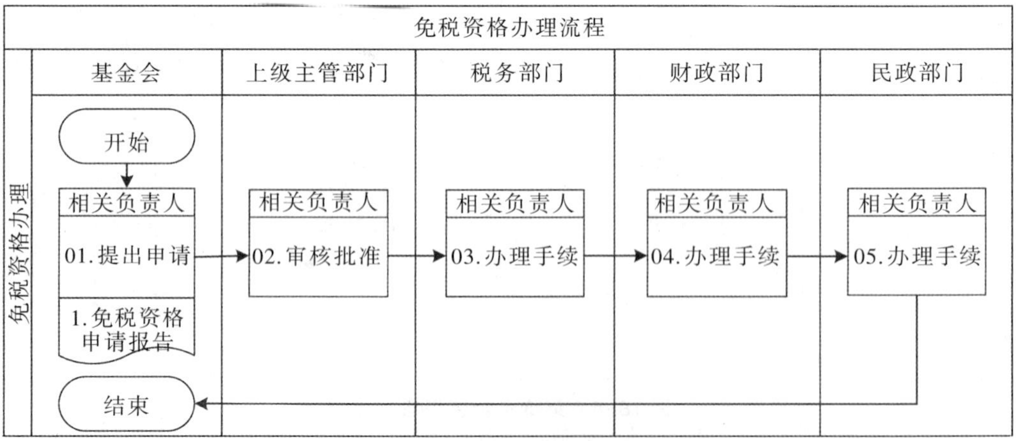

图 18-5　免税资格办理流程

表 18-5　**管控节点说明**

管控节点	节点说明	输出文档
01	基金会满足免税资格条件后，相关负责人提出申请报告	免税资格申请报告
02	上级主管部门审批	
03	到税务部门办理手续	
04	到财政部门办理手续	
05	到民政部门办理手续	

八、信息公开与监督

（一）年检手续办理

1.年检手续办理规范

基金会应当于每年3月31日前向登记管理机关报送上一年度工作报告，接受年度检查。年度工作报告应当包括：财务会计报告、注册会计师审计报告，开展募捐、接受捐赠、提供资助等活动的情况以及人员和机构的变动情况等。

年检程序。年度工作报告在报送登记管理机关前应当经业务主管单位审查同意。年度终了，基金会聘请会计师事务所提供经过审计的年度财务报告；秘书处做好基金会一年来的工作报告，上报理事会会议审核通过工作总结和财务报告；将年度总结和财务报告上报民政部门。

2.年检手续办理流程（如图18-6所示）及管控节点说明（见表18-6）

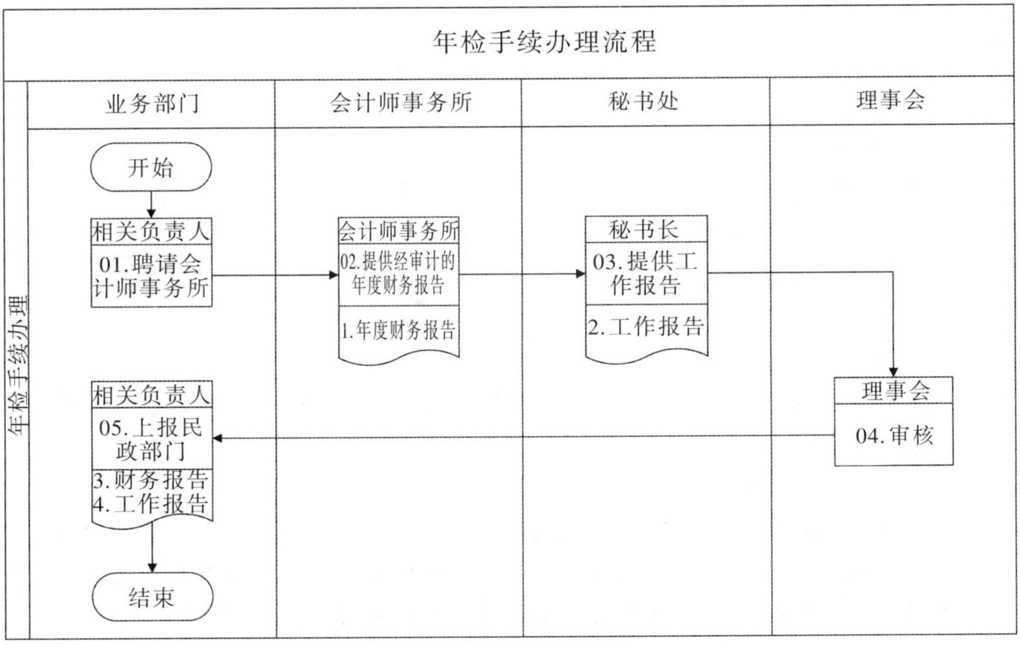

图 18-6　年检手续办理流程

表18-6 **管控节点说明**

管控节点	节点说明	输出文档
01	业务部门聘请会计师事务所	
02	会计师事务所提供经过审计的年度财务报告	年度财务报告
03	秘书处做好基金会一年来的工作报告	工作报告
04	理事会会议审核通过工作总结和财务报告	
05	将年度总结和财务报告上报民政部门	财务报告 工作报告

（二）信息公开与监督

信息公开。基金会通过登记管理机关年度检查后，要将年度工作报告在登记管理机关指定的媒体及基金会网站上公布，接受社会公众的查询和监督。

基金会应建立健全审计制度，每年必须接受外部审计，并根据审计意见调整内部控制制度；推动分支机构、代表机构的内部控制制度建设，确保内部控制体系的健全性和有效性；按规定向理事会和学校报送并向社会公开经过审计鉴证的年度财务报告；在接受社会审计过程中发现的重大问题，应及时向理事会和学校报告，并进行整改。

基金会应当按照登记管理机关、业务主管单位的要求进行审计，并自觉接受民政部门、业务主管部门、学校、社会审计以及税务、会计等主管部门的监督。

九、基金会设立和注销

（一）基金会的设立

1.基金会设立规范

设立基金会，应当具备下列条件：

（1）以开展公益慈善活动为宗旨；

（2）不以营利为目的；

（3）有一定数额的注册资金，并且为到账货币资金；

（4）有自己的名称、章程、住所、组织机构和负责人，以及与其业务活动相适应的专职工作人员；

（5）能够独立承担民事责任；

（6）在县级人民政府民政部门登记的基金会注册资金不低于200万元人民币；在设区的市级人民政府民政部门登记的基金会注册资金不低于400万元人民币；在省级人民政府民政部门登记的基金会注册资金不低于800万元人民币。

基金会发起人应当提交下列文件，申请登记：

（1）申请书；

（2）章程草案；

（3）验资证明和住所证明；

（4）发起人、拟任负责人身份证明；

（5）按照规定应当经业务主管单位审查同意的基金会，发起人还应当向登记管理机关提交业务主管单位的批准文件。

登记管理机关应当自受理基金会设立登记申请之日起30日内，作出准予登记或者不予登记的决定。

准予登记的基金会，由登记管理机关发给《基金会法人登记证书》，应当载明基金会的主要登记事项、慈善组织属性、募捐方式。不予登记的，书面说明理由。

2.基金会设立流程（如图18-7所示）及管控节点说明（见表18-7）

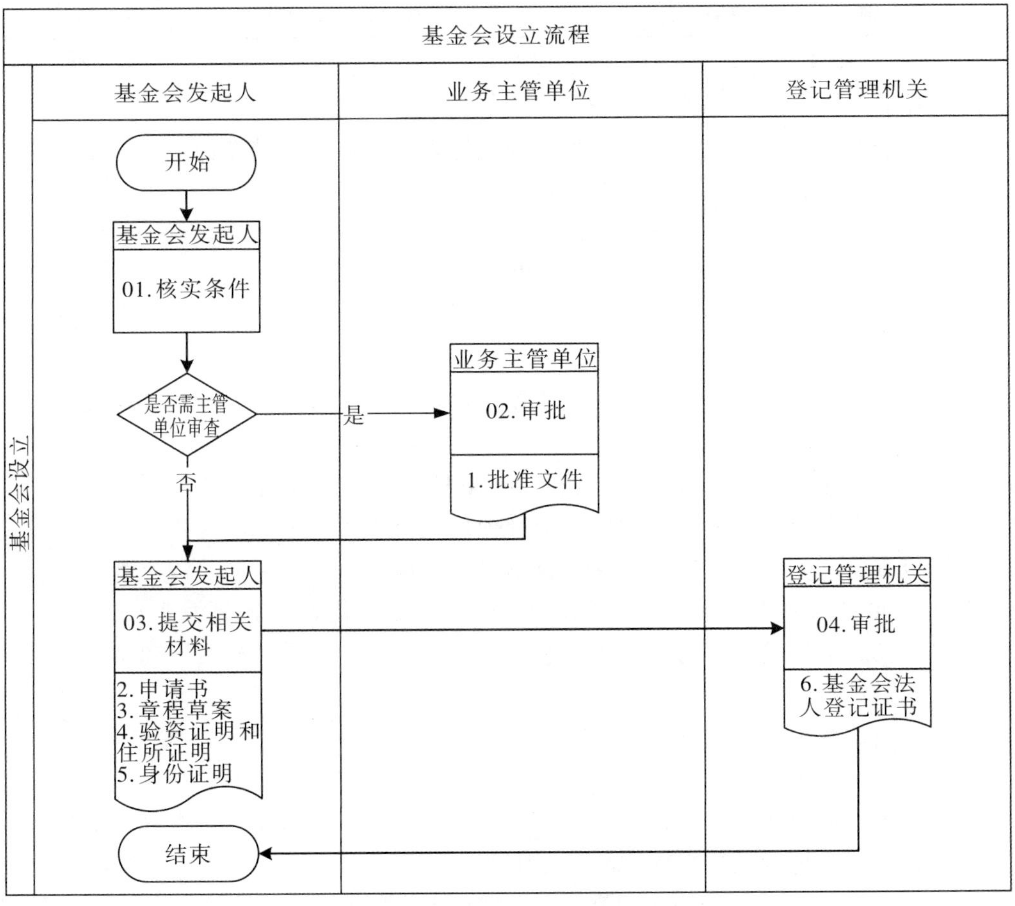

图18-7　基金会设立流程

表18-7 **管控节点说明**

管控节点	节点说明	输出文档
01	基金会核实是否满足相关条件	
	判断是否需业务主管单位审查同意，若是，进入节点02；若否，进入节点03	
02	业务主管单位审查批准	批准文件
03	基金会发起人提交申请书、章程草案、验资证明和住所证明以及发起人、拟任负责人身份证明等相关材料	申请书 章程草案 验资证明和住所证明 身份证明
04	登记管理机关应当自受理基金会设立登记申请之日起30日内，作出准予登记或者不予登记的决定。准予登记的基金会，由登记管理机关发给基金会法人登记证书，应当载明基金会的主要登记事项、慈善组织属性、募捐方式。不予登记的，书面说明理由	基金会法人登记证书

（二）基金会的注销

1.基金会注销规范

基金会有下列情形之一的，应当向登记管理机关申请注销登记：

（1）出现章程规定的终止情形的；

（2）因分立、合并需要终止的；

（3）连续2年未从事公益慈善活动的；

（4）依法被吊销登记证书的；

（5）由于其他原因需要终止的。

基金会依据前款第（一）、（二）项规定申请注销登记的，应当由理事会作出终止决定。

基金会理事会应当在决定终止之日起30日内组织成立清算组进行清算，并向社会公告。逾期未成立清算组的，登记管理机关可以申请人民法院指定有关人员组成清算组进行清算。清算期间，基金会不得开展清算以外的活动。清算组应当自成立之日起90日内完成清算工作，并在清算工作完成后代表基金会办理注销登记。

申请基金会注销登记的，应当向登记管理机关上缴印章并提交下列文件：

（1）清算报告；

（2）注销登记申请书；

（3）登记证书正副本；

（4）银行账户注销证明；

（5）登记管理机关要求提供的其他证明。

基金会应当自清算结束之日起15日内向登记管理机关申请注销登记。登记管理机关应当自收到全部有效文件之日起30日内核准注销。

2. 基金会注销流程（如图18-8所示）及管控节点说明（见表18-8）

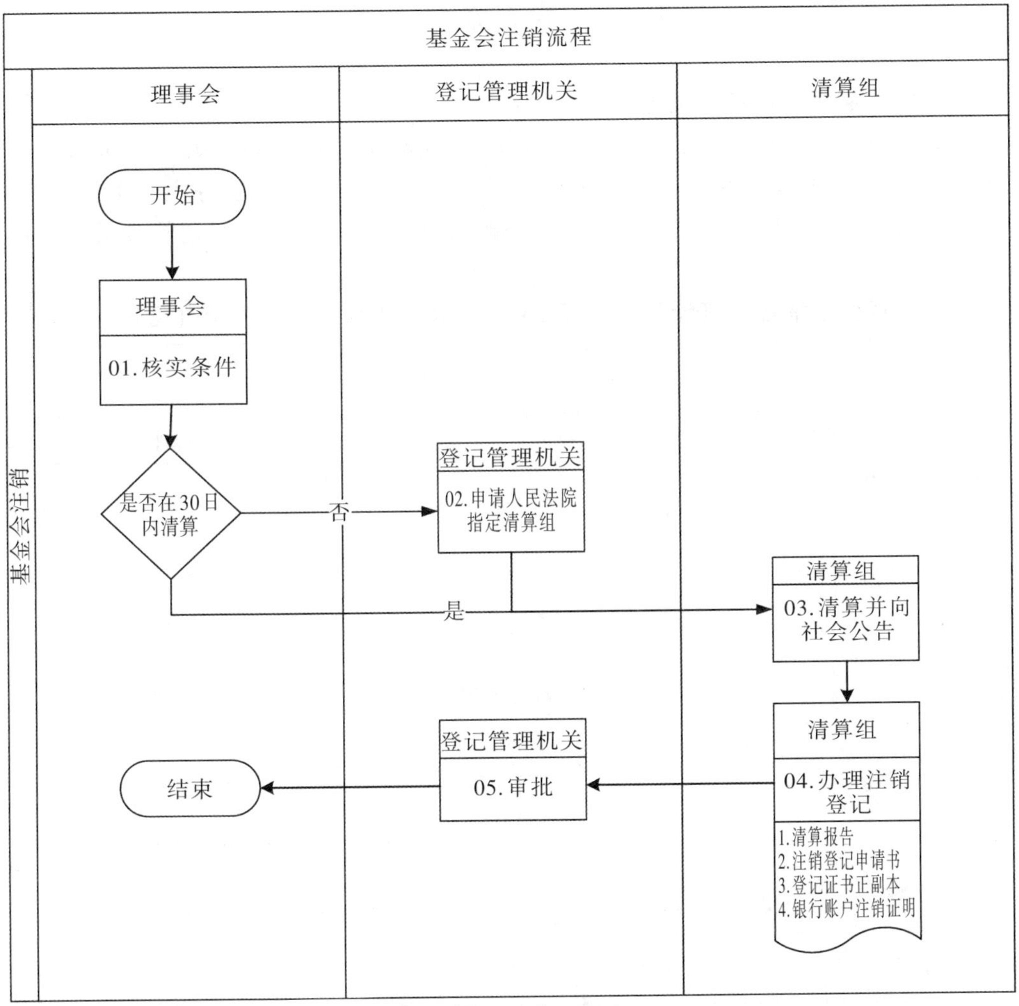

图18-8　基金会注销流程

表18-8

管控节点说明

管控节点	节点说明	输出文档
01	理事会核实是否满足注销相关条件	
	判断基金会理事会是否在决定终止之日起30日内组织成立清算组，若是，进入节点03；若否，进入节点02	
02	若30日未清算，登记管理机关申请人民法院指定人员组成清算组	
03	进行清算工作，并向社会公告	
04	清算工作完成后代表基金会申请办理注销登记	清算报告 注销登记申请书 登记证书正副本 银行账户注销证明
05	登记管理机关应当自收到全部有效文件之日起30日内核准注销	

十、基金会章程修订

（一）基金会章程修订规范

基金会根据自身发展需求要修改章程的，需要经过全体理事2/3以上通过方可进行。有业务主管单位的基金会办理章程修订变更，还应当经业务主管单位同意。基金会修改章程经上述批准后，应当自修改之日起30日内，向登记管理机关申请章程核准。

（二）基金会章程修订流程（如图18-9所示）及管控节点说明（见表18-9）

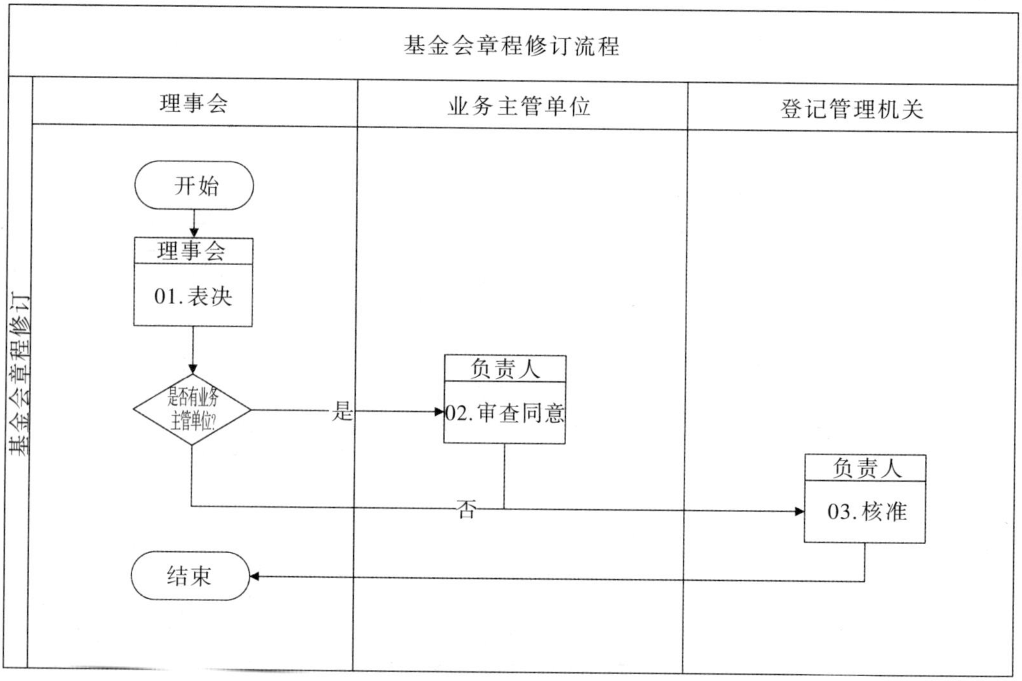

图18-9 基金会章程修订流程

表18-9 管控节点说明

管控节点	节点说明	输出文档
01	基金会根据自身发展需求要修改章程的，需要经过全体理事2/3以上通过方可进行	
	判断基金会是否有业务主管单位，若是，进入节点02；若否，进入节点03	
02	有业务主管单位的基金会办理章程修订变更，还应当经业务主管单位同意	
03	基金会修改章程经上述批准后，应当自修改之日起30日内，向登记管理机关申请章程核准	